ÉTUDES ROMANTIQUES ET DIX-NEUVIÉMISTES
sous la direction de Pierre Glaudes et Éléonore Reverzy
107

Le Récit réaliste et ses lieux

Ouvrage publié avec le soutien du laboratoire LLA Créatis
de l'université Toulouse – Jean-Jaurès

Guy Larroux

Le Récit réaliste et ses lieux

PARIS
CLASSIQUES GARNIER
2021

Guy Larroux, ancien élève de l'École Normale Supérieure, est professeur de littérature française à l'université Toulouse – Jean-Jaurès. Il est notamment l'auteur du *Mot de la fin*, du *Réalisme, de Critique et théorie littéraires (1800-2000)*, avec Jean-Louis Cabanès. Il vient de publier *Et moi avec eux. Le récit de filiation contemporain*.

ISBN 978-2-406-11191-7 (livre broché)
ISBN 978-2-406-11192-4 (livre relié)
ISSN 2103-4672

À Béatrice.

AVANT-PROPOS

Une nouvelle poétique

Pour commencer, faisons état d'une expérience de lecture que je présume partagée : celle qui nous fait spontanément associer au texte de fiction tel lieu qui en serait quasiment l'emblème. Il suffit, en s'installant dans l'anthologie, de songer à la pension Vauquer du *Père Goriot*, espace dont le livre tient sa couleur[1], même si sur les pas de Rastignac le lecteur est conduit en bien d'autres lieux, eux-mêmes pris sous d'autres éclairages. Sans doute, à l'autre bout du roman, le cimetière du Père Lachaise fait-il effet sur nous, mais cet effet tient surtout au toponyme et au fameux défi lancé plus qu'à l'emplacement lui-même, qui n'est pas vraiment décrit. Le développement sur le cimetière serait à chercher ailleurs dans *La Comédie humaine*, notamment dans *Ferragus* ou dans *Le Cousin Pons.* L'un et l'autre s'arrêtent sur le lieu et, au-delà, sur l'institution funéraire qui intéresse grandement Balzac – où l'on aurait la preuve que le lieu appelle souvent le discours, et ce dans ces développements ou excursus qui manifestent cette liaison. Or celle-ci est multiple. Précisément, l'intention de ce livre est d'en prendre la mesure et d'examiner quelques-unes de ces réalisations remarquables, qui sont à mettre au crédit de l'œuvre réaliste. Par là nous visons les textes « canoniques » du corpus français dix-neuviémiste. C'est dire que notre objet n'est pas la question générale de l'espace fortement recommandée par le *spatial turn* dans l'ensemble des sciences humaines et sociales, ni même la géographie littéraire telle qu'elle est actuellement défendue et illustrée sous des appellations diverses[2]. Nous occuperont davantage

1 « Nul quartier de Paris n'est plus horrible, ni, disons-le, plus inconnu. La rue Neuve-Sainte-Geneviève surtout est comme un cadre de bronze, le seul qui convienne à ce récit, auquel on ne saurait trop préparer l'intelligence par des couleurs brunes, par des idées graves [...] » (*Le Père Goriot*, in *La Comédie humaine*, t. III, Paris, Gallimard, La Pléiade, 1976, p. 51.

2 Voir notamment Bertrand Westphal, *La Géocritique. Réel, fiction, espace*, Paris, José Corti, 2007 ; *Le Monde plausible. Espace, lieu, carte*, Paris, José Corti, 2011 ; Michel Collot, *Pour une géographie littéraire*, Paris, José Corti, 2014.

des questions plus spécifiques comme celle de la mimesis du lieu et de sa mise en discours ou celle de la spatialité narrative. Là, du reste, nous pouvons nous appuyer sur des travaux essentiels dont les résultats nous semblent aujourd'hui acquis : ceux de Mikhaïl Bakhtine, d'Henri Mitterand et de Philippe Hamon dans le domaine de la poétique, ceux également de certains sémioticiens comme Denis Bertrand ou Jacques Fontanille[3] qui se sont intéressés à cette composante majeure du récit. Enfin, l'éclairage des études génétiques a été particulièrement précieux sur les questions de construction de l'espace dans les fictions – on pense notamment ici aux travaux d'Olivier Lumbroso[4] sur Zola.

Si l'on revient à l'inscription mémorielle du lieu pour celui que Thibaudet appelait « le liseur de romans », on pourrait objecter qu'elle tient surtout à l'enseignement de la littérature. À des générations se sont imposés, avec les morceaux choisis, des lieux qui sont souvent des seuils (concrets ou figurés) à franchir : la scierie du père Sorel, la salle d'étude où est introduit Charles Bovary, le quai Saint Bernard où s'embarque Frédéric Moreau, le retour du Bois à l'ouverture de *La Curée*, l'entrée d'Étienne Lantier dans le pays minier, etc. Ou, pour s'avancer dans ces mêmes textes, un certain jardin nocturne où Julien Sorel prend la main de Mme de Rênal, le repas de noces d'Emma Bovary, la chambre de Renée dans le somptueux hôtel de l'avenue Monceau, l'obscur fond de la mine où s'affrontent Étienne et Chaval, autant dire des séquences marquées qu'on nomme par commodité « scènes », dont la poétique « insciente » des créateurs a le secret. Celles-ci cristallisent le sens, possèdent un fort contenu figuratif et orientent le récit. C'est peut-être une des raisons qui, dans cette énumération, rend difficile la désignation pour *L'Éducation sentimentale* d'un lieu nucléaire qui en serait l'emblème : serait-ce le logis des Arnoux qui longtemps polarise le désir du héros ? Les boulevards et rues de Paris où il déambule régulièrement ? Au roman de l'errance, qui s'écarte du centre, donne vue sur la banlieue, manquent sans doute ces éléments de centrage, d'équilibre, l'artifice architectural auquel l'auteur

3 Denis Bertrand, *L'Espace et le sens* : *Germinal* d'Émile Zola, Amsterdam, Éd. Hadès-Benjamins, 1985 ; *Le Sens du lieu*, Bruxelles, Ousia, 1996. Jacques Fontanille, *Les Espaces subjectifs. Introduction à la sémiotique de l'observateur*, Paris, Hachette, 1989 ; *Sémiotique et littérature Essais de méthode*, Paris, PUF, « Formes sémiotiques », 1999.

4 Olivier Lumbroso, *L'Invention des lieux : manuscrits et dessins de Zola*, Paris, Textuel, 2002 ; *Zola, la plume et le compas. La construction de l'espace dans* Les Rougon-Macquart *d'Émile Zola*, Paris, Champion, 2004.

lui-même attribue le semi-échec d'une œuvre pourtant très concertée. « Toute œuvre d'art doit avoir un point, un sommet, faire la pyramide [...] », c'est du moins l'attente commune : « Or rien de tout cela dans la Vie[5] » objecte Flaubert. Certes pas dans la vie, mais assurément cela s'impose au titre des règles de la disposition romanesque.

LA RÈGLE ASSOCIATIVE

Si tels lieux du roman s'enlèvent sur un fond, ce n'est pas la faute de l'anthologie mais le fait de la poétique consciente des auteurs qui suivent des prescriptions venues de la tradition rhétorique que le roman a adaptées à son usage. Pourquoi d'ailleurs se limiter aux seules œuvres dites réalistes et ne pas étendre cela au roman tout entier ? Notre première observation sur la relation serrée qui s'établit entre le livre et le lieu semble se vérifier dans un grand nombre d'œuvres. Songeons seulement à deux noms pouvant représenter au XIXe siècle le roman d'imagination tel qu'il sera pris comme contre-modèle par le Zola doctrinaire du *Roman expérimental*. Ouvrons *Indiana* (1832), le premier roman de George Sand. Que trouve-t-on aux premières pages ? Une topographie faite pour marquer le lecteur et orienter sa lecture, qui nous installe au cœur d'un castel de la Brie, dans un salon réunissant autour d'une antique cheminée trois des principaux *dramatis personae*. Configuration intéressante et beau tableau mais à propos desquels un esprit sourcilleux (pas forcément de l'espèce zolienne) se demandera par quel fil extraordinaire il peut mener à l'utopie finale de l'île Bourbon où se retrouveront deux des personnages de ce début ? La même question peut être posée à propos du chef-d'œuvre de Dumas, *Le Comte de Monte Cristo* (1844), qu'on ne peut dissocier de la redoutable silhouette du château d'If dessinée par l'auteur et ses illustrateurs. Force iconique et incontestable force archétypale de la prison dumasienne. Quant aux autres localisations ou installations du héros, accompagnant ses métamorphoses, elles sont vraiment dans l'esprit du roman d'aventures, même

5 Gustave Flaubert, Lettre à Edma Roger des Genettes du 8 octobre 1879, *Correspondance*, t. V, Gallimard, Pléiade, 2007, p. 720.

si on ne peut dénier à Dumas une certaine prise en compte de l'époque et des milieux – par quoi, à l'encontre de la présentation habituelle, il peut être rattaché au roman de mœurs. Ainsi relèverait-on chez lui une intéressante prédilection pour le *fashionable*, notamment à travers les territoires privés (hôtels particuliers, salons, chambres), la parure et le vêtement[6].

La différence apportée par le roman réaliste-naturaliste est depuis longtemps reconnue par les historiens et théoriciens du roman[7]. En cela, ils vérifient l'intention des créateurs et leurs affirmations de principe. « Nous estimons que l'homme ne peut être séparé de son milieu, qu'il est complété par son vêtement, par sa maison, par ville, par sa province[8] [...] » écrit Zola dans son *Roman expérimental*. Erich Auerbach[9] énonçait cette règle associative (harmonique) à propos de la fameuse topographie initiale du *Père Goriot* où le mouvement est plutôt inverse : de l'arrondissement parisien à la salle à manger pour aboutir à Mme Vauquer et à son jupon. Jupon symbolique illustrant une tendance que Roman Jakobson a érigée en règle ou, du moins, en « dominante » de l'écriture réaliste. Pour lui, il s'agit d'un principe métonymique-synecdochique global qui concerne le fonctionnement sémantique de l'œuvre et se reconnaît dans la marche de l'intrigue, le mode d'existence du personnage, la relation de ce dernier au temps, à l'espace et aux objets (d'où l'importance du détail) : « Suivant la voie des relations de contiguïté, l'auteur réaliste opère des digressions métonymiques de l'intrigue à l'atmosphère et des personnages au cadre spatio-temporel. Il est friand de détails synecdochiques[10]. » Cette approche, proprement poétique en ce qu'elle met l'accent sur le procédé, présente, entre autres intérêts, celui de dépasser les généralités martelées par Zola et le discours scolaire qui en prend le relais, notamment quand la notion de « milieu » ou d'« influence du milieu » vient recouvrir de sa pesanteur théorique les textes concrets. Cela

6 Voir Alex Lascar, « Alexandre Dumas, romancier de son temps. Scènes de la vie parisienne (1835-1846) », in Philippe Dufour, Bernard Gendrel et Guy Larroux éds, *Le Roman de mœurs Un genre roturier à l'âge démocratique*, Paris, Classiques Garnier, 2019, p. 71-89.

7 De Ian Watt (*The Rise of the novel*, Londres, Chatto & Windus, 1957) à Thomas Pavel (*La Pensée du roman*, Paris, Gallimard, 2003).

8 Émile Zola *Œuvres complètes*, t. 10, Paris, Cercle du Livre Précieux, 1968, p. 1299.

9 Erich Auerbach, *Mimésis La représentation de la réalité dans la littérature occidentale* [1946], Paris, Gallimard, « Tel », 1984, p. 465-469.

10 Roman Jakobson, *Essais de linguistique générale*, t. 1, [1963], Paris, Éd. de Minuit, « Double », 1981, p. 63.

dit, le propos de Zola lui-même est instructif quand, appliqué à des cas concrets, comme notamment à ses prédécesseurs, il permet de mesurer des écarts, des différences qualitatives. À cet égard, le commentaire sur Stendhal est intéressant. Tout en admettant, un peu contraint, une certaine supériorité de l'auteur du *Rouge et le noir*, Zola en dit l'insuffisance. Précisément, le test de cette différence est la restitution spatiale dans une scène célèbre du roman, celle de la main prise :

> C'est un petit drame muet d'une grande puissance, et Stendhal y a analysé merveilleusement les états d'âme de ses deux personnages. Or, le milieu n'apparaît pas une seule fois. Nous pourrions être n'importe où, et dans n'importe quelles conditions, la scène resterait la même, pourvu qu'il fît noir. Je comprends que Julien, dans la tension de volonté où il se trouve, ne soit pas affecté par le milieu. [...] Mais Mme de Rênal, au contraire, devrait subir toutes les influences extérieures. Donnez l'épisode à un écrivain pour qui les milieux existent, et dans la défaite de cette femme, il fera entrer la nuit, avec ses odeurs, avec ses voix, avec ses voluptés molles. Et cet écrivain sera dans la vérité, son tableau sera complet[11].

Indépendamment de notre sentiment de lecteur (souffrons-nous du manque en question ?), ce jugement est intéressant où l'on voit Zola réécrire, en pensée du moins, la scène mémorable du *Rouge et le noir* en lui donnant le poids de réalité qui lui fait défaut, en la complétant par les circonstances omises par l'écrivain-psychologue. Circonstances au sens littéral : ce qui se tient autour de l'individu et qui interfère avec son existence incarnée. Car celui-ci se raccorde à son environnement immédiat ou à sa biosphère, pour parler un langage actuel – l'on pourrait ajouter ici, à l'atmosphère. Et cela par de multiples et subtiles liaisons que dans leurs œuvres savent tisser les romanciers annexés à la cause naturaliste. Faisant suite au chapitre des *Romanciers naturalistes* sur Stendhal, celui qui est consacré à Flaubert ne manque pas de les relever et de les saluer. Au-delà du cas précis, la proposition de Zola peut faire rêver à une écriture critique d'invention, dans l'esprit de celle proposée par Pierre Bayard dans *Comment améliorer les œuvres ratées*[12] ? Un atelier d'écriture (peut-être la chose existe-t-elle ?) où il s'agirait de réécrire suivant les préconisations naturalistes telles topographies ou

11 Émile Zola, *Les Romanciers naturalistes*, in *Œuvres complètes*, t. 11, Paris, Cercle du Livre Précieux, 1968, p. 75-76.

12 Pierre Bayard, *Comment améliorer les œuvres ratées ?*, Paris, Éd. de Minuit, 2000.

scènes connues qui pèchent par abstraction ; cela pourrait aller de *La Princesse de Clèves* à Proust – celui de la matinée Guermantes décrite par un partisan de « la littérature de notations » que dénonce *Le Temps retrouvé*[13]. De cet exercice on tirerait sans doute une certaine instruction quant à la mimésis d'espace et à l'apport spécifique de l'école réaliste-naturaliste au XIXe siècle.

L'EMPAN DE LA REPRÉSENTATION

Un moyen simple de vérifier cet apport est de mesurer l'empan de la représentation spatiale et d'établir le répertoire des lieux pris en compte, entrant dans le calcul romanesque avec une intention de sérieux au sens qu'Auerbach a donné à cette catégorie. Là encore, la chose est solennellement formulée dans les textes programmatiques. C'est Balzac déclarant dans son Avant-propos : « Mon ouvrage a sa géographie comme il a sa généalogie et ses familles, ses lieux et ses choses, ses personnes et ses faits[14] [...] » L'ordre des termes – la géographie précédant la généalogie – n'est peut-être pas indifférent. Quant à l'appétence pour les lieux dans leur particularité, elle relève de cette fonction littéraire que Barthes appelait *Mathésis*[15]. L'une de ses remarquables expressions pourrait être l'énumération vertigineuse des rues donnée à lire aux premières pages de *Ferragus*, lancée par la formule « Il est des rues qui... ». Manifestation éloquente de ce qui est au cœur même du projet réaliste : un principe d'extension et d'épuisement du lieu (pré-perecquien), découlant lui-même d'un des articles majeurs du cahier des charges de l'écriture réaliste, celui que Philippe Hamon a pu formuler ainsi : « Le monde est riche, divers, foisonnant, discontinu, etc.[16]. » Énumérer, parcourir est un bonheur, mais choisir, délimiter est un devoir qui s'impose à qui veut relever le défi de cette confondante multiplicité. Ce geste de circonscription, nous le ferons souvent dans les études qui suivent, et il

13 Marcel Proust, *À la recherche du temps perdu*, t. III, Paris, Gallimard, La Pléiade, 1980, p. 894.
14 Balzac, Avant-propos à *La Comédie humaine*, t. I, Gallimard, Pléiade, 1976, p. 18-19.
15 Roland Barthes, *Leçon* [1977], Paris, Seuil, « Points », 1989, p. 17.
16 Philippe Hamon, « Un discours contraint », *Poétique* n° 16, 1973.

est à l'imitation des créateurs. Dans *Ferragus*, au sortir de l'inventaire, il faut à l'observateur balzacien ou à son représentant s'établir dans un lieu (ce sera une rue précise, un item extrait de la liste) et y poser le cas de narration. Plus souvent, le choix est opéré d'emblée par le romancier, au moyen d'un cadrage plus serré comme, par exemple, dans l'incipit de *La Cousine Bette*. Ce même geste, c'est celui que fera Zola pour tous ses romans, de façon systématique et à un stade antérieur dont nous pouvons nous faire une idée précise à travers les avant-textes. Olivier Lumbroso[17] qui s'est intéressé à ces derniers a relevé la forte récurrence du terme « cadre » et l'importance capitale de l'opération de cadrage, laquelle est répercutée à tous les niveaux de l'œuvre. Émilie Piton-Foucault va plus loin en défendant l'idée d'une préséance du cadre « à voir » sur ce qu'il censé encadrer et montrer. La valeur « présentative » l'emporterait sur la fonction représentative, et par là s'expose la « machinerie » même du roman[18]. Cette proposition s'intègre à une thèse forte qui, à l'encontre des idées admises sur la transitivité et la transparence zoliennes, identifie une crise de la représentation que l'histoire littéraire nous a habitués à situer plus en aval.

À l'auteur de *Mimésis* nous pouvons emprunter un autre trait définitoire du réalisme moderne qui est la capacité de mêler les styles et de réaménager profondément la tripartition classique du haut, du médiocre et du bas, celle qui interdisait qu'on représentât les sujets inférieurs dans les grands genres. Cette tripartition appliquée généralement à la langue, au ton, aux actions des personnages selon leur degré de dignité est transposable aux lieux. Mais ici plutôt que de mélange, il faut faire état d'articulations devenues véritablement structurelles à mesure qu'a progressé la mimesis spatiale, c'est-à-dire à mesure que les romanciers se sont imposé des contraintes plus nombreuses, d'invention et de composition. Au temps de Balzac, on voit bien la différence avec les tableaux antérieurs (celui de Mercier notamment) et avec les chroniques de mœurs qui ont précédé et ont déjà considérablement élargi le champ

---

17 Olivier Lumbroso, « Les métamorphoses du "cadre". Le principe du cadrage dans l'avant-texte des *Rougon-Macquart* », in J.-P. Leduc-Adine, *Zola, Genèse de l'œuvre*, Paris, CNRS Éditions, 2002, p. 103-122.

18 « Pour le romancier, le cadre n'est pas tant la condition d'un "à-voir" que l'"à-voir" lui-même : l'objet représenté par le cadre du texte renvoie toujours à ce cadre de monstration, dans une mise en scène de la "fabrique" de la représentation qui en nie toute l'efficacité. » (Émilie Piton-Foucault, *Zola ou la fenêtre condamnée La crise de la représentation dans* Les Rougon-Macquart, Rennes, Presses universitaires de Rennes, 2015, p. 766.

de la représentation. À sa façon l'Hermite de la Chaussée d'Antin, infatigable flâneur, menait une exploration tous azimuts : dans les différents quartiers de Paris, sur les boulevards, à l'opéra, à l'hôpital, poussant même l'exploration vers l'extérieur (à Pontoise, par exemple[19]). Mais le mode d'écriture et d'existence de la chronique est fondé sur la juxtaposition. « Le tableau mobile des mœurs locales[20] » voulu par Étienne de Jouy est réussi et ne manque pas de charme mais il n'a pas la force du roman de mœurs réaliste qui prend le relais. Ce n'est pas tant l'élection d'un lieu dans un répertoire qui importe que sa mise en œuvre dans une fiction. Paul de Kock et Zola se saisissent l'un et l'autre de cette réalité urbaine qu'est le passage[21]. Le premier en perçoit bien la nouveauté et l'attrait spécial au point qu'il en fait l'*introït* de *La Pucelle de Belleville* (1824) – une entrée enlevée, apéritive, mais qui n'aura pas de prolongement par la suite. C'est tout le contraire avec le passage du Pont-Neuf dans *Thérèse Raquin* ou dans *Nana* qui joue de la contiguïté du théâtre des Variétés (par quoi s'ouvre le roman), du boulevard, des galeries et du Passage des Panoramas – auquel, à l'image de Muffat qui le hante, nous sommes régulièrement ramenés comme lecteurs[22]. Ajoutons que dans un répertoire stable, tel motif formellement identique, par exemple celui de l'embarras urbain (qu'on pourrait suivre de Juvénal à Marivaux en passant par Boileau) revêt un sens tout différent sous la plume de Flaubert ou de Zola. Qu'on voie l'incipit de *La Curée* où le retour du Bois et l'encombrement des voitures donnent lieu à un véritable tableau impressionniste mais aussi, indirectement, à un premier portrait de Renée.

En plus de la différence d'étendue (le discours du romancier prend toute la place qu'il veut), un trait constitutif des œuvres qui vont nous occuper est, pour ainsi dire, leur capacité articulatoire. *Le Père Goriot*, encore lui, en fournit une idée. Les tout premiers déplacements à pied de Rastignac, évitant de se crotter, entre la pension Vauquer, l'hôtel de

---

19 Étienne de Jouy, « Un voyage à Pontoise », *L'Hermite de la Chaussée-d'Antin*, t. 3, Paris, Didot, 1823.

20 Étienne de Jouy, « Discours préliminaire » [1811], *L'Hermite de la Chaussée-d'Antin*, t. 1, Paris, Didot, 1823, p. 24.

21 Voir Walter Benjamin, *Paris capitale du XIXe siècle*, Paris, Les Éditions du Cerf, 1997.

22 Les différentes occurrences du passage sont examinées par Robert Lethbridge, « Passages zoliens », in *Les Lieux du réalisme Pour Philippe Hamon* (Textes présentés par Vincent Jouve et Alain Pagès), Paris, Éd. *L'Improviste*, Presses Sorbonne Nouvelle, 2005, p. 121-138.

Restaud puis celui de Mme de Beauséant donnent le rythme spatial de tout le livre, jusqu'à la station finale, en haut du Père Lachaise, d'où le héros porte avidement son regard « entre la colonne de la place Vendôme et le dôme des Invalides[23] ». Ce rythme de base soutient maints romans de formation donnant à voir un héros circulant entre des espaces disjoints qui sont autant de pôles de sa quête. Lorsqu'il arrive à Balzac d'élire un quartier, comme par exemple celui du Marais qui semble contenir toute l'action du *Cousin Pons*, ne manquent pas les mouvements latéraux (vers les boulevards, vers le théâtre où règne à présent l'illustre Gaudissart) ou centrifuges qui donnent à voir une autre sphère parisienne et de tout autres mœurs, notamment avec la misérable cité ouvrière où échoue le bon Schmucke chassé du logis de Pons. On comprend que la figure du marcheur en ses différentes déclinaisons (le marcheur n'est pas le touriste qui n'est pas le flâneur[24], qui n'est pas la flâneuse[25]) soit essentielle comme opérateur de liaisons rapprochant des territoires, se déplaçant aisément sur la carte, non pas du Tendre, mais d'une ville bien réelle, cartographiée comme telle. Dans des registres fort différents, cela vaudrait pour Frédéric Moreau qui n'habite guère son logis mais circule entre plusieurs comme pour le Saccard de *La Curée* qui habite encore moins son hôtel de l'avenue Monceau et qui, en infatigable marcheur, articule trois pôles spatiaux : le vieux Paris de l'île Saint-Louis, les quartiers mondains et le « Paris-chantier[26] » typique du Second Empire. Dans cette troisième zone qui a retenu aussi les photographes et qui n'est pas la préférée des romanciers et des poètes, il y a le juste rappel pour les littéraires qui souvent pèchent par idéalisme d'une dimension non seulement urbanistique, mais laborieuse, brute : celle de la fabrication d'espaces nouveaux sur les ruines de l'ancien. Derrière l'expression convenue « travaux du baron Haussmann », il faut apercevoir des milliers d'anonymes, derrière les vers de Baudelaire – « Le vieux Paris n'est plus (la forme d'une ville / Change plus vite, hélas ! que le cœur d'un mortel) » – beaucoup de

23 *Le Père Goriot*, *op. cit.*, p. 290.

24 Écrit et décrit (texte d'Auguste de Lacroix, dessins de Gavarni, Monnier et Traviès) dans Léon Curmer éd., *Les Français peints par eux-mêmes*, Paris, Omnibus La Découverte, 2003.

25 Voir Catherine Nesci, *Le Flâneur et les flâneuses : les femmes et la ville à l'époque romantique*, Grenoble, ELLUG, 2007.

26 J'emprunte la remarque à Henri Mitterand dans sa présentation de *La Curée*, Paris, Livre de poche, 1996, p. 9.

corps ouvriers au travail[27]. Du moins les aperçoit-on un moment vers la fin de *La Curée*.

Extension du répertoire égale abaissement de la représentation, disent les censeurs et observent les caricaturistes croquant Zola chiffonnier professionnellement tourné vers le bas[28], et qui apparemment n'ont pas tort. Lieux de labeur aux rudes mœurs (le lavoir de *L'Assommoir*), quartiers et rues douteuses, zones hybrides de la proche banlieue, hôpitaux, boutiques malsaines, chambres adultères, bordels, trottoirs de la prostitution où les Goncourt et Zola font déambuler hypnotiquement leurs héroïnes déchues, chambres de bonnes au sommet des maisons bourgeoises, habitats prolétaires, arrière-cours, cabarets, assommoirs, et jusqu'à la niche où Zola fait mourir Gervaise. Mauvais lieux, mauvais goût, « bas fondmanie » suivant l'expression de Maupassant. Lui-même, sans en être spécialiste, n'a pas reculé devant ce genre de peinture (pensons à une nouvelle comme « L'ivrogne ») mais ce n'est pas son registre coutumier et il a voulu pour ses derniers romans, comme dans *Notre cœur*, des lieux plus choisis. Cependant, sans qu'on puisse exclure une forme de complaisance dans un sordide topique, cette taxinomie ne rend pas justice aux créateurs. La mauvaise rue de *Ferragus* (celle qui fait s'exclamer Maulincour : « Elle dans cette crotte, à cette heure ! ») a son pendant prestigieux dans l'hôtel particulier de la rue Ménars avec en particulier la chambre-écrin du couple Desmarets dépeinte par le narrateur ; l'une et l'autre s'intègrent à une combinatoire spatiale qui commande rigoureusement la structure profonde du récit[29]. Du reste, au temps du roman réaliste, il ne s'agit pas (comme Balzac a prétendu le faire avec ses personnages tantôt répréhensibles tantôt vertueux) de tenir une balance morale entre mauvais lieux et lieux plus élevés ou relevés, mais d'observer une nouvelle déontologie en matière de mimésis, au risque que « telle composition off[re] plus de bien que de mal[30] », et surtout de s'astreindre à un nouvelle cohérence en matière de semiosis.

---

27 Le mot apparaît dans « Le Cygne » de Baudelaire, mais avec la majuscule de l'allégorie (« Là je vis, un matin, à l'heure où sous les cieux / Froids et clairs le Travail s'éveille, où la voirie / Pousse un sombre ouragan dans l'air silencieux / Un cygne qui s'était évadé de sa cage [...] » (*Les Fleurs du mal*, Paris, GF, 1991, p 130-131).

28 Voir Antoine Compagnon, *Les Chiffonniers de Paris*, Paris, Gallimard, « Bibliothèque illustrée des histoires », 2017.

29 Elle fait l'objet de l'étude d'Henri Mitterand, *Le Discours du roman*, Paris, PUF, 1980, chap. « Le lieu et le sens : l'espace parisien dans *Ferragu*s de Balzac ».

30 Balzac, « Avant-propos », *op. cit.*, p. 14.

BÉNÉFICES D'UNE NOUVELLE POÉTIQUE

Les effets de cette poétique sont visibles. Soulignons-en quelques-uns. D'abord, conformément aux ambitions déclarées et avec un incalculable bénéfice historique et ethnographique, s'imposent l'étonnante diversité des milieux, leur exploration horizontale et verticale[31], les traversées de l'espace social et de l'espace tout court. Insistons-y, celles-ci répondent à un défi que nul romancier d'aujourd'hui n'oserait relever ; elles ne sont possibles que parce qu'elles sont ordonnées à des hypothèses fortes et à des règles que le créateur s'est antérieurement données. Une en particulier est capitale, la règle de division. Car une matière surabondante, infinie, exige « des cadres », des « galeries » – ce sont les « scènes », « divisions si naturelles, déjà connues » de *La Comédie humaine*, selon les termes de Balzac en 1842. Quant à Zola, suivant un projet très tôt conçu, il avancera sa théorie des « quatre mondes », plus « un monde à part », à laquelle pour l'essentiel il se tiendra au long des vingt volumes de sa série[32]. Chez lui, cette vaste notion de « monde » serait à compléter par un petit mot récurrent dans le métalangage zolien, celui de « coin » qui est d'un usage intéressant, servant aussi bien à une célèbre définition de l'œuvre d'art (« un coin de la création vu à travers un tempérament ») qu'à désigner une sphère sociale[33] ou un emplacement concret.

L'autre conséquence, moins soulignée, est rien de moins que la redéfinition de ce qu'est un lieu représentable, c'est-à-dire pour lequel, en quelque façon, est démontré « le droit au Roman », si l'on peut reprendre la formule solennelle que dans leur préface à *Germinie Lacerteux* les Goncourt revendiquaient pour le peuple. À côté des lieux topiques énumérés plus haut, accède à la représentation le lieu sans qualités, médiocre, celui qui appartient au niveau auquel est censé s'établir de

31 Mais cela vaut aussi pour Eugène Sue avertissant au seuil de son livre son lecteur que, « s'il pose d'abord le pied sur le dernier échelon de l'échelle sociale, à mesure que le récit marchera l'atmosphère s'épurera de plus en plus ». (*Les Mystères de Paris*, Paris, Charles Gosselin, 1842, p. 5).

32 Émile Zola, Notice de *La Fortune*, p. 481.

33 Ainsi, par exemple de cette auto-consigne dans le dossier de *La Fortune des Rougon* : « Tâcher de trouver un coin d'idylle » ou de cette autre dans l'Ébauche de *L'Argent* : « donner un coin au journal ».

préférence la représentation réaliste du réel. Lieu commun, non parce qu'il appartiendrait à une tradition – ancienne ou nouvelle – mais parce qu'il est potentiellement partagé par des individus quelconques à l'âge démocratique qui produit des lieux de rencontre, ou du moins de croisement, plus ou moins institués : l'exposition, le magasin, l'omnibus, le boulevard[34], le passage, la rue[35]. Du ou des séjours médiocres de ses personnages, le roman pourrait également tenir sa couleur. Si l'on excepte l'éblouissante et mémorable salle de bal de *Madame Bovary*, la plupart des sites et des emplacements décrits relèvent de ce niveau-là. Pas d'autre lieu d'exception ou de prestige dans le roman : certes pas la boutique d'Homais, ni le château déshabité de Rodolphe, ni même le théâtre de Rouen. Mais la perte de lustre ne diminue pas la pertinence du dispositif, dans son acception technique : Emma postée à sa fenêtre[36], l'étage de la mairie dominant la cérémonie des comices, le fiacre de « la baisade » que Flaubert fut long à mettre au point[37], jusqu'au banc de jardin sur lequel s'éteint Charles. Tout cela, qui ne doit rien au hasard et a été précisément médité, acquiert une signification nouvelle, inusitée.

La redéfinition du lieu nous soumet une difficulté : jusqu'où descendre, à quelles unités significatives s'arrêter ? Si l'on suit le mouvement des œuvres et la pente des auteurs, on doit partir des divisions acquises, comme celles que Balzac dit « naturelles » : ville/campagne, Paris/province, espaces publics / espaces privés, notamment. Puisqu'il n'y a pas de raison de clore le répertoire, l'on « descend » en pratiquant de petites découpes, comme celles qu'affectionnent la chronique de mœurs et les physiologies, aux dimensions du quartier, du ménage ou de la chambre d'étudiant. À l'échelle d'un roman, disons une ville de province, Tours, et selon un ordre décroissant : dans Tours, le quartier Saint-Gratien, dans le quartier, la pension de mademoiselle Gamard, en son sein l'appartement convoité du prédécesseur de Birotteau, et même le lit dans lequel il rêve de dormir. Comme on ne saurait oublier l'espace

34 Voir *Romantisme* n° 134 « Les grands boulevards », 2006.

35 Voir *Romantisme* n° 171 « La rue », 2016 ; Béatrice N'guessan Larroux éd., *La Rue dans tous ses états*, Paris, L'Harmattan, 2018.

36 « La fenêtre, en province, remplace les théâtres et la promenade » écrit Flaubert dans une parenthèse de *Madame Bovary* (Paris, Livre de poche, 1999, p. 221.) À ce sujet, voir Andrea del Lungo, *La Fenêtre. Sémiologie et histoire de la représentation littéraire*, Paris, Seuil, « Poétique », 2015.

37 Je renvoie à l'analyse que lui consacre Éric Le Calvez dans *Genèses flaubertiennes*, Amsterdam, Rodopi, « Faux titre », 2009.

du texte, il faut mentionner la porte verrouillée de la première page, mauvais augure que la suite du récit va confirmer jusqu'à l'exclusion finale du pauvre abbé, repoussé à la limite de la ville, quasi ostracisé. On est donc amené à prendre en compte ce que Jean Baudrilllard nommait « le système des objets » ; or précisément, pour ceux-ci nombreuses sont les manières de faire système. La collection est un cas remarquable[38], mais il n'est pas le seul. Récemment, Philippe Hamon a proposé d'isoler la nature morte en littérature et a avancé l'idée d'un « personnel des choses ». Ce qui pourrait sembler négligeable car soustrait à la dynamique narrative, à savoir tel groupement d'objets répondant à quelque ordre (une table dressée, un dessus de cheminée, un établi avec ses outils, une série d'articles en vitrine, etc.) peut être envisagé comme un lieu de concentration du sens : « Un *point de fixation* du lecteur, du personnage, arrêtés face à face sur des objets eux-mêmes "fixés"[39]. »

Faut-il retenir, à titre d'objets spatiaux, les constituants du récit qui remplissent un rôle donné, fonction ou indice suivant la distinction qu'avait proposée Barthes[40] ? Fonctionnelle serait alors la porte de la maison Gamard, et de façon générale chez Balzac comme chez Zola, fonctionnels les points de passage avec leurs préposés à la surveillance sociale (portiers, portières, domestiques) – on songe aussi aux portes d'acajou de *Pot-Bouille* refermées sur les secrets et vices bourgeois. Fonctions également les judas providentiels autorisant la vision : dans *Ferragus* celui de la maison par lequel Jules Desmarets a la révélation d'un lourd secret, mais aussi celui par lequel, dans *Les Misérables*, Marius découvre le bouge Jondrette, et avant lui, celui des *Mystères de Paris* par lequel Rodolphe apercevait le galetas de l'ouvrier bijoutier. Plutôt indiciel serait en revanche tel élément du décor délibérément isolé comme, dans *Le Cousin Pons*, telle porte longuement observée par le narrateur avant qu'elle ne s'ouvre sur un lieu-milieu, un de ceux qu'Auerbach qualifie fort justement d'« entités organiques, voire démoniques[41] ». On aurait là

38 À ce sujet voir Dominique Pety, *Poétique de la collection au XIXe siècle Du document de l'historien au bibelot de l'esthète*, Paris, Presses universitaires de l'Ouest, « Orbis litterarum », 2010

39 Philippe Hamon, *Rencontres sur tables et choses qui traînent De la nature morte en littérature*, Genève, Droz, 2019, p. 38.

40 Roland Barthes, « Introduction à l'analyse structurale du récit » [1966], repris dans *L'Analyse structurale du récit*, Paris, Seuil, « Points », 1981, p. 7-33. Barthes nuance la distinction en notant qu'une même unité peut appartenir à deux classes différentes.

41 Erich Auerbach, *Mimésis*, *op. cit.*, p. 468.

– et la chose n'est pas rare dans les proses réalistes – une de ces « images objets » très éloignées du grand tableau, que Philippe Hamon rattache à la tendance marquée du siècle à « localiser les images[42] ». Celle que nous venons de citer l'est très précisément – nous sommes sur un palier, face au piètre domicile de l'avocat Poirier, un des intrigants de ce récit dont les manœuvres visent précisément à donner accès à un intérieur, autrement précieux, celui qui abrite la collection de Pons dont la valeur est incommensurable à la surface qu'elle occupe (à savoir les quelques mètres carrés d'un salon).

Pour les images-objets, l'empan est donc considérable : cela va des grandes expositions, du musée, public ou privé, à l'imagerie populaire et aux publications destinées au grand nombre (type *Le Musée des familles* ou *Le Magasin pittoresque*). Il convient donc de prendre en compte l'iconosphère propre au siècle telle que l'envisage Philippe Hamon. On peut distinguer, comme il le fait, des « lieux réflexifs », c'est-à-dire non simplement mimétiques mais doués d'une capacité supplémentaire. Non pas miroirs promenés « le long du chemin » mais supports d'une spéculation qui pourrait prendre place ailleurs, par exemple s'exprimer par le canal de l'idée, mais qui se trouve logée au cœur même de la fiction. Ainsi les musées parcourus par les personnages (experts ou non[43]), les ateliers de peintres, les maisons d'artistes mais aussi, de façon plus discrète, les appartements ou chambres aménagés selon la personnalité et la condition de leurs occupants : autant de lieux « où la littérature s'interroge, indirectement, obliquement, ironiquement, par images interposées, sur elle-même, quelle que soit l'école dont relève l'écrivain[44] ». Cette oblicité invite à regarder de près les topographies que nous parcourons comme des composantes fiables, en apparence les moins retorses du roman. Invitation à la micro-lecture, un peu soupçonneuse donc, indépendamment même de l'étendue des œuvres. On songe bien sûr au grand roman de l'artiste (comme *Le Chef d'œuvre inconnu* de Balzac ou *Manette Salomon* des Goncourt) interrogeant la possibilité même de la représentation. Mais un texte modeste comme le conte ou la nouvelle peut accueillir le lieu réflexif : qu'il soit ciel (pensons à « L'affiche céleste » de Villiers de l'Isle-Adam) ou église – on voit là

42 Philippe Hamon, *Imageries*, Paris, José Corti, 2001, p. 30.

43 Car il y a loin entre le Louvre de *L'Assommoir* traversé par les invités de la noce et la délectation esthète de Des Esseintes.

44 *Imageries*, *op. cit.*, p. 102.

l'étonnante extension du « lieu à images ». À l'incipit du chapitre III d'*Un cœur simple*, à la faveur du catéchisme de Virginie, Flaubert a placé une topographie qui est entièrement rapportée à Félicité, à sa perception physique, depuis le moment où son genou touche le sol jusqu'à celui où elle finit par s'endormir. Dans l'intervalle son regard a balayé l'église (le chœur, le lutrin, les vitraux, les statues de bois), elle a écouté le discours du prêtre aussi longtemps que ses facultés lui ont permis de le suivre, c'est-à-dire jusqu'au stade des dogmes[45]. Dans cette progression négative disqualifiant Félicité, comment ne pas voir une interrogation sur la nature même du religieux qui est tout à la fois du bâti, du cérémoniel, du discours, du visible et de l'audible, du sensible et de l'intelligible ? La religion comme grand système d'interprétation du monde ne saurait laisser indifférent l'écrivain qui, à sa façon, tâche aussi de le dire au moyen d'outils symboliques qui sont en partie les mêmes, à savoir les objets, les images, les idées[46]. Flaubert, en les distinguant, a rassemblé les trois dans l'église bien réelle de Pont-l'Évêque, mais Félicité a une prédilection pour les deux premiers, comme cela se confirme dans sa chambre sous les toits, chambre-musée retenue en clôture du conte pour y faire expirer le cœur simple selon une logique spatiale, grandement réflexive, que nous pouvons suivre même si, nous aussi en cette fin confondante, nous peinons un peu à comprendre[47].

L'interrogation supportée par le lieu concerne non seulement la représentation artistique (comme dans les romans d'artistes) mais, au-delà, la façon même qu'ont tous les individus de se rapporter au monde, et de se représenter eux-mêmes, et cela passe par des médiations matérielles et symboliques[48]. Balzac l'a fort bien compris de sorte que les descriptions qu'on lui a reprochées ne sont que la traduction d'une pensée à bien des égards matérialiste, appliquée en particulier aux habitats et aux objets, aux objets renfermés dans un lieu. Un lieu toujours soumis à évaluation et

---

45 « Quant aux dogmes, elle n'y comprenait rien [...] » Gustave Flaubert, « Un cœur simple », *Les Trois contes*, Paris, Gallimard, « folio », 1995, p. 32.

46 Philippe Hamon, pour sa part, distingue quatre termes : l'icône (à voir), l'idole (la statue), l'idylle (« petit tableau » à lire), l'idée (image mentale) (*Imageries*, *op. cit.*, p. 10)

47 Ce qui justifie qu'on s'installe pour de bon dans cette chambre finale. Ce que fait avec beaucoup de justesse Steve Murphy dans *Complexités d'un cœur simple*, Genève, La Baconnière, 2018, notamment chap. XIV.

48 « [...] l'homme, par une loi qui est à rechercher, tend à se représenter ses mœurs, sa pensée et sa vie dans tout ce qu'il approprie à ses besoins. » Avant-propos à *La Comédie humaine*, *op. cit.*, p. 9.

comparaison (sociale, esthétique), et possiblement « théorique » lorsqu'en lui se trouve problématisée la question même de la valeur. Au premier chapitre de *La Cousine Bette*, dès qu'il est introduit dans le salon de la baronne Hulot, Crevel le parvenu en examine l'ameublement avec un mélange de dédain et de contentement de soi. Mais l'œuvre jumelle, *Le Cousin Pons*, est plus symptomatique : à mesure que se démonétise l'homme Pons, enchérit sa collection tandis que l'appartement qui l'abrite, devenu objet de désirs immodérés, finit par être investi par des êtres cupides. La société matérialiste de la Monarchie de Juillet établit sa propre échelle des valeurs : d'une part Pons, l'homme-Empire, déprécié puis écarté, de l'autre les bourgeois qui pèsent de plus en plus et, quoique ignorants du monde de l'art, feront main basse sur la collection de l'artiste.

Par une autre voie, la capacité de réflexion conférée au lieu nous fait revenir à Bakhtine et à la notion de chronotope développée dans de vastes études qui restent une forte source d'inspiration pour qui s'intéresse au roman en général[49]. On a pu reprocher au chronotope bakhtinien une certaine élasticité, mais est acquise comme un précieux legs critique cette connexion temps-espace étudiée comme elle ne l'avait jamais été auparavant. L'indissolubilité ainsi visée conduit à retenir tels motifs qui articulent les séries temporelles de la biographie, de l'histoire, des mœurs ; certains accompagnent l'histoire entière du roman, comme celui de la rencontre et de la route. Bakhtine ne nous a pas donné tout le mode d'emploi de son concept et on ne saurait le lui reprocher. Parmi les tâches revenant à ses successeurs, il y a celle de sémiotiser le chronotope plus qu'il ne le fait[50] et de l'éprouver sur des corpus précis, de façon notamment à dégager des chronotopes de genres et de sous-genres. S'agissant du roman du XIXe siècle, l'historicisation est doublement requise : et par l'esprit du temps et par les figurations précises à travers lesquelles les œuvres disent la marche du temps dans l'espace. Dans *Le Roman est un songe*, Philippe Dufour a remis sur le métier cette notion de chronotope[51] qu'il entend comme « présent en marche ». C'est celui que Balzac conçoit et figure dans certaines topographies, comme celle qui ouvre *Illusions perdues* et qui fait grandement sens : l'opposition du

49 Mikhaïl Bakhtine, *Esthétique et théorie du roman*, Gallimard, 1978 pour la trad.fr. ; *Esthétique de la création verbale*, Gallimard, 1984 pour la trad. fr.

50 Je reprends ici la remarque d'Henri Mitterand dans « Chronotopies romanesques », *Poétique*, n° 81, 1990.

51 Philippe Dufour, *Le Roman est un songe*, Seuil, « Poétique », 2010, p. 63-123.

haut Angoulême où sont cloîtrées les vieilles familles et des faubourgs actifs vaut comme évaluation des forces du moment. De même, plus loin dans le roman, le Palais-Royal et ses galeries de bois où se côtoient différentes couches sociales et où se forme une opinion publique, figurent l'avenir de la société. De l'un à l'autre de ces emplacements peut se lire la transition historique, le passage d'une société aristocratique à une société démocratique, qui n'a pas besoin d'être approuvé par l'écrivain légitimiste et qui s'inscrit dans sa description.

Cette façon qu'ont les grands auteurs de projeter l'idée dans tels motifs spatiaux, parfois d'amener celle-ci au point de concrétude de l'allégorie peut surprendre car elle dérange certains préjugés à propos du réalisme ; or celui-ci « est une écriture symbolique[52] » comme le proclame Philippe Dufour. De sa démonstration, une autre leçon se dégage qui concerne l'usage du chronotope. Pour l'écrivain lecteur d'espace, il s'agit de relever les indices du devenir, de détecter les lieux significatifs et de les mettre en signes (opération à la fois de transcription et de codage). Symétriquement, du lecteur est attendue une certaine attention à telle topographie ou même à telle image chronotopique, au-delà, une certaine compétence interprétative afin de relier les motifs qui font retour à l'intérieur d'un vaste ensemble comme *La Comédie humaine* ou reparaissant dans différentes œuvres échelonnées dans la durée. Enfin, si suivant l'enseignement d'Hans Robert Jauss, le potentiel de sens des œuvres s'actualise à chaque stade de leur réception, il y a pour les lecteurs de Balzac, de Flaubert, de Hugo et des autres la possibilité de projeter les dits chronotopes sur leur propre présent. Assez naturellement, nous pouvons actualiser le chronotope de la rue démocratique à l'heure où précisément celle-ci proteste contre ce qui fut long à obtenir tout au long du XIXe siècle, à savoir la démocratie représentative, concurrencée de nos jours par une démocratie d'opinion qui entend faire valoir ses droits. La Bourse n'est plus au Palais-Royal comme au temps de Balzac, ni même au Palais Brongniart où Zola faisait triompher Saccard – cependant que les mouvements de capitaux sont désormais invisibles et quasiment « intraçables ». Le bas-fond n'est plus celui des Mohicans de Paris ou la masure Gorbeau mais peut-être l'immeuble délabré des cités périphériques, le camp de réfugiés, ou le sous-sol post-industriel figuré par les auteurs de la science-fiction et de la bande dessinée.

---

52 *Ibid.*, p. 81.

LIEUX DU DISCOURS

L'expression « lieux du discours » dont nous faisons usage peut s'entendre de plusieurs manières. En un sens large, elle renvoie à cet ensemble de représentations qui forment ce qu'on appelle une idéologie. Mais on a appris à se méfier de cette appellation massive – raison pour laquelle Philippe Hamon a préféré naguère parler d'« effet-idéologie » et pratiquer une sorte d'acupuncture concentrée sur ses points d'affleurement textuels[53]. Avant lui, à travers le concept de sociotexte, Claude Duchet avait proposé de distinguer cette zone intermédiaire entre texte et hors-texte par laquelle l'œuvre filtre et travaille un matériel social qui lui vient du dehors[54]. Ainsi, par exemple, une simple désignation professionnelle comme « financier » (métaphorisé en « loup cervier » par Balzac) ou « banquier » entraîne avec elle des représentations, des images, des souvenirs voire des angoisses (si l'on songe aux krachs dont s'est inspiré Zola pour *L'Argent*). En restant du côté des types professionnels, on en dirait autant de l'ouvrier ou de la prostituée. Ces « sociogrammes » (Duchet) rencontrent les lieux de la morale. Les romanciers post-romantiques, on le sait, ont inventé un lieu de neutralité (la fameuse « impersonnalité ») dont on pourrait montrer qu'il s'apprécie diversement au cours du temps : le Sartre de *Qu'est-ce que la littérature ?* dénonçait le parti d'irresponsabilité des écrivains de cette génération ; aujourd'hui ce même parti est regardé par la critique comme une manière parmi d'autres pour la fiction littéraire de mener le débat d'idées en démocratie[55]. Quoi qu'il en soit, aux maîtres du réalisme-naturalisme il fallut une sévère discipline : cette fameuse impersonnalité qui est une technique d'effacement ou de diminution de l'instance énonciative. Et ce lieu de neutralité fut difficile à justifier (au procès de *Madame Bovary* l'avocat impérial Pinard s'interroge : « Je ne sais pas ce que pense la conscience de l'auteur [...] »), à défendre (« Mon œuvre me défendra » proclame

53 Philippe Hamon, *Texte et idéologie*, Paris, PUF, 1984.

54 Claude Duchet, *Sociocritique*, Paris, Nathan-Université, 1979 ; Claude Duchet, Patrick Maurus, *Un cheminement vagabond, nouveaux entretiens sur la sociocritique*, Paris, Honoré Champion, 2011.

55 Nelly Wolf, *Le Roman comme démocratie*, Vincennes, Presses universitaires de Vincennes, 2003.

Zola dans sa préface à *L'Assommoir*). Difficile aussi à tenir dans la durée pour les écrivains eux-mêmes en raison de leur expérience personnelle ou de leur conviction propre : ainsi Paul Alexis peut-il accuser Alphonse Daudet d'être resté au fond « bourgeois » et donneur de leçon dans sa *Sapho*, roman sur le collage[56] ; ainsi Zola, au-delà des *Rougon-Macquart*, verse-t-il dans la thèse.

Pour établir une seconde signification plus proprement linguistique des « lieux du discours », on peut revenir au rez-de-chaussée de la « pension bourgeoise » où Vautrin est arrêté. Occasion pour Balzac de faire voir et entendre un autre monde, « le bagne aves ses mœurs et son langage[57] ». Idiome inquiétant et non plus divertissant comme l'est celui de Nucingen, de la Cibot ou de certains personnages de Paul de Kock. Cette inscription des parlers et des parlures est un des traits majeurs du réalisme moderne et un legs fait à la postérité, qu'il s'agisse de ce que, pour le premier vingtième siècle, Jérôme Meizoz a appelé « le roman parlant[58] » ou de nos contemporains – qu'on songe à Annie Ernaux ou à François Bon. Tous, en quelque façon, reprennent à leur compte l'image du « moule très travaillé » dont parle Zola dans sa célèbre préface, image qui dit l'essentiel : le travail qui informe une matière, au prix duquel peut résonner une langue autre. Au-delà des singularités qui s'attachent aux idiolectes et sociolectes, l'ambition est plus haute. C'est encore Zola qui la formule le plus justement lorsqu'il fait état du « travail purement philologique » qui a été le sien. Mots de défense certes, en réponse aux détracteurs qui tantôt (les républicains) l'accusent d'avoir sali le peuple, tantôt (conservateurs et puristes) d'avoir dénaturé la langue française en la métissant dangereusement. Ce qui pose la question de la dose d'altérité admise dans la langue et dans le corps social – une question toujours actuelle. Rappelons aussi que la philologie entend saisir à travers la manifestation linguistique la pensée humaine, spécifiquement l'esprit d'un peuple – ou du peuple en tant que tel, question éminemment politique avec laquelle se débat tout le XIXe siècle, et qui a toujours un versant linguistique. On sait ce qu'il advient du fils de Gervaise dans l'autre grand roman ouvrier de Zola, que ce rôle de meneur le destine à la prise de parole en des moments-clés de l'action. Mais ce n'est pas sa harangue dans la forêt de Vandame que l'on

56 Paul Alexis dans son compte rendu « *Sapho* ou le collage », *Le Réveil* du 1er mai 1884.

57 Balzac, *Le Père Goriot*, *op. cit.*, p. 219.

58 Jérôme Meizoz, *L'Âge du roman parlant (1919-1939)*, Genève, Droz, 2001.

retient, c'est la voix collective des grévistes qui résonne, transformant la route en haut lieu de parole. Rappelons-nous qu'au seuil même du cycle, au moment donc de la fracture historique du coup d'état, *La Fortune des Rougon* faisait déjà entendre une vaste clameur populaire et répercutait *La Marseillaise* dans un impressionnant décor nocturne. Il s'agit d'une de ces scènes où Zola se révèle non seulement admirable « peintre de foules » mais étonnant preneur de sons. Cette dimension politico-sonore se retrouve ailleurs, dans d'autres œuvres et d'autres médias[59]. Le nom de Vallès s'imposerait ici, et avec lui la rue dont il se veut l'organe, car pour lui elle est « lieu d'incubation de la pensée sociale[60] ». Lieu mixte d'ailleurs, en prise directe sur une culture vivante de l'oralité, et cependant (quand bien même la grammaire est malmenée par les chefs communards) relié à l'écrit de deux manières : par les théoriciens politiques (Proudhon, Louis Blanc et les autres) qui s'y trouvent recyclés, et par le journal qui lui doit tout. Vallès avait bien vocation à fonder des journaux aux titres sonores comme *La Rue* et *Le Cri du peuple*, ce dernier crié dans *L'Insurgé*, le livre sur la Commune qui, précisément, brouille la frontière entre le roman et la chronique issue de la rue et destinée à y retourner.

Les poéticiens, en leurs différentes nuances, ont souligné cette faculté de ramasser des usages très différents de la langue pour les fondre dans l'unité formelle du roman, suivant une des grandes leçons de Bakhtine passée dans l'usage avec le concept de plurilinguisme. Plus près de nous, Philippe Hamon a défini l'œuvre littéraire comme « une sorte de conservatoire du patrimoine linguistique, de musée des usages de la langue[61] ». Dans un esprit analogue, il nous faut observer que ce musée a ouvert de nouvelles salles, accueilli de nouveaux objets, tenus jusqu'alors pour négligeables et passés longtemps inaperçus. Au-delà de la seule composante linguistique (déjà complexe), l'ethnocritique s'intéresse à une couche plus secrète, celle constituée par les rites, mythes et usages, qui ont été souvent dépassés ou refoulés par la culture savante. Cette couche-là ne nous est certes pas toujours cachée ; en lisant *L'Assommoir*, nous sentons bien qu'aux manières des personnages, à leur voix parlée ou chantée se mêlent des fragments

59 Pensons, entre autres, à des titres comme *La Cloche*, *Le Tintamarre*.

60 J'emprunte l'expression à Arouna Coulibaly, « Penser et défendre la Sociale par la rue dans *L'Insurgé* et *Le Tableau de Paris* de Jules Vallès », in *La Rue dans tous ses états*, *op. cit.*, p. 339-351. Voir également Corinne Saminadayar-Perrin, « Jules Vallès écrivain rualiste », *Romantisme* n° 171, 2016.

61 Philippe Hamon, *Imageries*, *op. cit.*, p. 112.

de culture populaire. Mais par un phénomène singulier, il semblerait que, dès qu'une œuvre fait partie du canon littéraire, elle perde pour le regard lettré ses attaches avec la culture commune ou populaire. Or les œuvres réalistes sont précisément celles qui ont vocation à entretenir les liens les plus serrés avec celle-ci puisque leur terrain (pour parler comme les ethnologues) est prioritairement celui des mœurs et des coutumes, au sens le plus large. Qu'on pense seulement aux grands rites de la vie civile comme la naissance ou la mort. L'enterrement traverse tout le grand roman français du XIXe siècle, du *Père Goriot* à la conclusion de *L'Œuvre* chez Zola, en passant par les obsèques expéditives de Dambreuse dans *L'Éducation sentimentale*, la fosse commune de Germinie Lacerteux, la tombe de Jean Valjean, sans oublier au beau milieu du siècle « L'Enterrement à Ornans », le tableau-manifeste de Courbet.

Dans le cadre d'une poétique culturelle, l'objectif des ethnocriticiens est de faire droit à cette composante essentielle de la symbolique sociale qu'est le rite en observant comment il s'inscrit dans des « ethnotextes », qui sont donc à leur façon des lieux du discours, eux-mêmes inscrits en des lieux. Est-il d'ailleurs un rite qui ne soit situé ? Le roman, fût-il « moderne » ou « formule avancée de la science » (Zola) est, là encore, conservatoire des usages, par exemple ceux des femmes au lavoir – dont Gervaise en son temps fut déclarée reine. Mais celui-ci n'est pas nécessairement respectueux car, en même temps qu'il accueille la culture commune, la légalité coutumière, il s'en éloigne, les dérange, voire les parodie. Il faut voir ce qu'il advient du mariage dans *Madame Bovary*, ce que Maupassant fait avec les morts et surtout comment en usent avec eux les vivants, à la ville et aux champs. La lecture ethnocritique peut conduire loin et il arrive que tel rite particulièrement riche et prégnant (qui demande à être déployé comme un vrai mythe) s'identifie à un noyau de sens auquel peut s'accrocher tout l'univers symbolique du récit. C'est le cas du rite convivial de la crémaillère dans *L'Assommoir* analysé par Jean-Marie Privat, qu'il décompose en ses éléments premiers (l'eau, le feu) et dont il déploie les nombreuses implications (le foyer, la famille, le voisinage). Se découvre alors une véritable « matrice culturelle[62] » à laquelle se rattachent tous les lieux du roman (la cuisine, la boutique,

62 Jean-Marie Privat, « Le micmac du rite », in Daniel Fabre et Marie Scarpa éds., *Le Moment réaliste Un tournant de l'ethnologie*, Nancy, PUN – Éditions universitaires de Lorraine, « EtnocritiqueS », 2017, p. 247.

le lavoir, la forge, l'assommoir) et qui permet d'inscrire le roman de Zola dans les coordonnées plus vastes d'un interdiscours. En ce sens, l'ethnocritique comme méthode localise (quoi de plus central que le foyer ?) autant qu'elle délocalise en reliant entre eux les ethnotextes au sein d'une œuvre et en dehors d'elle.

Pour l'essentiel, nos études se maintiennent à l'intérieur des œuvres, de tel ou tel texte qui nous a retenu parce qu'il proposait un lieu, et d'abord un lieu textuel. Naguère on a longuement glosé le terme de texte et celui-ci s'est parfois trouvé déspatialisé, notamment sous la plume de Barthes – précisons, celui des années 70 auquel on se gardera bien de faire un mauvais procès. Contre la rhétorique et l'explication scolaire, dans *S/Z*, il écrivait : « Le texte, dans sa masse, est comparable à un ciel, plat et profond, lisse sans bords et sans repères [...][63]. » Belle image assurément qui se comprend dans un manifeste en faveur du texte ouvert, notamment à la lecture. Néanmoins, quelles que soient les préventions à l'égard de la division et de la rhétorique, il semble impossible de déspatialiser la littérature et, au-delà, toute œuvre artistique en général. Sans tomber dans l'illusion positiviste, on peut souscrire à ce « numératif[64] » que contestait Barthes. En l'occurrence, on est suffisamment convaincu que la découpe d'espace à laquelle se livre le romancier en élisant telle ville, tel quartier, telle rue possède son correspondant dans la forme de l'œuvre, au niveau de la conception générale (Balzac : « Mon ouvrage aura sa géographie... ») comme à celui des divisions particulières. C'est affaire de *dispositio* dont ont bien conscience les auteurs, et pas seulement ces professionnels de la découpe que sont les feuilletonnistes. Le paragraphe flaubertien a ses contours propres, voulus comme nous le montrent les avant-textes. Que dire d'un grand architecte comme Victor Hugo, qui intitule « Bien coupé, mal cousu » un des chapitres des *Misérables*[65] ? Dans ses « Notes générales sur la nature de l'œuvre », en amont de sa grande entreprise, parmi les consignes que se donne Zola, il y a celle-ci :

63 Roland Barthes, *S/Z*, Paris, Seuil, « Points », 1976, p. 20.

64 « Le texte est un concept massif et non numératif », article « Texte » [1973] de *L'Encyclopaedia Universalis*, p. 372.

65 Jacques Dürrenmatt en a fait le titre de son ouvrage *Bien coupé, mal cousu. De la ponctuation et de la division du texte romanesque*, Presses Universitaires de Vincennes, « Essais et savoirs », 1998.

« Tout le monde réussit en ce moment l'analyse de détail : il faut réagir par *la construction solide des masses*, des chapitres [...][66] ». Par conséquent, ni Balzac et son « analyse courante », ni les Goncourt et leurs livres kaléidoscopiques.

Le geste de découpe du créateur appelle le genre de circonscriptions que nous opérons dans cet ouvrage. Parmi ces lieux de l'œuvre qui se recommandent à l'attention, la description est la plus connue, avec ses différentes espèces : portraits, paysages, « intérieurs[67] ». Ce n'est certes pas le seul lieu remarquable : il y a aussi les séquences initiale et terminale du livre, la digression, la parenthèse, la nature morte, la scène. À cette dernière, je reviendrai plusieurs fois car, malgré la familiarité de son usage, elle est encore mal connue. Elle nous intéresse particulièrement pour deux raisons que nous aurons l'occasion de développer. Le roman réaliste-naturaliste et les écritures de mœurs en général (auxquelles il faudrait associer les graveurs, caricaturistes et autres faiseurs d'images) obligent à reconsidérer les formats et à admettre, à côté des « scènes à faire », un nouveau répertoire de scènes qui, sans être de nature dramatique, remplissent une fonction mimétique et symbolique ainsi qu'une fonction précise de cadrage (notamment actantiel et temporel). L'autre raison est que les romanciers (spécifiquement cette fois) ont constitué ces séquences en véritables observatoires des usages sociaux, et notamment – pour revenir aux rites – de ceux qu'un Erving Goffman dit du quotidien. Beaucoup de ces scènes, qui ne sont pas celles qu'a retenues l'anthologie, peuvent s'analyser comme de véritables dispositifs. On abuse aujourd'hui de ce terme dans tous les domaines, mais il peut recevoir un sens précis, notamment si on l'envisage sous l'angle de l'interaction ou dans le cadre d'une poétique générale des dispositifs[68], telle qu'on pourrait l'appliquer par exemple à l'arrestation de Vautrin. Revenons à elle une dernière fois comme si elle pouvait emblématiser un certain lieu de l'œuvre réaliste, et cela autrement que par la fameuse relation

66 Émile Zola, « Notes générales sur la nature de l'œuvre », cité dans la Notice de *La Fortune des Rougon* (éd. d'Henri Mitterand), Paris, Gallimard, « folio », 1981, p. 484.

67 Outre les travaux de Philippe Hamon, on se reportera à *Poétiques du descriptif* (Alice Georges-Métral dir.), Paris, Classiques Garnier, 2015. S'agissant des « intérieurs » balzaciens, voir le numéro spécial de *L'Année balzacienne*, 2017 (« Balzac architecte d'intérieurs »).

68 Je renvoie ici à Philippe Ortel dir., *Discours, image, dispositif*, Paris, L'Harmattan, « Champs visuels », 2008. On lira notamment sa contribution « Vers une poétique des dispositifs », p. 33-58.

d'implication formulée par l'auteur-narrateur[69]. Cette arrestation constitue indubitablement une scène dramatique. Elle a lieu au rez-de-chaussée de la pension Vauquer, « pension bourgeoise » avertissait l'inscription de l'*introït*. « Bourgeoise » donc « médiocre », mais le télescopage des mondes sociaux et des croyances qui s'opère à cette occasion n'a, lui, rien de médiocre. Il est même extraordinaire tandis que Vautrin alias Trompe-la-Mort apparaît comme « fameusement beau à dessiner[70] ». Est ici symbolisé, sous le regard de la loi, le surgissement d'un monde souterrain, effrayant, à la surface d'un autre censément réglé et civilisé. La pension est alors lieu-image, mais aussi lieu-discours car Vautrin parle une langue venue d'ailleurs, étrangère et accusatrice, que chaque spectateur interprètera pour son propre compte, comme le lecteur du reste. C'est sans doute dans ce roman fameux le moment où la pension de « maman Vauquer » est la plus parlante. Tous les lieux du roman réaliste ne nous parlent certes pas sur ce mode-là, mais, d'une manière ou d'une autre, se les proposer comme on le fait ici, c'est vouloir en prendre la mesure et se mettre à leur écoute.

69 « [...] enfin toute sa personne explique la pension, comme la pension implique sa personne. » (*Le Père Goriot*, *op. cit.*, p. 54).

70 Selon le jugement d'un des membres de l'assistance qui n'est autre que le peintre. (*Le Père Goriot*, *op. cit.*, p. 221).

PREMIÈRE PARTIE

LIEUX DU TEXTE

MICRO SCÈNES BALZACIENNES

Il y a deux façons d'envisager la question du romancier sociologue au XIXe siècle : si on ose cette formulation, par le haut et par le bas, sans attacher à ce bas une quelconque idée d'indignité ou de moindre intérêt. Tout au contraire, comme on va le voir. Par le haut, qu'est-ce à dire ? En écoutant les auteurs et leurs ambitions les plus hautes : exemplairement, celles que Balzac exprime dans son Avant-propos de 1842 où, dit-il, il s'agit de « surprendre le sens caché dans cet immense assemblage de figures, de passions et d'événements [...] Ainsi dépeinte, la Société devait porter avec elle la raison de son mouvement[1] ». On conçoit que la critique historique et marxiste ait été requise par de telles propositions et qu'elle ait discerné l'avenir libéral et bourgeois que la description balzacienne projetait en avant d'elle-même, et cela en contradiction avec les convictions conservatrices de l'auteur[2]. Approches par le haut aussi celles qui isolent des questions que l'écrivain formule dans la langue de la fiction et qu'il constitue en objets d'étude avant que la science sociale ou politique ne le fasse : questions de la nation, de la démocratie, de l'opinion, du mariage, de l'artiste, etc. Approches par le bas, qu'est-ce à dire ? Le lieu d'observation est situé plus bas, à cet étage que Balzac désigne lui-même comme formant l'assise large de sa *Comédie humaine*. L'on sait que l'intention explicite est d'« écrire l'histoire oubliée par tant d'historiens, celle des mœurs[3] » et que, pour relever ce défi, le type s'avère le plus indiqué des outils car par lui on peut espérer saisir la multiplicité sociale, « le drame à trois ou quatre mille personnes que présente une Société[4] ». Outil intermédial fait aussi pour exciter l'imagination des dessinateurs, caricaturistes, graveurs dont le rôle nous est mieux connu

---

1 Balzac, « Avant-propos » à *La Comédie humaine*, t. I, Paris, Gallimard, « Pléiade », 1976, p. 11-12.

2 On pense en premier lieu aux travaux de Pierre Barbéris, notamment *Mythes balzaciens*, Paris, Armand Colin, 1972 et *Le Monde de Balzac*, Paris, Arthaud, 1973.

3 « Avant-propos », *op. cit.*, p. 11.

4 *Ibid.*, p. 10.

aujourd'hui grâce aux orientations d'une poétique des supports et aux travaux portant sur l'image[5].

À une autre échelle, délaissant les grandes catégories classiques comme les classes sociales, une microsociologie a choisi de s'intéresser à l'existence quotidienne suivant les orientations d'Erving Goffman[6]. L'auteur des *Rites d'interaction* et de *La Mise en scène de la vie quotidienne*[7] a eu l'idée originale de constituer en objets d'étude sérieuse les circonstances de la vie ordinaire, et notamment celles qu'il nomme interactions en public. Par là il retrouve la vieille métaphore du théâtre du monde. L'empan est considérable : cela va de la conférence dans un cadre officiel aux rencontres, échanges de tous les jours, y compris les plus banals – comme à un arrêt de bus ou dans une queue de supermarché. L'hypothèse est qu'on peut appliquer aux « comportements mineurs » une étude serrée, à la lumière notamment de l'éthologie qui s'intéresse aux comportements animaux (spécialement à leur relation aux territoires) et de la linguistique puisque les interactions se laissent décomposer en unités discrètes et qu'on peut en dégager une syntaxe. Autre postulat : toutes les interactions sont sous-tendues par des normes, des règles qui la plupart du temps nous échappent, tant elles sont naturalisées par l'habitude et la culture.

Notre proposition est qu'il est possible, grâce à l'approche microsociologique, de donner un nouveau fond à ce vieux terme de mœurs recouvrant toute une épaisseur ethnographique. Dans l'énorme masse des interactions à considérer dans cet esprit, nous avons choisi une circonstance triviale et un rite, un de ceux que Goffman nomme rite de présentation. Une des raisons qui nous le fait retenir est que les lois de l'hospitalité sont universelles – universelles, mais plus subtiles qu'il n'y paraît à un regard non averti.

---

5 Voir notamment Marie-Ève Thérenty, « Pour une poétique historique du support », *Romantisme*, nº 143, 2009, p. 109-115.

6 Je ne suis pas le seul à souligner l'intérêt de Goffman. Je renvoie aux articles récents de Boris Lyon-Caen, « Le roman petit bourgeois » (p. 119-134) et d'Agathe Novak-Lechevalier « Microsociologie balzacienne. Balzac, Goffman et le théâtre du monde » (p. 301-316), in Andrea del Lungo et Pierre Glaudes éds., *Balzac, l'invention de la sociologie*, Paris, Classiques Garnier, 2019.

7 Erving Goffman, *La Mise en scène de la vie quotidienne*, t. 1 et 2, Paris, Éd. de Minuit, 1973 et *Les Rites d'interaction*, Paris, Éd. de Minuit, 1974.

LE FAUX PAS D'EUGÈNE

L'histoire en son commencement est connue : Eugène de Rastignac, de vieille famille provinciale désargentée, monté à Paris, doit se faire admettre dans un certain nombre de lieux. Pour sésame il n'a que sa beauté et le nom de sa cousine, Mme de Beauséant à laquelle il demande protection. Celle-ci lui administre une vigoureuse leçon et se propose de le guider dans « le bourbier » parisien. Cette entrevue décisive est la seconde du roman et elle fait immédiatement suite à la visite que le jeune homme a rendue aux Restaud[8]. Ainsi, deux rites de présentation se suivent : le premier est un échec, une mésaventure interactionnelle chez le comte de Restaud et son épouse Anastasie, l'une des deux filles Goriot qui, par son mariage, a accédé au plus haut rang social. La fille de l'ancien vermicellier est passée dans l'aristocratiie – ce déclassement (vers le haut) est la donnée capitale sous-tendant la scène de visite.

Dans un rite de présentation, nous dit Goffman, importent principalement deux choses : la tenue et la déférence, c'est-à-dire les égards que l'on marque à l'endroit de l'hôte, qui est le récipiendaire. Or, malgré la disparité des conditions (l'étudiant pauvre face à la haute société), l'interaction s'est ouverte sous les meilleurs auspices, grâce au « coup de baguette, dû à la puissante intervention d'un nom[9] » : l'étudiant vient d'être présenté par la comtesse à son mari comme « parent de Mme la vicomtesse de Beauséant par les Marcillac » et les deux hommes ont pu croiser leur généalogie respective. Une reconnaissance est autorisée par l'origine géographique et le passé que rappelle M. de Restaud : « Le grand-oncle de monsieur [Rastignac] et mon grand-père se connaissaient ». On est « en pays de connaissance » s'enchante à son tour Anastasie.

Malheureusement aussi, c'est par le nom que se produit la disjonction, Rastignac mis en confiance prononce celui de Goriot. Bévue du jeune homme qui se prévaut d'une proximité (« [...] je viens de voir sortir de chez vous un monsieur avec lequel je suis porte à porte dans la même pension, le père Goriot[10] ») dont la proclamation est très malvenue.

---

8 Balzac, *La Comédie humaine*, t. III, Paris, Gallimard, la Pléiade, 1976, p. 104-117.

9 *Ibid.*, p. 99.

10 *Ibid.*, p. 101.

C'est comme si le jeune homme importait l'univers peu reluisant de la pension Vauquer dans l'hôtel particulier des Restaud. Il en résulte un choc culturel et une rupture de charme, au sens précis où s'expérimente ici, d'abord positivement puis négativement, « la magie du social » telle que l'entendent certains sociologues. Un titre, une origine, un nom confèrent légitimité à la personne qui les prononce, l'arrachent à « l'état d'insignifiance sociale[11] ». Mais cela à condition d'entretenir savamment cette considération, sans l'abîmer étourdiment comme le fait Rastignac.

Par ailleurs, sans le savoir et par excès de franchise, Rastignac a enfreint une règle de la conversation, celle que Grice appelle règle de quantité qui se résume de la sorte : que votre contribution à l'échange soit adaptée, ni trop ni trop peu[12]. Or ici Rastignac en dit trop. À quoi s'ajoute la faute de langue. D'où la sévère correction de M. de Restaud : – Monsieur, vous auriez pu dire monsieur Goriot ! ». « Père » au lieu de « Monsieur » est un usage importé de la pension. Cette incorrection (morale et linguistique) vaut comme atteinte à la personne : pas tant à l'absent (Goriot) qu'à celui qui reçoit (encaisse, faudrait-il dire) l'information et auquel est mal à propos rappelée l'origine de Mme de Restaud née Goriot. Il s'agit d'une atteinte à ce que les interactionnistes désignent comme la face de la personne, celle-ci se dédoublant en face positive (l'idée que l'on se fait de soi) et face négative (les territoires du moi en tant qu'ils sont menacés). À ce stade initial de l'histoire, Rastignac ignore que l'ascension des filles Goriot a eu pour contrepartie la relégation du père.

En observateur attentif de la scène, le narrateur note les effets de cette bévue sur chacun des participants. D'abord, l'extrême embarras du coupable (« Il aurait voulu se jeter dans un gouffre ») après qu'il a détruit le cadre de l'interaction qui *a priori* lui était favorable et même accueillant. Encore fallait-il connaître les règles qui président aux échanges. Or elles ne sont pas écrites et c'est souvent à l'occasion de leur infraction qu'on en perçoit la puissance. Les effets de la bévue s'inscrivent aussi et surtout dans la composante extralinguistique, dans le corps et ses postures. À l'audition du nom de Goriot, le comte qui « tisonnait, jeta les pincettes dans le feu, comme si elles lui eussent brûlé les mains, et

11 J'emprunte la remarque à Bernard Lahire, « Sur quelques schèmes d'interprétation du social chez Balzac », in *Balzac, l'invention de la sociologie*, *op. cit.*, p. 257.

12 H. Paul Grice, « Logique et conversation », *Communications*, n° 30, 1979, p. 57-72.

se leva[13] », puis, ne tenant plus en place, il va et vient dans le salon. Plus symptomatiquement encore, la comtesse qui pâlit, rougit, adopte « un air faussement dégagé ». Mieux, ou pire, pour échapper au piège de la situation, elle passe très étrangement à son instrument pour changer littéralement de registre : de la parole articulée au chant, trouvant un débouché pianistique à l'émoi violent qui s'est emparée d'elle.

Il faut aller jusqu'au bout de la scène. Rastignac est acheminé vers la sortie avec une fausse déférence qui dissimule une expulsion. Une consigne sans appel est donnée au domestique qui gère les entrées. On sait que la porte est un organe pratique et symbolique capital chez Balzac ; par conséquent, grande est l'importance de ceux qui en ont la charge : portiers, portières, domestiques et autres huissiers. Dans la scène qui suit, Mme de Beauséant reformulera cela dans les termes les plus clairs : « Vous vous êtes fermé la porte de la comtesse pour avoir prononcé le nom du père Goriot. Oui, mon cher, vous iriez vingt fois chez Mme de Restaud, vingt fois vous la trouveriez absente. Vous avez été consigné[14]. »

Ainsi échoue le jeune homme, sans qu'il ait saisi toute la gravité de ce faux pas, et cela au cours d'une interaction qui n'est pas une grande scène dramatique, mais une simple occasion rituelle, laquelle vaut cependant comme une leçon de sociologie pratique.

PETITE RÉUNION PAR TEMPS DE PLUIE

Descendons à présent d'un cran, d'une interaction domestique vers une unité moins caractérisée qui paraît peu nécessaire à la marche du récit. Il s'agit pourtant d'une de ces circonstances de la vie quotidienne que Goffman qualifie de scène, où se joue quelque chose et où des rôles sont tenus, fussent-ils muets. Il s'agit de la réunion tout à fait fortuite de piétons parisiens à la faveur, ou par la faute d'un petit événement météorologique, une averse.

> Comment aucun de nos peintres n'a-t-il pas encore essayé de reproduire la physionomie d'un essaim de Parisiens groupés, par un temps d'orage, sous

---

13 *Le Père Goriot*, *op. cit.*, p. 101.

14 *Le Père Goriot*, *op. cit.*, p. 116.

> le porche humide d'une maison ? Où rencontrer un plus riche tableau ? N'y a-t-il pas d'abord le piéton rêveur ou philosophe qui observe avec plaisir, soit les raies faites par la pluie sur le fond grisâtre de l'atmosphère, espèces de ciselures semblables aux jets capricieux des filets de verre ; soit les tourbillons d'eau blanche que le vent roule en poussière lumineuse sur les toits ; soit les capricieux dégorgements des tuyaux pétillants, écumeux ; enfin mille autres riens admirables, étudiés avec délices par les flâneurs, malgré les coups de balai dont les régale le maître de la loge ? Puis il y a le piéton causeur qui se plaint et converse avec la portière, quand elle se pose sur son balai comme un grenadier sur son fusil ; le piéton indigent, fantastiquement collé sur le mur, sans nul souci de ses haillons habitués au contact des rues ; le piéton qui étudie, épelle ou lit les affiches sans les achever ; le piéton rieur qui se moque des gens auxquels il arrive malheur dans la rue, qui rit des femmes crottées et fait des mines à ceux ou celles qui sont aux fenêtres ; le piéton silencieux qui regarde à travers toutes les croisées, à tous les étages ; le piéton industriel, armé d'une sacoche ou muni d'un paquet, traduisant la pluie par profits et pertes ; le piéton aimable, qui arrive comme un obus, en disant : Ah ! quel temps, messieurs ! et qui salue tout le monde ; enfin, le vrai bourgeois de Paris, homme à parapluie, expert en averse, qui l'a prévue, sorti malgré l'avis de sa femme, et qui s'est assis sur la chaise du portier. Selon son caractère, chaque membre de cette société fortuite contemple le ciel, s'en va sautillant pour ne pas se crotter, ou parce qu'il est pressé, ou parce qu'il voit des citoyens marchant malgré vent et marée, ou parce que la cour de la maison étant humide et catarrhalement mortelle, la lisière, dit un proverbe, est pire que le drap. Chacun a ses motifs. Il ne reste que le piéton prudent, l'homme qui, pour se remettre en route, épie quelques espaces bleus à travers les nuages crevassés[15].

Il y a bien sûr un choix tout à fait voulu dans le fait de porter à l'expression une circonstance aussi triviale. Rappelons que le *trivium* latin est le carrefour où aboutissent trois chemins. Ici, c'est le point de rencontre de plusieurs individus. Cela signifie que le répertoire des scènes est extensible, quasiment à l'infini. Le narrateur balzacien s'en étonne et s'en réjouit car il y a là un vide de la représentation à remplir, une observation à mener, une scène ou un tableau à faire – quoique en un sens un peu inhabituel puisque, dans ce suspens narratif et météorologique, il ne se passe rien d'important. C'est qu'en réalité le discours critique a tendance à retenir et à mettre en avant les scènes qui se conforment à l'idée *a priori* que nous nous en formons, à savoir : une unité nette relevant du régime mimétique direct, sans hiatus temporel, un moment fort de l'histoire qui trouve à se ranger sous quelque label

15 *Ferragus*, in *Œuvres complètes d'H. de Balzac*, t. VIII, Paris, Michel Lévy frères éd., 1869, p. 27-28.

assuré qui le voue à l'anthologie – par exemple, la rencontre, le bal, l'aveu ou l'admirable arrestation de Vautrin dans *Le Père Goriot*. Autant dire une fonction cardinale (eût dit Roland Barthes) du récit[16]. Or le roman, spécialement celui qu'on dit de mœurs, oblige le regard à s'accommoder à d'autres formats de scènes – dédramatisées, non acméiques ou simples vues – qu'on ne saurait séparer de l'illustration, de la caricature, plus généralement de toute une culture visuelle capitale en cette première moitié du XIXe siècle[17].

La page de Balzac, cette saisie d'un groupement momentané, est tout à fait dans la mentalité de l'étude de mœurs qui affectionne les petites découpes comme ici : et dans l'espace du texte et dans l'espace représenté, à savoir cette porte cochère investie par des passants que l'averse a surpris. Balzac a délimité un espace, limitrophe du reste, qui est aussi territoire temporaire, dirait Goffman. Celui-ci précise par ailleurs que le corps de l'individu est central et qu'il constitue même le territoire propre par excellence. Dans un espace resserré comme un porche (il en est de même pour les arrêts de bus, les compartiments de métro, les ascenseurs), il convient de faire en sorte que les corps ne se touchent pas – contiguïté sans contact qui demande un calcul des distances, celui-là même qui retient les spécialistes de proxémique. En plus d'occuper une place mesurée, il faut observer une certaine tenue et trouver une contenance, c'est-à-dire « acter » un rôle, fût-ce celui d'affecter de n'en jouer aucun.

Précisément, c'est à ces contenances que s'attache le narrateur balzacien dans cette page qui met en œuvre l'outil du type de façon originale. On conçoit généralement la typisation comme opération de synthèse ramenant le multiple au singulier d'une figure : la vieille fille, l'employé, la femme comme il faut, pour ne citer que quelques cas que Balzac lui-même a expérimentés dans ses romans ou ailleurs, comme contributeur aux *Français par eux-mêmes*, la fameuse série panoramique dirigée par l'éditeur Curmer[18]. Ici, le mouvement est inverse : le type « piéton de

16 Pour l'examen de cette notion, voir notamment Marie-Thérèse Mathet éd, *La Scène Littérature et arts visuels*, Paris, L'Harmattan, 2001, ainsi que Stéphane Lojkine, *La Scène du roman : méthode d'analyse*, Paris, Armand Colin, 2002.

17 Ce que souligne Marie-Ève Thérenty dans sa contribution « Scènes et types Poétique du roman de mœurs et grammaire de l'illustration », in Philippe Dufour, Bernard Gendrel et Guy Larroux, *Le Roman de mœurs Un genre roturier à l'âge démocratique*, Paris, Classiques Garnier, 2019, p. 55-67.

18 À ce sujet, voir Valérie Stiénon, *La Littérature des physiologies : sociopoétique d'un genre panoramique*, Paris, Classiques Garnier, 2012.

Paris » ou « fantassin de Paris » se subdivise en sous-types à mesure que l'observateur défait l'ensemble qui est métaphorisé en « essaim de Parisiens » – image pas tout à fait exacte si les différents membres ne se touchent pas les uns les autres mais image vraie et spontanément venue sous la plume de l'auteur éthologue. Occasion de rappeler que l'étude sérieuse des interactions, précisément dans leur dimension territoriale, s'appuie sur l'éthologie, laquelle s'attache à observer sur le terrain les conduites animales en les soumettant à un découpage séquencé.

À ce groupe s'agrège Auguste de Maulincour, jeune officier noble qui réside boulevard Saint-Germain. Ainsi, pas moins de dix individus (onze avec Maulincour) peuplent cette sorte d'abri pour former une microsociété urbaine. Au passage, on peut observer que tous sont mâles et l'on peut supposer que l'adjonction d'un individu femelle eût compliqué les choses. Il faut néanmoins mentionner un couple d'individus qui se trouvent dans les parages, eux sur leur propre territoire, et en quelque sorte présents synecdotiquement : d'une part, la portière suffisamment masculine, posée « sur son balai, comme un grenadier sur son fusil », pour ne pas déranger l'unité genrée du groupe, d'autre part, le portier qui a laissé là sa chaise libre.

Cet échantillonnage de comportements et d'humeurs (artiste, communautaire, studieuse, silencieuse, comique, etc.) est toute à fait plaisante. Évidemment, la typologie est orientée : du premier spécimen – le rêveur qui en pensée s'échappe du groupe – au « piéton prudent » en passant par le bourgeois pragmatique, le plus richement pourvu : de l'attribut cher aux caricaturistes, le parapluie[19], d'une épouse, et d'un siège qu'il s'approprie instinctivement. Si à chacun le narrateur se plaît à attribuer un ou plusieurs prédicats, c'est néanmoins le premier, « le piéton rêveur ou philosophe » qui a droit à la plus grande expansion linguistique, à une sorte de période cadencée. On notera, pour le piéton indigent, la mention « fantastiquement collé sur le mur ». De tous les présents, il est le seul à oser s'unir au lieu, c'est-à-dire à faire corps avec la rue. C'est que lui en use librement, hors de toute étiquette. De Maulincour, le seul désigné par son nom et rejoignant cette « famille de piétons », il n'est rien dit, comme s'il était hors calcul.

On constate aussi qu'une règle rhétorique (celle de l'énumération, de la liste), combinée à l'intention mimétique, commande la captation de cette

19 Nathalie Preiss lui a réservé une place spéciale dans son étude *De la poire au parapluie : physiologies politiques*, Paris, Honoré Champion, 1999.

microsociété sans existence officielle et non répertoriée dans les discours autorisés (sociologique ou politique). Ce serait une raison pour n'y voir qu'une pause divertissante, une peinture de caractères dans la tradition des moralistes. Moins sérieusement, le caprice poétique de l'écrivain-flâneur ou de son possible relais, le piéton rêveur dont l'imagination graphique est requise par les raies de pluie formant des « ciselures semblables aux jets capricieux des filets de verre » ou bien – le regard balayant verticalement l'espace – par « les capricieux dégorgements des tuyaux pétillants ». Mais on y verra aussi bien un croquis à la manière des artistes (tels Daumier, Gavarni, Devéria, Guys) dont Baudelaire saluera le génie « mixte » :

> Observateur, flâneur, philosophe, appelez-le comme vous voudrez ; mais vous serez certainement amené, pour caractériser cet artiste, à le gratifier d'une épithète que vous ne sauriez appliquer au peintre des choses éternelles, ou du moins plus durables, des choses héroïques ou religieuses. Quelquefois il est poète ; plus souvent il se rapproche du romancier ou du moraliste ; il est le peintre de la circonstance et de tout ce qu'elle suggère d'éternel[20].

En tout cas, cette séquence vaut en tant que « mise en scène de la vie quotidienne » et, à ce titre, comme toute interaction entre humains régie par des codes, elle délivre un sens. *A fortiori* dans une œuvre littéraire où elle est chose voulue, dispositif. Dans le pur esprit de l'étude de mœurs, elle est petit miroir tendu au lecteur qui ne manquera pas de se reconnaître dans l'un ou l'autre des spécimens représentés – complaisance que déplore d'ailleurs Baudelaire[21]. Mais il y a plus : prenons la scène comme telle et voyons-y la figuration d'une des manières dont les individus (ici des citadins) ont de se rencontrer et de faire, fût-ce brièvement, société. Par le biais de la circonstance on peut retrouver l'une des grandes questions posées, à son heure, par Balzac et théorisées par lui, celles des classes sociales et de la famille notamment. Dans la simple circonstance représentée l'on n'entend certes pas le discours savant des « raisons » et des « principes », mais l'on assiste à un bref exercice de démocratie fortuite. Fortuite, mais pas gratuite, en particulier si on rapporte cela à deux faits que la microlecture pourrait nous faire perdre de vue.

---

20 Charles Baudelaire, « Le peintre de la vie moderne », in *Curiosités esthétiques L'Art romantique et autres œuvres critiques*, Paris, Bordas, Classiques Garnier, 1990, p. 457.

21 Ce qui rejoint le constat dépité de Baudelaire à propos du roman de mœurs : « Comme Paris aime surtout à entendre parler de Paris, la foule se complaît dans les miroirs où elle se voit », « Théophile Gautier », in *Curiosités esthétiques*, *op. cit.*, p. 678.

D'abord, le cotexte, c'est-à-dire le récit intitulé *Ferragus* dont toute l'intrigue découle d'un mystère initial : Maulincour, un jeune aristocrate, surprend en un mauvais lieu (la rue Soly) une femme mariée et bien située, Mme Jules, dont il est amoureux. Cette anomalie spatiale est d'emblée perçue comme infraction à la règle qui interdit aux gens d'une certaine condition – de classe et de genre – de s'aventurer hors de leur territoire social et de poser le pied en certains lieux proscrits, au risque d'être sévèrement punis pour leur imprudence. C'est la leçon que de façon implacable le récit de *Ferragus* inscrit dans sa structure profonde telle que l'a magistralement analysée Henri Mitterand[22]. Toutefois, la réglementation et la ségrégation sociales connaissent certaines exceptions, notamment la conjonction possible des différentes classes en des lieux qu'on peut dire permis, ou bien la microsociété fortuite qui, comme ici, prend forme spontanée – en quoi l'image entomologique de l'essaim se justifie. Par ailleurs, la dérogation romanesque autorise hasards, conjonctures et autres combinaisons extraordinaires comme il s'en rencontre une plus loin dans le récit lorsque Jules Desmarets, tourmenté par le secret de son épouse, se fait enquêteur et s'introduit par ruse dans la maison de la rue des Enfants-rouges. Posté dans une chambre mitoyenne, il peut espionner l'insaisissable Ferragus et connaître enfin la vérité. L'élucidation de l'énigme conduira au terrible dénouement d'un récit que la narrateur a annoncé comme « un drame de l'école moderne ».

La prise en compte du contexte large, quant à elle, ramènerait au couple littérature et société. La réglementation, l'usage des lieux ne sont évidemment pas immuables. La répartition structurale entre lieux libres, prescrits, permis et proscrits est à projeter sur le devenir de la société et de la ville effectives[23]. En cette dernière en particulier comme dans les fictions qui la représentent, on observerait facilement la montée en puissance des lieux permis, ceux donc de l'agrégation sociale, qu'il s'agisse du boulevard (avec ses devantures, ses terrasses de café, ses théâtres), bientôt des grandes expositions (« Sujet de délire du XIXe siècle » note Flaubert dans son *Dictionnaire des idées reçues*) ou du grand magasin dans lequel se pressent clients et clientes. Sans oublier les moyens de

22 Henri Mitterand, « Le lieu et le sens : l'espace parisien dans *Ferragus* de Balzac », in *Le Discours du roman*, Paris, PUF, "écriture", 1980, p. 189-212.

23 Voir l'ouvrage majeur de Karlheinz Stierle, *La Capitale des signes, Paris et son discours*, Paris, Maison des sciences de l'homme, 2001.

transport (l'omnibus des nouvelles parisiennes de Maupassant ou la diligence de *Boule de suif)* qui constituent des observatoires privilégiés pour le réaliste d'hier comme pour l'ethnologue d'aujourd'hui[24], tous microsociologues à leur façon et amateurs de mœurs.

Revenons à ces dernières précisément. Dans sa lettre à Mme Hanska du 26 octobre 1834, Balzac écrit : « Ce ne seront pas des faits imaginaires ; ce sera ce qui se passe partout[25]. » En effet, il existe tout un matériau que la vie sociale effective et la vie représentée par la fiction ont en partage. À l'image d'un rite de présentation dans une société donnée ou d'une circonstance triviale de l'existence, « ce qui se passe partout » se trouve naturalisé au sein d'une culture. La force des grands romanciers est d'en montrer le mécanisme, en particulier au travers de scènes qui sont comme des observatoires et que l'on peut considérer comme des espaces d'interaction *ad hoc*, de véritables dispositifs. En cela ils anticipent, dans le langage de la fiction, les analyses que, plus tard, fourniront les interactionnistes et autres spécialistes de ces sciences qu'on dit sociales. Quant à la sociologie des circonstances voulue par Erving Goffman, il en précise l'esprit dans son introduction aux *Rites d'interaction* :

> L'organisation sociale en est le thème central, mais la matière organisée est faite de conjonctions de personnes et des interactions temporaires qui peuvent y prendre naissance. Il y a bien une structure stabilisée par des normes, une « réunion sociale », mais il s'agit d'une entité mouvante, créée par les arrivées et supprimées par les départs[26].

On conviendra que pareille approche de la « réunion sociale » comme « entité mouvante » s'applique parfaitement aux deux cas que nous avons examinés, et à bien d'autres que *La Comédie humaine* pourrait nous fournir.

Le choix du micro ne manque pas de poser la question de l'échelle à laquelle s'appréhendent les phénomènes sociaux. Braquer le regard sur telles scènes du roman circonscrites (dans l'espace du texte comme

24 Voir Marc Augé, *Un ethnologue dans le métro*, Paris, Le Seuil, 1986 et *Le Métro revisité*, Paris, Le Seuil, 2008. On pense aussi à Annie Ernaux, celle de *Journal du dehors*, Gallimard, 1993 et de *La Vie extérieure*, Gallimard, 2000.

25 Balzac, *Lettres à Mme Hanska*, t. 1 (1832-1844), Robert Laffont, « Bouquins », 1990, p. 204.

26 Erving Goffman, *Les Rites d'interaction*, Paris, Éd. de Minuit, p. 8.

dans l'espace représenté) n'empêche pas de voir que micro et macro s'articulent nécessairement. On ne peut que souscrire à l'affirmation de Bernard Lahire : « Les interactions entre personnages [...], ne peuvent être réellement intelligibles sans prendre en compte la position des personnages dans un espace social plus large que le cadre restreint de l'interaction, et leurs trajectoires sociales respectives[27]. » Cette notion de trajectoire vaut particulièrement pour Rastignac au début de sa carrière parisienne. Le passage tiré de *Ferragus* nous soumet, lui, un autre genre de difficulté. N'encourt-on pas le risque de prendre trop au sérieux une page où le narrateur balzacien marque une pause, se distrait, joue avec son lecteur, comme c'est souvent le cas dans les écritures de mœurs ? Dans le prologue à la gloire de Paris, celui-ci s'est implicitement compté parmi « les amants de Paris », ceux qui prennent justement leur temps, « lèvent le nez à tel coin de rue », et qui « sauront excuser ce début vagabond[28] ». Mais le jeu n'exclut pas le sérieux et Bakhtine a justement souligné l'importance du « sérieux comique » dans le roman réaliste[29]. Du reste, la suite immédiate relance l'histoire puisque bientôt, sous ce même porche, viendra s'abriter un douzième personnage vraiment étrange (Ferragus lui-même dans une de ses incarnations), intrus échappant à la typisation, si bien que le groupement préalable, la « famille de piétons », en sera troublée. La formule goffmanienne d'« entité mouvante » semble donc tout à fait appropriée, qui est concrètement donnée à voir dans ces pages.

27 Bernard Lahire, *op. cit.*, p. 267.

28 *Ferragus*, *op. cit.*, p. 795.

29 Mikhaïl Bakhtine, *Esthétique et théorie du roman*, Paris, Gallimard, 1978 pour la trad. fr., p. 456 *et sqq.*

GRAMMAIRE D'UN PARAGRAPHE FLAUBERTIEN

Le constat attristé qu'études littéraires et linguistique, après s'être épousées, se sont de nouveau séparées et repliées sur leur domaine propre[1] demande pour le moins à être nuancé. En tout état de cause, la chose serait étonnante dans le cas d'un écrivain dont la réputation d'artiste, de styliste et d'ouvrier de la langue est si bien établie qu'elle figure au premier rang des idées reçues de la critique. C'est le cas de Flaubert. Si, suivant une coupe large, on retenait les cinquante dernières années qui ont vu un remarquable renouvellement de la critique flaubertienne, on s'apercevrait que l'attention stylistique, au sens large, ne s'est jamais démentie : depuis un fameux colloque tenu à Cerisy en 1974 et justement intitulé *La Production du sens chez Flaubert*[2] jusqu'aux travaux plus récents[3], sans oublier la précieuse contribution de la génétique[4]. Le dénominateur commun à des entreprises aussi variées consiste sans doute en l'attention portée à la question de la langue et à ce qu'on a appelé à un certain moment « le travail du texte ». L'expression est sans doute datée mais elle est toujours valable, *a fortiori* chaque fois que l'on se concentre sur des faits précis, comme on a pu le faire avec le discours indirect libre, l'italique[5], ou le montage du texte.

1 Georges Molinié s'en inquiétait naguère en ces termes : « On est ainsi arrivé à une situation bien décevante ; un champ de décombres, où l'on ne fait plus de stylistique que par provocation, ou par défaut, ou par substitution. » (*Éléments de stylistique française*, Paris, PUF, 1986, p. 9).

2 *La Production du sens chez Flaubert*, Paris, Union générale d'édition, « 10 18 », 1975.

3 Citons notamment Philippe Dufour, *La Pensée romanesque du langage*, Éd. du Seuil, « Poétique », 2004 ; l'ensemble dirigé par Gilles Philippe et Julien Piat, *La Langue littéraire. Une histoire de la prose en France de Gustave Flaubert à Claude Simon*, Paris, Fayard, 2009 ; la récente synthèse dirigée par Gisèle Séginger, *Dictionnaire Flaubert*, 2 t., Paris, Honoré Champion, 2017.

4 Voir la précise synthèse proposée par Anne Herschberg-Pierrot, « Où en est la génétique flaubertienne », *Romantisme*, n° 139, 2008, p. 91-112.

5 Pour s'en tenir à deux contributions importantes dans *La Production du sens chez Flaubert* : celle de Claude Perruchot, « Le style indirect libre et la question du sujet dans *Madame*

C'est ce dernier qui, à une petite échelle, va nous intéresser ici, et il nous semble que la formule « grammaire d'un paragraphe flaubertien » n'est pas un abus de langage.

Le texte choisi est tiré du chapitre 3 de la première partie de *L'Éducation sentimentale* : il s'agit d'une promenade de Frédéric Moreau sur les Champs-Élysées, au début donc de sa carrière parisienne. Peter Brooks, dans *Reading for the Plot*[6], a consacré une belle analyse à cette page de Flaubert. Il y montre en particulier que le spectacle social cesse d'être investi par le désir du héros et que, du coup, le monde décrit comme le regard qui le saisit ont un tout autre statut que celui qu'ils avaient chez Balzac. Sur ces mêmes Champs-Élysées où un autre promeneur solitaire, Lucien de Rubempré, se promettait naguère une éclatante revanche sociale[7], le personnage de Flaubert glisse, lui, sur la pente douce de la rêverie.

En soumettant le texte de Flaubert à une approche disons grammairienne, il ne s'agira pas de lui faire dire autre chose que ce qu'il dit, mais d'approcher de plus près le mystère de sa fabrication, qui est souvent grand, et (pourquoi pas ?) celui de son style, qui l'est autant.

> Des femmes, nonchalamment assises dans des calèches, et dont les voiles flottaient au vent, défilaient près de lui, au pas ferme de leurs chevaux, avec un balancement insensible qui faisait craquer les cuirs vernis. Les voitures devenaient plus nombreuses, et, se ralentissant à partir du Rond-Point, elles occupaient toute la voie. Les crinières étaient près des crinières, les lanternes près des lanternes ; les étriers d'acier, les gourmettes d'argent, les boucles de cuivre, jetaient çà et là des points lumineux entre les culottes courtes, les gants blancs et les fourrures qui retombaient sur le blason des portières. Il se sentait comme perdu dans un monde lointain. Ses yeux erraient sur les têtes féminines ; et de vagues ressemblances amenaient à sa mémoire Mme Arnoux. Il se la figurait, au milieu des autres, dans un de ces petits coupés, pareils au coupé de Mme Dambreuse. – Mais le soleil se couchait, et le vent froid soulevait des tourbillons de poussière. Les cochers baissaient le menton dans leurs cravates, les roues se mettaient à tourner plus vite, le macadam grinçait ; et tous les équipages descendaient au grand trot la longue avenue, en se frôlant, se dépassant, s'écartant les uns des autres, puis, sur la place de la Concorde, se dispersaient. Derrière les Tuileries,

---

Bovary » et celle de Claude Duchet, « Signifiance et in-signifiance : le discours italique dans *Madame Bovary* ».

6 Peter Brooks, *Reading for the Plot*, Oxford, Clarendon Press, 1984, p. 172-182.

7 Balzac, *Illusions perdues*, in *La Comédie humaine*, t. 5, Paris, Gallimard, Pléiade, 1976, p. 287.

> le ciel prenait la teinte des ardoises. Les arbres du jardin formaient deux masses énormes, violacées par le sommet. Les becs de gaz s'allumaient ; et la Seine, verdâtre dans toute son étendue, se déchirait en moires d'argent contre les piles des ponts[8].

SUBSTANCE D'UN PARAGRAPHE

On échappe difficilement à l'usage qui veut que l'on justifie l'arbitraire des découpages par l'évidence de ce qui est découpé. Les « morceaux choisis » s'enlèvent naturellement, et pour ainsi dire sans douleur, sur une totalité momentanément éclipsée. Voyons néanmoins comment ici l'opération est possible et comment le texte se prête même de très bon gré au découpage. Notre passage, en effet, se laisse isoler comme un texte clos qu'on peut à la limite comprendre parfaitement en ignorant ce qui précède et ce qui suit. Sa suppression n'entamerait même pas la clarté et la cohérence du récit car, dans le passage en question, il ne se passe à proprement parler rien, ou pas grand-chose. En quoi le fameux rêve du « livre sur rien » s'observe au cœur même du texte de Flaubert, jusque dans son montage en chapitres, alinéas, paragraphes[9]. L'épisode tient dans un seul paragraphe aux contours nets. Les traits démarcatifs, aussi bien initiaux que terminaux, correspondent à des disjonctions spatiales, et même temporelles. Au début, Frédéric décide d'aller se promener sur les Champs-Élysées ; alinéa suivant, autre moment, autre décor, on retrouve Frédéric dans un restaurant du Quartier latin. S'il est une unité de traitement pour le lecteur (à la manière d'une consigne qui lui serait adressée), le paragraphe s'offre à l'écrivain comme une unité de composition – spécialement chez Flaubert où il réussit à vivre, comme c'est le cas ici, d'une existence autonome, la contemplation du personnage s'enlevant sur fond de silence, comme en marge du récit.

À première vue, c'est la description qui donne au passage ses traits de cohérence. La plupart des indications semblent en effet devoir être

8 Gustave Flaubert, *L'Éducation sentimentale*, Paris, Michel Lévy frères, 1870, p. 41-42.

9 Voir l'ouvrage collectif dirigé par Roger Laufer, *La Notion de paragraphe*, Paris, Éd. du CNRS, 1985 ; Jean-Michel Adam, *Le paragraphe : entre phrases et texte*, Paris, Armand Colin, 2018.

rapportées à un personnage-témoin qui est le héros de l'histoire. C'est lui qui, en langage genettien, focalise l'information narrative. Si ce n'était pas le cas, autrement dit si Frédéric n'était pas le personnage focalisateur, ces indications mises bout à bout auraient un statut quelque peu problématique. Cela dit, le fonctionnement et le déroulement de la description ne sont pas si clairs qu'on ne doive pas y revenir par la suite. Mais, pour le moment, on s'arrêtera à un seul fait, à l'un de ces petits mots auxquels les analyses pragmatiques nous ont rendus sensibles : il s'agit du « Mais » placé au centre du passage.

Il est clair que la description s'articule autour de ce connecteur sur lequel la ponctuation forte attire l'attention du lecteur. Le « Mais » introduit plusieurs ruptures : entre une séquence imaginaire (« Il se la figurait… ») et une information météorologique (« le soleil se couchait ») ; entre un équilibre et une perturbation ; entre un état euphorique et un état dysphorique. Bref, une transformation s'opère, en quoi le passage constitue bien un récit en soi, un micro-récit.

Cela dit, le connecteur pose ici un problème d'interprétation. En effet, on sait que dans son usage ordinaire, tel qu'il a été analysé par Oswald Ducrot[10], « mais » sert à opposer deux propositions selon un schéma « P mais Q » qui peut être paraphrasé ainsi : « Oui, "P" est vrai ; tu aurais tendance à en conclure "r" ; il ne le faut pas, à cause de "Q" (Q étant censé représenter un argument plus fort pour une conclusion "non-r"). » En admettant que dans notre texte, qui n'est évidemment pas argumentatif, « P » soit représenté par ce qui précède « mais », et singulièrement par la phrase qui le précède immédiatement, on n'aperçoit pas instantanément quelle conclusion « r » le lecteur-allocutaire devrait inférer de « P ». Ni comment cette conclusion « r », non évidente, est combattue par une proposition « Q » qui équivaut à « le soleil se couchait ». Ou plutôt, il y a un mouvement de pensée à reconstituer. Afin de comprendre que « mais Q » (« Mais le soleil se couchait ») s'oppose à une conclusion « r » que l'on peut inférer de « P », il nous faut poser en « P », en guise d'argument, un certain état d'âme du personnage : complaisance, confort de Frédéric dans l'imaginaire. En quoi il y a un processus interprétatif : Frédéric voudrait bien prolonger une douce rêverie que vient interrompre une perturbation dans le ciel. Bref, pour saisir la signification du « Mais », on doit introduire des résonances affectives

10 Oswald Ducrot *et al.*, *Les Mots du discours*, Paris, Éd de Minuit, 1980.

dans la description. « Cette intériorisation de la description[11] » constitue pour Ducrot une des ressources les plus surprenantes du « Mais ».

Aussi remarquable en un sens que la rupture introduite par le « Mais » est simultanément le fait que notre texte reste étonnamment homogène. Tout le passage en effet se maintient à l'imparfait. Il n'y a pas une seule occurrence du passé simple, donc pas d'opposition des formes perfectives et imperfectives avec le traditionnel partage des tâches qui s'ensuit : l'imparfait se chargeant des indications de décor et d'atmosphère tandis qu'il revient au passé simple de faire avancer l'action. Ces oppositions semblent ici neutralisées, alors que, de toute évidence, elles pourraient jouer puisque la seconde partie du passage fait état de procès subits, isolables, que le passé simple pourrait donc saisir et compter comme des unités discrètes. On pourrait donc avoir ceci :

> Mais le soleil se coucha, et le vent froid souleva des tourbillons de poussière. [...] Les roues se mirent à tourner plus vite, le macadam grinça ; et tous les équipages descendirent au grand trot la longue avenue ...

Si imparfait et passé simple correspondent à deux saisies du procès (les traits [+ globalité] et [+ progression] revenant au passé simple et les traits [– globalité] et [– progression] à l'imparfait), il faut convenir que le texte de Flaubert fait un usage peu ordinaire de l'imparfait. C'est que ce dernier se prête à de multiples emplois ; il peut même se comporter comme un passé simple : dans ce cas, l'imparfait dit « de rupture[12] » possède la faculté de faire progresser l'action et de saisir le procès globalement. On serait donc tenté de considérer les imparfaits de la seconde partie du texte comme des imparfaits de rupture, ainsi que semble y inviter la commutation possible avec le passé simple. Mais, outre que cette opération n'est pas également possible pour tous les verbes, on se heurte au fait que ces imparfaits conservent ici leur valeur aspectuelle d'imperfectifs – les limites des procès rapportés n'étant pas envisagées.

En fait, Flaubert éprouve une formule encore plus originale qui, tout en préservant l'homogénéité du passage au plan morphologique, lui permet de combiner certaines valeurs de l'imparfait ordinaire (imperfectivité, durativité) et certaines valeurs de l'imparfait de rupture

11 Oswald Ducrot, « Analyses pragmatiques », *Communications* n° 32, 1980, p. 39.

12 Sur ce point, voir Liliane Tasmowski-De Ryck, « L'imparfait avec et sans rupture », *Langue française* n° 67, sept. 1985.

(progression, notamment). Cette combinaison n'est sans doute pas étrangère à l'impression de lenteur rapide, ou de rapidité lente, que produit ce tableau parisien. L'imparfait, l'« éternel imparfait » de Flaubert correspond bien à un choix grammatical dont Proust a vu qu'il était aussi l'instrument privilégié d'une vision. On mesure encore mieux cela à l'échelle du paragraphe. Notre passage, on l'a vu, contient des ruptures et des transformations, il recèle même des dysharmonies, mais tout cela se trouve résorbé dans l'unité substantielle d'un style, dans une harmonie supérieure – néanmoins descriptible en termes de grammaire.

DESCRIPTION

S'il se laisse aisément détacher comme unité de composition, notre passage est plus difficile à cerner quand il s'agit de savoir à quel type de discours il ressortit véritablement. Un lecteur « normal » le percevra comme descriptif même s'il ne tranche guère par les caractéristiques et les signaux qui recommandent habituellement une description à l'attention. Cela s'explique notamment par le fait qu'ici la description est parfaitement narrativisée, temporalisée : il n'y a donc ni pause véritable ni blocage du récit. Cela s'explique aussi par le fait qu'elle intègre des composantes qui n'y figurent généralement pas, du moins dans la tradition réaliste (et avant que la définition de description ne s'élargisse considérablement avec la modernité). On veut parler de telle référence à la vie psychique du personnage (« il se sentait comme perdu dans un monde lointain … »), qui se trouve fondue dans le mouvement du texte.

Hormis les procédés démarcatifs observés aux deux limites du paragraphe[13], la conformité à un patron réaliste semble faible. D'abord, le déroulement de la description paraît échapper à toute règle syntaxique et logique. Ou plutôt, tout se passe comme si le rapprochement d'indications hétérogènes et imprévisibles (certaines se rapportent à des personnes, d'autres à des objets, d'autres encore à des détails de personnes ou d'objets)

13 Cf Philippe Hamon : « Tout déplacement de personnage, entrée ou sortie, déplacement de temps ou de lieu, mention d'un seuil ou d'une frontière franchie, en effet, tend à introduire du "nouveau" dans un texte, donc à déclencher "naturellement" une description. » (*Introduction à l'analyse du descriptif*, Paris, Hachette, 1981, p. 181).

produisait à la fin quelque chose comme un ensemble descriptif. Il se pose donc un problème de cohérence pour lequel on ne se contentera pas d'invoquer la tendance du texte flaubertien à fonctionner en parataxe ; on relèvera néanmoins la faiblesse des liens de coordination et de subordination.

Une description qui ne fait donc pas système, qui ne paraît mettre en jeu du côté du destinateur aucune compétence particulière (ou lexicale ou encyclopédique), qui enfin ne remplit aucune mission claire (soit de classement, soit d'explication), doit être regardée comme une description « définalisée ». Mais point arbitraire ou immotivée puisqu'on a toujours la ressource d'invoquer une motivation supérieure, d'ordre psychologique (l'« état d'âme » du personnage) ou même simplement d'ordre thématique (l'errance entendue précisément comme parcours sans but…). Bref, il y a toujours moyen de sauvegarder la cohérence du texte.

Autre problème lorsqu'il s'agit de description : qui décrit ? qui perçoit ? Là encore, la question ne se pose pas dans les mêmes termes que, par exemple, chez Zola, ou certains personnages préposés à la représentation réaliste focalisent très fortement l'information narrative en des points donnés du texte, les descriptions précisément. Dans notre évocation des Champs-Élysées, tout se passe au contraire comme si Frédéric n'était pas toujours le repère assuré de la représentation. Les repérages déictiques sont d'ailleurs faibles : « près de lui » en début de paragraphe ; en fin de paragraphe « derrière les Tuileries ». Mais par rapport à qui ? À Frédéric ou à quelqu'un d'autre ? Il n'y a pas non plus de référence exacte à la posture du personnage. Est-il immobile ou bien en marche ? On a plutôt l'impression que c'est le panorama parisien qui est mobile, ce qui serait assez conforme à la définition du jeune homme comme héros-spectateur, définition largement illustrée tout au long du récit (qu'on se rappelle Frédéric devant le spectacle révolutionnaire).

Ces questions de localisation et d'orientation du personnage touchent au problème plus général de la construction de l'espace et de son aspectualisation[14]. Il faut noter ici que si la vue est le principal véhicule sensoriel, elle n'est pas le seul. Le parcours perceptif se construit aussi à partir de

14 « Nous entendons par là, très généralement, l'ensemble des catégories qui, en assurant la disposition des espaces, révèlent la position et la situation d'un actant observateur ; inversement, les différents faire perceptifs mis en œuvre par cet actant déterminent de façon variable la manière de délimiter et de découper l'espace, autrement dit l'agencement des procès de spatialisation. » (Denis Bertrand, *L'Espace et le sens : Germinal d'Émile Zola*, Paris-Amsterdam, Éd. Hadès-Benjamins, 1985, p. 90)

l'ouïe : « un balancement insensible qui faisait *craquer* les cuirs vernis », « le macadam *grinçait* ; et tous les équipages descendaient *au grand trot*... ». Il y a également une référence au moins au mode tactile : « le vent *froid* soulevait des tourbillons de poussière ». Il n'y a pas de spatialité hors d'un sujet observateur, il n'y a pas non plus de spatialité en dehors du thymisme dont ce sujet est porteur. Ainsi, les figures spatiales et les parcours sont investis par des valeurs. L'espace devient le miroir du sujet, de son état d'âme si l'on veut inscrire cette relation dans le cadre d'une poétique romantique.

Mais revenons au regard de Frédéric puisque, de tous les modes sensoriels, il est le plus fortement sollicité. Il est acquis que ce regard n'est pas celui d'un « curieux », au sens fonctionnel que Philippe Hamon donne à ce terme. C'est celui d'un contemplatif, un regard de pure réceptivité, donc, qui enregistre des impressions – l'objet comptant moins que l'impression qu'il produit. La description est éminemment subjective non seulement parce que cette subjectivité est indexée dans le texte, mais aussi parce que la plupart des indications sont à rapporter à une conscience qui filtre l'univers ambiant pour n'en retenir que les circonstances et les détails qui l'impressionnent. Impressionnisme, bien sûr, de cette composition qui expliquerait assez que Frédéric se dissolve dans le tableau et que nous, lecteurs, puissions hésiter sur le régime même de la représentation et sur le type de focalisation.

En effet, il est des mentions dont il n'est pas certain qu'elles doivent être rapportées au seul Frédéric. D'abord, ce sont les cas de double focalisation où le personnage est vu en train de voir (par exemple : « Ses yeux erraient sur les têtes féminines ») ; ensuite et surtout, il y a le cas des indications sans ancrage déterminé et pour lesquelles le personnage ne semble plus impliqué. Cela inviterait à poser un autre focalisateur non explicitement inscrit dans l'énoncé[15]. D'ailleurs, il est un moment où le cadrage change, où le champ s'élargit si bien que, par exemple, il n'est guère possible (ne serait-ce que pour la vraisemblance) d'imputer la vision finale de la Seine au personnage de Frédéric – on est alors tenté de parler de travelling comme au cinéma[16]. Pour sa part, Peter Brooks

15 Les sémioticiens proposent de distinguer deux types d'aspectualisation : celle qui incombe à l'*acteur* (impliqué actantiellement dans l'énoncé) et celle du *spectateur* non manifesté comme acteur mais qui est un acteur virtuel de l'énoncé (article « Spectateur », in A.J. Greimas et J. Courtés, *Sémiotique* 2, Paris, Hachettte, 1986, p. 212.)

16 Sur cette technique des « plans », je renvoie à François Vanoosthuyse, « La narration par "plans" dans *L'Éducation sentimentale* », in Pierre Glaudes et Éléonore Reverzy, *Relire*

relève très justement que, à partir du « Mais », le texte de Flaubert obéit à un autre principe, délibérément pictural selon lui, et qui aboutit à mettre en place, comme par-dessus la tête du personnage, une vision esthétique à la fois autonome et plus impersonnelle. Cette vision, le lecteur la partage avec un narrateur quelconque qu'on pourrait peut-être identifier à l'auteur[17].

L'approche de la subjectivité, toujours fort délicate dans le texte littéraire[18], achoppe ici sur un dernier point qui est celui de la vraisemblance, et donc encore sur le statut de la représentation. Nous avons constaté que la perception du personnage s'arrête de préférence aux détails objectifs : détails de personnes ou d'objets. La description se charge ainsi d'indications matérielles étonnamment précises (il faudrait ici s'attacher aux opérateurs linguistiques, à l'opposition générique/spécifique des sémanticiens) qui semblent contrevenir à l'esprit et à la définition même de la rêverie. Gérard Genette naguère relevait cette particularité :

> Cet excès de présence matérielle dans des tableaux en principe tout subjectifs où la vraisemblance appellerait au contraire des évocations vagues, diffuses, insaisissables, est un des aspects les plus marqués de l'écriture de Flaubert[19].

Ambiguïté de la représentation (subjective, objective, hallucinatoire ?), « silence » de Flaubert. Mais, au lieu de poser la question en termes de vraisemblance (après tout, la vraisemblance n'est pas la vérité), on peut aussi la poser en termes d'écriture et de style. Le problème de la représentation et de la vision y ramène immanquablement.

L'Éducation sentimentale, Paris, Classiques Garnier, 2017, p. 87-102.

17 Peter Brooks, *op. cit.*, p. 181-182.

18 Voir notamment Michel Raimond, « Le réalisme subjectif dans *L'Éducation sentimentale* », in *Travail de Flaubert*, Paris, Éd. du Seuil, « Points-littérature », 1983 ; Mieke Bal, « Pour une théorie critique de la subjectivité narrative », *Lalies*, 4, 1984, p. 107-148 ; Philippe Dufour, *Flaubert ou la prose du silence*, Nathan, « Le texte à l'œuvre », 1997.

19 Gérard Genette, « Silences de Flaubert », *Figures* I, Paris, Éd du Seuil, 1966, p. 227.

LA DOMINANTE

Il est singulier que le texte flaubertien parvienne à vivre d'une existence autonome tout en dissimulant la loi de sa propre cohérence. Il est troublant qu'il réussisse à s'imposer comme description malgré les ambiguïtés de la représentation. Si l'on veut percer ce double mystère (sans doute relatif), on a intérêt à s'attarder encore sur le fonctionnement linguistique du passage. En effet, l'explication de type linguistique semble inévitable ici. Sans vouloir abuser d'une notion dont on connaît la fortune, on fera appel à la théorie jakobsonienne de la dominante, dans la mesure où elle peut nous aider à formuler la règle d'un texte qui, précisément, la dissimule.

Si la dominante[20] sert à spécifier tout message en général (au sens où, par exemple, la fonction poétique domine le poème) ou bien telle œuvre en particulier (la prose de Boris Pasternak), on peut, à une échelle beaucoup plus réduite, rechercher ce qui, dans tel passage spécifique, a force de principe et à quoi tout le reste est subordonné. À l'échelle donc du paragraphe qui nous occupe, nous identifions une dominante, de type métonymique-synecdochique en l'occurrence, dont Jakobson a fait la marque de la prose réaliste et qui est assez bien connue des stylisticiens. S'il est possible sur certains points de préciser et critiquer ce lien intime entre réalisme et métonymie[21], il faut pourtant convenir que ces notions de métonymie et de synecdoque ont une réelle pertinence dans le champ stylistique.

Le paragraphe flaubertien obéit ici à un tel principe parce que, non seulement la métonymie y conditionne le style et l'allure de la description (succession et contiguïté), mais aussi parce qu'est institué un univers où l'on progresse de proche en proche, où les limites s'abolissent étrangement. Entre l'extériorité et l'intériorité, entre le monde objectif et la subjectivité du héros, il n'y a plus de frontière, non plus qu'entre l'animé et l'inanimé. La métonymie a une action nivelante. Les voitures

20 Roman Jakobson, *Questions de poétique*, Paris, Éd. du Seuil, 1973 (voir notamment « Notes marginales sur la prose du poète Pasternak » et « La dominante »).

21 Comme l'a proposé Maarten Van Buuren dans *« Les Rougon-Macquart » d'Émile Zola : de la métaphore au mythe*, Paris, José Corti, 1986 (cf en particulier « Métaphore et métonymie », p. 273-282).

ont autant de vie que les femmes qu'elles transportent ; les arbres dans le jardin, autant de relief que les cochers sur les voitures. Les objets s'associent, s'apparentent ainsi de proche en proche, et tout cela s'anime dans un étrange carrousel. Indifféremment, les « femmes », « les voitures », « les crinières », « les cochers », ou « les becs de gaz », sont les sujets grammaticaux de phrases ou de propositions autonomes. Le passage du rêve (« Il se la figurait au milieu des autres … ») à la réalité s'opère sans discontinuité narrative. Les figures féminines, présentes ou absentes, s'appellent les unes les autres au point que les antagonismes se résolvent. Mme Arnoux et Mme Dambreuse finissent par coexister paisiblement dans la rêverie de Frédéric comme dans l'espace du texte.

La figure de la métonymie conditionne également la relation du personnage à son espace, en ce sens que la différence même entre ce personnage et l'espace qui le contient n'est plus guère sensible. Ce qui signifie sans doute que l'espace parisien, cessant ici d'être vectorisé et traversé par un désir, s'offre plutôt comme un milieu. Cette perte des contours, caractéristique d'un univers où règne la métonymie, est d'ailleurs littéralement inscrite dans le texte : « Derrière les Tuileries, le ciel prenait la teinte des ardoises. » Ainsi, sur le paysage urbain s'impriment les affects du personnage – en quoi l'on retrouve le thymisme inhérent à la spatialité. Ce sont en particulier les couleurs – et donc tout le code chromatique – qui se chargent de la douleur du personnage. Par le biais de « la teinte des ardoises », des couleurs « violacées », du fleuve « verdâtre », l'état dysphorique du héros est transféré au décor et même infusé à la Seine qui, « verdâtre dans toute son étendue, se déchirait en moires d'argent contre les piles des ponts ». Ce déchirement final en dit plus qu'un long commentaire.

La synecdoque, surtout dans la première moitié du paragraphe, décompose l'univers en figures et détails caractéristiques, elle le morcelle et le saisit par le menu[22]. Les femmes sont désignées par leurs « voiles » ou leurs « têtes » ; les chevaux sont désignés par leurs « crinières », la célèbre avenue est ramenée au « macadam » (synecdoque de la matière).

22 On peut parler de style « particularisant » comme le suggère Michel Le Guern dans *Sémantique de la métaphore et de la métonymie*, Paris, Larousse, 1973. Pour sa part, Georges Molinié, qui distingue synecdoque généralisante et particularisante, ajoute cette utile précision : « Il est important de noter que la synecdoque est souvent mêlée à d'autres tropes, spécialement aux métonymies (générales) qui consistent à sélectionner une qualité ou un attribut. » (art. « synecdoque » du *Dictionnaire de rhétorique*, Paris, Le Livre de poche, 1992).

Parfois, le mécanisme est à double détente. L'objet se réduit d'abord à un détail, lequel à son tour se réduit à l'effet qu'il produit sur le regard selon le schéma suivant.

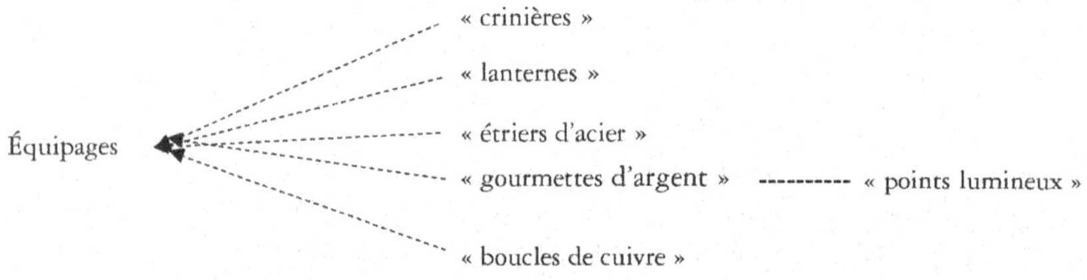

Le fait de saisir un univers en mouvement comme sa décomposition en autant d'instantanés donne à ce tableau parisien un caractère quelque peu kaléidoscopique. La représentation n'échappe décidément pas au principe pictural, non plus qu'aux prestiges modernes de la couleur. Il faudrait ici se rapporter à d'autres textes esthétiquement proches, par exemple au début de *La Curée* (encore un défilé de voitures, mais au Bois cette fois) qui est également composé à la manière impressionniste. Une étude comparative du texte de Flaubert et du texte de Zola mettrait en évidence beaucoup de similitudes aux plans de la vision et de l'écriture, artiste, à n'en pas douter. Par là même, on contribuerait à ce qu'il faut bien appeler une poétique du roman réaliste-naturaliste[23].

Il ne serait pas abusif d'étendre le principe métonymique-synecdochique au personnage lui-même. Frédéric n'est-il pas réduit à un regard tout au long du passage (« ses yeux erraient sur les têtes féminines »), ou bien à une conscience ? Et ce fait devrait être mis en rapport avec la question de la désignation, non seulement dans ce paragraphe mais plus généralement dans tout le récit. En effet, ici comme sur de longues plages de la narration, le héros existe sous les espèces du pronom « Il » (sans être donc désigné par le nom propre ou par une description identifiante du type « le jeune homme »). Dans *l'Éducation sentimentale*, le pronom anaphorique tend à s'émanciper et à se substituer même au nom propre ; l'héroïne est d'abord désignée par « Elle ». Comme l'a fort bien indiqué Francis Corblin[24], la rigidité de la désignation, c'est-à-dire le fait que le

23 À ce propos nous renvoyons aux travaux d'Henri Mitterand, notamment *Le Regard et le signe Poétique du roman réaliste et naturaliste*, PUF, « écriture », 1987.

24 Francis Corblin, « Les désignateurs dans le roman », *Poétique* n° 54, avril 1983, p. 199-211.

même objet soit désigné de façon identique, rigide, par le nom propre et le pronom seulement, contribue certainement à la continuité du style et au « suivi d'une vision », pour reprendre la formule de Proust.

La continuité de la vision s'obtient par un certain type de désignation (l'« hégémonie des désignateurs rigides » selon Corblin), elle s'obtient aussi au plan des verbes, et donc au plan de l'action cette fois, par une hégémonie tout aussi remarquable des formes pronominales. On n'en relève pas moins de onze occurrences dans le seul paragraphe qui nous intéresse. La voix pronominale empêche de considérer le procès du seul point de vue du sujet (voix active) comme du seul point de vue de l'objet (voix passive), ou plutôt, elle a ceci de particulier qu'elle place dans le sujet, en même temps que l'origine, la limite de la tension verbale. Quelle que soit la nature des sujets (singulier/pluriel, animé/inanimé, etc.), on constate qu'ici tous les procès sont saisis dans la même lumière. La catégorie de l'agent se trouve effacée et en même temps répartie sur tout le texte, et comme manifestée partout à l'état de trace, sous la forme grammaticale du pronom « se ». Comme il y a beaucoup à dire sur le maniement des temps verbaux chez Flaubert, il y aurait beaucoup à dire sur le maniement des voix et, puisque notre texte nous en fournit une belle illustration, sur la manière dont l'un et l'autre collaborent à la fameuse « continuité du style » … Il n'est peut-être pas fortuit que le paragraphe se termine sur l'image d'une Seine uniforme et déchirée, bref, qu'il se referme sur la matière même dont il est fait.

Flaubert grammairien ? Ce n'était pourtant pas, au début du siècle, l'avis d'Albert Thibaudet qui, relevant les inadvertances de son style, suggérait qu'« il y a tout un sottisier grammatical et littéraire de Flaubert[25] ». Heureusement, dans l'intervalle, on a fait un sort à cette appréciation datée[26]. Mais il est vrai que l'auteur de *Madame Bovary* s'est toujours appliqué à distinguer style et grammaire car, pour lui, l'approche grammairienne, qui s'incarnait dans des figures rébarbatives (comme celle de La Harpe au siècle précédent), était synonyme de critique normative. Flaubert rêvait plutôt à une critique qui serait en

25 Albert Thibaudet, « Réflexions sur la littérature : le style de Flaubert », *NRF*, 1919, p. 944. Repris dans *Gustave Flaubert* [1935], Paris, Gallimard, « Tel », 1992. Évidemment, on relira aussi le commentaire de Marcel Proust, « À propos du "style" de Flaubert, *NRF*, 1920, p. 72-90.

26 Voir Gilles Philippe (dir.), *Flaubert savait-il écrire ? Une querelle grammaticale (1919-1921)*, Grenoble, Ellug, « Archives critiques », 2004.

sympathie avec l'œuvre. Or, si par la suite une critique d'inspiration linguistique a eu sa part dans la réalisation de ce rêve, c'est qu'il existe bel et bien un Flaubert linguiste, expert en « beauté grammaticale », suivant l'expression de Proust. En réaménageant l'espace du texte, en découvrant au sein de la langue de nouvelles combinaisons et de nouvelles ressources, il s'agit d'inventer un nouveau rapport de la langue au réel, une formulation inédite, bref, un style. À cet égard, le paragraphe flaubertien mérite plus qu'un détour car il nous paraît faire figure de lieu-témoin et modéliser cette vision, après que celle-ci s'est élaborée en d'autres lieux (l'avant-texte, le « gueuloir »), c'est-à-dire, en somme, dans d'autres laboratoires.

SEULS ZOLIENS

Encore un littéraire prêt à céder au démon de l'analogie. Sans doute, mais on opposera que la vraie question est celle du fondement des analogies et qu'il convient de distinguer entre les analogies qui sont de simples conventions (ou façons de parler) et celles qui, donnant à voir et à comprendre, opèrent sur la littérature.

L'expérience commune du marcheur (adjoignons-lui tout de suite celle du lecteur) enseigne qu'un seuil sert à livrer un accès, à acheminer à quelque espace marqué par une certaine altérité, à ouvrir et à fermer. Il y a donc de bonnes chances pour que l'on éprouve ici la grandeur et la misère du couple ouverture/fermeture qui remplit toutes sortes d'usages dans les études littéraires. Or il nous semble que la poétique en général, celle du récit en particulier, et celle du récit réaliste en un sens encore plus particulier, est en mesure de se saisir dudit couple, non seulement parce qu'elle est capable de cerner ces seuils mais aussi et surtout parce qu'elle veut observer ce qui s'y produit. S'agissant de l'œuvre de Zola, son mode d'existence spécifique – le fait de la série – ajoute à la difficulté. Nous laisserons de côté cet aspect de la question qui a déjà été bien étudié[1]. Nous nous situons donc ici, non pas dans le cadre de la ponctuation d'œuvre mais dans celui de la ponctuation de texte. Comme ce cadre est encore très vaste, nous allons retenir à titre d'étude de cas le roman de Zola, *Nana*, qui nous paraît instructif à bien des égards.

---

1 Voir en particulier Auguste Dezalay, *L'Opéra des Rougon-Macquart : essai de rythmologie romanesque*, Paris, Klincksieck, 1983.

SEUILS SIGNIFIANTS, SEUILS SIGNIFIÉS

Il faut bien sûr commencer par une objection touchant au caractère spécifique de l'image. Tout texte, en effet, dispose des seuils, de grands seuils qui sont comme des porches à l'entrée et à la sortie du roman. C'est si vrai que même le texte qui récuserait les idées de commencement et de fin serait obligé, si on ose dire, de passer par eux. Si Zola semble moins obsédé par ces passages que ne le sont plusieurs de nos modernes, la manière qu'il a de thématiser ceux-ci, et notamment certain passage de l'obscurité à la lumière, invite plus d'une fois à y reconnaître l'acte même qui produit la représentation, celui qui met au jour un fragment de monde.

Nous venons de faire allusion au caractère quasi obligatoire de certains seuils textuels, lieux de passage, d'embrayage-débrayage, qui dessinent le cadre de l'œuvre artistique verbale au sens de Iouri Lotman et qui ont une fonction « modélisante[2] ». Mais les seuils énoncés, montrés par l'énoncé romanesque, n'ont-ils pas le même caractère d'obligation ? Ajoutons : à quelque moment de l'histoire du roman où l'on se place (depuis Chrétien de Troyes jusqu'à nos jours), on observerait certainement ces lieux d'articulation. On pourrait néanmoins avancer qu'ils ont un supplément d'âme chez les auteurs doués d'une riche imagination chronotopique, comme Hugo ou Zola au XIXe siècle, et un supplément de finalité pour la « littérature exposante ». Ce qui nous ferait retrouver la question de la motivation de certains lieux. Celle-ci, Philippe Hamon l'a précisément entreprise, en deux temps. D'abord pour un lieu textuel précis, la description, ensuite, sur un plan plus général, dans son essai *Expositions*. Son hypothèse, rappelons-la, est celle d'une « connivence structurelle, "profonde" de la littérature avec l'architecture (ce qui est déjà artificiel dans le réel) ». « Connivence *d'artificialité*[3] » donc, qui est au fond de l'ordre du besoin : l'une convoque l'autre et réciproquement pour se penser et penser ses propres difficultés, en particulier celles qui touchent à la question de la représentation et du sens. Nous nous autorisons donc de cette homologie.

---

2 Iouri Lotman, *La Structure du texte artistique*, Paris, Gallimard, 1973 pour la trad. fr.

3 *Expositions : littérature et architecture au* XIXe *siècle*, Paris, José Corti, 1989, p. 29.

Autorisons-nous d'autre chose : du mouvement métonymique. Le dictionnaire y invite qui glisse de la partie au tout, de la chose à l'idée. Le seuil, initialement, désigne la partie inférieure de l'ouverture d'une porte, puis toute ouverture, plus largement encore, toute entrée de bâtiment, enfin au figuré tout commencement, tout passage vers un état autre. L'élément nommé en premier – la porte[4] – entre dans le système de ces objets architecturaux qu'une certaine logique fait choisir à la littérature. Les deux traits sémantiques qui les caractérisent sont la mobilité et la transitivité. Comme un seuil est en principe fixe (mais voyons bien qu'une porte possède un dormant et un battant), arrêtons-nous en particulier sur cette transitivité. Qu'est-ce qui transite par les seuils du roman ? Des personnages bien sûr, des corps, mais aussi des regards, des affects. Ce qui transite est souvent de l'ordre du savoir (comme dans le cas de la description) mais également de l'ordre du pouvoir et du vouloir. Cette dernière modalité est peut-être la plus intéressante pour son rendement narratif, d'autant que le désir (ou l'effet de sens désir) est impliqué par la narrativité même. Est-il besoin d'ajouter que le seuil porte en lui l'idée de transgression ? Cette implication est abondamment illustrée dans toute l'œuvre de Zola, rejoignant souvent une certaine idée de la faute. Et cela dès le roman des origines, *La Fortune des Rougon* avec sa fatidique clôture séparant l'enclos des Fouque et le Jas-Meffrein. Dans un autre registre, on peut songer à Clorinde hésitante devant la maison de Rougon et franchissant finalement le pas. Le cas de *Nana* est des plus intéressants avec ses seuils successivement franchis (celui du théâtre, de l'appartement privé, de la loge, etc.), lesquels ont un sens très net de perdition pour Muffat. Le temps d'arrêt qu'il observe devant ces seuils et l'impression qu'il en emporte prolongent cette perdition. Les seuils de *Nana* sont empoisonnés.

Il existe ainsi une narrativité du seuil qui s'éprouve continûment tout au long du récit, coïncidant souvent avec ses fonctions cardinales. Mais elle se donne parfois d'entrée de jeu, dès le début du roman. On peut songer à l'incipit du *Rêve* et à Angélique sous les voussures de la porte de la cathédrale. À l'incipit de *L'Œuvre*, les pieds de Claude butent littéralement sur un seuil où est recroquevillé un corps de jeune fille. La narrativité de ce seuil (signifié-signifiant) s'éprouve très concrètement ici,

4 Celle-ci intéresse les architectes. Voir notamment Gérard Monnier, *La Porte Instrument et symbole*, Paris, Éditions Alternatives, « Lieux-dits », 2004.

à l'échelle du préambule puisque la porte conduit à une cour intérieure, la cour à l'escalier ; au bout de l'escalier, se trouve un corridor, puis encore un escalier, un palier, une porte, un appartement. Bien qu'elle ne soit pas, à proprement parler, extraordinaire, cette confirmation d'iconicité, cette correspondance du cadre textuel et du bâti architectural, ne laissent pas de surprendre : elles nous arrêtent. Sans doute ya-t-il là aussi une manière nette d'enjoindre au lecteur d'emboîter le pas aux personnages de la fiction et de pénétrer dans le bâtiment du roman en suivant un trajet métonymiquement ordonné. Ajoutons que le corps étranger, celui de la jeune fille, est un embrayeur très concret de l'intérêt romanesque. Au-delà, le contact d'altérité est incontestablement celui de tout lecteur à l'entrée d'une fiction. Sa contrepartie est une familiarité progressive, une manière de lier connaissance, comme c'est précisément le cas pour les personnages de la fiction au premier chapitre de *L'Œuvre.*

Mais il y a plus chez Zola : une manière spéciale de thématiser le seuil et de s'y attarder qui excède la simple fonctionnalité générale, rhétorique si l'on peut dire. Pour observer cela, il faut décidément entrer dans un bâtiment et considérer les choses de l'intérieur. Disons, de l'intérieur du théâtre des Variétés. Car l'incipit de *Nana* nous installe d'emblée dans un volume ainsi que dans une temporalité intermédiaire : juste avant la représentation. À la faveur de cet intervalle, de ce temps mort, on sort plusieurs fois de la salle. Le regard effectue des allers-retours, se porte sur l'extérieur. L'extérieur éloigné : l'animation des boulevards, mais surtout les abords immédiats du théâtre, ce trottoir qui est découpé comme une scène où stationnent les spectateurs avant d'entrer et que certains retrouvent à l'entracte.

> Sur le trottoir, la rampe de gaz qui flambait à la corniche du théâtre jetait une nappe de vive clarté. Deux petits arbres se détachaient nettement, d'un vert cru ; une colonne blanchissait, si vivement éclairée, qu'on y lisait de loin les affiches, comme en plein jour ; et, au-delà, la nuit épaissie du boulevard se piquait de feux, dans le vague d'une foule toujours en marche. Beaucoup d'hommes n'entraient pas tout de suite, restaient dehors à causer en achevant un cigare, sous le coup de lumière de la rampe, qui leur donnait une pâleur blême et découpait sur l'asphalte leurs courtes ombres noires[5].

Cette localisation initiale, entre théâtre et trottoir, n'est pas sans intérêt. Notamment parce qu'elle souligne un trait important, la réversibilité

5 Émile Zola, *Nana* d'après l'édition établie par Henri Mitterand, *Les Rougon-Macquart*, t. II, Paris, Gallimard, Bibl. de la Pléiade, 1961, p. 1099.

du seuil. Elle est hautement symbolique au commencement d'une aventure en effet tendue entre théâtre et trottoir. D'autre part, elle arrête notre attention sur une propriété du texte de Zola qui n'a pas été suffisamment soulignée, sans doute parce que ce dernier fait d'abord l'effet d'un texte plein, saturé, apparemment étranger à la crise de la représentation[6]. Cette propriété, elle est de l'ordre de l'interstitiel et de l'espacement. Espaces de moindre réalité ou d'une autre réalité, à l'image de cette nappe de lumière où se tiennent des silhouettes anonymes, étrangement déréalisées alors qu'en ces pages d'exposition tous les *dramatis personae* sont dûment nommés. Les formes qui se découpent là, en cette zone limitrophe, ressemblent à des figurines disposées sur un plateau surexposé, « sous le coup de lumière de la rampe » cependant que la rampe à l'intérieur du théâtre est, elle, éteinte et que la salle est encore dans « le petit jour du lustre à demi-feux ». Comme si l'artifice de la représentation s'exposait dès avant la véritable représentation, la pièce *La Blonde Vénus*, mais aussi le roman dans lequel nous nous engageons.

On peut s'autoriser de cette localisation initiale (nous n'avons rien dit des nombreuses partitions internes du théâtre[7]) pour avancer l'idée que ces seuils ont partie liée avec la séquentialité du texte en général, du roman zolien en particulier. Celle-ci est loin d'avoir livré tous ses secrets ; un certain nombre de séquences seraient à observer de près : la digression, l'ellipse, la scène[8]. Encore s'agit-il là de séquences relativement visibles, objectivables. Ce qui fait une séquence, c'est l'existence de traits démarcatifs, d'une clausule incipielle et terminale, pas nécessairement d'ordre typographique. En littérature, les seuils énonçants ne sont pas toujours réalisés à travers des objets architecturaux sur lesquels bute notre regard. Il nous faut souvent transiter par ce qui est le plus éloigné de l'objet concret, comme les blancs : blancs de fin de livre, de fin de chapitre, de fin de paragraphe notamment. Mais ces blancs sont tout de même des signes, en négatif, de plusieurs sortes. Un de ceux dont Zola use volontiers est de l'espèce temporelle : le blanc à valeur d'ellipse, à

6 Cette conception est fortement remise en question dans l'important livre d'Émilie Piton-Foucault, *Zola ou la fenêtre condamnée La crise de la représentation dans* Les Rougon-Macquart, Rennes, Presses universitaires de Rennes, 2015.

7 Théâtre des Variétés exploré attentivement par Zola. Voir *Carnets d'enquêtes* (présentation d'Henri Mitterand), Paris, Plon, « Terre humaine », 1986, p. 323-333.

8 Voir notamment *La Scène Littérature et arts visuels*, Marie-Thérèse Mathet éd., Paris, L'Harmattan, 2001 ; Stéphane Lojkine, *La Scène du roman. Méthode d'analyse*, Paris, Colin, « U », 2002.

fonction rythmique d'espacement donc. Il en est un remarquable dans *Nana*, au tout début du quatorzième chapitre, le dernier du roman : « Nana, brusquement, disparut ; un nouveau plongeon, une fugue, une envolée dans des pays baroques[9]. »

Il n'est pas nécessaire de s'attarder sur cet aspect de la composition zolienne bien connu : l'harmonie, le souci du nombre, un talent dans la disposition de l'intrigue et des *tempi* (comme autant d'« espaces émotionnels[10] » dirait Kundera), dans la distribution des vides et des pleins – encore le souci architectural. Les romans de Zola se prêtent fort bien à une lecture clausulaire au point qu'on les dirait écrits en vue de celle-ci. Clausule est ici à entendre non seulement comme dernière démarcation externe (mot de la fin *stricto sensu* ou clé du texte) mais également comme démarcation interne, par exemple, fin de séquence ou de chapitre[11]. Il arrive que pour celle-ci Zola recherche ce qu'il appelle dans le dossier de *La Curée* « les coups de tam-tam[12] ». Précisément, parmi les consignes qu'il se donne, il y a celle de finir les chapitres sur « un coup de tam-tam ou sur un tableau ». Il conviendrait de s'arrêter à cette notion de scène, séquence pour laquelle le critère temporel (narratologique) ne suffit pas. Il ne rend pas compte de l'ambition essentielle de la scène qui est de faire voir, pas plus que du désir de voir (la pulsion scopique) qui la soutient. Il est assez clair que la scène zolienne est une ponctuation forte. Dire qu'elle possède une fonction dramatique est presque une tautologie. Cela conduirait tout de même à relever le lien spécial qui s'établit entres scènes et tableaux, c'est-à-dire cette instauration du réel en spectacles, et la mémorisation du roman. En abordant cette zone textuelle qui est aussi un régime de représentation autre, en passant du *telling* au *showing*, le lecteur aborde un espace qualitativement à part, un espace sur le seuil duquel il se tient à la place du spectateur, que ce rôle soit redoublé ou non par un actant dans le texte. Et il se trouve, comme ce spectateur éventuel, sous l'emprise de ce qui est cadré là et donné à voir.

---

9 *Nana*, *op. cit.*, p. 1471.

10 Milan Kundera, *L'Art du roman*, Paris, Gallimard, 1986, p. 114.

11 Je renvoie à l'article de Philippe Hamon « Clausules », *Poétique* n° 24, 1975, p. 495-526. Sur la question du chapitre, à Ugo Dionne, *La Voie aux chapitres. Poétique de la disposition romanesque*, Paris, Seuil, « Poétique », 2008.

12 Zola cité d'après Colette Becker, *Genèse, structures et style de* La Curée, Paris, SEDES, 1987, p. 34-35.

Cependant, le souvenir que laisse *Nana* n'est pas seulement celui de ses temps forts, de ses scènes. C'est aussi le souvenir d'autres seuils, précisément de ces passages qui relèvent, narratologiquement parlant, du sommaire. Cela amènerait à reconsidérer l'idée selon laquelle le roman canonique (dramatique) consiste en une succession de temps forts de nature scénique et de temps faibles de nature non-scénique. Dans le cas de Zola et de la fabrique du roman, le schéma est indéniable : l'histoire chemine et progresse à travers des tableaux, des scènes « à faire ». Par exemple, suivant les termes utilisés dans l'Ébauche de *Nana* : « Nana disant à Muffat que sa femme le trompe[13]. » Et le texte arrange ces temps forts, climax ou arrêts sur image. Mais à côté de ces pleins, et prévus eux aussi dès le stade de l'Ébauche, il y a des vides, des éclipses. Notamment celles que l'auteur appelle « plongeons ». Il y en a deux. Le premier est au chapitre huit : il couvre presque une année, on y trouve plusieurs passages à l'itératif qui sont des condensés de temps vertigineux, souvent aussi des condensés d'infamie et de trottoir. Ramassés en quelques lignes ou paragraphes, ils sont de l'effet le plus puissant. Nous les retrouvons au chapitre final, au moment du « second plongeon » de l'héroïne. Séquence acméique où l'être de chair recule, perd tout caractère de visibilité – seul reste le nom. Paradoxalement, ce temps fort correspond à une absence au sens propre cependant que Nana devient figure, « idole », « soleil levant », tourne à la légende. À cette occasion, le texte censément « réaliste » change de régime de représentation, puisqu'il perd littéralement la trace de son objet principal qui s'évanouit en des ailleurs de féerie.

SÉQUENCE INITIALE, SÉQUENCE FINALE

L'intérêt pour le démarcatif a volontiers pris appui sur le texte de Zola, pour deux raisons. D'une part, la commodité d'un corpus apparemment stable ; d'autre part, l'aspect rassurant d'une découpe discursive qui s'offre au regard et à la reconnaissance, et qui ainsi paraît modélisable. On songe aux analyses classiques de Claude Duchet et de Jacques Dubois dans

13 D'après le plan reproduit dans l'édition établie par Henri Mitterand, *Les Rougon-Macquart*, t. II, Paris, Gallimard, Bibl. de la Pléiade, 1961, p. 1679.

ce domaine. Du premier retenons seulement l'espèce de mise en garde adressée à l'observateur qui, placé sur le seuil initial, se tournerait dans une seule direction (l'en-dedans du texte) et oublierait l'autre direction, l'en-dehors avec lequel ce seuil communique pourtant. Dans cet esprit, Duchet parlait d'« idéologie de la mise en texte[14] ». De Jacques Dubois relevant que l'incipit donne forme à l'espèce de contiguïté qu'il prétend entretenir avec le réel, on a notamment retenu l'idée de surcodage[15]. Il existe des procédés récurrents, des régularités (thématiques, stylistiques) qui autorisent à dégager des codes du commencement donc. Jacques Dubois en a dégagé deux en particulier : celui de la marche et celui de l'attente. En effet, la plupart des incipits zoliens se placent sous l'égide de ce double modèle qui, il faut le noter, fait lui-même penser aux postures typiques du lecteur à l'entrée de la fiction. Au fond, ce surcodage est rassurant, comme une forme de « légalité » eût dit Roland Barthes.

Revenons à *Nana* et élisons domicile au théâtre des Variétés. Il est possible d'y observer les fonctions complexes et indissociables dans les faits de l'incipit romanesque telles que les établit Andrea Del Lungo : fonction codifiante, fonction séductive, fonction informative, fonction dramatique[16]. Le roman satisfait à ces quatre fonctions suivant sa règle propre. Attardons-nous plutôt sur l'idée de surcodage car le commentateur pourrait s'étonner d'avoir eu la main aussi heureuse. Le chapitre initial de *Nana* raconte la première de *La Blonde Vénus.* Il est entièrement placé sous le signe de l'ouverture. La thématique principale est celle de l'attente, et l'on reconnaît là un des deux scénarios de Dubois. Celle-ci est d'abord assumée par deux personnages arrivés en avance, Fauchery le journaliste et son cousin de province, la Faloise, dans ce rôle de nouveau si utile au projet réaliste en général. Cette attente est ensuite assumée par l'ensemble du public. C'est dire que la figure de construction dominante est celle du suspense. Le temps qui précède la représentation proprement dite est en lui-même intéressant. Début *in medias res* suivant l'expression consacrée et amplement vérifiée par les textes réalistes-naturalistes ? Oui et non. Oui parce que les premiers mots installent en effet dans un espace-temps précis. Non, parce qu'en fait de choses, d'événements, il ne se passe encore rien.

14 Claude Duchet, « Idéologie de la mise en texte », *La Pensée* n° 215, oct. 1980, p. 95-108.

15 Jacques Dubois, « Surcodage et protocole de lecture dans le roman naturaliste », *Poétique* n° 16, 1973, p. 491-498.

16 Andrea Del Lungo, *L'Incipit romanesque*, Paris, Seuil, « Poétique », 2003.

Lisons bien néanmoins : ce vide initial n'est pas absolu, des présences peuplent déjà ce théâtre ; l'obscurité n'y est pas totale puisqu'il y a « le petit jour du lustre à demi-feux[17] ». De tels indices nous retiennent parce que le métalangage courant associe volontiers ces notions (le silence, la nuit, l'informe, etc.) à l'en deça du texte. De tout cela ce dernier émergerait – manière sans doute d'exprimer et de conjurer le mystère des commencements. C'est ainsi que Claude Simon notait à propos d'un de ses livres : « J'étais dans le noir[18]. » *A priori*, cela ne semble guère s'appliquer à Zola. Chez lui, l'obscurité initiale paraît assumée en connaissance de cause. Cette obscurité, ou semi-obscurité correspond, sinon à une zone d'indétermination au sens de Wolfgang Iser[19], du moins à une zone de moindre détermination, de moindre visibilité, voire d'opacité. Par ailleurs, à mesure que nous avançons, le regard s'accommode à un univers autre. L'incipit de *Nana* désigne aussi le temps qualitativement singulier du commencement tandis que l'énervement des deux personnages en avance rejoint celui du lecteur sur ce seuil troublant. Il n'y a qu'à s'observer comme « liseur » : « Un début se lit lentement » – parce qu'il requiert un effort particulier, « à la fois affectif et intellectuel[20]. »

À l'échelle de toute la première séquence, s'observe ainsi un « protocole de lecture ». Le lecteur de Zola reconnaît immédiatement l'objet du livre, le « monde » élu par lui et en ce sens il est pré-orienté. Surtout, dès ce début, se trouve mis en abyme, au-delà du thème du roman (*La Blonde Vénus* est une navrante histoire de cocuage, de collusion entre les hommes et les dieux), son mode d'opération sur le public et, plus spécifiquement, le ressort même de cet incipit : la fonction séductive du poéticien. Ce qui s'expose, outre le corps de Nana, c'est en effet une stratégie de séduction fort bien orchestrée, qui opère par degrés. Il faudrait ici suivre les séries lexicales : impatience, agacement, frisson, murmure, soupirs, pâmoison, chatouillement, frémissement, échauffement, etc., jusqu'à la conquête finale du public, donnée comme un empoisonnement. On a là un *crescendo* savant (« comme je sais les faire » dit quelque part Zola), et il serait difficile de l'égaler pour ce qui est du

17 *Nana*, *op. cit.*, p. 1095.

18 Claude Simon cité par Alastair B. Duncan dans la notice de *La Route des Flandres*, *Œuvres*, t. 1, Gallimard, Pléiade, 2006, p. 1277.

19 Wolfgang Iser, *L'Acte de lecture, Bruxelles*, P. Mardaga, 1976.

20 Michel Picard, *Lire le temps*, Paris, Éd. de Minuit, 1989, p. 77.

rendu des variations thermiques, épidermiques de cette salle de théâtre. Se donne ainsi à voir, pour employer un terme qui apparaît dans ces pages, un fonctionnement « canaille[21] ». On est tenté d'en dire autant du livre de Zola. Certes, la pièce où s'exhibe Nana n'est pas le roman publié en 1880, mais on sait que, précédé par le feuilleton, celui-ci paraît dans un climat d'intense curiosité et qu'il a suscité un véritable tapage médiatique.

Rappelons-nous à présent ces mouvements vers le dehors dont nous faisions état plus haut. Il faut leur associer les entractes, les interruptions de *La Blonde Vénus* qui ont pour effet de vider la salle et de pousser les spectateurs vers l'extérieur (foyer, escaliers ou trottoir). Ce processus d'ouverture/fermeture, ces respirations au sens propre, nous pouvons y voir une forme particulière de séquentialité romanesque qui opère autrement, avec plus de discrétion et de finesse. En cela se vérifie que « le liant » du roman, pour employer le mot de Julien Gracq[22], est d'une espèce spéciale et même mystérieuse. Mais l'essentiel de la fonction ponctuante demeure, avec la même obligation pour le lecteur de remplir les blancs, comme lorsque au théâtre on change de décor. Ajoutons que ce « liant » n'est pas tel qu'il empêche le désinvestissement, de sorte que le liseur peut lui aussi, comme les spectateurs de *la Blonde Vénus*, prendre l'air entre deux chapitres de *Nana*.

Le premier chapitre raconte donc une opération de séduction réussie. Non seulement conçue comme telle mais dite aussi comme telle, et en des termes crus par un personnage qui a le mot de la fin de cette séquence initiale. Il s'agit du directeur de théâtre, le bien nommé Bordenave. À La Faloise qui s'obstine à le complimenter, pronostiquant un immense succès à la pièce : « Paris entier va défiler à votre théâtre », il réplique : « Dis donc à mon bordel, bougre d'entêté[23] ! » – c'est la clausule de ce premier chapitre. Le succès de scandale remporté par le roman de Zola induit des équivalences. L'on sait que plusieurs critiques, au moment de la sortie du roman, ne furent pas loin de traiter Zola comme le propriétaire du théâtre-bordel, c'est-à-dire comme un vulgaire « montreur de femmes[24] ». Faut-il croire à l'étonnement de l'auteur devant la violence

21 Le mot est employé à propos du jeu de Fontan (*op. cit.*, p. 1107) et une seconde fois à propos du décor du second acte (p. 1111).

22 Julien Gracq, *En lisant en écrivant*, Paris, José Corti, 1980.

23 *Nana*, *op. cit.*, p. 1121-1122.

24 *Ibid.*, p. 1097.

des réactions suscitées ? Il n'est pas certain que la finalité idéologique proclamée le dédouane complètement. En revanche, et c'est l'argument complémentaire, dans le roman le mécanisme « canaille » intègre sa propre contestation puisqu'il est montré. Ce serait comme la morale du surcodage initial. Malgré tout, la stratégie de séduction reste ambiguë.

Autosatisfaction du directeur de théâtre, réussite du romancier qui sait empoigner son lecteur. Mais qu'en est-il de celle dont le nom (abondamment prononcé et inscrit en grosses lettres sur les affiches) emplit ces premières pages ? L'héroïne éponyme est une piètre actrice, ce qui importe peu car, ainsi que l'explique Bordenave, « Nana a autre chose, parbleu ! et quelque chose qui remplace tout[25] ». L'effectuation du spectacle lui donne raison, mais cela va au-delà de la canaillerie calculée. Complaisamment, le texte décrit une progressive prise de pouvoir au cours d'une véritable séance érotique à l'acmé bien marquée, qui est aussi un sommet de voyeurisme et de perversion. En effet, au terme de sa prestation, Nana-Vénus reste « victorieuse avec sa chair de marbre, son sexe assez fort pour détruire tout ce monde et n'en être pas entamé[26] ». On pourrait parler de « coït déceptif », suivant la formule d'Émilie Piton-Foucault qui en souligne la facticité : « Nana, autosuffisante, ne donne rien à ce public qui jouit seul, mais cette jouissance factice est surtout l'occasion de son anéantissement[27]. »

Si la complémentarité du seuil initial et du seuil terminal est certaine, il faut néanmoins marquer leur différence. On voit toujours la limite du seuil initial. Il n'en va pas tout à fait de même pour le seuil terminal, et la question de la limite interne (où commence la fin ?) est délicate. Y compris pour des écrivains comme Zola chez qui l'on peut ajouter foi à la découpe du discours et à ce que Roland Barthes nommait le « numératif[28] ». Généralement, la dernière séquence peut être retenue et le geste de découpage est autorisé. Quant à savoir si dernière séquence et dénouement sont synonymes, on ne saurait l'affirmer. En effet, le dénouement est plus de l'ordre du système, voire de la constellation que du lieu mesurable. Mais une théorie de la coupure, que nous appelons clausularité[29], ne s'en trouve pas déboutée pour autant. Autre différence

25 *Nana*, *op. cit.*, p. 1098.

26 *Ibid.*, p. 1120.

27 Émilie Piton-Foucault, *Zola ou la fenêtre condamnée*, *op. cit.*, p. 533.

28 Roland Barthes, article « Texte », in *Encyclopaedia Universalis*, 1973.

29 Voir notre article « Mise en cadre et clausularité », *Poétique* n° 98, avril 1994, p. 247-253.

importante : le seuil terminal est tourné vers l'en-dehors (le hors-texte), et de telle façon qu'on ne peut feindre de l'ignorer.

Dans *Le Mot de la fin*, nous appuyant sur l'œuvre de Zola, nous avons tenté de proposer un modèle de clôture réaliste-naturaliste[30]. Il y a au départ présomption de généricité touchant à celle-ci et l'on peut observer selon quelles règles le roman finissant rejoint le « toujours-encore-là » du réel. Deux traits en particulier paraissent essentiels. Le premier est l'ouverture. C'est une catégorie que Zola utilise volontiers dans son discours théorique. Il l'entend comme « large ouverture sur la réalité, sur l'implacable marche de la vie[31] ». Et il la pratique en effet ainsi dans nombre de ses fins, qui se présentent donc comme des protocoles de sortie dynamiques. Songeons en particulier à *Germinal*, à *La Bête humaine*, à *La Débâcle* où le texte convoque, pour ainsi dire, à sa bordure le hors-texte : de l'histoire sociale ou de l'événement urgent, lequel finit par recouvrir la fiction. Il y a là une façon de surmotiver la représentation romanesque quant à son rapport au temps.

Précisons ce qu'il faut entendre par fin ouverte. Si toutes les fins zoliennes sont ouvertes, elles ne le sont pas au même degré ni dans le même sens. Passons rapidement sur le paradoxe qu'il y a à parler de fin ouverte, car il n'est qu'apparent. Chacun voit qu'un dénouement peut être adéquat, logique, complet même – et la configuration narrative être dite close – sans que pour autant, la dernière page lue, il soit donné un coup d'arrêt au désir du lecteur qui se trouve relancé, soit vers d'autres textes (d'où l'intérêt de la série avec ce qu'elle implique de transtextualité) soit vers un hors-texte, éventuellement à transformer. Ces deux possibilités s'éprouvent à la fin de *Germinal* : non seulement parce qu'Étienne Lantier a survécu et qu'il reste disponible pour d'autres aventures mais aussi parce que, en compagnie du personnage marchant et méditant, nous configurons des mondes possibles. Dans toute cette dernière séquence on doit en particulier être attentif aux occurrences du discours indirect libre qui mêle plusieurs voix et prévoit une place pour le récepteur. Il est clair que sur ce seuil, nous sommes bien à l'intersection du monde configuré par le texte et de la refiguration, du « monde dans lequel l'action effective se déploie et déploie sa temporalité spécifique[32] ».

30 *Le Mot de la fin, Paris*, Nathan, « Le texte à l'œuvre », 1995, chap. IV.
31 Émile Zola, *Le Roman expérimental*, in *Œuvres complètes*, t. 10, Paris, Cercle du Livre Précieux, 1968, p. 1249.
32 Paul Ricœur, *Temps et récit*, t. I, Paris, Seuil, 1984, p. 109.

Cet imaginaire du seuil est également disponible pour les textes apparemment fermés, comme *Nana* précisément. C'est ce dernier trait que souligne Henri Mitterrand : « Nana est à la dernière ligne du roman un personnage fini[33]. » Certes, mais la clé du texte n'est pas Nana. Il y a dans ces dernières pages un geste important, décisif même, celui qu'accomplit une des proches de l'actrice en ouvrant la fenêtre. Dès lors en effet, la chambre du Grand-Hôtel communique avec le dehors, l'actualité afflue, la rumeur du boulevard monte, apporte des noms de personnages référentiels (Bismarck, Napoléon III) qui sont les acteurs d'une Histoire qui commence et qui est énorme de conséquences (Paris occupé, la défaite, la Commune). Le mot de la fin, « À Berlin ! à Berlin ! », est un souffle, une parole collective et cette dernière respiration du texte est vraiment vitale.

Le second trait à distinguer est la désaccentuation. Il est plus délicat à établir et, considéré à ce point de vue, le corpus paraît également moins homogène. En principe, la fin du roman veut se présenter comme un simple arrêt dans une continuité amorphe, celle de « la vie » pour utiliser le mot affectionné de l'écrivain. D'où, dans les textes naturalistes, la banalisation de l'intrigue, la technique de l'aplat, qui ont des effets jusque sur la conclusion du récit. Celle-ci voudrait se refuser à toute sorte d'investissement : sémantique (en disant beaucoup), stylistique (en disant bien), pragmatique (en renforçant la relation avec le lecteur). Et de fait, la fin se présente parfois comme ce simple arrêt (on pense à *Pot-Bouille*) tandis que la méditation finale, qui est un des modes remarquables de l'accentuation, se trouve censurée, ainsi qu'on le voit à la fin de *La Terre*. Mais poser une règle, évidemment, c'est admettre sa transgression. On enregistre des écarts, de plusieurs sortes en vérité.

Premier genre d'écart : entre le projet et sa réalisation. Citons-en un seul : *Son Excellence Eugène Rougon*. Dans l'Ébauche, Zola écrit ceci : « Le livre ne se dénouera pas par un drame. Il s'arrêtera quand j'aurai fini. Mais il pourrait continuer encore[34]. » Certes, le roman est ouvert et il n'y pas de drame au sens ordinaire, en revanche il y a du dramatique à haute dose. Tout le dernier chapitre abrite (encore une enceinte) une séance orageuse du Corps Législatif, laquelle coïncide avec la renaissance politique de Rougon. On assiste à une série de discours, de performances

33 Henri Mitterand, « Étude » de *Nana* dans l'édition de la Pléiade, *op. cit.*, p. 1665.
34 Émile Zola, *Les Rougon-Macquart*, t. II, Paris, Gallimard, la Pléiade, 1961, p. 1498.

orales mais la dernière, celle de Rougon, est de loin la plus intéressante, en particulier au point de vue de l'*actio* très spectaculaire, et son effet est immense sur le public. Cette prise de parole, articulée selon les moments de la rhétorique, comportant des temps d'arrêt, des respirations (les suspensions de séance), est presque entièrement exclamative. Donc accentuée, et il n'est pas douteux que l'auteur lui-même se soit dilaté dans l'écriture de cette scène mémorable. L'*actio* de Rougon, son *ethos* conduiraient sans doute à envisager la catégorie parente du *pathos.* D'autant, que relativement à la règle de la désaccentuation, c'est une autre source de tension. Comment être touchant sans sacrifier au drame ? Zola s'est posé la question au moment de *L'Assommoir.* Pour rester dans le courant ordinaire de la vie il écarte le dénouement violent d'abord imaginé ; en marge d'un de ses plans détaillés, il précise : « Non pas de drame. » « Je ne voudrais pas faire trop dramatique ni trop extraordinaire. Le drame doit sortir des faits naturels[35]. » Il y a donc là une difficulté qui se règle au cas par cas et qui fait toucher à la question délicate du pathétique dans les textes naturalistes tenus par le dogme de l'impersonnalité. Autre source de tension, elle aussi difficile à gérer : entre le principe de désaccentuation et celui d'ouverture. Le protocole de sortie ouvert tend en effet à accumuler les signes, et par conséquent à une certaine redondance, si bien que l'accent finit quelquefois par se porter sur le message. La fin, où se trahit la fonction poétique, se recommande alors à l'attention, comme on le voit avec la métaphore filée de la germination dans la conclusion de *Germinal.*

Les désaccords que l'on peut avoir quand il s'agit de caractériser telle fin en termes d'accentuation ou de désaccentuation proviennent de la polysémie du mot « fin » lui – même. Le déni de la fin dont nous faisons état porte principalement sur la première acception, la fin-terminaison, et moins sur les deux autres : la fin-finalité et la fin-finition. La conclusion du roman peut appuyer sur la téléologie ; la mort notamment – elle est fréquente dans *Les Rougon-Macquart* – tend à faire preuve. Quant à la finition, son importance se mesure à la fois au soin que lui apporte le créateur et à l'effet produit sur le lecteur, *a fortiori* le lecteur critique. S'agissant précisément de *Nana*, on peut rapporter les mots de Flaubert : « à la fin, la mort de Nana est Michelangelesque[36] ! »

35 *Ibid.*, p. 1552.
36 *Ibid.*, p. 1690.

À ce stade, il n'est pas besoin de souligner que le roman de Zola – celui-là et les autres – s'accommode d'une lecture par fragments, clausulaire donc. Évidence qui peut être complétée par cette remarque de Mallarmé, à propos de *Son Excellence Eugène Rougon* : on peut aussi bien lire le livre selon l'ancienne mode, d'une seule haleine, sans respiration, que l'ouvrir librement, « pour l'étudier, fragment par fragment ». Et de louer un « chef-d'œuvre » que « son esthétique spéciale met d'accord absolument avec le mode d'en user[37] ».

S'agissant de nos séquences initiale et finale et du mode d'en user, il y a bien sûr à observer leur relation, leur complémentarité[38]. Nous avons encore besoin du concept de cadre. Il faudrait l'envisager de deux manières. D'abord, comme cadre configuratif, boucle compositionnelle qui inscrit des écarts significatifs. Le corps de Nana fait retour dans les dernières pages du livre. Pour briser la carrière cyclothymique de l'héroïne, il a fallu une sorte de *deus ex machina*, la petite vérole. Le corps réapparaît donc, mais sur un mode exactement opposé à celui de l'incipit puisque Vénus se décompose et que la séduction initiale s'inverse en répulsion. La puissance de l'effet final, hormis l'horreur propre du spectacle, tient au fait que c'est l'organe même du roman qui se désintègre. Au-delà de l'*intentio auctoris* et de l'allégorie voulue (Nana, symbole de la corruption du Second Empire doit disparaître), l'*intentio operis* consiste à mener jusqu'à son terme, à savoir le néant, le destin de Nana, celle-ci pouvant être considérée comme « le fétiche par excellence[39] », c'est-à-dire le masque du vide.

À la fin, on ne peut qu'être frappé par ce corps qui recule, qui échappe même à la vue, littéralement sous-exposé, tout au contraire de la venue au-devant de la scène du premier chapitre, désormais « perdu dans l'ombre des rideaux[40] ». Ces rideaux font signe au rideau rouge du théâtre, à la simple gaze autour de la nudité de Vénus et à tous les écrans disposés le long du roman. Lorsque ce corps est éclairé une dernière fois, il n'y a plus personne pour soutenir sa vue. Sauf cet observateur sans visage (sur le seuil de la chambre ?) qui ne coïncide avec aucun actant du récit puisque toutes les compagnes horrifiées ont quitté les lieux et que les

37 *Ibid.*, p. 1507.

38 Sur cette question, je renvoie à l'ouvrage collectif dirigé par Andrea del Lungo, *Le Début et la fin Une relation critique*, Paris, Classiques Garnier, « Théorie de la littérature », 2010.

39 Émilie Piton-Foucault, *Zola ou la fenêtre condamnée*, *op. cit.*, 543.

40 *Nana*, *op. cit.*, p. 431.

hommes (dont les anciens amants de l'héroïne) se tiennent prudemment au dehors, sur le trottoir, par peur de la contamination. Si personne ne peut plus soutenir la vue du corps, qui pourrait le représenter ? Le retour à l'opacité, l'évidement du lieu, le cadavre semblent condamner la représentation même. Ainsi, malgré leur disparité et par-delà l'épaisseur paginale, le roman bute à ses deux extrémités sur un double interdit, celui du corps érotique et celui du cadavre. Sur quoi achoppe la mimésis, ce qui questionne singulièrement une certaine transparence « réaliste » au point que, par mise en abyme, c'est le roman en son entier qui pourrait être pure illusion, substitut déceptif d'un réel inatteignable, « fétiche » suivant l'interprétation d'Émilie Piton-Foucault.

Le cadre se comprend également comme cadre énonciatif, lequel ne se confond pas avec le contour spatial de l'œuvre. L'entorse à la règle de la désaccentuation, comme on la constate dans le final de *Son Excellence Eugène Rougon*, a valeur de symptôme. Symptôme d'une réelle difficulté, celle pour l'énonciation de s'absenter et pour l'acte de représenter de se concrétiser en quelque façon. Il y a là une tension qui se résout comme elle peut, suivant les cas. Généralement par la contrainte, dans *Nana* par la force du message allégorique mais aussi par cette discrète figure d'observateur qui, vaille que vaille, assume un certain regard impressionné certes, mais échappant à l'emprise de Méduse. Et puis, autre chose sauve la représentation, empêche qu'elle ne soit tout à fait condamnée : une certaine transitivité du texte accordée à la transitivité statutaire des seuils. D'une part, on l'a dit, le cri de guerre scandant ces dernières pages, et comme apposé en clausule du livre, articule la fiction à l'Histoire, lui offrant en outre la garantie du réalisme linguistique. D'autre part, on ne peut que ressentir en ces ultimes pages – entre Grand Hôtel et boulevard – l'appel du dehors, le battement caractéristique du premier chapitre avec ses va-et-vient entre théâtre et trottoir. Voyons-y une manière pour l'auteur réaliste de maintenir la circulation entre les bâtiments du roman – le roman lui-même comme artefact, bâtiment – et le hors-texte du réel qui a le dernier mot.

LES VISAGES DE SAPHO (DAUDET)

À Daudet, il a sans doute manqué d'avoir créé un personnage demeurant avec son nom. Certes, le Petit Chose et Tartarin sont entrés en mémoire, mais c'est surtout par la voie scolaire. S'il avait dû en demeurer un seul, c'eût été Sapho. Ce sont les critiques de l'époque qui l'affirment au moment de la publication du livre chez Charpentier en 1884, autant dire en plein âge d'or du naturalisme. Citons le premier d'entre eux, Zola qui est enthousiasmé par la figure de Sapho :

> Votre Jean est un jeune homme quelconque dont le malheur ne me touche guère, c'est votre Sapho qui vivra à côté des grandes héroïnes qui ont aimé. Vous l'avez voulu, n'est-ce pas ? vous l'avez comblée en lui donnant l'éternelle jeunesse dans l'amour[1].

En cette figure où beaucoup ont vu l'être répréhensible, la femme fatale, Zola voit quant à lui la femme généreuse dont le seul vrai tort est de trop aimer, « l'admirable figure de la passion pour la passion. [...], on l'adorera plus tard, dans les siècles[2] ».

En raison de « la vogue formidable » du livre (« Toute la presse entonne un *alleluia* à l'endroit de *Sapho*[3] » note Edmond Goncourt dans son *Journal*), il y aurait bien des choses à tirer de la réception critique. Une des questions induites est celle de la hiérarchie et de la valeur différentielle. Elle apparaît déjà dans le propos de Zola observant que Gaussin, le « jeune homme quelconque », ne pèse pas lourd face à « la dévorante Sapho[4] ». Dans le même ordre d'idées, Irène, la pure jeune

1 Émile Zola, Lettre à Alphonse Daudet du 27 mai 1884, dans Alphonse Daudet, *Œuvres complètes illustrées*, Édition *Ne varietur*, t. X, Paris, Librairie de France, 1931, p. 206. Cette édition contient un riche dossier sur la réception du roman.

2 *Ibid.*, p. 207.

3 Edmond de Goncourt, *Journal* du 31 mai 1884, cité par Roger Ripoll dans sa notice de *Sapho*, in Alphonse Daudet, *Œuvres*, t. III, Paris, Gallimard, Bibl. de la Pléiade, 1994, p. 1165.

4 Zola, *op. cit.*, p. 206.

fille dont Gaussin se croit amoureux et qu'il projette d'épouser avant de retomber en Sapho, serait une création inutile.

> Je regrette que votre Irène soit là, même si peu, car c'est un mauvais service que vous avez rendu à la vertu. Que nous importe cette pâle silhouette, lorsque votre bouche est pleine de Sapho, lorsque vous nous l'avez fait connaître et désirer ? Nous sommes pleins d'elle, nous ne voulons qu'elle. Quand elle n'est pas là, le livre s'obscurcit[5].

Mais laissons pour le moment de côté cette question du système des personnages et citons une autre remarque d'Albert Wolff, critique du *Figaro*, touchant à ce que nous appellerions aujourd'hui le champ littéraire :

> Le véritable roman naturaliste est incarné en trois écrivains : Goncourt, Zola et Daudet ; l'ombre de Flaubert plane sur ce groupe, uni par une communauté d'idées et par une amitié que les froissements d'amour-propre subis tout à tour par deux d'entre eux, par le succès du troisième n'ont jamais pu entamer ; chacun d'eux a marqué sa vie par l'œuvre supérieure : *Germinie Lacerteux*, *L'Assommoi*r et *Sapho*. [...] Avec le succès de *Sapho*, Alphonse Daudet a repris la tête dans le groupe des romanciers[6].

On comprend que la compétition littéraire repose principalement sur l'invention d'un personnage qui doit s'inscrire dans les mémoires et vivre de sa vie propre. Ainsi de Sapho qui, suivant le pronostic de Zola et d'autres critiques, prend incontestablement place dans la galerie des grandes amoureuses. Telle est la perception du moment, qui n'est pas vraiment la nôtre aujourd'hui. Le trio en question nous semble moins équilibré et « l'œuvre supérieure » qui a marqué la carrière de chacun des trois créateurs n'a pas connu le même destin. Néanmoins, dans les trois œuvres que distingue Albert Wolff, nous pouvons reconnaître les traits d'un certain roman démocratique exemplifié par le trio féminin : Germinie la servante, Gervaise la blanchisseuse, Sapho la faubourienne passée par les ateliers et devenue pour cette raison un être mixte, au double nom de Fanny Legrand et de Sapho, tantôt l'une, tantôt l'autre.

Si l'on revient au musée et à l'intention muséographique, il y aurait un sujet d'interrogation dans le fait que les grandes figures de ce second demi-siècle sont surtout féminines. En début de galerie se

5 Zola, Lettre à Alphonse Daudet, *op. cit.*, p. 206.
6 Albert Wolff, *Le Figaro* du 20 juin 1884, dans Daudet, *Œuvres complètes*, *op. cit.*, p. 193-196.

tient incontestablement Emma Bovary, mais qui en bout de galerie ? Avançons un nom, celui d'un romancier étranger qui a fréquenté les naturalistes, les a jugés et a développé son propre art du roman et qui, avec l'Isabel Archer de *Portrait of a lady* (1881), a inventé une des plus admirables héroïnes romanesques de ce second demi-siècle. Or James nous soumet précisément la question de la place du portrait dans l'œuvre ou dans les œuvres littéraires, et il nous propose une sorte de réponse. Le portrait serait-il le tout du discours, comme le suggère le titre de son chef-d'œuvre ?

LE PORTRAIT DANS LE ROMAN DE MŒURS

Le roman de Daudet est sous-titré « mœurs parisiennes ». Or le roman de mœurs passe pour être dominé par l'aspect social et, comme il n'est pas dans sa nature d'approfondir les « caractères », l'aspect psychologique recule au second plan[7]. Circonstance aggravante : à l'époque qui nous intéresse, le grief couramment adressé aux naturalistes, et particulièrement à Zola, celui d'une psychologie rudimentaire. Grief qu'il faudrait nuancer car le défi des écrivains de la galaxie Flaubert fut d'inventer une autre psychologie, un art de dire « les dedans » « par les dehors[8] » selon le mot de Maupassant à propos de son maître et père spirituel. Cela s'appliquerait aussi à Daudet, quoique lui soit régulièrement crédité d'un talent artiste et d'une finesse dite féminine.

Sapho, c'est l'histoire de la liaison de Gaussin, jeune provençal monté à Paris, promis à un bel avenir et à la carrière diplomatique avec une femme qui, par sa beauté et ses amants, a pris place dans le Paris artistique. Cette liaison de cinq ans est faite de passion physique et de dégoûts. La rupture, toujours repoussée par le jeune homme, vient finalement de Sapho qui laisse le héros déchu, s'embarquant à Marseille pour un poste diplomatique où elle ne le suivra pas. La dédicace du livre est

7 Sur ce point, je renvoie à l'ouvrage de Bernard Gendrel, *Le Roman de mœurs*. Aux origines du roman réaliste, Paris, Hermann, coll. « Savoirs lettres », 2012.

8 La formule exacte de Maupassant est celle-ci : « Les dedans étaient dévoilés par les dehors, sans aucune argumentation psychologique. », préface aux *Lettres de Gustave Flaubert à George Sand*, Paris, Charpentier, 1884, p. XVI-XVII.

adressée par l'auteur à ses fils : « Pour mes fils. Quand ils auront vingt ans ». Le thème central de ces « mœurs parisiennes » est le collage et ses fatalités. Dans leur *Dictionnaire du roman de mœurs*, Philippe Hamon et Alexandrine Viboud le définissent ainsi :

> Cohabitation sous le même toit d'un homme et d'une femme, le collage s'oppose donc à la fois au mariage (bourgeois) et à la liaison (les amants, adultères ou non, ne cohabitent pas de façon durable sous le même toit). Il caractérise essentiellement les milieux populaires (Gervaise et Lantier dans *L'Assommoir*) ou bohèmes (Christine et le peintre Lantier dans *L'Œuvre*). Souvent peu durable, il est rarement idyllique, la « scène » semblant être son régime favori. Condamné par la morale bourgeoise, moment quasi obligé de la vie du célibataire, il peut devenir un modèle positif chez les tenants de l'union libre[9].

Le collage, dans sa définition même, comporte une donnée sociale et matérielle essentielle. Celle-ci est liée au monde décrit : ici d'une part, le milieu artiste qui a modelé Sapho et auquel elle se rattache par ses anciens amants et, d'autre part, celui de Gaussin qui est dans un statut indécis (étudiant puis stagiaire dans un ministère en instance d'affectation). La donnée proprement matérielle tient au fait concret de la cohabitation qui impose avec force les préoccupations domestiques (logement, argent, nourriture, etc.).

L'aspect social est donc recommandé au détriment de l'aspect psychologique. Néanmoins, il ne faut pas exagérer leur antagonisme supposé. D'abord, n'oublions pas que le terme « mœurs » auquel nous attribuons spontanément un sens collectif possède aussi un sens individuel qui désigne les habitudes propres à un individu. En cela, le terme s'intègre parfaitement à une caractérologie. Par ailleurs, le roman réaliste a vocation à consigner les mœurs de ses personnages, que ce soit sous la forme de portrait détaché, à la façon de Balzac, ou sous la forme d'unités discrètes dispersées à travers le texte. C'est plutôt la façon Daudet. Donnons un premier exemple emprunté au début de la relation amoureuse.

> Celles qu'il avait connues jusque-là, des filles de brasserie ou de skating, quelquefois jeunes et jolies lui laissaient toujours le dégoût de leur rire bête, de leurs mains de cuisinières, d'une grossièreté d'instincts et de propos qui lui faisait ouvrir la fenêtre derrière elles. Dans sa croyance d'innocent, il pensait toutes les filles pareilles. Aussi s'étonnait-il de trouver en Fanny une douceur,

9 Philippe Hamon, Alexandrine Viboud, *Dictionnaire thématique du roman de mœurs* 1850-1914, Paris, Presses universitaires Sorbonne Nouvelle, 2003, p. 162.

> une réserve vraiment femme, avec cette supériorité – sur les bourgeoises qu'il rencontrait en province chez sa mère – d'un frottis d'art, d'une connaissance de toutes choses, qui rendaient les causeries intéressantes et variées…
>
> Puis elle était musicienne[10] […]

Ces lignes, sans développer véritablement aucun élément physique ou psychologique, font état des mœurs propres à une femme dont s'étonne l'observateur intrigué qui mobilise les références du provincial qui sont les siennes à cette heure. Sapho est saisie par différence avec « les filles de brasserie » et les bourgeoises du pays natal. Un peu plus loin, Gaussin observera qu'en elle « il n'y a rien de la femme de théâtre ». Le second paragraphe (« Puis elle était musicienne… ») met sur la piste d'une dualité (artiste vs populaire) qui est au cœur du livre et relève de ce que Roland Barthes dans *S/Z* a nommé « le code herméneutique ». Avec une pensée d'anniversaire on se réfèrera à une autre contribution majeure de Barthes, son « Introduction à l'analyse structurale des récits » de 1966 dans laquelle il proposait de distinguer dans tout récit des unités fonctionnelles réparties entre « fonctions » et « catalyses » d'une part, « indices » et « informants » d'autre part. Ce sont les unités de cette seconde classe qui en général entrent dans la formule du portrait. Les informants livrent des données pures, « immédiatement signifiantes » comme « l'âge précis d'un personnage[11] » – exemple bienvenu pour nous car l'âge de Sapho est un non-dit, partout dit. Quant aux indices, ils ont « toujours des signifiés implicites[12] », renvoyant notamment à un « caractère ». C'est typiquement le cas du passage que nous venons de citer qui indexe du biographique et convoque un implicite. Celui-ci s'inscrit dans les points de suspension du premier paragraphe. Ce serait d'ailleurs une réponse associée à la question précédemment posée : le portrait est-il dans le plein du discours ? Pas nécessairement, il peut aussi se trouver dans ses vides.

Parmi toutes ces notations qui, au fil du récit, s'intègrent au faisceau de traits du portrait et qui nourrissent la connaissance du personnage, il en est qui brouillent quelque peu la distinction de Barthes. En voici une qui apparaît lorsque l'intimité des deux amants s'est approfondie : « Elle ne se

10 Alphonse Daudet, *Sapho*, présentation par Michel Tournier, Paris, GF Flammarion, 2005, p. 30-31.

11 Roland Barthes, « Introduction à l'analyse structurale des récits » [1966], repris dans *L'Analyse structurale du récit*, Paris, Éd. du Seuil, coll. « Points », 1981, p. 17.

12 *Ibid.*, p. 16.

privait plus de fumer maintenant, roulant entre ses doigts, posant sur tous les meubles l'éternelle cigarette qui aveulit la journée des filles[13], [...]. » Il s'agit là à la fois d'un informant et d'un indice, dont le signifié se rattache à l'existence passée de courtisane. Il est clairement dégagé par un narrateur qui est tout sauf impersonnel et qui exerce sa « fonction idéologique[14] ». C'est du reste un des reproches que certains confrères naturalistes adressent à Daudet : il interfère, il moralise. Pas assez flaubertien, en somme.

On vérifie par conséquent, et d'autres exemples le confirmeraient, qu'il n'existe pas d'incompatibilité entre roman de mœurs réaliste et – j'emploie à dessein l'expression reçue – peinture de caractère. Du reste, les poétiques classiques avaient bien aperçu le lien entre le caractère ou « le naturel » et les mœurs. Ainsi Marmontel dans ses *Éléments de littérature* pouvait écrire : « on entend par les mœurs des hommes, leurs inclinations habituelles, ou la forme que l'habitude a donné à leur naturel[15] ». D'autre part, on a vu que la notation réaliste des mœurs invite à la lecture indicielle qui a pour effet de défaire l'unité présumée du portrait et de rendre attentif à son « fonctionnement » sémiotique.

LE LIEU DU PORTRAIT

Sans tomber dans de coupables facilités, avançons que dans le roman balzacien nous savons en général où chercher le portrait de tel personnage, à quel endroit celui-ci prend corps et prend texte. La fameuse typisation, pour s'en tenir à elle, crée un certain volume de texte et de voix. C'est pourquoi d'une main à peu près sûre, nous savons où trouver, par exemple dans *Le Curé de Tours*, mademoiselle Gamard et avec elle le type accompli de la vieille fille. Chez Flaubert et après lui, cette belle unité disparaît ou s'affaiblit et le personnage se trouve délesté de ce discours savant, souvent disséminé ou scandé dans le texte – Philippe Hamon parle à juste titre de « portrait scansion[16] ».

13 *Sapho*, *op. cit.*, p. 66.
14 Suivant l'expression de Gérard Genette, *Figures III*, Paris, Éd. du Seuil, 1972, p. 263.
15 Marmontel, article « Mœurs », dans *Éléments de littérature* [1787], Paris, Desjonquères, 2005.
16 Philippe Hamon, *Le Personnel du roman. Le système des personnages dans* Les Rougon-Macquart *d'Émile Zola*, Genève, Droz, 1983.

Daudet a retenu la leçon flaubertienne de sorte que le personnage éponyme se trouve comme distribué en occurrences dans le roman et doté d'une existence circonstancielle – il faut y voir une des grandes avancées du naturalisme. Le pluriel du mot « circonstances » s'accorde aussi dans une certaine mesure avec le terme d'école, celui que Zola théoricien a imposé, l'influence du milieu. En parfait naturaliste, Daudet souscrit à cette influence qui détermine et modèle les êtres. Ainsi, à côté du principe de variation psychologique qu'illustre Sapho, par le disparate de sa formation, ses sautes d'humeur, ses alternances de tendresse et de violence, existe un principe de variation spatial ou, mieux, éthologique. L'être, tel un caméléon, adapte ses traits aux lieux qu'il occupe et aux entourages qui sont les siens. La Sapho solitaire n'est pas la Sapho en société. Celle qui s'aventure timidement dans le garni d'étudiant du début n'est pas celle qui apparaît dans l'atelier de la rue de Rome au bras de son jeune amant, « très gaie, très en verve[17] », sous le regard de ses anciens amants. De même, puisque le roman du collage raconte deux installations, la Fanny en ménage se trouve dédoublée : il y a celle qui, dans le trois pièces avec balcon nouvellement loué, attend son amant, coquette, apprêtée ; il y a celle qui, transplantée à Chaville, dans un « ancien rendez-vous de chasse » se néglige « sous l'influence dissolvante de la campagne et de la solitude[18] ».

Il n'est pas utile de relever toutes ces circonstances ni de faire état de tous ces portraits-scansions. Il s'agit généralement de séquences assez courtes prises dans le mouvement narratif. On peut s'en faire une idée dès la première rencontre, lors d'un bal travesti donné dans l'atelier de Déchelette (nous sommes à la deuxième page du livre) :

> Jeune, belle ? Il n'aurait su le dire… Du long fourreau de lainage bleu où sa taille pleine ondulait, sortaient deux bras, ronds et fins, nus jusqu'à l'épaule ; et ses petites mains chargées de bagues, ses yeux gris large ouverts et grandis par les bizarres ornements de fer lui tombant du front, composaient un ensemble harmonieux[19].

C'est donc le jeune provençal Jean Gaussin fraîchement arrivé à Paris qui est le personnage focal, et il le sera presque toujours dans le roman, ce qui n'empêchera pas ce regard d'être pris parfois dans le discours du

17 *Sapho*, *op. cit.*, p. 136.
18 *Ibid.*, p. 120.
19 *Ibid.*, p. 22.

narrateur suivant des modalités subtiles – dans lesquelles les romanciers de ce temps se sont rendus maîtres. Ici, la stratégie descriptive est particularisante. Le regard intrigué, de néophyte, est retenu par un certain nombre de traits, ceux qui font effet sur lui. Ils seront complétés par d'autres (par exemple, les cheveux, la nuque de Sapho, la cigarette qu'elle fume, etc.) selon la logique cumulative du portrait. On observe que chacun des traits ici distingué sera repris, en fonction des circonstances, modulé au cours du récit : à savoir les yeux, la taille pleine, le vêtement complété par l'ornement. Il en manque un mais qui ne tarde pas à apparaître, dans la scansion suivante du portrait (chapitre 2), c'est la bouche : significativement, après qu'au sortir du bal masqué, l'union a été consommée dans l'appartement d'étudiant. Citons donc la seconde apparition, à l'improviste, de Fanny chez le jeune homme :

> Et vraiment il lui fallait du courage pour ne pas la prendre tout de suite entre ses bras, car elle était bien tentante et d'un grand charme avec sa toute petite tête au front bas, au nez court, à la lèvre sensuelle et bonne, et la maturité souple de sa taille dans cette robe d'une correction toute parisienne, moins effrayante pour lui que sa défroque de robe d'Égypte[20].

De chacun de ces éléments (lexèmes) on pourrait suivre le destin, séparé ou non, à travers le texte. Tous peuvent être subsumés par un signifié global qu'on nommera « charme ». Et l'on voit comment ce charme agit sur le jeune homme, mais peut-être aussi sur le lecteur. Il y a de l'appât dans le portrait et sa mise en place comme son filage invite à ce qu'Umberto Eco nomme une « promenade inférentielle[21] ». Ici elle s'apparenterait à une balade érotico-sémantique. On peut soupçonner que *Sapho*, en dehors de son projet déclaré, est aussi fait pour cela : s'approcher du corps de Sapho, en détailler les attraits et peut-être finir dans sa couche, celle où retombe Gaussin à la fin de l'aventure après qu'il a échoué à se séparer de sa maîtresse. Mais revenons à des considérations plus froidement sémiotiques. Que voit-on au plan de l'organisation discursive de surface ? Un signifié global « charme » se scinder en signifiés particuliers que nous pouvons examiner, sans nécessairement leur réserver un sort égal.

Les yeux concentrent traditionnellement l'expression de la personnalité. Or, dans le cas de Sapho, cette expression est très variable. À

20 *Ibid.*, p. 30.

21 Umberto Eco, *Lector in fabula* ou la Coopération interprétative dans les textes narratifs, Paris, Grasset, 1985, p. 273 *et sqq.*

ce stade Gaussin ne le sait pas encore mais il aura à interpréter ce langage-là fait d'assombrissements, d'illuminations, d'embuements. Par là une caractérologie de la femme se lie à une météorologie, et cela dans un univers où les choses ont tendance à perdre leurs contours. Univers naturaliste et métonymique, nous y reviendrons.

Le vêtement, auquel on peut associer les ornements, compose la tenue – pour employer le juste mot de notre langue. Celle-ci est à la fois production d'une image sociale de soi mais elle est aussi, en particulier pour la femme, négociation d'un partage capital, entre le caché et le montré, le nu et le couvert. Évidemment, la tenue tombe sous le jugement moral et esthétique. La robe de la seconde rencontre, « d'une correction toute parisienne », est plus du goût de Gaussin que le déguisement en Égyptienne. Mais Déchelette, revenant sur cette soirée jugera que Sapho « était superbe dans sa tunique de fellah[22] ». Sur l'axe syntagmatique, on pourrait suivre ce destin de l'habit, jusqu'au bout : ainsi, quand le couple se résout au ménage de Chaville et que Fanny aura « pris gaiement cette demi-misère », sa tenue aura bien changé.

> La robe qu'elle portait, une pauvre robe noire craquée sous les bras, à la taille, il la connaissait depuis trois ans ; et quand elle la relevait, en passant devant lui, à cause de quelque flaque, il voyait les talons de ses bottines qui se tournaient[23].

La taille pleine du tout premier portrait possède un signifié qui s'extrait de lui-même dans le second passage, qui est « maturité ». Il pourrait en abriter un autre qui est « maternité », lequel s'actualise en certains points du texte en raison de la différence d'âge, de ce que nous avons dit du ménage et aussi du dévouement dont est capable Fanny (un enfant recueilli viendra d'ailleurs rejoindre le foyer de Chaville). Il se trouve que le tout premier prédicat appliqué au personnage, sous forme d'interrogation était « jeune » : « Jeune, belle ? ». Ce trait sémantique de l'âge, préselectionné en amont, va se trouver projeté sur l'ensemble du texte, sur le système entier des personnages : c'est-à-dire cette ancienne bohème, le groupe d'artistes vieillis dont plusieurs furent les amants de Sapho ; sur le couple central Sapho/Gaussin marqué par la disparité d'âge, mais aussi sur toutes les figures rencontrées dans le roman. Au

22 *Sapho, op. cit.*, p. 49.
23 *Ibid.*, p. 161.

chapitre VII qui raconte une partie de campagne à Enghien, d'autres vieilles gloires, d'« anciennes roulures » sont ironiquement croquées par Daudet. On retrouve ce trait à une toute petite échelle, au sein de tel portrait, pour la raison mystérieuse que le vieillissement s'inscrit plutôt dans telle partie du corps tandis que telle autre est étrangement épargnée. Ainsi, dans certaine circonstance (elle est vue de dos – il faudrait d'ailleurs s'intéresser aux angles de vue), Gaussin admire la « nuque restée jeune[24] » de Fanny. Elle paraît échapper à la loi naturelle du vieillissement ; tout se passe comme si chaque passion nouvelle lui rendait beauté et jeunesse. Le sculpteur Caoudal qui a autrefois modelé sa statue se rappelle avec émotion la Sapho de dix-sept ans et s'étonne de sa fraîcheur conservée vingt ans plus tard au moment où il la retrouve tout à sa passion pour Gaussin : « Vous auriez dit une mariée de quinze jours[25]. » Mais le héros lui-même formule l'interrogation vers la fin de l'aventure :

> Et Jean se demandait en la regardant toute rajeunie de ce renouveau de soleil et d'amour, quelle poussée de sève il y avait dans une créature pareille, quelle merveilleuse faculté d'oubli et de pardon, pour garder tant de gaieté, d'insouciance, après une vie de passions, de traverses et de larmes, tout cela marqué sur son visage, mais s'effaçant au moindre épanouissement de gaieté[26].

L'énigme courant à travers le livre d'une Sapho éternellement jeune ou plutôt périodiquement rajeunie trouve ici une expression un peu inattendue. Il y a d'abord ce mot de « créature », ambigu au possible mais qui range Sapho parmi les êtres de la nature. D'ailleurs, elle est ici végétalisée (cas intéressant de métaphore à motivation métonymique – on est dans la forêt de Chaville). Étrangement, c'est comme si le roman de mœurs parisiennes, en se déplaçant vers la périphérie, avait modifié son régime de signification. Car l'isotopie dominante n'est pas végétale, mais minérale, induite par la fameuse statue, objet et symbole inaltérés traversant le temps et à laquelle sont, explicitement ou implicitement, rapportées les altérations enregistrées sur le corps de Sapho-Fanny. Car évidemment la créature périssable est de chair. Ici, il nous faut citer un autre passage de contemplation où Gaussin, rentré tard et d'humeur soupçonneuse, observe sa maîtresse endormie :

---

24 *Ibid.*, p. 120.
25 *Ibid.*, p. 49.
26 *Ibid.*, p. 162.

> Belle, oh ! belle, les bras, la gorge, les épaules, d'un ambre fin, solide, sans tache ni fêlure. Mais sur ces paupières rougies – peut-être le roman qu'elle lisait, peut-être l'inquiétude, l'attente –, sur ces traits détendus dans le repos et que ne soutenait plus l'âpre désir de la femme qui veut être aimée, quelle lassitude, quels aveux ! Son âge, son histoire, ses bordées, ses caprices, ses collages, et Saint-Lazare, les coups, les larmes, les terreurs, tout se voyait, s'étalait ; et les meurtrissures violettes du plaisir et de l'insomnie, et le pli de dégoût affaissant la lèvre inférieure, usée, fatiguée comme une margelle où tout le communal est venu boire, et la bouffissure commençante qui délie les chairs pour les rides de la vieillesse[27].

Étonnant mouvement que celui décrit par ce paragraphe : une première phrase exclamative, une phrase d'esthète ou de sculpteur (elle pourrait être de Caoudal) ; puis après le mais adversatif, la longue énumération et l'hyperbate qui inscrivent le temps biographique, comme autant de coups portés au corps de Sapho, enfin la clausule sur la bouffissure commençante et la chair se défaisant. Il faut sans doute faire la part de la sensibilité contemporaine, et l'on songe, par exemple, à la « morbidesse » telle que la conçoivent les Goncourt. On pourrait voir dans ces lignes un circuit esthétique qui irait de la dure statue classique ou néo-classique à certain goût du faisandé fin-de-siècle.

Venons-en à l'avant-dernier terme nommé, la bouche. Souvenons-nous de la première occurrence, lors de la rencontre initiale, qui était : « la lèvre sensuelle et bonne ». On peut lui attribuer un signifié propre qui est féminité, mais celui-ci se scinde immédiatement en féminité privée, si on ose dire, c'est-à-dire la bouche réservée à l'amant, et féminité publique, celle de la courtisane aux lèvres usées. Du reste, ce n'est pas le mot « bouche » qui est employé mais celui de « lèvre ». Si la première occurrence relevait de l'emploi synecdochique, ce n'est plus le cas de la seconde puisque, on vient de le voir, l'observateur s'emploie à défaire l'harmonie sculpturale de la personne. Par conséquent, « lèvre » désigne littéralement la partie inférieure charnue qui borde la bouche. Celle-ci se trouve désolidarisée de sa moitié naturelle et comparée à une « margelle où tout le communal est venu boire ». On est passé de l'ambre fin et précieux à la vulgaire pierre de puits ou, pire peut-être, d'abreuvoir. Plus loin, dans une de leurs disputes, Gaussin va s'écrier : « Allons. Retourne à ta bauge[28]. »

---

27 *Ibid.*, p. 56.
28 *Ibid.*, p. 188.

La bouche ne sert pas qu'au baiser, elle est aussi l'organe de la parole, et même du chant. Sapho n'est certes pas la poétesse dont elle porte le nom mais, on l'a vu, elle s'accompagne au piano et a même autrefois chanté au Lyrique – ce qui participe de son charme. C'est pourquoi Gaussin est atterré la première fois qu'il surprend, sortie de cette même bouche, une voix qu'il ne connaît pas, « dure et rauque, chargée de mots ignobles arrivant jusqu'à lui comme d'une dispute de brasseries de filles[29] ». Il est blessé de ces explosions de parole ordurière qui vont jusqu'à l'animalisation et surviennent à chaque scène de ménage, celle-ci étant une composante obligée du collage. Autre sujet de trouble : Gaussin se surprend lui-même à proférer ces mots, ce « vocabulaire de trottoir[30] ». Enfin, comme pour aggraver la chose, l'organe érotique et l'organe de la parole se confondent au moment de l'étreinte. Quand elle a abandonné sa réserve première dans les bras de son amant, Sapho change de registre :

> Et les caresses perverses si longtemps retenues, tous ces mots de délire que ses dents serrées arrêtaient au passage, elle les lâchait à présent, s'étalait, se livrait dans son plein de courtisane amoureuse et savante, dans toute la gloire horrible de Sapho[31].

PORTRAIT ET EFFET-PERSONNAGE

En nous concentrant, comme nous venons de le faire, sur quelques signifiés pertinents qui se recommandent par leur récurrence au fil du texte, nous démembrons le personnage. Même si c'est déjà la pente de l'écriture naturaliste, on pourra objecter que ce genre d'opération contrevient au sentiment du lecteur en qui se forme une idée générale du personnage et qui forme à son propos un jugement personnel. Ce que démontre amplement la critique d'accueil qui eut matière à s'exprimer à l'endroit de Sapho, et n'a pas manqué d'arguments pour et contre. Nous en citerons seulement deux. Celui d'Ernest Deschaumes dans *La*

29 *Ibid.*, p. 38.
30 *Ibid.*, p. 53.
31 *Ibid.*, p. 67.

Presse : « Je sais peu de plaidoyers aussi véhéments, aussi cruels que celui-là contre la maîtresse. C'est *Manon Lescaut* renversée. C'est la réfutation de *La Dame aux camélias*[32]. » Celui de Gustave Geffroy dans *La Nation* :

> Cette femme, Daudet ne la condamne pas, ne l'exécute pas férocement ; finalement, c'est même cette pauvre créature flétrie et abandonnée qui abandonne à son tour, et qui triomphe avec sérénité sur les ruines qu'elle a faites. *Sapho* n'est pas un réquisitoire contre la passion, un pamphlet contre la femme ; ce beau livre douloureux ne fait que raconter, avec simplicité, avec éloquence, la vie, la triste vie sinistre comme un champ de bataille où tous les combattants seraient blessés[33].

Ces opinions manifestent éloquemment l'effet du personnage, sa résonance dans le public. Elles font aussi résonner le discours social d'une époque, notamment à propos d'une pratique sociale, le collage et son symétrique qui est la rupture ou le « lâchage », et aussi à propos du pouvoir féminin, surabondamment glosé.

Abstraction faite du jugement moral, l'effet du personnage n'est pas ignoré de la critique formelle qui l'a formulé en ses termes à elle. L'hypothèse de départ est qu'« un personnage de roman naît seulement des unités de sens, n'est fait que des phrases prononcées par lui ou sur lui[34] ». L'approche sémiologique a tiré parti de cette proposition, « l'effet-personnage » servant à « dépsychologiser » la question et à la sémiotiser[35]. Dans cet esprit nous avons abordé l'être de papier qu'est Sapho ; en toute rigueur, il faudrait aussi l'aborder par la face du signifiant, ce nom qui donne son titre au roman. Outre l'amante, outre la musicienne que nous avons croisée, il y a la Sapho de la légende qui, amoureuse de Phaon, se jette à la mer depuis le rocher de Leucade, comme on la voit dans le tableau de Gustave Moreau. Daudet s'est écarté de cette source puisque c'est Jean Gaussin qui se trouve lâché et en rade sur le port de Marseille.

Sans nier la part de l'intertexte antique, il convient de rester sur le terrain bien réel des mœurs contemporaines. Là, le nom de Sapho évoque

---

32 Edmond Deschaumes, *La Presse* du 30 mai 1884, cité dans Daudet, *Œuvres complètes illustrées*, *op. cit.*, p. 180.

33 *Ibid.*, p. 186.

34 René Wellek et Austin Warren, *La Théorie littéraire*, Paris, Gallimard, 1973 pour la trad. fr., p. 208.

35 Il faut renvoyer ici à l'article majeur de Philippe Hamon « Pour un statut sémiologique du personnage », repris dans R. Barthes, W. Kayser, W. C. Booth, Ph. Hamon, *Poétique du récit*, Paris, éd. du Seuil, coll. « Points », 1977, p. 115-180.

deux choses précises : d'une part, la statue confectionnée autrefois par Caoudal, laquelle est en bonne place sur la cheminée des intérieurs bourgeois, un objet marchand donc ; d'autre part, le nom de courtisane inscrit dans des publications d'un genre particulier. Si Jean a d'abord été trompé sur l'identité de la statue, il est plus clairvoyant quant à ces dernières.

> [...] il pensait tout haut : « Ma maîtresse !... oui, une belle ordure... Sapho, Sapho... Dire que j'ai vécu un an avec ça !... » Il répétait le nom avec rage, se rappelant l'avoir vu sur les petits journaux parmi d'autres sobriquets de filles, dans le grotesque Almanach-Gotha de la galanterie. Sapho, Cora, Phryné, Jeanne de Poitiers, le Phoque...
>
> Et avec ces cinq lettres, de son nom abominable, toute la vie de cette femme lui passait en fuite d'égout, sous les yeux[36]...

Si notre lecture critique précédente faisait quelque peu violence au corps de Sapho, ici c'est Gaussin qui se révolte contre le nom et le déchiquète. Ce qu'à travers le nom et autour de lui nous sommes en mesure d'apercevoir, plus que le héros de l'aventure, c'est la dissémination du sens. À l'occasion de sa prononciation refait surface tout l'imaginaire de la corruption tel qu'il s'est crûment (quoique de loin en loin) énoncé au fil du roman à travers les images d'égout, de boue, de marécage, d'abreuvoir, qui instruisent sur une phobie d'époque.

De quoi Sapho est-elle le nom ? Des fatalités de la chair que Daudet lui-même a éprouvées douloureusement. Le mal transmis par elle est nommé vice, dépravation, corruption, etc. Or, on peut penser à un terme qui ne se trouve pas dans le roman, celui qui désigne le mal vénérien. Michel Tournier est affirmatif : « si la syphilis n'est pas citée dans le roman, c'est qu'elle en constitue le seul et unique sujet. Sapho n'est que la personnification de la syphilis. Sapho = syphilis[37] ». On trouve cependant des termes approchants comme celui de poison ; quelque part, il est question de « ces dépravations de plaisir qu'on lui [Sapho] avait inoculées[38] ». Il est certain que la syphilis constitue un implicite du roman. L'évitement du mot en dit long sur le péril vénérien qui touche l'homme dans sa chair et qui est de nature à

36 *Sapho*, *op. cit.*, p. 53.

37 Michel Tournier, « *Sapho* ou le génie morbide », présentation de l'édition GF Flammarion, p. 10-11.

38 *Ibid.*, p. 67.

corrompre tout le corps social – c'est le sujet même de *Nana*. Mais il n'y a pas qu'une stratégie d'évitement ou d'atténuation. Daudet a sans doute voulu viser un sens plus général pour la raison que l'énigme du désir et les fatalités de la chair débordent le péril vénérien, de même que le nœud formé par Éros et Thanatos reste impénétrable et défie la compréhension comme la morale commune. Tout cela est juste, mais méfions-nous des décryptages brutaux et de la personnification qui pour le coup totalise, rassemble le personnage. À cela nous pourrions opposer deux arguments.

La personnalité complexe de l'héroïne (c'est-à-dire ses visages et ses différentes physionomies morales) neutralise les oppositions convenues et perturbe les systèmes normatifs : Sapho est à la fois impure et pure, vicieuse et « bonne fille », peuple et distinguée, jeune et abîmée, etc. Cette association de traits contradictoires filée dans les portraits de Sapho-Fanny – au pluriel – ne cesse de s'inscrire dans le sémantisme du texte. Une autre raison nous ferait écarter l'interprétation sommative (en termes de personnification) qui solidifie le portrait. C'est que celui-ci est volontairement disséminé et que, par ailleurs, tout l'univers représenté dans le roman est soumis à une loi de perte des contours. Cela nous ramènerait à la donnée sociale, réaliste, au collage dont un des effets singuliers est qu'il fait se ressembler les amants. Le narrateur lui-même énonce l'étrange loi :

> [...] ; car l'existence à deux, la cohabitation de la table et du lit, créent un tissu de liens invisibles et subtils, dont la solidité ne se révèle qu'à la douleur, à l'effort de la brisure. L'influence du contact et de l'habitude est si miraculeusement pénétrante que deux êtres vivants de la même vie en arrivent à se ressembler[39].

De sorte que Sapho porte l'empreinte de ses anciens amants, de sorte aussi que Gaussin adopte le même registre de langage qu'elle et se découvre au dénouement usé, vieux avant l'âge (on retrouve là le sème maturité). Il n'y a pas que les individus en contact qui échangent leurs propriétés, mais aussi le corps et l'atmosphère, les êtres et leurs milieux de vie, leurs sites (naturels ou pas), et même Paris et la province. Nous n'avons rien dit de la Provence[40] et d'un mal local qui s'attaque à la vigne et la fait mourir, le phylloxera, lequel semble la prolongation sous une autre

39 *Ibid.*, p. 172.

40 Provence qui, comme l'observe Tournier, « n'est pas le Paradis perdu des amours enfantines, loin s'en faut » (p. 17).

forme du mal qui court à Paris. En conséquence, à la lecture de *Sapho*, on ne peut qu'adhérer à la forte proposition de Jakobson au sujet de la prose réaliste[41] dont Daudet est un très fin expert : dans un univers dominé par la métonymie, le portrait colore nécessairement l'ensemble du discours, mais il faut le saisir dans ses réalisations locales, dans la manifestation textuelle – à part des discours constitués qui s'entendent aussi dans le roman, comme notamment celui qui a sévi sur la femme fatale, ou dite telle[42].

41 Roman Jakobson, *Essais de linguistique générale*, tome 1 [1963], Paris, Éd. de Minuit, coll. « Double », 1981, p. 63 ; *Questions de poétique*, Paris, Éd. du Seuil, 1973, p. 139.

42 Voir Mireille Dottin, *Cette femme qu'ils disent fatale*, Paris, Grasset, 1993.

DEUXIÈME PARTIE

TERRITOIRES

LE TERRITOIRE À LA LUMIÈRE D'UNE SOCIOLOGIE DES CIRCONSTANCES

LE TERRITOIRE SELON GOFFMAN

Comparée aux usages courants ou spécialisés, la notion de territoire entreprise par une sociologie des circonstances à la manière d'Erving Goffman est l'objet de deux opérations majeures, un resserrement et une redéfinition. Resserrement : au lieu de la vaste étendue terrestre des géographes, le territoire se trouve limité aux dimensions de l'espace d'interaction, en particulier de ces interactions que Goffman appelle « en face-à-face » et dont il traite notamment dans *La Mise en scène de la vie quotidienne* et *Les Rites d'interaction*[1]. Ce qui paraît n'offrir aucun intérêt particulier, cette étoffe de la vie quotidienne faite de déplacements, de relations, de rencontres et de mille comportements mineurs, se trouve soumis à une description quasi grammaticale et accède à la dignité théorique. S'agissant précisément du territoire, plus que la grammaire, c'est l'éthologie qui sert de modèle avec son principe directeur, l'observation de près et sur le terrain des conduites animales soumises à un découpage séquencé. Les questions de marquage, de violations, d'offenses territoriales se posent en des termes étonnamment proches pour les espèces animales et pour les humains. Au nom en particulier d'une communauté de schémas, comme par exemple (on donnera un exemple plus bas) celui qui règle la relation des individus à leur entourage ou *umwelt*.

Pour la redéfinition, il n'y a pas que l'éthologie qui soit requise. Le concept de droit est au principe de l'approche goffmanienne du territoire. Dans son

1 Erving Goffman, *La Mise en scène de la vie quotidienne*, t. 2 *Les Relations en public*, Paris, Éd. de Minuit, 1973 ; *Les Rites d'interaction*, Paris, Éd. de Minuit, 1974.

texte « Les territoires du moi », il précise que « le droit n'est pas tant exercé sur une matière particulière que sur un champ d'objets – une réserve – dont l'ayant droit surveille et défend habituellement les limites[2] ». Le territoire est donc redéfini comme un ensemble de « réserves ». Comprenant non seulement les territoires fixes, comme les maisons (de la plus grande importance évidemment), mais également des territoires situationnels et des réserves égocentriques gravitant autour de l'ayant droit. Le terme de « réserves » entend « déspatialiser » quelque peu la notion qui se trouve étendue à autre chose, « à des objets non spatiaux mais territoriaux[3] », comme notamment :

- la portion d'espace autour de l'individu où toute pénétration est ressentie comme violation ;
- la place (espace délimité) à laquelle l'individu peut avoir droit temporairement ;
- l'enveloppe corporelle (la peau), ce « contour minimal » qui représente le « type le plus pur de territorialité égocentrique[4] » ;
- « les réserves d'information », c'est-à-dire l'ensemble des faits concernant l'individu et dont il entend contrôler l'accès en présence d'autrui. Cela va du contenu de nos poches à la « vie privée » ;
- enfin, « les domaines réservés de la conversation », c'est-à-dire le droit qu'a l'individu d'exercer un certain contrôle sur qui peut lui adresser la parole et à quel moment.

L'individu, lui-même territoire, est par conséquent au centre du territoire et l'analyse goffmanienne est toute placée sous le signe du droit. Si bien que pour la description il faut se munir d'un ensemble de termes corrélés. On parlera ainsi du bien (pour l'objet désiré), de droit (pour le titre de possession), d'ayant droit (pour la partie au nom de laquelle le droit est revendiqué), d'empêchement (pour l'acte ou les moyens par lesquels le droit est menacé), d'appelant ou d'adversaire (pour la partie au nom de laquelle le droit est menacé), des agents (pour les individus qui représentent l'ayant droit et ses adversaires)[5].

Par le seul énoncé de ces termes on voit quelles potentialités dramatiques contient le territoire goffmanien, c'est-à-dire conceptualisé,

---

2 *La Mise en scène de la vie quotidienne*, *op. cit.*, p. 43.
3 *Ibid.*, p. 44.
4 *Ibid.*, p. 52.
5 Je reprends la formule de Goffman, *Ibid.*, p. 43.

mais non inventé ou seulement décrit par lui. Car pour ce qui est de la description, elle se rencontre déjà chez Balzac. On admirait naguère que l'auteur de *La Comédie humaine* ait pu anticiper les analyses de Marx ; à une tout autre échelle, dans le cadre cette fois d'une sociologie des circonstances, c'est le même mouvement admiratif que nous ressentons. Avec sans doute des degrés suivant les œuvres, comme si la nature même des intrigues avait poussé parfois Balzac à développer non seulement le sens mais aussi le montage des territoires. Par conséquent, il n'y a aucune difficulté à éprouver les différents types de « réserves » distingués ni à reconnaître dans *La Comédie humaine* toutes sortes d'événements territoriaux amalgamés à la matière du roman, dont la liste serait fastidieuse. Il est peut-être avantageux de se concentrer sur des textes qui les amènent au premier plan et dans lesquels l'enjeu territorial s'impose en effet sous cette lumière crue, à la fois éthologique et juridique. Tel est le cas des trois textes qui composent *Les Célibataires*.

L'ENJEU TERRITORIAL DANS *LES CÉLIBATAIRES*

On est frappé du grand nombre de parentés structurelles entre les trois récits : *le Curé de Tours, Pierrette, La Rabouilleuse.* Dans les trois cas le désir des personnages se fixe sur un bien, un territoire fixe pour le coup, maison ou appartement. Ces derniers font l'objet d'un investissement affectif démesuré : monomanie secrète, « concupiscence mobilière » de l'abbé Birotteau (mais la formule vaut pour les autres textes) ; dans *Pierrette* passion double, jumelle, des Rogron pour leur maison de Provins qui devient un objet de convoitise générale ; occupation active de la maison sur la place d'Issoudun au nom d'un droit discutable (*jus primi occupandi*) et disputé, c'est tout le sujet de la *Rabouilleuse.* Pour les célibataires, il faut croire inestimables « les félicités de la vie matérielle[6] » tandis que l'expression « jouissance des lieux » doit s'entendre dans son double sens : juridique et, si on ose dire, libidinal – on frotte beaucoup les meubles dans ces textes. L'inverse, l'angoisse de la désappropriation est intense, et c'est dans *le Curé de Tours* qu'elle trouve son expression

6 Balzac, *La Comédie humaine*, t. IV, Paris, Gallimard, Pléiade, 1976, p. 187.

la plus aiguë. Elle touche au cœur du sujet comme on le voit lorsque l'abbé Birotteau, déjà en mauvaise posture, imagine « ses livres errants, ses membres disloqués et son ménage en désordre[7] » – autrement dit, un cercle très cher de ses réserves égocentriques démantelé. Du reste, le concept sociologique de « territoires du moi » recevant dans ce roman un contenu étonnamment riche et précis, nous ferait dessiner autour du corps de l'individu des cercles d'étendue variable dans lesquels sont incluses différentes classes d'objets : cela va des chaussures mouillées (on se rappelle l'averse initiale) aux meubles, en particulier la bibliothèque, et jusqu'au portrait de Chapeloud.

Cette *libido habitandi*, qui est contagieuse, débouche sur un conflit d'appropriation. Ramené à sa plus simple expression : x veut prendre la place de y, ou x veut installer y à la place de z. Ce conflit s'enracine dans la question des origines, filiation et héritage. Question ténébreuse : les deux abbés rivaux sont les fils spirituels du bon père Chapeloud. Dans *Pierrette*, la belle maison de la place a été pour ainsi dire volée par Rogron père à la grand-mère de Pierrette ; dans *la Rabouilleuse* l'histoire des Bridau est celle d'héritiers écartés qui souhaitent rattraper une succession. La question de la paternité est centrale et on ne voit pas de bon père. Le bon abbé Chapeloud (le pensionnaire parfait, on y reviendra), a suscité des fils ennemis ; c'est par le père que les Rogron ont été éloignés de Provins dont ils rêvent ensuite comme d'une terre promise ; dans *La Rabouilleuse* c'est par la faute du père à la descendance problématique que le désordre advient.

Ce conflit de désirs ne reste pas au seul plan privé mais se transporte dans le domaine public, devient suivant les lois de propagation propres à la ville de province[8], un fait de notoriété publique et même une affaire de droit. D'où le procès dans *Le Curé de Tours* et *Pierrette*, d'où dans *La Rabouilleuse* l'affaire de police, au terme desquels l'innocent et l'innocente (Birotteau, Pierrette, Agathe et Joseph Bridau) se trouvent injustement déboutés. Dans les trois cas, l'ayant droit devient la victime et fait même l'objet d'une mesure d'éloignement pouvant aller jusqu'à la mort, comme dans *Pierrette*, le plus sombre des trois textes. Le conflit d'appropriation suscitant des camps, des antagonismes, l'ayant droit devient un tiers pris entre deux camps, un quasi prétexte qui sera sacrifié

7 *Ibid.*, p. 220.
8 Voir Nicole Mozet, *La Ville de province dans l'œuvre de Balzac*, Paris, SEDES, 1982.

aux intérêts finalement concordants des deux camps. C'est typiquement le cas de l'abbé Birotteau et de Pierrette, mais aussi d'Agathe Bridau et de Flore Brazier, l'une et l'autre mises à mort et sacrifiées aux intérêts de Philippe Bridau, le condamné politique bonapartiste en quête de réintégration. On le voit, l'enjeu territorial de ces textes va loin et le dernier mot de l'histoire célibataire est politique, avec 1830 comme point d'arrivée. Dans *Pierrette*, le conflit se résorbe de lui-même entre la ville haute et la ville basse, entre le parti Tiphaine (du pouvoir et des vieilles familles) et le parti Vinet (libéral). De l'histoire célibataire découle une leçon politique et morale sur « les friponneries sociales » qui, par bonds successifs, éloigne du simple conflit domestique et du pur enjeu territorial. En somme, nous aurions un Balzac plus politique que sociologue, se servant du huis clos domestique et des données si concrètes offertes par les territoires du moi à des fins de démonstration idéologique. On peut néanmoins résister à ce mouvement du texte, freiner sur la pente du débouché politique, en revenant à des données de base, antérieures – on n'ose pas dire antépolitiques.

OSTRACISME, HOSPITALITÉ, IMPATRONISATION

Nous disposons d'un schéma général pour qualifier la relation de l'individu au territoire : admission et expulsion. Mais ces termes abstraits ont l'inconvénient de manquer de ce fond anthropologique et sociologique que précisément imposent des romans comme ceux qui forment *Les Célibataires*. Or il apparaît que ces textes racontent plutôt des histoires d'ostracisme et d'hospitalité. Il y a ostracisme chaque fois qu'un individu est, pour une raison ou pour une autre, déclaré *persona non grata* et éloigné d'un territoire auquel il a par ailleurs quelque droit, et auquel il a souvent aspiré de longue date. Parisiens chassés d'Issoudun (*La Rabouilleuse*) ou (les Rogron dans *Pierrette*) enfants d'aubergistes embourgeoisés qui échouent à se faire admettre dans la bonne société de Provins, et se trouvent réduits à leur intérieur. C'est plus évidemment encore le cas de l'abbé Birotteau qui a été désigné pour jouir du statut de pensionnaire de mademoiselle Gamard et qui se trouve, par une suite d'erreurs, exclu du séjour des bienheureux. Le récit entier représente une suite d'exclusions : incident initial de l'attente sous la pluie devant une porte verrouillée (l'abbé payant le prix de son infidélité en allant dans le monde) ; éloignement fatal lorsque, pour fuir la tyrannie domestique de son hôtesse, l'abbé va s'établir dix jours chez Mme de Listomère, absence interprétée avec malveillance comme « retrait » et dénoncée comme infraction au contrat de location ; procès au terme duquel l'abbé doit non seulement se démettre de ses droits mais quitter Saint-Gratien et même Tours. Cet ostracisme est cruellement fixé dans l'image finale de Birotteau mis dans un fauteuil sur le quai Saint-Symphorien.

Dans toutes les civilisations, les lois de l'hospitalité sont celles qui président à l'ouverture et au partage du territoire privé. Dans *Les Célibataires* elles sont essentiellement compliquées, obscures pour l'intéressé lui-même. On est rarement au logis d'autrui pour de bonnes raisons et la plus naturelle, la raison de famille, n'est pas la meilleure. On se souvient que *Pierrette*, la cousine pauvre de Bretagne, est appelée pour divertir les deux célibataires précisément ostracisés (« ces deux mécaniques n'avaient rien à broyer entre leurs rouages rouillés[9] »). Sylvie Rogron comprend l'intérêt d'avoir un tiers au logis et voit dans sa cousine un moyen de faire revenir la société de Provins sur son compte. Il faudrait s'arrêter à la scène de réception de la petite fille « jetée comme un paquet » dans la salle à manger de ses riches cousins, « qui lui parut être celle d'un palais[10] » ainsi qu'au rituel des présentations, à ces tout premiers pas en territoire censé ami, ou encore au motif de la chambre. Car le motif du lit traverse *Les Célibataires* où semble s'énoncer une vérité du genre : dis-moi où tu couches et je te dirai qui tu es.

Cette petite cousine admise au nom d'une hospitalité douteuse nous fait évidemment penser à une autre, à la jolie rabouilleuse soustraite au ruisseau, recrutée en qualité de servante par le docteur Rouget qui sera trompé dans les calculs de sa débauche. La scène d'admission mériterait là aussi examen. Le soir même de la tractation, le gîte et le couvert lui sont accordés, et quel gîte ! La rabouilleuse est installée dans la chambre juste au-dessus de celle du docteur, à titre conservatoire. On connaît la suite et ce qu'il en est des manières de table et de lit dans ce roman d'un profond intérêt ethnologique.

9 *La Comédie humaine*, t. IV, *op. cit.*, p. 66.
10 *Ibid.*, p. 74.

Dans *Le Curé de Tours*, le bénéficiaire de l'hospitalité n'est pas un enfant, quoique Birotteau soit présenté comme un « grand enfant, à qui la majeure partie des pratiques sociales était complètement étrangère[11] ». La naïveté du bon abbé (nonobstant son vif désir de coucher dans le lit d'un mort) consiste en ce qu'il pense que sa félicité sera assurée une fois exaucé son désir d'intérieur, c'est-à-dire une fois qu'il sera implanté chez mademoiselle Gamard. Birotteau a le tort de confondre les lois naturelles, de l'implantation précisément, avec les lois sociales. Sa principale erreur est d'avoir mal jugé son hôtesse dès le premier moment de son arrivée et de méconnaitre les règles de l'existence sous le même toit. Birotteau n'a pas réfléchi à « la mesure à mettre dans ses relations journalières[12] » avec mademoiselle Gamard. Il s'est d'abord trop attardé dans la pension, a fait ensuite échouer le rêve mondain de son hôtesse par une défection qui va l'exposer à des représailles.

Pourquoi les règles de l'hospitalité sont-elles obscures ? Parce que, sans être écrites, elles font en réalité l'objet d'un savoir précis, que ne détient pas Birotteau, mais que possédait à merveille son prédécesseur, l'abbé Chapeloud, dont est rappelée la profonde science sociale. Ce savoir consiste notamment en la maîtrise des règles de politesse, en un réglage quasi géométrique des rencontres avec l'hôtesse, des « points de contact strictement ordonnés par la politesse, et ceux qui existent nécessairement entre des personnes vivant sous le même toit[13] ». Contrairement à son prédécesseur dont il n'a pas hérité l'infaillibilité, Birotteau a manqué à ces règles, au rituel de l'hommage quotidien à l'hôtesse, à cette série de « petites dévotions » (Goffman) qui dans la vie séculière manifestent la sacralité de la personne, comme le soulignent les spécialistes du rite et de l'interaction. Si on emprunte à Durkheim et à Goffman l'opposition entre rites positifs (qui expriment l'hommage et la proximité au récipiendaire) et rites négatifs (qui expriment le respect de la tranquillité et du territoire d'autrui), on dira que l'abbé Birotteau est deux fois coupable. S'attardant trop dans le salon jaune de mademoiselle Gamard au début de son installation et évitant par exemple de prendre son thé au dehors, il a en quelque sorte violé son territoire. En manquant à tous les petits rites positifs, il lui a fait subir un affront. Ce qu'il paiera au prix fort.

11 *Ibid.*, p. 192.
12 *Ibid.*, p. 192.
13 *Ibid.*, p. 193.

Dans ce bel observatoire où Balzac paraît avoir monté des espaces d'interaction *ad hoc*, il faudrait opposer à l'incompétence et aux faux pas de l'abbé la totale réussite de Mme de Listomère dans sa dernière démarche. Je veux parler de sa visite au terrible abbé Troubert, le nouveau pensionnaire, qui constitue une petite aventure interactionnelle en territoire ennemi. Celle-ci entre dans la classe des échanges réparateurs puisque Mme de Listomère est venue apporter le désistement de Birotteau et éteindre un procès dommageable à ses intérêts. Cette conversation ferait le bonheur des interactionnistes parce qu'elle comporte une grande part de « travail cérémoniel » et qu'elle semble faite pour illustrer leur théorie des faces. Tout l'enjeu d'une interaction consiste à ménager sa face et à ne pas menacer celle d'autrui. Pour être précis, cette face se dédouble : en face positive (l'idée qu'on se fait de soi-même, narcissisme) et en face négative (représentant nos possessions, notre territorialité), ce qui ramène à la notion goffmanienne de territoire égocentrique et de « réserves ». On se rappelle que l'entrevue s'achève heureusement sur l'acceptation par l'abbé d'une partie de whist chez la comtesse.

À côté de l'ostracisme et de l'hospitalité, il convient de mentionner un troisième cas de figure, qui n'est qu'un dévoiement du second, mais il revêt une telle importance qu'on peut lui faire un sort particulier. Il s'agit de l'impatronisation. Symétrique de l'échec à se mettre en pension illustré par l'abbé Birotteau, l'impatronisation est un établissement trop bien réussi, mais au mépris du droit. Le cas d'école est celui de Flore Brazier qui, une fois introduite dans la maison Rouget par la faute du père, ne veut plus en sortir par le désir du fils. Dans *La Rabouilleuse*, on a le sentiment que la nature (sociale) a horreur du vide, des chambres et des étages inoccupés. Flore impose Maxence Gilet au domicile si bien que l'amant s'impatronise à son tour, jusqu'à ce qu'il soit chassé de la place par l'arrivée de Philippe Bridau, lequel vit « chez son oncle et aux dépens de son oncle, en vertu des lois du népotisme[14] ». Dans cette même page on trouve du reste une fort intéressante mise en rapport avec l'ordre politique : « De même que Fouché dit à Louis XVIII de se coucher dans les draps de Napoléon au lieu de donner une Charte, Philippe désirait rester couché dans les draps de Gilet. »

14 *Ibid.*, p. 513.

L'*UMWELT* MENACÉ

Nous avons mentionné un savoir proprement social, quasi inné, celui qui touche à l'étiquette, aux rites et aux règles du savoir-vivre. Il en existe un autre, professionnel, qui s'impose dans *La Rabouilleuse*, en raison même de l'identité de certains des protagonistes, il s'agit du savoir militaire. Alors qu'Agathe et Joseph Bridau ont choisi la mauvaise stratégie et sont tombés dans le piège tendu, le lieutenant-colonel Philippe Bridau fera, lui, le choix de la bonne. Il ne s'établit d'abord dans aucune maison, prend ses quartiers à l'extérieur de la ville, fixe ses rendez-vous en territoire neutre, se livre à de savants travaux d'approche avant d'éliminer ses antagonistes. La principale difficulté est l'accès au territoire privé de l'oncle, plus précisément l'obtention d'une promenade avec celui qui est placé sous l'étroit contrôle de ceux qui se sont impatronisés chez lui. Toute la partie issoldunoise du roman tourne autour de cette opération de soustraction, qui implique une incursion en territoire occupé, une offense territoriale donc. Il s'agit là encore d'une aventure interactionnelle qui consiste en deux scènes proches : une première visite à l'oncle du neveu nouvellement arrivé (en présence de Flore Brazier et de Max Gilet) et, quelques pages plus loin, une seconde visite plus menaçante[15]. On s'en tiendra à la première. Il faut pour cela marcher sur les traces du militaire et mettre les pieds dans la maison Rouget :

> Le lendemain de son arrivée, Philippe se présenta sur les dix heures pour faire une visite à son oncle, il tenait à se présenter dans son horrible costume. Aussi, quand l'échappé de l'hôpital du Midi, quand le prisonnier du Luxembourg entra dans la salle, Flore Brazier éprouva-t-elle comme un frisson au cœur à ce repoussant aspect. Gilet sentit également en lui-même cet ébranlement dans l'intelligence et dans la sensibilité par lequel la nature nous avertit d'une inimitié latente ou d'un danger à venir. Si Philippe devait je ne sais quoi de sinistre dans la physionomie à ses derniers malheurs, son costume ajoutait encore à cette expression. Sa lamentable redingote bleue restait boutonnée militairement jusqu'au col par de tristes raisons, mais elle montrait ainsi beaucoup trop ce qu'elle avait la prétention de cacher. Le bas du pantalon, usé comme un habit d'invalide, exprimait une misère profonde. Les bottes laissaient des traces humides en jetant de l'eau boueuse par les semelles entrebâillées. Le chapeau gris que le colonel tenait à la main offrait aux regards une coiffe

15 On la trouvera aux pages 481-488 de l'édition de référence.

horriblement grasse. La canne en jonc, dont le vernis avait disparu, devait avoir stationné dans tous les coins de cafés de Paris et reposé son bout tordu dans bien des fanges. Sur un col de velours qui laissait voir son carton, se dressait une tête presque semblable à celle que se fait Frédérick Lemaître au dernier acte de *La Vie d'un joueur*, et où l'épuisement d'un homme vigoureux se trahit par un teint cuivré, verdi de place en place. [...] « Bonjour, mon oncle, dit-il d'une voix enrouée, je suis votre neveu Philippe Bridau. Voilà comment les Bourbons traitent un vieux lieutenant-colonel, un vieux de la vieille, celui qui portait les ordres de l'Empereur à la bataille de Montereau. Je serais honteux si ma redingote s'entrouvrait, à cause de mademoiselle. Après tout, c'est la loi du jeu. Nous avons voulu recommencer la partie, et nous avons perdu ! J'habite votre ville par ordre de la police, avec une haute paye de soixante francs par mois. Ainsi les bourgeois n'ont pas à craindre que je fasse augmenter le prix des consommations. Je vois que vous êtes en bonne et belle compagnie.

– Ah ! tu es mon neveu, dit Jean-Jacques ...

– Mais invitez donc M. le colonel à déjeuner, dit Flore.

– Non, madame, merci, répondit Philippe, j'ai déjeuné. D'ailleurs, je me couperais plutôt la main que de demander un morceau de pain ou un centime à mon oncle, après ce qui s'est passé dans cette ville à propos de mon frère et de ma mère ... Seulement il ne me paraît pas convenable que je reste à Issoudun sans lui tirer ma révérence de temps en temps. Vous pouvez bien d'ailleurs, dit-il en offrant à son oncle sa main dans laquelle Rouget mit la sienne qu'il secoua, vous pouvez faire tout ce qu'il vous plaira : je n'y trouverai jamais rien à redire, pourvu que l'honneur des Bridau soit sauf... »

Gilet pouvait regarder le lieutenant-colonel à son aise, car Philippe évitait de jeter les yeux sur lui avec une affectation visible. Quoique le sang lui bouillonnât dans les veines, Max avait un trop grand intérêt à se conduire avec cette prudence des grands politiques, qui ressemble parfois à la lâcheté, pour prendre feu comme un jeune homme ; il resta donc calme et froid.

« Ce ne sera pas bien, monsieur, dit Flore, de vivre avec soixante francs par mois à la barbe de votre oncle qui a quarante mille livres de rente, et qui s'est déjà bien conduit avec M. le commandant Gilet, son parent par nature, que voilà ...

– Oui, Philippe, reprit le bonhomme, nous verrons cela ... »

Sur la présentation faite par Flore, Philippe échangea un salut presque craintif à Gilet

« Mon oncle, j'ai des tableaux à vous rendre, ils sont chez M. Hochon ; vous me ferez le plaisir de venir les reconnaître un jour ou l'autre. »

Après avoir dit ces derniers mots d'un ton sec, le lieutenant-colonel Philippe Bridau sortit. Cette visite laissa dans l'âme de Flore et aussi chez Gilet une émotion plus grave encore que leur saisissement à la première vue de cet effroyable soudard. Dès que Philippe eut tiré la porte avec une violence d'héritier dépouillé, Flore et Gilet se cachèrent dans les rideaux pour le regarder allant de chez son oncle chez les Hochon[16].

16 *Les Célibataires*, in *Œuvres illustrées de Balzac*, Paris, Imprimerie des arts et manufactures, 1889, p. 47-48.

Concentrons-nous sur l'essentiel, à savoir ce qui fait de cette petite scène qu'il faudrait examiner dans le détail un grand événement territorial. Philippe Bridau accomplit ici un rite de présentation puisque c'est la première rencontre du neveu et de l'oncle. Dans tout rite de présentation, deux choses revêtent une grande importance : la tenue et la déférence[17], l'une et l'autre dirigées vers un récipiendaire, ici le père Rouget. Le visiteur propose et soutient une image de soi. Ce jeu, en principe implicite, est ici particulièrement voulu : « il tenait à se présenter dans son horrible costume », nous dit le texte. Le costume du condamné politique donc, et on aura relevé la mention en forme d'hommage à Frédérick Lemaître.

En principe, un rite de présentation ouvre à des suites, à d'autres rites, comme une invitation par exemple. L'invitation à déjeuner ne tarde pas à être formulée, par Flore et non par le récipiendaire. Mais Philippe Bridau la décline, et en quels termes ! (« – Non, madame, merci, répondit Philippe, j'ai déjeuné. D'ailleurs je me couperais plutôt la main que de demander un morceau de pain ou un centime à mon oncle [...] »). C'est un affront, c'est-à-dire un manquement au rite positif qui est censé exprimer l'hommage et la proximité au récipiendaire. En réalité, l'affront a été préparé par l'offense territoriale et par la tenue. On relève le détail capital des bottes qui laissent « des traces humides en jetant de l'eau boueuse par les semelles entrebâillées ». Souillure et, déjà, marquage d'un territoire sur lequel le lieutenant-colonel Philippe Bridau va en effet laisser sa trace. Il n'est pas interdit de penser ici aux jolis pieds nus de la rabouilleuse qui autrefois ont touché le même parquet.

Le rite vise, explicitement du moins, une seule personne mais quatre personnes (Philippe Bridau, le père Rouget, Flore et Max) sont comprises dans cette interaction qui est toute enveloppée de droit. Car un bien est en jeu : rien de moins que l'héritage du père Rouget. À ce moment précis, l'histoire tourne autour d'un droit, à savoir une certaine inscription que Flore et Max veulent à tout prix obtenir car ces ayants droit tiennent à leur position (à leur *jus primi occupandi*) cependant que le propriétaire en titre, lui, se tient en retrait parce qu'il est sous contrôle. Chaque protagoniste surveille par conséquent ses « réserves », et plus encore, celles de l'autre. Autant que le territoire fixe, compte dans *La Rabouilleuse* ce que Goffman nomme « les réserves d'information » et

17 *Les Rites d'interaction*, t. 2, *op. cit.*, p. 43-85.

« les domaines réservés de la conversation ». Le principal intéressé, l'oncle, est presque privé de parole, comme il est interdit de promenade. Flore et Max entendent assumer le plus strict contrôle des réserves égocentriques du père Rouget. Il va falloir un coup de force de Philippe Bridau pour accéder à ces réserves, et ce sera l'objet de la deuxième visite, plus menaçante encore, quoique celle-ci le soit déjà.

Cela nous ramène à l'enjeu éthologique, à la source même de notre relation à l'environnement immédiat. Tout individu (humain ou animal) ne connaît que deux manières de se rapporter à cet entourage : soit il est tenu pour sûr et donc négligeable (Goffman nomme cet état « les apparences normales »), soit il cesse de l'être et alors notre attention est mobilisée par des « signes d'alarme ». L'*umwelt* désigne cette région à l'entour du sujet où sont susceptibles d'apparaître des signes d'alarme. Ceux-ci peuvent provenir des points d'accès, et le narrateur relève en clausule de scène cette porte tirée « avec une violence d'héritier dépouillé ». Porte qui aura à se rouvrir puisque le malicieux neveu avertit qu'il ne manquera pas de venir « tirer sa révérence de temps en temps ». La source d'alarme est donc ici le visiteur lui-même et Balzac a très bien saisi ce que, en langage d'école, on nomme la vulnérabilité d'un *umwelt*. Mieux, il la rapporte, comme il se doit, à un schéma primordial lorsqu'il désigne au tout début du passage « cet ébranlement dans l'intelligence et dans la sensibilité par lequel la nature nous avertit d'une inimitié latente ou d'un danger à venir ».

Ce genre de scène, qui n'est pas rare dans *La Comédie humaine*, peut nous représenter l'avantage qu'il y a à changer d'échelle quand nous parlons de territoire. Nous avons naturellement tendance à voir large et à le rechercher principalement dans ses grandes réalisations géographiques et politiques (tout à fait pertinentes, cela va de soi) quand ce qui nous occupe se laisse aussi saisir dans l'entourage immédiat des individus. Cela engagerait à revoir nos échelles de grandeurs et de valeurs et, par exemple, à réinvestir en lui donnant tout son poids de territorialité cette unité toute simple mais en réalité fort complexe qui s'appelle la scène[18]. Dans ce domaine, une sociologie des circonstances à la manière de Goffman nous paraît bonne conseillère.

---

18 Pour la remise en chantier de la notion de scène on pourra se reporter à l'ouvrage collectif (Marie-Thérèse Mathet éd.), *La scène : littérature et arts visuels*, Paris, L'Harmattan, 2001.

LE RÉCIT PLANTIGRADE
(*MADAME BOVARY*)

La phrase est connue et volontiers citée comme protestation de réalisme : « Il faut faire des tableaux, montrer la nature telle qu'elle est, mais des tableaux complets, peindre le dessous et le dessus » (lettre à Louise Colet du 6 avril 1853). Jean-Pierre Richard y voit le refus d'un « art purement marmoréen[1] », l'engagement de peindre l'objet à la fois dans sa surface et sa profondeur, par conséquent aussi la nécessité pour l'artiste d'aménager des plans dans sa propre écriture. Mais de cette phrase nous pourrions avoir une interprétation un peu différente, y lire, plus que l'opposition de la surface et du fond, celle du haut et du bas. Puisqu'il est question de tableau, tout tableau comporte par nécessité une partie haute et une partie basse, disons un ciel et un sol. On sait que dans l'histoire de la peinture occidentale leur répartition n'est pas hasardeuse et qu'un artiste pourrait faire en sorte qu'on voie surtout le bas, qu'en somme celui-ci l'emporte sur le haut. C'est l'obligation qui est faite au spectateur de *L'Enterrement à Ornans* où tout le premier plan est occupé par la terre, les membres inférieurs des personnages plantés là, dans le cimetière et, bien sûr, par les pattes du chien qui touchent au bord inférieur du tableau. On ne dira certes pas : Courbet et Flaubert, même combat, quoiqu'ils tombent l'un et l'autre sous le coup d'une même accusation, celle qui tout au long du siècle frappe l'art réaliste, art « terre à terre ». Expression parlante de notre langue qui dit le défaut de hauteur, le manque de ciel. Pourtant, il y a bien un ciel dans la toile de Courbet, et bien des cieux dans *Madame Bovary*.

1 Jean-Pierre Richard, *Stendhal Flaubert* [1954], Éd. du Seuil, coll. « Points », Paris, 1981, p. 243.

VERS LE BAS

L'expression « terre à terre », Flaubert l'a mise dans la bouche de Rodolphe au moment où, depuis l'étage de la mairie dominant la cérémonie officielle des comices, devant Emma, il défend l'idée des deux morales. « La petite, la convenue, celle qui varie sans cesse et qui braille si fort, s'agite en bas, terre à terre, comme ce rassemblement d'imbéciles que vous voyez ». À quoi il oppose « l'éternelle, [...] tout autour et au-dessus, comme le paysage qui nous environne et le ciel bleu qui nous éclaire[2] ».

Ces locutions : « terre à terre », « en bas », « tout autour », « au-dessus », dont le discours normatif (celui de l'avocat impérial Pinard comme celui de Rodolphe) peut faire usage, l'artiste doit, quant à lui, les traduire dans le langage du roman. Comment donner à voir ou, plus justement, à percevoir tel lieu ? Comment étager l'univers sensible ? Comment un individu prend pied dans tel territoire ? Comment le faire s'y tenir, y évoluer ? Autant de questions que Flaubert a dû se poser avec une conscience qui n'a peut-être pas d'équivalent chez ses confrères « réalistes », lesquels n'ont pas la même sensibilité que lui à l'étage bas des choses[3]. Ce parti-pris du bas semble chez lui s'articuler à la donnée d'expérience, à la condition du sujet plantigrade dont le premier regard est pour le sol qu'il doit fouler. C'est, par exemple, Emma au moment où, descendue du *boc* de Charles, elle pénètre dans le vestibule du château de la Vaubyessard :

> Il était pavé de dalles en marbre, très haut, et le bruit des pas, avec celui des voix, y retentissait comme dans une église. En face montait un escalier droit, et à gauche une galerie donnant sur le jardin conduisait à la salle du billard dont on entendait, dès la porte, caramboler les boules d'ivoire (114).

---

2 Gustave Flaubert, *Madame Bovary*, édition présentée et annotée par Jacques Neefs, « Les classiques de Poche », Librairie Générale Française, Paris, 1999, p. 243. Désormais les références entre parenthèses renvoient à cette édition.

3 On trouverait bien sûr des exemples chez Balzac de l'attention au bas, mais en général avec une motivation narrative précise. Songeons seulement au soin que Birotteau apporte à ses pieds et à l'incident des chaussures mouillées rapporté au tout début du *Curé de Tours*, qui constitue la première alerte et le commencement des malheurs pour le bon abbé.

On voit à cette occasion comment un espace, un volume à trois dimensions se constitue, à partir du bas. C'est ce dernier qui impressionne d'abord et qui, pour ainsi dire, donne le la. De cette aventure territoriale, Emma, en plus du souvenir, conservera avec sa tenue de bal la précieuse trace matérielle

> [...] ; elle serra pieusement dans la commode sa belle toilette et jusqu'à ses souliers de satin, dont la semelle s'était jaunie à la cire glissante du parquet. Son cœur était comme eux : du frottement de la richesse, il s'était placé dessus quelque chose qui ne s'effacerait pas (126).

Étrange syntaxe de cette dernière phrase, curieuse analogie du cœur et des souliers, singulière topologie qui superpose l'organe du sentiment au parquet du bal. C'est une des façons qu'a Flaubert de saisir ensemble le dessous et le dessus des choses : le cœur au-dessus du parquet et marqué par lui.

À une tout autre échelle, celle d'un épisode complet, on peut vérifier la loi d'attraction vers le bas. Dans le chapitre des comices, on a surtout été sensible au dispositif ironique qui fait se répondre les deux discours, l'officiel et l'amoureux. Ce faisant, on retient la composante verbale, ce qui est dit, au détriment de ce qui est vu et du niveau où s'établit le regard. Or précisément le « terre à terre » que Rodolphe affecte de dédaigner est donné à voir, et cela avant même que ne s'ouvre le chapitre VIII, au moment où celui-ci médite son plan de conquête :

> La campagne était déserte, et Rodolphe n'entendait autour de lui que le battement régulier des herbes qui fouettaient sa chaussure, avec le cri des grillons tapis au loin sous les avoines ; il revoyait Emma dans la salle, habillée comme il l'avait vue, et il la déshabillait
>
> – Oh ! je l'aurai ! s'écria-t-il en écrasant, d'un coup de bâton, une motte de terre devant lui (226).

Tout au long de la promenade dans la prairie au bras d'Emma, on ne perd jamais de vue cette terre, l'herbe, les marguerites, les pieds des campagnardes, le crottin de cheval, sans oublier bien sûr les héros du jour, les animaux du concours exposés, dont « les porcs assoupis » qui « enfonçaient en terre leur groin » (234). Bref, agricoles, les comices le sont véritablement, par la population et le discours mis en scène mais aussi par l'humble réalité du sol sous les pieds, des hommes comme des animaux, tous plantigrades.

DE PIED EN CAP

Cette prédilection pour le bas se vérifie dans une autre composante du récit, le portrait. Là, tout se passe comme si Flaubert avait obéi à une suggestion de la langue, celle qui est contenue dans l'expression « de pied en cap ». La première apparition d'Homais dans l'auberge d'Yonville fournit pour ainsi dire le modèle :

> Un homme en pantoufles de peau verte, quelque peu marqué de petite vérole et coiffé d'un bonnet de velours à gland d'or, se chauffait le dos contre la cheminée. Sa figure n'exprimait rien que la satisfaction de soi-même, et il avait l'air aussi calme dans la vie que le chardonneret suspendu au-dessus de sa tête, dans une cage d'osier : c'était le pharmacien (151).

Le trajet du regard est rapide qui, avant même de qualifier la figure, va des pantoufles au bonnet, et même un peu au-dessus de lui puisque la notation caractérielle va chercher dans le voisinage immédiat du personnage un comparant insolite. Autre lieu, autre scène (c'est au moment des comices), voici Homais croqué en une seule phrase qui conserve globalement le mouvement du bas vers le haut : « L'apothicaire passa. Il portait un habit noir, un pantalon de nankin, des souliers de castor, et par extraordinaire un chapeau – un chapeau bas de forme » (229).

De la base au sommet, ce pourrait être la formule du portrait flaubertien. On le reconnaît dès l'*introït*, où Charles Bovary prend texte. La toute première saisie du « nouveau » s'achève sur cette phrase : « Il était chaussé de souliers forts, mal cirés, garnis de clous » (56). Là en effet s'arrête le regard qui inspecte avant qu'il ne se porte – second temps du portrait – sur la fameuse casquette qui, manquant à l'usage local (elle devrait être jetée au sol), repose sur les genoux de Charles, à mi-hauteur donc. Quoi qu'il en soit, un ordre descriptif est respecté, qui est fait de pieds et de cap.

Pas de vivant sans pieds, pas de sol sans pieds pour le fouler. Et pas de pied sans chaussure. Le pied nu est rare dans *Madame Bovary*. Il apparaît véritablement tel une seule fois, dans une situation scabreuse, lors des rendez-vous clandestins d'Emma avec Léon lorsqu'il est écrit : « Elle allait sur la pointe de ses pieds nus regarder encore une fois si la porte était fermée » (419). On en déduit qu'il manquerait quelque chose d'essentiel au personnage – le plantigrade et l'être social réunis – s'il n'était pourvu de cet attribut. Car c'est un attribut essentiel à tous : les personnages principaux bien sûr mais aussi les autres, fussent-ils de rencontre et sans visage, comme les « servantes en bas bleus, à souliers plats, à bagues d'argent » (234) croisées dans le pré des comices. Cette relative égalité d'attention n'est certes pas démocratie pédestre. Le portrait de Catherine Leroux serait là pour nous le rappeler dont il faut citer, après la célèbre ouverture (« Alors on vit s'avancer sur l'estrade une petite vieille femme… »), la seconde phrase : « Elle avait aux pieds de grosses galoches de bois, et, le long des hanches, un grand tablier bleu. Son visage maigre, entouré d'un béguin sans bordure [...] » (250). Encore une saisie de pied en cap, plus justifiée d'ailleurs que les autres puisque, se liant à la raison poétique-politique[4], joue ici une stricte motivation réaliste : ces galoches sur l'estrade, nous pouvons les imaginer à hauteur d'yeux selon une découpe basse du personnage.

De façon générale, la partie subalterne de la population romanesque, c'est-à-dire celle qui met sa force de travail et de déplacement au service des maîtres, est dotée de pieds. On songe dans la première partie au garçon de poste « chaussé de gros sabots » à propos duquel Emma a cette pensée de dépit[5] : « C'était là le groom en culotte courte dont il fallait se contenter ! » (130). On songe encore aux « grosses galoches ferrées » (317) que porte le domestique de Rodolphe (qui est aussi son « valet de charrue »), celui qu'il dépêche à Yonville pour apporter à Emma la lettre de rupture. Il faut bien sûr mettre à part Hippolyte, étymologiquement, « celui qui délie les chevaux » et se trouve dans le voisinage naturel des quadrupèdes. Sémiotiquement, il est surqualifié – d'abord par l'anomalie du pied bot puis par ses deux jambes en bois, l'ordinaire et celle des grandes occasions. Ainsi, galoches, sabots de bois et autres prothèses remplissent leur office, résonnent périodiquement dans le récit, battant le rappel. Le rappel de quoi ? Du réel brut, du dessous compris, encore une fois, topologiquement. On se souvient par ailleurs que c'est au-dessous, en bas, sur le trottoir que résonnent les sabots de l'aveugle juste avant qu'il n'entame son chant et que l'héroïne

4 Sur la démocratisation du représentable, on renvoie aux analyses de Jacques Rancière, *Aisthesis, Scènes du régime esthétique*, Galilée, Paris, 2011 et *Le Fil perdu*, Paris, La Fabrique, 2014.

5 Plus loin, elle rêvera d'« un groom en bottes à revers » (p. 403).

à l'étage ne rende son dernier souffle. On devine tout le parti qu'une étude de type sociocritique, à la manière de Claude Duchet, pourrait tirer de l'observation de cette population diversement chaussée. On ne saurait oublier, au bout du récit, la plus jeune, la petite Bovary, Berthe « si mal vêtue avec ses brodequins sans lacet et l'emmanchure de ses blouses déchirées jusqu'au hanches » (p. 493).

Si les pieds prolétaires ne portent guère de différences, ne sont pas ou sont peu sexués, en revanche ceux des maîtres et maîtresses portent les signes distinctifs d'une condition, ce qui semble appeler un certain maniérisme descriptif, chez les hommes comme chez les femmes. Le soin quasi maniaque du pied s'aperçoit en particulier dans le cas de Rodolphe, portraituré en homme libre au moment des comices.

> Ainsi sa chemise de batiste à manchettes plissées bouffait au hasard du vent, dans l'ouverture de son gilet, qui était de coutil gris, et son pantalon à larges raies découvrait aux chevilles ses bottines de nankin, claquées de cuir verni. Elles étaient si vernies que l'herbe s'y reflétait. Il foulait avec elles les crottins de cheval, une main dans la poche de sa veste et son chapeau de paille mis de côté (235).

Là encore, le regard s'attarde sur la partie inférieure de la personne et s'attache jusqu'à l'invraisemblance au détail du reflet, tandis que la phrase finale, faisant voisiner le chapeau et les bottines, actualise de façon originale l'expression « de pied en cap ». Évidemment, cette bottine est l'opposé exact du sabot paysan : quand l'un, en bois local, contient grossièrement le pied, l'autre qui associe harmonieusement le cuir et la toile de coton (le nankin d'origine chinoise) l'épouse délicatement. Cette délicatesse est inscrite dans le diminutif « bottine », petite botte, bien différente de la botte commune, utilitaire, celle que porte Charles dans ses tournées et auxquelles il préfère ses pantoufles « de lisière » (282). Pantoufles qui figurent en bonne place dans son rêve domestique à propos de Berthe (« elle lui broderait des pantoufles », 306). Ce n'est qu'après la disparition d'Emma que Rodolphe adopte ses goûts : « il s'acheta des bottes vernies, il prit l'usage des cravates blanches » (492).

Maniérisme, fétichisme, les deux termes s'appellent plus ou moins. On le voit dès la première échappée d'Emma et de Rodolphe. Quand les deux cavaliers ont mis pied à terre et que Rodolphe suit Emma dans le sous-bois, son attention se fixe en un point précis de sa jambe :

« il contemplait entre ce drap noir et la bottine noire, la délicatesse de son bas blanc, qui lui semblait quelque chose de sa nudité » (262). Ce quelque chose de blanc dit suffisamment l'érotisme qui s'attache à cette partie de la personne, et même précisément aux extrémités. Un peu plus loin, dans la même scène, assise sur un tronc d'arbre, Emma écoute Rodolphe « la tête basse, et tout en remuant, avec la pointe de son pied, des copeaux par terre » (262).

Ce fétichisme du pied est intégré au jeu amoureux dès le stade des préliminaires. Et ceux-ci peuvent être étrangement anticipés. Ainsi, le matin du rendez-vous dans la cathédrale, le premier geste de Léon est de vernir lui-même ses escarpins « à plusieurs couches » (364). Puis, sur le lieu du rendez-vous, impatient, il se figure Emma « dans ses bottines minces » (366). On sait l'importance que celles-ci vont avoir dans la troisième partie du roman, celle des rendez-vous du jeudi[6], la plus ritualisée, selon un emploi très précis du temps, des lieux, mais aussi du vêtement : « On s'arrêtait à la barrière ; Emma débouclait ses socques, mettait d'autres gants, rajustait son châle, et, vingt pas plus loin, elle sortait de l'*Hirondelle* (395) ». Ces socques, c'est-à-dire ces sabots de protection, dissimulés la journée, l'héroïne les rechausse le soir.

C'est dans cette partie du roman aussi que les bottines d'Emma deviennent l'emblème même de sa mobilité. Ces bottines clandestines ont leur pendant privé dans le tiède appartement des rendez-vous où, au nombre des objets servant à la jouissance du lieu, figure l'inévitable accessoire. Et comme il se fait désirer, c'est lui qui clôt le mouvement descriptif.

> Ils disaient notre chambre, notre tapis, nos fauteuils, même si elle disait mes pantoufles, un cadeau de Léon, une fantaisie qu'il avait eue. C'étaient des pantoufles en satin rose, bordées de cygne. Quand elle s'asseyait sur ses genoux, sa jambe alors trop courte pendait en l'air ; et la mignarde chaussure, qui n'avait pas de quartier, tenait seulement par les orteils à son pied nu (397).

À défaut d'attribuer le fétichisme à l'auteur ou aux personnages, constatons du moins que Flaubert, à l'occasion de ces cadrages ou inserts, expérimente une forme d'écriture érotique. Ne nous étonnons pas trop qu'un écrivain si soucieux de situer ses scènes d'amour, ses « baisades » au

6 Ces jeudis, en attendant le départ de *l'Hirondelle* : « Emma battait la semelle de ses bottines contre le pavé de la cour » (p. 392).

point de les dépayser – comme nous l'enseigne la genèse laborieuse de la scène du fiacre[7] – déplace les points d'attention érotiques, vers le bas.

De cela on trouverait confirmation plus loin, au-delà des deux adultères lorsqu'Emma tente une ultime démarche auprès de Maître Guillaumin, au cours d'une scène qui recombine plusieurs éléments antérieurement rencontrés. En particulier : l'intérieur cosy et les deux accessoires corrélés que sont les bottines et les pantoufles. Mais, quand dans l'appartement rouennais, ils étaient destinés aux mêmes pieds, ceux d'Emma, ici leur sort se sépare. Les pantoufles sont aux pieds du notaire surpris dans son intérieur, les bottines aux pieds d'Emma. Et elles sont humides, ce qui justifie la suite. À savoir que Maître Guillaumin prie Emma de les sécher contre la porcelaine du poêle et qu'il s'ensuit une scène douteuse, le notaire s'étant rapproché d'elle : « Il s'était tourné vers elle complètement, si bien qu'il frôlait du genou sa bottine, dont la semelle se recourbait tout en fumant contre le poêle » (444).

Ici, de même qu'en d'autres moments du récit, Flaubert apparaît comme un fin observateur des codes et gestes de la séduction masculine, de la pratique des places et des distances qui intéresseront plus tard la proxémique. Cette observation aboutit au détail de la semelle déformée sous l'effet de la chaleur. Dans cette surprenante déformation en forme de courbure Flaubert a peut-être malicieusement déplacé la chose indicible, l'excitation du notaire concupiscent, si pressant qu'Emma se révolte et s'enfuit. Puis, l'excitation retombée se résout en stupéfaction, le notaire fixant son regard sur « ses belles pantoufles en tapisserie – c'était un présent de l'amour. Cette vue à la fin le consola » (446). Présent qui – ironie du sort – n'est pas sans rappeler les pantoufles offertes par Léon à Emma.

On voit donc que le pied, plus ou moins chaussé, par le fait même des cadrages dont il est l'objet, se détache de l'ensemble-personnage dans des portraits déhiérarchisés dans lesquels le bas l'emporte sur le haut. Il appartient de plein droit au signifié du personnage dans tous les cas, avec des degrés évidemment. Hippolyte représente le cas d'école à tout point de vue, en raison du trait distinctif /infirmité/ filé tout au long du roman. Le pied du garçon d'auberge comme celui de l'héroïne s'émancipent. L'un et l'autre, le pied effrayant et le pied séduisant,

7 Je renvoie à l'étude qu'en a proposée Éric Le Calvez dans *Genèses flaubertiennes*, Éditions Rodopi, « Faux titre », Amsterdam – New York, 2009.

connaissent un véritable destin narratif et exercent un pouvoir contrasté, comme deux véritables actants du récit. Celui d'Hippolyte emplit Charles de culpabilité, celui d'Emma fait tressaillir Léon. En effet, il n'agit pas seulement sur son imagination, mais aussi sur sa volonté. Quand celui-ci se découvre soumis à Emma et comme féminisé, le narrateur commente : « Il s'efforçait même à ne pas la chérir, puis au craquement de ses bottines, il se sentait lâche, comme les ivrognes à la vue des liqueurs fortes » (420). Tel est l'empire du pied sur l'esprit mais aussi dans le récit.

Dans le cas de l'héroïne, il faut aller jusqu'au bout, jusque dans la chambre mortuaire, et même au-delà. Dans la chambre où elle reçoit l'extrême-onction, Flaubert a repris les formules sacrées « *quidquid per pedes, per aures, per pectus*, etc. » mais en inversant l'ordre, non pas du bas vers le haut (des pieds vers les yeux) mais du haut vers le bas, le prêtre terminant ainsi ses onctions : « [...] et enfin sur la plante des pieds, si rapides autrefois quand elle courait à l'assouvissance de ses désirs, et qui maintenant ne marcheraient plus » (470). Réécriture irrespectueuse certes et que condamne le procureur Pinard[8] mais conforme à l'ordre du portrait flaubertien, qui reste un balayage du corps, que celui-ci soit vivant ou mourant. Au-delà de la chambre mortuaire, il y a l'épitaphe difficilement inventée par Homais : « *Sta viator, amabilem conjugem calcas* » (496). Inscription ironique qui honore non seulement l'épouse deux fois adultère mais aussi la marcheuse et l'amoureuse tout terrain que fut Emma. Conformément à la volonté de Charles, elle a été enterrée avec ses souliers de satin blanc.

POINTS DE TANGENCE

Conformément à la donnée topologique, cette requalification d'une partie de l'anatomie humaine exige que soit attentivement observée la surface sur laquelle se pose le pied des personnages. Celle-ci est d'ailleurs une mesure de la valeur si bien qu'une sorte de loi pourrait s'énoncer : « Dis-moi sur quoi tu marches, je te dirai qui tu es ». Loi

8 Comme le signale en note Jacques Neefs dans son édition (p. 470).

que Léon formule pour lui-même à la suite de son apprentissage parisien : « [...] il revenait en province, méprisant tout ce qui ne frôlait pas d'un pied verni l'asphalte du boulevard » (356). L'héroïne, toute à son rêve mondain, n'est pas loin de cette représentation : « Le monde des ambassadeurs marchait sur des parquets luisants, dans des salons lambrissés de miroirs [...] » (129). Sensible aux intérieurs, Emma reste tout au long du roman attachée aux tapis, et il est significatif que, vers la fin, les premiers mots qu'elle projette d'adresser à Charles au moment de lui découvrir la catastrophe soient : « – Retire-toi. Ce tapis où tu marches n'est plus à nous » (446).

Compte tenu de l'attraction vers le bas, on constate aussi que l'attention physique des observateurs ou du narrateur se porte d'abord sur les surfaces, leur aspect, leur texture. De là, toutes sortes de sensations, visuelles, auditives (comme dans le vestibule de l'hôtel de Vaubyessard), tactiles, thermiques. Les territoires, publics comme privés, s'éprouvent très différemment selon qu'ils sont prairie, sous-bois, gravier de jardin, parquet de bal, dalles de marbre, tapis d'appartement, dur trottoir, macadam, etc. Toutes ces surfaces, parfaitement consignées, composent un vrai roman sonore comme si le texte programmait un lecteur-écouteur dont la propre perception serait aiguisée par la qualité d'attention des êtres de la fiction. Parmi les couples figuratifs les plus productifs, il y aurait l'opposition du sourd et du sonore, mais aussi celle du dur et du souple ou du mou. Car tel sol porte et tel autre non, comme lorsque Emma enfonce ses bottines en prenant à travers champs pour rejoindre la Huchette.

Amour par les champs et par les grèves serait-on tenté de dire, mais surtout par les rues et ruelles de Rouen. C'est sans doute dans cette partie urbaine que l'héroïne acquiert sa vraie stature d'amoureuse et qu'elle atteint sa vitesse maximum, marcheuse à l'emblématique bottine méritant l'épithète homérique – Emma au pied rapide, ou au « pied nerveux » (446). Elle fait paraître les êtres masculins (mari et amants confondus) comme lents, attentistes, vulgairement casaniers, à l'image de Rodolphe surpris devant « son feu, les deux pieds sur le chambranle, en train de fumer une pipe » (452). Léon, lui, est sensible à sa légèreté qui le plonge dans une tendre rêverie :

> Avec ses bandeaux noirs, ses grands yeux, son nez droit, sa démarche d'oiseau, et toujours silencieuse, maintenant, ne semblait-elle pas traverser l'existence

en y touchant à peine, et porter au front la vague empreinte de quelque prédestination sublime ? (195)

À Rodolphe lui-même, pourtant peu enclin au sublime de l'amour, elle est d'abord apparue comme une tourterelle. Et l'héroïne elle-même en ses moments de découragement s'est rêvée oiseau : « Elle aurait voulu, s'échappant comme un oiseau, aller se rajeunir quelque part, bien loin, dans des espaces immaculés » (431).

Mais ces images reçoivent de sévères démentis : Rodolphe s'empresse de posséder Emma à même le sol ; Léon, déniaisé, la séquestre dans le fiacre scandaleux. Et le narrateur, lui, n'entend pas délester son héroïne du poids de la réalité ni la priver de ses attaches au réel. Des attaches précises par le bas. C'est pourquoi une plus juste analogie qu'avec l'oiseau serait à trouver dans la fameuse *Hirondelle* qui transporte Emma vers ses rendez-vous. Comme pour l'héroïne, Flaubert a pris soin de fixer le point de contact et de friction avec la surface. Ainsi par exemple est-il noté à l'approche de Rouen : « Enfin, les maisons se rapprochaient, la terre résonnait sous les roues, *l'Hirondelle* glissait entre les jardins où l'on apercevait, par une claire-voie, des statues, un vignot, des ifs taillés et une escarpolette [...] » (393). Les deux verbes « résonner » et « glisser » produisent une alliance de termes troublante : lourde et cependant glissante, terrestre et aérienne, la diligence résume peut-être la double nature d'Emma et la double postulation de son créateur. Une même phrase mais un espace perceptif divisé en deux, mieux, étagé : d'une part, le son venu d'en bas, le roulement tel qu'il est perçu par les passagers ; d'autre part, le spectacle à hauteur de regard, entrapercu par la portière de la diligence, constitué d'ailleurs d'objets qui font saillie (marqués du sème verticalité). Voilà en une seule phrase, littéralement exécutée, la peinture du dessous et du dessus.

Au pôle bas de la représentation il conviendrait d'observer ces points de tangence d'un pied (ou d'un véhicule) et d'une surface qui déterminent des cadrages particuliers. Cette observation n'est pas strictement liée à des épisodes ou à des moments cardinaux du récit, à des fonctions eût dit Barthes[9]. On les trouve aussi dans des intervalles où ils se prêtent à une lecture indicielle. Ce sont des moments facultatifs, quoique remplis

9 Roland Barthes, « Introduction à l'analyse structurale des récits », *Communications*, 8, 1966. Repris dans *L'Analyse structurale du récit*, Éd. du Seuil, coll. « Points », Paris, 1981, p. 7-33.

de sens. J'en citerai un qui se trouve au chapitre XII de la deuxième Partie, une petite scène au cours de laquelle Justin dispute à la bonne Félicité le soin des affaires d'Emma :

> – Allons, ne vous fâchez pas, je m'en vais vous *faire ses bottines.*
> Et aussitôt, il atteignait sur le chambranle les chaussures d'Emma, tout empâtées de crotte – la crotte des rendez-vous – qui se détachait en poudre sous ses doigts, et qu'il regardait monter doucement dans un rayon de soleil.
> – Comme tu as peur de les abîmer ! disait la cuisinière qui n'y mettait pas tant de façons quand elle les nettoyait elle-même, parce que Madame, dès que l'étoffe n'était plus fraîche, les lui abandonnait (297).

Voilà les fameuses bottines dans l'idiolecte du petit serviteur (encore un fétichiste). Là, dans la cuisine, elles devraient perdre tout leur lustre puisqu'elles ne sont à aucun pied, inanimées, remplaçables et souillées. Or elles se trouvent relevées, au propre comme au figuré : imaginons-les délicatement tenues, contemplées au cours d'une petite cérémonie qui tient plus de l'ostension – l'hyperbate détachant le rayon de soleil – que du nettoyage. Un peu du corps et de l'esprit d'Emma se trouve pulvérisé dans l'atmosphère en même temps que semble résolue l'opposition du haut et du bas, de la terre et du ciel.

Il faudrait ici inventer une expression qui n'existe pas en français, quelque chose comme « de terre à ciel », qui n'existe pas dans la langue mais qui est partout manifestée dans le texte de Flaubert, topologiquement et poétiquement parlant. Car évidemment, cet étage bas du réel que nous avons élu avec le récit plantigrade possède son complément essentiel, naturel et atmosphérique, qu'en présence d'Emma Rodolphe a, nonobstant sa « morale » intéressée, formulé au mieux : c'est ce qui est « tout autour et au-dessus, comme le paysage qui nous environne et le ciel bleu qui nous éclaire ». On ne saurait mieux dire.

LA CHAMBRE ET LE BOUGE (HUGO – ZOLA)

On éprouve quelque scrupule et même un sentiment d'arbitraire en abordant l'étude d'un lieu particulier, quel qu'il soit, dans une œuvre littéraire, en particulier fictionnelle. Non pas tant en raison des dimensions de l'espace référentiel concerné (après tout, un lieu privé aussi réduit que le boudoir[1] remplit une fonction socio-narrative essentielle dans le roman bourgeois) qu'en raison de l'opération effectuée qui consiste à prélever telle portion sur un continuum dont on peut poser en principe que tout s'y tient, même si les lois d'agencement n'apparaissent pas nécessairement à la simple lecture du livre. C'est sans doute plus vrai encore des grandes compositions romanesques dans lesquelles la matière spatiale s'organise de manière complexe et où cette complexité vaut par elle-même comme interprétation d'une réalité historique donnée. Ce serait exemplairement le cas pour la ville de Paris telle que la figure Hugo dans *Les Misérables*, ou pour le pays minier tel qu'il apparaît dans *Germinal*, pour citer les deux œuvres que nous allons solliciter, mais précisément en y délimitant une petite portion d'espace, en l'occurrence un lieu particulier d'habitation ou un territoire de la vie privée. Le commentaire local risque donc de commettre une erreur d'appréciation, peut-être une de ces « erreurs d'optique » contre lesquelles Hugo mettait en garde son lecteur en affirmant à propos des *Misérables* : « Ce livre est une montagne ; on ne peut le mesurer, ni même le bien voir qu'à distance[2]. » Cet utile avertissement n'empêche pas de varier l'approche et de braquer le regard sur telle partie qui le retient et qui a des chances de s'inscrire dans la mémoire (plus ou moins lettrée) du lecteur.

---

1 Je renvoie à Jean-François Richer, « L'économie matérielle d'un territoire de la vie privée dans *La Comédie humaine* : l'exemple des boudoirs », p. 193-210, in *Balzac géographe Territoires* (études réunies par Philippe Dufour et Nicole Mozet), Tours, Christian Pirot, 2004.

2 Lettre à Albert Lacroix du 7 février 1862, publiée par Bernard Leuilliot, in *Victor Hugo publie Les Misérables*, Paris, Klincksieck, 1970, p. 156.

À ce premier scrupule il conviendrait d'associer une interrogation. De quels outils disposons-nous quand il s'agit d'étudier l'espace à l'intérieur d'une œuvre ? Il n'existe pas véritablement une théorie de la spatialité narrative comparable à celle qui existe pour l'étude du temps, de l'action ou des personnages. L'expression même de « poétique de l'espace » est d'une grande souplesse. En simplifiant, on pourrait dire qu'une première poétique, en France du moins, est attachée au nom de Gaston Bachelard. Il n'est pas douteux que son exploration des valeurs affectives et psychanalytiques (mais pas au sens de Freud) que recèle l'espace demeure précieuse, notamment pour l'étude des lieux d'habitation, par exemple de cette maison à laquelle il a consacré une belle étude dans un chapitre de *La Poétique de l'espace.* Il cherche à déterminer « la réalité profonde de chacune des nuances de notre attachement à un lieu d'élection ». Puisque je vais m'intéresser à des lieux d'habitation, j'observe que Bachelard, lorsqu'il aborde le cas de la chambre, use de prétérition, non qu'elle manque à ses yeux d'intérêt ou de profondeur mais, au contraire, parce qu'elle en offre trop. À la lecture de certains écrivains, les grands « rêveurs de maisons », il se produit un étrange phénomène :

> Ainsi, bien rapidement, dès les premiers mots, à la première ouverture poétique, le lecteur qui « lit une chambre », suspend sa lecture et commence à penser à quelque ancien séjour. Vous voudriez tout dire sur votre chambre : il revoit la sienne. Vous voudriez intéresser le lecteur à vous-même alors que vous avez entr'ouvert une porte de la rêverie. Les valeurs d'intimité sont si abondantes que le lecteur ne lit plus votre chambre : il revoit la sienne[3].

Il y a là, incontestablement, un mode de lecture et peut-être le plus satisfaisant, mais il n'est évidemment pas approprié à toute notre expérience littéraire. D'une part, certains habitats (comme les chambres dont il va être question ici) n'induisent guère cette « lecture suspendue » ; d'autre part, la topo-analyse subtile et même géniale de Bachelard est très éloignée d'une autre poétique de l'espace qui veut œuvrer dans un esprit différent. Cette autre poétique n'est pas tant sensible au retentissement affectif du lieu qu'à la manière dont il se constitue dans un texte, aux corrélations nouées avec les autres composantes du récit et aux implications qu'on peut lui trouver. Son programme, tel que

3 Gaston Bachelard, *La Poétique de l'espace* [1957], Paris, PUF, « Quadrige », 1983, p. 32.

Henri Mitterrand l'a tracé naguère, conserve son actualité[4]. Il s'agirait, d'abord, de fournir une description des formes spatiales, une typologie des lieux et des façons d'habiter ; ensuite, proposer une syntaxe qui s'attacherait aux parcours des personnages et au système des lieux, saisis non seulement dans leur organisation de surface mais aussi selon la règle profonde de leur agencement ainsi que de leur transformation. Enfin, il conviendrait d'élucider ce qui se joue là au plan symbolique et idéologique, de formuler le propos qui se tient dans cette composante figurative du roman, à laquelle précisément nous n'avons pas l'habitude de prêter une attention suffisante (et si elle tenait lieu de quasi personnage comme induisent à le penser certaines œuvres ?). Nul doute que ce vaste programme puisse être diversement compris, selon le génie des œuvres auxquelles il s'applique aussi bien qu'en fonction des préférences critiques. Une analyse attentive à la forme de l'expression et aux « configurations discursives de la spatialité » peut lui donner un tour nettement sémiotique – à l'instar de celle que Denis Bertrand a consacrée à *Germinal*[5]. Mais à travers le jeu complexe des formes spatiales (incluant lieux dénotés, trajectoires des personnages, motifs récurrents aussi bien que l'espace du livre et même de la lettre), on peut viser ce qui se formule dans le langage particulier du roman comme pensée de l'espace, fût-il « l'espace sans fond » de Hugo. Tel est le propos du bel essai que Françoise Chenet-Faugeras[6] a consacré aux *Misérables* dans lequel elle montre que le roman de Hugo est à l'exacte intersection du fini et de l'infini, qu'il donne corps à cette « espèce d'essai sur l'infini » qu'ambitionnait l'auteur et qui, du fait de la nature géographique de sa vision, se trouve parfaitement amalgamé au matériau de la fiction.

Relativement à ces études magistrales ou à l'ambition plus vaste d'une « géocritique[7] » (cette dernière étant plus volontiers requise par les œuvres contemporaines), mon propos est très limité. L'étude de cas consiste en une lecture comparative, ou contrastive, de deux descriptions tirées des chefs-d'œuvre de Hugo et de Zola : celle du bouge Jondrette dans *Les Misérables* et celle de la chambre des Maheu dans *Germinal*. En plus de l'avantage

4 Voir en particulier le chapitre « Le lieu et le sens : l'espace parisien dans *Ferragus* de Balzac » in *Le Discours du roman*, Paris, PUF, « écriture », 1980.

5 Denis Bertrand, *L'Espace et le sens « Germinal » d'Émile Zola*, Paris-Amsterdam, Éd. Hadès-Benjamins, 1985.

6 Françoise Chenet-Faugeras, *Les Misérables ou « L'Espace sans fond »*, Paris, Nizet, 1995.

7 Voir Bertrand Westphal, *La Géocritique. Réel, fiction, espace*, Paris, Éd. de Minuit, 2007.

qu'on peut escompter d'une étude à petite échelle des formes spatiales, ces textes me semblent constituer un bon test pour la poétique de l'espace esquissée plus haut, laquelle ne serait pas véritablement étude éclectique ou élective d'un lieu, mais étude intégrée de l'espace dans la fiction.

EMPLACEMENTS DESCRIPTIFS

Dans le cas d'œuvres de grandes dimensions, il faut évidemment tenir compte des règles de la disposition romanesque et par conséquent de l'emplacement des topographies, puisque c'est de cela qu'il s'agit. On se rappelle peut-être que la chambre des Maheu apparaît assez rapidement dans *Germinal*, précisément au tout début du deuxième chapitre de la première partie. Le réveil des Maheu complète l'ouverture nocturne du roman (l'arrivée d'Étienne Lantier dans le pays minier). À cette place, quasi incipielle donc, cette description est encore libre de tout investissement dramatique, mais elle n'est pas sans intention compositionnelle. Plus loin en effet, au chapitre un de la deuxième partie, on va assister au réveil des Grégoire et visiter l'habitat des rentiers. C'est l'occasion pour le romancier, à quelques chapitres d'intervalle, d'opposer deux habitats et deux habitus : d'une part l'habitus populaire, saisi au stade précoce d'une journée ouvrière (quatre heures du matin), d'autre part, l'habitus des Grégoire repliés sur leur confort douillet et couvant de leurs regards leur fille unique endormie.

La description du bouge Jondrette intervient, elle, au beau milieu des *Misérables :* dans la troisième partie (« Marius »), au livre huitième (« Le mauvais pauvre »), occupant le chapitre 6 intitulé « L'homme fauve au gîte ». Nous rappelant qu'un principe démarcatif est toujours à l'œuvre quand il s'agit de décrire, ces emboîtements successifs désignent l'architectonique spéciale du roman de Victor Hugo, qu'il ne faudrait pas perdre de vue en nous concentrant, comme nous le faisons, sur telle de ses parties.

À ce stade évidemment, il y a une vitesse acquise du roman, un grand nombre de données accumulées et d'intrigues nouées. Il suffit peut-être de rappeler que dans les pages précédentes Éponine a rendu visite à Marius qui est le voisin des Thénardier dans la masure Corbeau.

Belle occasion de proposer un portrait émouvant de la jeune fille du peuple, qui est « rose dans la misère ». Éponine partie, Marius se livre à toutes sortes de réflexions morales qui le conduisent à vouloir voir ce qui se passe chez les Jondrette, à connaître un peu de l'étrange existence qu'ils mènent dans leur gîte. En aval du chapitre qui nous occupe, par une coïncidence extraordinaire (de celles que Zola[8] ne goûte guère dans les *Misérables)*, on revient à la ligne de l'aventure. En effet, perché sur sa commode, l'œil rivé au judas providentiel, Marius, sidéré, assiste à l'apparition dans le bouge d'un couple de philanthropes qui n'est autre que celui que forment Jean Valjean et Cosette, depuis longtemps perdus de vue et qui surgissent là, miraculeusement. Ainsi, cette topographie prend exactement place entre le portrait d'Éponine et une péripétie, occupant donc une place intermédiaire entre deux temps forts du récit, deux effractions dans la durée ordinaire. Par là elle est tout opposée à la description du logis des Maheu qui se présente comme une simple intervention dans le continuum de l'existence ordinaire, conformément à l'esthétique naturaliste de « la tranche de vie ».

Je ne suis pas le premier à m'intéresser à la chambre des Maheu. Henri Mitterrand lui a consacré dans *Le Regard et le signe* une analyse dans laquelle il souligne la rigueur de cette topographie et l'attention précise accordée par l'auteur de *Germinal* à l'usage du lieu[9]. Entre autres usages remarquables, il y a celui des lits ; ils sont au nombre de trois, recevant leurs occupants respectifs (les six enfants Maheu), auxquels il faut ajouter un quatrième lit situé dans le couloir du palier, où prend place le couple Maheu, flanqué du dernier né dans son berceau. Tout ce début dit l'espace compté et la promiscuité, insiste sur l'occupation réglée des lieux. Comme il y a plus de dormeurs que de lits, une règle d'économie veut que celui qui travaille la nuit (le vieux Bonnemort) vienne prendre la place laissée chaude par les deux aînés.

8 De Zola on peut lire ce jugement dans *La Revue dramatique et littéraire*, à l'occasion de la représentation en avril 1878 des *Misérables* au théâtre de la Porte-Saint-Martin : « Cet interminable roman, si inégal, obstrué de digressions excessives, s'ouvrant parfois sur des épisodes adorables ou superbes, offre ce prodige littéraire d'être bâti dans le rêve et d'arriver à la vie par l'intensité du lyrisme. Victor Hugo n'a jamais regardé à ses pieds. Quand il baisse les yeux, il voit les fleurettes du chemin s'épanouir comme des soleils et les simples cailloux briller comme des diamants. » (in Zola, *Œuvres complètes*, Paris, Cercle du Livre précieux, 1969, t. 12, p. 147-148).

9 Henri Mitterand, *Le Regard et le signe*, Paris, PUF, « écriture », 1987. Voir le chap. « Le roman et ses territoires : l'espace privé dans *Germinal* ».

Le coron tout entier, et pas seulement le logement des Maheu, se présente comme un espace de servitude. Et pourtant, ce dispositif ne se lit pas à sens unique. Entre les habitants de cet espace suroccupé, qui sont les rouages d'un système sur lequel ils n'ont aucune prise, il existe des complicités, des affinités et des points de contact charnel. Les corps se touchent, échangent leur chaleur, s'exposent au moment de la toilette. À l'encontre d'un certain puritanisme l'auteur veut sans doute faire flotter une odeur de « bétail humain » ; il n'empêche, cette promiscuité comporte une dimension sensorielle et presque libidinale, laquelle se retrouvera bientôt au rez-de-chaussée lorsque sera évoqué l'acte d'amour des parents combiné au rituel de la toilette, car lui aussi fait l'objet d'une contrainte de temps et de lieu. Allusion rapide à une libido de classe qui émoustille sans doute mais qui entre cependant dans une vision « machinique » du corps et de ses fonctions, pour reprendre l'expression de Henri Mitterrand qui associe fort justement les fonctions d'entretien et les fonctions de reproduction, les unes et les autres strictement encadrées.

Revenons à la lecture comparative. Évidemment, on pourrait examiner la chambre des Maheu et le bouge des Jondrette sous le rapport du « réalisme ». On ne s'attardera pas à la question de l'authenticité et du degré de conformité de ces descriptions à des données vérifiables de l'habitat populaire pour les périodes concernées : le galetas d'un bas quartier périphérique vers 1830 d'une part, le coron du nord de la France sous le Second Empire. Il y a néanmoins une différence notable entre les deux. Propriété de la compagnie, l'habitat des Maheu est donné comme typique : dans le coron des Deux-cent-quarante, il est au numéro 16 qui ressemble en tout point à ses voisins. La masure Gorbeau, elle, se singularise, est sans équivalent dans tout le livre : étrangement numérotée (au 50-52), elle ne répond à aucun plan, à aucune norme architecturale, on ne sait même pas qui est son propriétaire. Située dans le faubourg Saint-Marceau, elle est en voie de disparition au moment de sa description, ce qui veut dire qu'il serait impossible au lecteur de 1862 de vérifier son existence. Elle est également paradoxale, comme l'observe Françoise Chenet-Faugeras : dans le Paris éclaté des *Misérables*, elle est à la fois périphérique et centrale, se prêtant aux rencontres les plus romanesques comme au guet-apens. Malgré son improbabilité, elle apparaît comme « la plaque tournante, le pivot du récit[10] ». À ce titre, elle

10 Françoise Chenet-Faugeras, *op. cit.*, p. 146.

tomberait évidemment sous le coup de l'accusation d'invraisemblance. Mais celle-ci, malgré le jugement sévère de Zola, est loin d'être la règle car, en matière de représentation de l'espace du moins, c'est un grand souci d'exactitude topographique qui préside à la construction de l'espace parisien : choix des quartiers, des itinéraires, des axes géographiques, tout y est juste et soigneusement calculé.

Relativement à un certain code de l'écriture post-romantique ou « naturaliste » si l'on veut, on pourrait considérer comme infractions deux phénomènes. Le premier, évidemment, consiste en ce judas si ouvertement désigné par le titre du chapitre « Le judas de la providence », au point qu'il y a presque mauvais esprit à le dénoncer. Ce subterfuge qui autorise la suite, c'est-à-dire la vue de l'autre côté, ressortit à l'ancien esprit du roman, auquel se rattache Hugo qui, par là, est plus proche de Dumas et d'Eugène Sue que des naturalistes qui, après eux, s'acharnent à réduire le romanesque dans toutes les composantes de leurs œuvres, et notamment dans les descriptions. La seconde infraction consiste en l'intervention d'une voix qui n'est pas que narrative. Au tout début du chapitre, le décrit (par opposition au descripteur, Marius ici) est précédé d'un parallèle entre la forêt et la ville. Un discours accompagne la description proprement dite qui est à mettre au compte du narrateur dont certains commentaires reprennent des développements antérieurs, notamment ceux du chapitre « Les mines et les mineurs » et du chapitre « Les bas-fonds » dans lesquels a été développée une vision allégorique de la société comme immense édifice travaillé dans tous les sens, dans ses parties supérieures comme dans ses parties inférieures, auxquelles se rattache évidemment le bouge Jondrette. On se contentera de citer le début de cette longue description qui court sur trois pages.

> Les villes, comme les forêts, ont leurs antres où se cachent tout ce qu'elles ont de plus méchant et de plus redoutable. Seulement, dans les villes, ce qui se cache ainsi est féroce, immonde et petit, c'est-à-dire laid ; dans les forêts, ce qui se cache est féroce, sauvage et grand, c'est-à-dire beau. Repaires pour repaires, ceux des bêtes sont préférables à ceux des hommes. Les cavernes valent mieux que les bouges.
>
> Ce que Marius voyait était un bouge. Marius était pauvre et sa chambre était indigente ; mais, de même que sa pauvreté était noble, son grenier était propre. Le taudis où son regard plongeait en ce moment était abject, sale, fétide, infect, ténébreux, sordide. Pour tous meubles, une chaise de paille, une table infirme, quelques vieux tessons, et dans les deux coins deux grabats

> indescriptibles ; pour toute clarté, une fenêtre-mansarde à quatre carreaux, drapée de toiles d'araignée. Il venait par cette lucarne juste assez de jour pour qu'une face d'homme parût une face de fantôme. Les murs avaient un aspect lépreux, et étaient couverts de coutures et de cicatrices comme un visage défiguré par quelque horrible maladie. Une humidité chassieuse y suintait. On y distinguait des dessins obscènes grossièrement charbonnés.
>
> La chambre que Marius occupait avait un pavage de briques délabré ; celle-ci n'était ni carrelée, ni planchéiée ; on y marchait à cru sur l'antique plâtre de la masure devenu noir sous les pieds. Sur ce sol inégal, où la poussière était comme incrustée et qui n'avait qu'une virginité, celle du balai, se groupaient capricieusement des constellations de vieux chaussons, de savates et de chiffons affreux ; du reste cette chambre avait une cheminée ; aussi la louait-on quarante francs par an. Il y avait de tout dans cette cheminée, un réchaud, une marmite, des planches cassées, des loques pendues à des clous, une cage d'oiseau, de la cendre, et même un peu de feu. Deux tisons y fumaient tristement.
>
> Une chose qui ajoutait encore à l'horreur de ce galetas, c'est que c'était grand. Cela avait des saillies, des angles, des trous noirs, des dessous de toits, des baies et des promontoires. De là d'affreux coins insondables où il semblait que devaient se blottir des araignées grosses comme le poing, des cloportes larges comme le pied, et peut-être même on ne sait quels êtres humains monstrueux[11].

C'est en connaissance de cause qu'on accède à l'horrible séjour des Jondrette, et suffisamment accompagné. La disposition même du texte fait voir un étagement : le discours auctorial venant en premier suivi du point de vue situé du personnage. Néanmoins, ne nous arrêtons pas trop à cette prise en main du lecteur ni à l'affleurement de la voix énonciative. Cette dernière n'est infraction qu'au regard d'un « cahier des charges » (Philippe Hamon) auquel Hugo ne souscrit pas ; il n'est pas certain d'ailleurs qu'elle affecte la croyance à l'univers représenté. Quoi qu'il en soit, la fonction dénotative s'exerce bien ici cependant qu'un espace possible prend forme sous nos yeux. Un volume en trois dimensions se dessine à mesure qu'y surgissent des formes, des corps et des objets : une chaise de paille, la table infirme, la fenêtre-mansarde, la cheminée centrale flanquée de deux grabats, le sol « d'antique plâtre ». Ensuite vont apparaître une gravure accrochée au mur, un châssis retourné, un coin de table, enfin les occupants de ce logis (Jondrette, sa femme et sa fille). Le regard du descripteur qui va d'objet en objet, de place en

11 Victor Hugo, *Les Misérables* (édition illustrée par Gustave Brion), Paris, Hetzel et Lacroix, 1867, p. 407-409.

place en marquant des temps d'arrêt, donne à la description cette allure métonymique caractéristique, selon Jakobson, de la prose réaliste.

On a mentionné la présence de l'instance énonciative qui mêle un dire à un voir. Il conviendrait aussi de relever des marques de double focalisation lorsque Marius est vu voyant (« Dans un angle voisin de l'ouverture par où Marius regardait… »). Il y a également lieu d'associer au personnage focal un autre regard – de narrateur-témoin relayant le premier ou fondu en lui, grâce au pronom « on » notamment. De ce dernier Hugo fait un usage remarquable dans toute son œuvre, l'employant comme figure d'enallage de la personne. À ce titre il s'applique à quiconque : personnages, narrateur, auteur, lecteur et autorise tous les glissements. On le vérifierait dans tout ce chapitre et même à l'échelle de telle phrase (« Marius considéra quelque temps cet intérieur funèbre plus effrayant que l'intérieur d'une tombe, car on y sentait remuer l'âme humaine et palpiter la vie »). La contemplation arrache le sujet à sa position singulière pour ouvrir à un sens plus général, ce qui fait dire à Myriam Roman que, chez Hugo, le « on » n'est pas un indéfini mais plutôt un « infini[12] ». Observons encore un cas net de dissociation du sujet en observateur et informateur lorsque, pour les besoins du portrait de Jondrette, sera convoquée la science de Lavater : « Lavater, s'il eût considéré ce visage, y eût trouvé le vautour mêlé au procureur… »

L'approche sémiotique du point de vue trouverait facilement à s'exercer ici qui le définit comme une orientation, entre deux positions : une source et une cible, dans la terminologie de Jacques Fontanille[13]. Le point de vue consiste en un réglage qui, comme en photographie, joue à la fois sur l'intensité et l'étendue. Il en découle deux stratégies : l'une peut être dite quantitative, qui vise à embrasser du regard ou à additionner, l'autre qualitative, qui choisit tels éléments représentatifs ou qui détaille. On observe dans la description hugolienne le passage d'une stratégie cumulative (le regard de Marius parcourant l'intérieur de place en place) à une stratégie qualitative : le regard alors s'arrête à tels éléments, comme la gravure colorée accrochée au mur ou la personne même de Jondrette. Il y a par ailleurs un moment symptomatique dans le passage. À partir de « Une chose qui ajoutait

---

12 Myriam Roman, *Victor Hugo et le roman philosophique*, Paris, Honoré Champion, 1999, en particulier p. 697-705.

13 Jacques Fontanille, *Sémiotique et littérature. Essais de méthode*, Paris, PUF, « Formes sémiotiques », 1999, p. 41-61.

encore à l'horreur de ce galet, c'est que c'était grand », le point de vue se dérègle. La stratégie qui prévalait jusque-là cesse et, avec elle, la mise en ordre et le déploiement des items, une perte qui affecte le style et la nomination[14].

L'espace cesse là d'être mesurable, se dérobe à l'observateur dans ses parties reculées, dans ses bordures extérieures non identifiables, d'où le mot « chose » et le neutre « cela ». Le texte bascule dans un autre registre, incline sur une autre pente, celle de la contemplation[15] ou du songe (titre de la gravure qui va être décrite plus loin). C'est comme si ce galetas ouvrait soudain sur les *Contemplations* ou *Les Travailleurs de la mer* – on aura relevé l'incongruité des « baies et des promontoires » dans ce contexte, celui de la masure Gorbeau. On peut mettre ce décrochement au compte du génie visionnaire de l'auteur mais on peut aussi y voir l'effet d'une impossibilité de voir, d'aller littéralement au fond du galetas et de la misère, chose insondable au regard, fût-il le plus attentif ou le plus charitable. Par comparaison, on a le sentiment que dans *Germinal*, malgré l'obscurité dans laquelle est saisi l'habitat des Maheu, rien n'est laissé en dehors de l'activité perceptive et qu'il n'y a pas d'unité perdue dans une topographie où tout fait sens.

DE L'ÉTHOLOGIE À LA POLITIQUE DU ROMAN

Poursuivons la comparaison, sous l'angle éthologique cette fois. Chez Zola, la chambre des Maheu est saisie dans le cours d'une action. C'est Catherine, l'ordonnatrice, qui met en mouvement et – concrètement en lumière – cet intérieur. Elle va de lit en lit, réveille ses frères et sœurs, supervise le rituel du lever. Ce passage illustre parfaitement, non seulement la différence mais aussi le passage du lieu à l'espace. Tandis que le premier se réduit à une topographie (c'est une configuration instantanée de positions stables), le second fait intervenir des mouvements, des

14 Voir Anne Ubersfeld, « Nommer la misère », in *Victor Hugo. Les Misérables* (Guy Rosa dir.), Paris, Klincksieck, « Parcours critique », 1995, p. 114-125.

15 À ce propos, on renvoie à l'ouvrage classique de Jean Gaudon, *Le Temps de la contemplation*, Paris, Flammarion, 1969.

vecteurs, une variabilité de temps. Différence que Michel de Certeau a pu résumer ainsi : « L'espace est un lieu pratiqué[16]. »

Cette pratique et cette actantialisation manquent évidemment au bouge Jondrette qui semble inanimé, inerte alors qu'il contient des humains. Il faut être attentif à sa désignation. Hugo n'en fixe véritablement ni le nom ni le sens. Il est, tout au long du chapitre qui lui est consacré, « gîte », « repaire », « antre », « bouge », « taudis », « galetas », etc. Trois individus l'habitent mais qui tardent à apparaître dans le texte, comme s'ils se perdaient dans la masse du lieu. Sauf à supposer un cadrage très serré qui isolerait parfaitement « la cible » (en l'occurrence la table) de son entourage immédiat, on s'attend à ce que le témoin mentionne l'homme assis à « la table infirme » lorsque celle-ci entre dans son champ de vision. Or « l'homme » (on ignore encore qu'il s'agit de Jondrette) est omis et son portrait retardé. Le portrait de Jondrette est suivi de celui d'une femme sans visage, son épouse vue probablement de dos (« Une grosse femme qui pouvait avoir quarante ans ou cent ans était accroupie près de la cheminée sur ses talons nus[17] »), puis de la mention « sur un des grabats » d'une forme douteuse, « espèce de longue petite fille blême, assise, presque nue et les pieds pendants[18] », que Marius identifie comme la sœur cadette d'Éponine. Le système des personnages est bancal ou « infirme », à l'image de la table mentionnée précédemment. À cet intérieur il manque en effet la sœur aînée, qui a été longuement décrite au chapitre précédent. Celle-ci pourrait être l'*alter ego* de Catherine, d'autant que l'une et l'autre participent à un même type, celui de la jeune fille du peuple marquée par certains traits physiques (maigreur et pâleur notamment) ; du reste, elles ont le même âge, quinze ans. Mais tandis que la fille aînée des Maheu figure l'âme de la famille et qu'elle est destinée à un rôle décisif dans la combinatoire actantielle du roman, Éponine reste « une rose dans la misère », ici absente du tableau.

Une place vide donc et des espaces béants entre les trois occupants du bouge. La table, la cheminée et le grabat dessinent trois places d'un espace domestique entre lesquelles ne s'établit aucune communication, qu'elle soit visuelle ou autre. Jondrette va certes parler ou, du moins,

16 Michel de Certeau, *L'Invention du quotidien* 1. *Arts de faire* [1980], Paris, Folio-essais, 1990, p. 173.

17 *Les Misérables*, *op. cit.*, p. 410.

18 *Ibid.*, p. 410.

récriminer en solitaire mais son soliloque ne trouve, en guise d'écho tardif en fin de chapitre, que quelques mots consolateurs (« – Petit ami, calme-toi, dit-elle. Ne te fais pas de mal, chéri. Tu es trop bon d'écrire à tous ces gens-là, mon homme[19] »). Pour qu'on ne s'y trompe pas, le narrateur marque bien l'automatisme de cette répartie de femme du peuple comme il souligne que les sentiments d'affection s'éteignent au foyer des misérables. On est loin de la promiscuité et des brusques désirs, somme toute rassurants, surpris chez les Maheu.

En passant de la chambre au bouge, ce ne sont pas seulement les coordonnées qui ont changé, c'est l'usage même d'un espace qu'on pourrait analyser comme territoire. C'est l'occasion de rappeler que cette dernière notion croise deux ordres de données : celles de l'éthologie et celles du droit. Comme on le sait, l'éthologie observe les conduites animales et en particulier la manière dont les différentes espèces se rapportent à leur environnement physique. Interviennent ici des notions de marquage, de violation, d'offense (territoriale donc) qui se posent de façon étonnamment proches pour les humains : ainsi, par exemple, nous ne nous aventurons pas sans précaution dans le territoire privé d'autrui, c'est-à-dire dans la place qu'il occupe, soit temporairement soit définitivement. L'individu étant lui-même territoire, la relation à la personne obéit également à des règles et à des normes précises. Erving Goffman dit du corps qu'il représente « le type le plus pur de territorialité égocentrique[20] ». Et c'est aussi en vertu d'un droit que nous tenons notre vie privée à l'abri d'autrui.

Hugo, dans ces pages, éprouve les deux significations, l'éthologique et la juridique. N'oublions pas que la description que nous lisons n'est rendue possible qu'à la faveur d'une indiscrétion de Marius, d'une violation d'intimité. C'est pourquoi il faut invoquer une légalité plus haute, ainsi que le proclame le narrateur : « La commisération a et doit avoir sa curiosité[21]. » Un droit d'ingérence, en quelque sorte. À l'intérieur du bouge, c'est différent. Le premier sens, éthologique, paraît suffire, ce qui est d'ailleurs suggéré par le titre du chapitre : « L'homme fauve au gîte ». Le sème animal va réapparaître plus loin, au moment du portrait, mais curieusement le fauve devient « vautour », « oiseau de proie » et encore ce vautour est-il mêlé au « procureur » :

19 *Ibid.*, p. 411.

20 Erving Goffman, *La Mise en scène de la vie quotidienne*, t. 2 *Les Relations en public*, Paris, Éd. de Minuit, 1973, p. 52.

21 *Les Misérables*, *op. cit.*, p. 407.

> […] L'oiseau de proie et l'homme de chicane s'enlaidissant et se complétant l'un par l'autre, l'homme de chicane faisant l'homme de proie ignoble, l'oiseau de proie faisant l'homme de chicane horrible[22].

Au-delà de l'explication savante et du jeu rhétorique, voyons inscrite dans le chiasme la perte des différences : celles qui existent entre l'homme et l'animal comme celles qui existent entre les différentes espèces. Ces désignations bizarres, cette indistinction, dont les misères sont responsables, sont au plan du portrait l'exact équivalent de la perte des contours constatée plus haut à propos des bords du galetas. Étrange territorialité donc que celle du bouge Jondrette, faite de vides, de places autarciques que dessinent des êtres sans nom : « l'homme », « la femme », « un enfant ». Degré zéro éthologique en quelque sorte, et l'on comprend pourquoi. Si la notion de territoire repose sur l'individu, ce qui touche en profondeur l'individu et qui le dénature, comme la misère, retentit nécessairement sur le choix d'un lieu et sur la manière de l'habiter.

Nous n'en en avons pas fini avec ces tristes séjours. La différence qui est apparue au plan du dispositif topographique et de l'espace vécu peut être encore précisée au plan du discours et de l'idéologie. Bien sûr, on aura beau jeu d'opposer deux modalités du discours romanesque : l'interventionnisme hugolien, l'impersonnalité naturaliste. Il est clair que la description du bouge est traversée par un propos explicite avec de nombreux termes évaluatifs et une forte axiologisation. Cependant, la description zolienne est loin d'être neutre. Et puisqu'on rencontre ici la catégorie thymique des sémioticiens, ce serait sans doute l'occasion de revenir sur cette opposition binaire instituée entre euphorie et dysphorie. Pour caractériser le texte de Zola et la perception spatiale qui s'y exerce, il faudrait inventer une catégorie spéciale qui dirait l'euphorie dans la dysphorie. Zola éprouve en tout cas cette possibilité du corps capable de jouir au milieu de la misère. On pourrait ici songer à l'espèce de béatitude que ressent Gervaise dans sa boutique encombrée de linge sale. Ajoutons que cette saisie du personnage dans son espace propre est inédite à son heure et elle nous apparaît comme une des inventions du roman naturaliste.

Néanmoins, le revers de cette saisie est une forme d'indiscrétion, sinon de voyeurisme. Sous couvert d'objectivité, un regard étranger s'introduit

---

22 *Ibid.*, p. 410.

dans une intimité et surprend des corps dénudés. Il conviendrait ici de se poser des questions de déontologie qui furent explicitement posées à l'époque, et de distinguer des types d'approche possibles : regard de l'hygiéniste, regard du romancier médecin, regard empli de charité. C'est précisément cette dernière qui aurait fait défaut à *L'Assommoir* si l'on en croit Hugo. À quoi Zola a déjà répondu dans sa préface en protestant qu'il a voulu montrer des plaies qu'il appartient à d'autres de guérir. Observons seulement que, dans le cas qui nous occupe, l'implicite de la description gît dans cela même qui est l'objet d'une curiosité suspecte, à savoir ces corps-machines des Maheu. En effet, malgré les apparences, il y a une promesse contenue dans ce logis, dans cette chaleur vivante et même, si on ose dire, dans cette coordination de réveils où une jeune fille donne le ton à tous les autres. « Cette turbulence tiède, ensommeillée mais déjà chargée d'énergie, annonce la vision symboliquement épique des dernières lignes[23] », c'est-à-dire l'armée vengeresse de la fin.

Rien de tel dans le bouge Jondrette : ni tiédeur annonciatrice de réveils futurs ni héros en gestation. Le bouge ne se relie à aucun espace social connu. « Du reste, il ne se révélait dans ce logis la présence d'aucun travail ; pas un métier, pas un rouet, pas un outil[24] ». En fait d'activité, Jondrette se livre à d'étranges travaux d'écriture. Sous des noms d'emprunt, il adresse à des philanthropes des lettres qui en appellent à leur pitié, et à cette triste besogne il associe ses filles. Jondrette le faussaire illustre le second sens des misères : l'avilissement qui s'ajoute à la pauvreté. Néanmoins, sa protestation contre l'ordre social et sur la boue du cimetière n'est pas fausse, elle.

> – Dire qu'il n'y a pas d'égalité, même quand on est mort ! Voyez un peu le Père-Lachaise ! Les grands, ceux qui sont riches, sont en haut, dans l'allée des acacias, qui est pavée. Ils peuvent y arriver en voiture. Les petits, les pauvres gens, les malheureux, quoi ! on les met dans le bas, où il y a de la boue jusqu'aux genoux, dans les trous, dans l'humidité[25].

Ainsi, son propos sur la mort des pauvres rejoint ce qu'affirme le narrateur de la place des indigents « au plus bas de l'édifice social ». Étrange

23 Henri Mitterrand, *op. cit.*, p. 155.
24 *Les Misérables*, *op. cit.*, p. 410.
25 *Ibid.*, p. 410.

consonance donc entre la parole du « gredin » et celle de l'observateur charitable.

Le bouge se trouve également soustrait au devenir historique. Il y a certes le point de tangence que crée le regard de Marius mais les occupants, eux, restent là avec peu de chances de se retrouver en avant de la scène historique. Pour cela, il leur faudrait la conscience (celle de Marius précisément) ou bien une agilité qui permette de franchir les distances ou de parcourir poétiquement la réalité, ce qui est donné à Gavroche. Hors-jeu, atopique, le bouge semble l'être encore par le fait qu'il est également éloigné de deux mythes. Le premier, antérieur, est opportunément rappelé dans la description : c'est le mythe napoléonien. Il est ici réduit à un élément décoratif dans une gravure à l'usage des pauvres, en outre défiguré dans l'orthographe. Intitulée « LE SONGE », cette gravure consiste en la représentation idéale d'une femme et d'un enfant (dérision du vrai tableau familial) avec, à l'arrière-plan, « Napoléon dans une gloire » qui s'appuie sur une colonne ornée du nom de ses victoires, mais c'est « MARINGO », « AUSTERLITS », etc. Thénardier autrefois a pris part à cette histoire, mais honteusement, en dépouillant les soldats tués sur le champ de bataille de Waterloo. Il n'est pas davantage digne de prendre part au mythe actuel, celui du peuple en marche qui va mener bientôt l'insurrection. Il ne sera pas de la barricade, cette construction imprévue mais qui obéit à une profonde nécessité historique. Topographiquement, symboliquement, elle semble à l'opposé du bouge. Faisant saillie sur l'espace parisien, concentrant une énergie démesurée, elle constitue un chronotope au sens de Mikhaïl Bakhtine[26]. Le bouge appartient au monde d'en bas, non sans paradoxe, puisqu'il est galetas, sous les toits donc. « Le galetas, la cave, la basse fosse où de certains indigents rampent au plus bas de l'édifice social, n'est pas tout à fait le sépulcre, c'en est l'antichambre[27]. » Le bouge est la basse fosse selon une logique imaginaire qui le tire vers le bas, l'enfonce sous la surface sociale et historique.

---

26 On renvoie à ses analyses dans *Esthétique et théorie du roman*, Paris, Gallimard, 1978 et *Esthétique de la création verbale*, Paris, Gallimard, 1984. Philippe Dufour a réentrepris la catégorie bakhtinienne dans la première partie du *Roman est un songe*, Paris, Seuil, « Poétique », 2010. S'agissant du chronotope le plus connu de Bakhtine, celui de la rencontre, nous l'abordons plus loin, dans le chapitre « Chronotopie hugolienne dans *Les Misérables* ».

27 *Les Misérables*, *op. cit.*, p. 410.

Suivant cette voie imaginaire, le bouge se rattache à une série, celle du lieu souterrain dont il faudrait suivre l'étonnant destin narratif dans l'ensemble des *Misérables* : depuis le bagne initial, en passant par l'accident du chemin creux d'Ohain dans l'épisode de Waterloo, celui du couvent de Petit-Picpus, jusqu'à l'intestin de Leviathan où disparaît Jean Valjean tout au long d'une marche obscure. Il y a là une véritable exploration de la substance historique, suivant une topologie singulière qui fait passer d'un point haut à un point bas : notamment, de la barricade où Marius est laissé pour mort et d'où vient le retirer un étrange sauveur (Jean Valjean lui-même) à l'égout de Paris où les deux s'enfoncent à la rencontre de couches historiques oubliées. Ce schème chrono-spatial que *Les Misérables* ne cessent de parcourir allie inséparablement idéologie et imaginaire, et il vaut comme interprétation de l'histoire. À ce schème, la maison Corbeau se relie, fût-ce négativement. Elle est lieu caché, « repaire », sans être pour autant hors circuit. L'intrigue s'y ressource périodiquement et Gavroche lui-même y passe épisodiquement voir la Thénardier, dont on oublierait presque qu'elle est sa mère. Dans l'autre sens, rappelons-nous que Thénardier va lui aussi se trouver dans l'égout et y rencontrer Jean Valjean au cours d'une scène décisive pour l'issue du roman. Pour autant, ne cherchons pas à intégrer la masure Gorbeau à une série puisque précisément son destin est de rester dépareillée et de ne s'accorder à rien : ni au reste de l'espace parisien, ni à notre capacité de reconnaissance ni à un patron générique donné puisqu'elle s'écrit tour à tour dans le registre du réalisme social et même du feuilleton, dans celui de la fable mais aussi dans celui de la contemplation la plus grave. On pourrait se demander si elle n'a pas pour rôle (c'est en tout cas son effet) de décadrer constamment la représentation, à tous les sens du terme. La force des *Misérables* provient notamment de cette révision troublante des repères, à commencer comme on le voit ici, par la topologie admise, à savoir l'opposition du haut et du bas. La pensée de l'espace, urbain en particulier, se trouve déplacée vers le bas, suivant un mouvement profondément contestataire à l'égard de la surface et de ce qui s'y édifie (comme les monuments) et s'y voit en pleine lumière.

Jacques Rancière a relevé dans *Les Misérables* ce même mouvement qui nous a arrêtés (de la barricade à l'égout) pour le mettre au compte de ce qu'il nomme « la politique du roman[28] ». On en pourrait dire autant

28 Jacques Rancière, *La Politique du roman*, Paris, Galilée, 2007.

de *Germinal*, sauf que le mouvement y est inverse, du bas vers le haut, poussant les mineurs du Voreux vers la surface. Cette politique donc, souligne Rancière, ne se confond pas avec les idées de l'auteur ou de quelqu'un de ses représentants dans la fiction, car elle est inséparable des structures littéraires et se trouve même incorporée à l'espace de la fiction. Cela aussi s'applique pleinement à *Germinal*. À cette pensée propre il n'est, somme toute, pas étonnant que l'on accède par de multiples passages et par les lieux les moins recommandables comme les chambres et les taudis. Misérabilisme mis à part, il est entendu que de pareils territoires pourraient donner lieu à de piètres résultats littéraires chez des écrivains doués des meilleurs sentiments. Il va sans dire aussi qu'ils pourraient tomber sous l'accusation de nullité qu'avait prononcée André Breton à l'encontre des descriptions (le *Manifeste* de 1924 incrimine précisément une description de chambre) s'ils n'étaient saisis par le génie chronotopique d'écrivains comme Hugo et Zola qui possèdent cette étonnante faculté de saisir le temps dans l'espace ainsi que le présent en marche.

LA RUE DE GERVAISE

Il n'est pas fréquent qu'une correspondance s'établisse entre un auteur ou une œuvre et un nom de rue. Quand c'est le cas, la raison est souvent biographique – on peut penser à la rue Vilain de George Perec, à la rue Cases-Nègres de Joseph Zobel, au quai Conti chez Modiano. Ce manque de fixation mémorielle peut surprendre dans le cas des œuvres dites réalistes. Qu'on songe seulement à l'une des plus fameuses, *Le Père Goriot*. La topographie qui l'ouvre est livrée dans une perspective en approche : Paris, la vallée, le quartier, la rue, la pension. Le narrateur s'attarde sur le quartier, mais non sur la rue Neuve-Sainte-Geneviève dont l'intérêt est de mener à la pension Vauquer qui, elle, va requérir toute son attention. La rue vaut ici par sa couleur, le narrateur la qualifiant de « cadre de bronze, le seul qui convienne à ce récit [...][1] ». Ce propos comme cet incipit anthologique invitent à ne pas séparer la rue de l'ensemble où elle est prise, ce quartier avec lequel elle entretient de subtils échanges. La leçon vaudrait sans doute pour tout le roman réaliste-naturaliste du XIXe siècle, et au-delà. Nous allons en faire l'expérience avec un autre chef-d'œuvre du siècle, *L'Assommoir* de Zola, que nous retenons pour la raison qu'il a imposé et le quartier et la rue portant significativement le même nom. Cette rue, c'est celle de la Goutte-d'Or, à jamais entrée en mémoire scolaire, visuelle (grâce au cinéma), nationale, devenue quasi patrimoniale. Encore aujourd'hui, elle nous semble emplie d'enseignements.

---

1 Balzac, *Le Père Goriot*, in *La Comédie humaine*, t. III, Paris, Gallimard, Bibl. de la Pléiade, 1976, p. 51.

L'INVENTION DU LIEU

Comment les écrivains inventent-ils les lieux ? Comment dans l'infini de l'étendue s'y prennent-ils pour découper une portion d'espace qui servira de support à la fiction ? Ce sont de vastes questions. S'en tenant au cas zolien, on soulignera que l'opération de découpage est surdéterminée. Dès 1868, en amont même des *Rougon-Macquart*, Zola a conçu de distribuer la représentation de la société contemporaine en « mondes » – il y en a quatre, plus « un monde à part ». Dans le cycle programmé une place est réservée dès le début au monde ouvrier, monde qui se trouvera dédoublé : l'ouvrier des faubourgs (ce sera *L'Assommoir*), l'ouvrier de la grande industrie (ce sera *Germinal*), deux romans, notons-le, fortement territorialisés. Pour la portion d'espace parisien retenue dans *L'Assommoir*, plusieurs raisons ont joué. D'abord, la raison biographique : Zola a bien connu le quartier et le fréquente en voisin. L'autre raison tient au caractère marginal du faubourg qu'a souligné Colette Becker : en marge de la ville, à laquelle il n'est intégré qu'en 1859 (l'intrigue commence en 1850), en marge aussi de la politique et de la culture[2]. Il est situé à un croisement : celui de la rue des Poissonniers et des Boulevards, c'est-à-dire de deux axes bien différenciés, l'un menant de la barrière des Poissonniers aux Halles, le ventre de Paris, l'autre conduisant aux cafés, restaurants, hôtels particuliers des beaux quartiers, de sorte que dans cette topographie est déjà inscrite l'opposition travail-loisir.

Olivier Lumbroso qui s'est intéressé de près aux dessins de Zola a souligné la signification symbolique de cet agencement de quatre directions, sorte de carrefour archétypal[3] où vont se rencontrer le bien et le mal, le vice et la vertu. Il y a un sujet d'étonnement : sur le croquis ne figure pas la bâtisse qui est pourtant le lieu central du roman, puisque c'est là que Gervaise installe sa blanchisserie. Entourée de différents bâtiments, la cour commune – en forme de « ring » qui aurait pu abriter un duel formidable – fait l'objet d'un croquis à part. Or, comme pour forcer la clôture de cet espace, Zola ajoute après coup sur le plan

2 Colette Becker, *Émile Zola L'Assommoir*, Paris, PUF, « Études littéraires », 1994, p. 51-62.

3 Dans *L'Invention des lieux*, Paris, Éditions Textuel, 2002, p. 377-387, vol. 3 des *Manuscrits et les dessins de Zola : Notes préparatoires et dessins des Rougon-Macquart*, édition établie et commentée par Olivier Lumbroso et Henri Mitterand.

un certain nombre d'ouvertures, de portes qui autorisent une forme de voyeurisme et par conséquent, relève Lumbroso, un « brouillage des seuils[4] » – brouillage dans lequel peut se lire le destin malheureux de l'héroïne échouant à avoir « un coin à soi ». Comme le destin de Gervaise s'inscrit dans l'espace, il faut indiquer que la bâtisse ouvrière donnant sur la rue de la Goutte d'or est décrite à trois reprises, au chapitre II (la découverte), au chapitre V (l'installation), au chapitre X (la déchéance). Le passage du chapitre V que je retiens est donc intermédiaire et il nous installe, en même temps que le personnage, à la jonction exacte du quartier et de la rue. D'une microlecture, on peut espérer qu'elle nous donne la raison d'être (le mode d'articulation, le secret) de cette jointure.

D'abord le quartier. Pourquoi ? Parce qu'il constitue l'unité englobante et que Zola commence par lui. Les pages qui précèdent immédiatement notre passage (comme d'ailleurs celle qui le suit) lui donnent corps, volume et voix. Actant collectif, il est aussi et surtout émetteur, transmetteur de sons, voix, potins, ragots qui enveloppent l'héroïne et sa boutique et vont enserrer son destin. Avant même d'être observatoire, il est lieu-parloir, auditorium en plein air qui résonne du chant des ouvriers (ceux qui ont repeint à neuf la boutique de Gervaise) mais également des voix jalouses, celle notamment de la belle-sœur de Gervaise : « Ah bien ! criait Mme Lorilleux dans toute la rue de la Goutte-d'Or, mon imbécile de frère en voit de drôles[5] !… ». Néanmoins, à ce stade initial, malgré cette fausse note, c'est la voix bienveillante du quartier qui l'emporte. « Le coin à soi » dont rêve Gervaise a non seulement pris forme – celle du rectangle figurant la boutique sur le croquis de Zola – mais au-delà, c'est la rue tout entière de la Goutte d'or, sur laquelle donne vue le personnage, qui est prise dans sa perception euphorique. Il y a un bonheur du seuil que Zola s'attache à dire avec une qualité d'attention qui tient au dispositif topographique inventé et à l'être, charnel autant que social, auquel est imputée la vision, à savoir la blanchisseuse nouvellement établie dans cette rue, une rue prise dans un quartier qui forme un petit monde en soi.

Le passage en question ou presque (on verra l'importance de la nuance) pourrait être considéré comme le développement de sa troisième phrase : « La rue de la Goutte-d'Or lui appartenait, et les rues voisines, et le

4 *Ibid.*, p. 380.

5 Zola, *L'Assommoir*, Paris, G. Charpentier, 1877, p. 167. L'ensemble du passage en question est cité en annexe.

quartier tout entier » avec sa double hyperbate qui dit le mouvement d'expansion. Celui-ci est la réciproque du mouvement relevé précédemment : de même que le quartier exerce une forme d'emprise sur le personnage, celui-ci le connaît et le domine. À travers les possessifs (« ses trois mètres de ruisseau, devant sa boutique ») se marquent cette puissance et la juste fierté de la boutiquière. Expérience topophile eût dit Bachelard, clairement exprimée dans le texte : « Gervaise aimait la rue [...] » Amour qui, si on ose dire, lui est bien rendu.

Cette pause quasi contemplative où momentanément Gervaise, adossée à sa boutique, s'abandonne au *farniente*, corrige sensiblement le terme d'école qui vient à l'esprit et que Zola a employé dans sa célèbre préface, celui de « milieu », automatiquement corrélé à celui d'influence[6]. Mais ce terme de doctrine, chargé de pensée déterministe, empêche précisément de voir ce qu'une écriture expérimentale, au bon sens du terme, met en œuvre. À savoir l'intentionnalité propre au sujet percevant : un sujet rigoureusement situé et manifesté dans sa réalité posturale et sexuée – c'est une femme qui observe et non un homme ou un observateur asexué. À Gervaise sont rapportées toutes les impressions : visuelles, auditives, coenesthésiques – ainsi par exemple c'est le corps tout entier qui enregistre les « cahots des camions ». Ce corps est nettement indexé qui est momentanément soustrait au rythme machinique de l'atelier et s'ouvre au dehors, en une posture fixée, croquée, au tout début d'une longue phrase : « Quand elle allongeait la tête, en camisole blanche, les bras nus, ses cheveux blonds envolés dans le feu du travail [...] ». Ces bras nus, ces cheveux envolés, cette camisole blanche n'échappent pas à un regard genré, possiblement curieux et voyeuriste qui est aussi bien celui des passants que celui du narrateur. C'est aussi celui de Degas dans ses tableaux qui ont pour sujet la blanchisseuse, mais la blanchisseuse au travail saisie dans l'effort produit et dans un cadrage serré, en intérieur et non dans la rue.

L'intentionnalité est affaire de conscience thétique – celle-là même de Gervaise qui promène son regard, déplace son attention, la fixe sur tel ou tel objet : « Puis, elle s'intéressait à la rue [...] » ; « Mais Gervaise, avant de rentrer, donnait toujours un coup d'œil, en face d'elle, à un grand mur blanc [...] ». Regard méthodique celui de la troisième phrase, cadencée par ses repères (« à gauche », « à droite ») et distribuant les impressions

---

6 « J'ai voulu peindre la déchéance fatale d'une famille ouvrière, dans le milieu empesté de nos faubourgs » (Préface).

tirées des deux côtés de la rue comme si Zola avait voulu affecter aux deux extrémités les pôles contraires, celui du calme provincial et celui du Paris populeux. Ce regard rapide de connaisseur fait penser à celui du peintre, peintre de plein-air en l'occurrence, qui aurait posé son chevalet là, en un point précis de l'espace pour « prendre » ensemble les deux visages de la rue. Regard aussi du promeneur effectuant ses repérages que fut Zola lui-même. Il est tentant ici de se reporter aux *Carnets d'enquête* et de vérifier la grande proximité avec les notes prises sur le vif ; il existe une différence sensible cependant[7]. Les notes du Carnet sont celles d'un promeneur qui a longé les rues, ses boutiques, emprunté ses trottoirs, entrevu en passant des intérieurs – autant de vues que Gervaise, elle, saisit depuis son seuil. Parfois à la limite du vraisemblable, même si elle est l'autochtone (à la différence de l'écrivain en repérage) et qu'à ce titre elle peut être créditée d'un savoir intime des lieux – ici, je pense à ces « angles de comptoir, où des chats superbes et tranquilles ronronnaient ». Les objets de la vue sont, pour l'essentiel, les mêmes dans le carnet et dans la fiction et on les voit transiter sans heurt de l'un à l'autre, mais ils sont autrement aspectualisés et certains, comme les chats précisément, sont subtilement déplacés[8]. À travers Gervaise sur son seuil, capable de « prendre d'un trait » l'ensemble divers et coloré de la rue, Zola réalise sans doute un rêve pictural, celui de la représentation simultanée d'un « coin de nature » (pour parler comme lui) quand l'écriture, elle, reste vouée à la successivité.

Cette déficience de l'écrit qui fait jalouser les arts de la vue (peinture, photographie, plus tard cinéma) se trouve rédimée par le fait que la représentation, au moyen du langage (notamment celui du roman), dispose de grandes ressources sémiotiques. En particulier l'aspectualisation de l'espace par le personnage, c'est-à-dire un être situé, sensible, fait de chair. Ce n'est pas par hasard que les sémioticiens ont, assez récemment, distingué cette dernière catégorie[9]. Par ailleurs, si l'on se tourne du côté de la chose vue ou plus généralement perçue, qui ne voit que la rue est un objet sémiotique en soi et un concentré de signes ? Essayons de les sérier.

---

7 Émile Zola, *Carnets d'enquête*. Une ethnographie inédite de la France, présentation d'Henri Mitterand, Paris, Plon, « Terre humaine », 1986, p. 415-437.

8 Dans *Les Carnets (ibid.*, p. 421), Zola note : « Des chats accroupis et ronronnant sur les portes ».

9 Jacques Fontanille, *Corps et sens*, Paris, PUF, « Formes sémiotiques », 2011.

SÉMIOTIQUE DE LA RUE

En abordant, à l'exemple de Zola, la rue dans le quartier, nous avons déjà rencontré une première série capitale, les signes sonores. Ils ont la propriété de déborder, de s'étendre au-delà d'une « source », humaine (comme la médisante Mme Lorilleux) ou non. Dans notre passage, les sons humains reculent à l'arrière-plan, remplacés par des sons techniques : vacarme des voitures, « piétinement de foule », « cahots des camions dans les trous », enfin l'enclume de la maréchalerie avec son « vacarme cadencé ». Il est significatif que la clausule de ce long paragraphe soit un signe sonore, répercuté dans tout le corps du sujet percevant. En quoi se vérifie la proposition de base d'une sémiotique des sons, à savoir qu'autour de n'importe quel son (humain, naturel, artisanal) se crée ce que Jacques Fontanille nomme une « bulle sonore[10] » élastique, ayant son répondant dans un sujet qui réagit, c'est-à-dire dans l'enveloppe sensorielle d'un corps, plus ou moins éloigné d'elle. Du coup, tout phénomène d'écoute (plus ou moins attentive) peut être décrit comme mise en tension de deux actants, entre le sujet sensible et la source sonore. Et Zola est un remarquable preneur de sons.

Il nous faut ici isoler une seconde série de signes en nous avisant simplement que toute rue (c'est vrai, avec des degrés, de tout lieu) implique une pratique, des usagers, qu'ils soient habitants ou simples passants, réguliers ou occasionnels. Parmi les rites de la vie quotidienne, pour reprendre la formule du sociologue canadien Erving Goffman, un sort spécial serait à réserver à ceux qu'abrite la rue conçue comme théâtre interactionnel. Or, Zola ne manque pas de les inscrire en relevant ce que Goffman appelle « les signes du lien[11] », qui ne sont pas nécessairement verbaux : « le petit signe de tête affectueux » que Gervaise échange avec les amis, le salut rendu par la charbonnière. À propos de celle-ci affleure un jugement (« […] fainéantant à rire avec des hommes, adossée contre sa devanture […] ») : est-il de Gervaise, l'honnête blanchisseuse, ou du

10 Jacques Fontanille, « Une sémiotique du son ? Remarques sur la constitution d'un plan d'immanence », *Actes Sémiotiques* [En ligne], 113, 2010, consulté le 26/09/2020, URL : https://www.unilim.fr/actes-semiotiques/2823, DOI : 10.25965/as.2823.

11 Erving Goffman, *La Mise en scène de la vie quotidienne*, t. 2. *Les Relations en public*, Paris, Éd. de Minuit, 1973, p. 181-191.

narrateur reprenant la voix critique du quartier ? Car la vie quotidienne et sa mise en scène sont sous-tendues de normes, explicites ou non, comme celles portant, spécialement pour les femmes, sur la tenue ou sur la coexistence des deux sexes dans ce qui ne s'appelle pas encore « l'espace public », ce qui donne encore aujourd'hui lieu à toutes sortes de considérations d'ordre culturel et moral[12]. Au comportement libre, relâché de Mme Vigouroux (la bien nommée) le narrateur oppose la réserve de Mmes Cudorge, la mère et la fille (malicieusement nommées elles aussi) qui font le choix de l'invisibilité, mère et fille intouchables ou saintes-nitouches.

Une troisième série consiste dans les inscriptions qui se donnent à lire. Une rue, *a fortiori* une rue commerçante adresse un certain nombre de messages écrits aux usagers, à travers une signalétique propre qui est une langue en soi. Au passage, c'est la version forte du « réalisme » puisque le langage imite ici du langage. Zola reproduit donc des inscriptions qu'il a enregistrées au cours de ses repérages – ainsi de l'enseigne *Maréchalerie* faisant face à la boutique de Gervaise qui est bien consignée dans les carnets. Celle de la blanchisserie ne peut être aperçue ici puisqu'elle se trouve dans le dos du personnage. Mais il nous a été donné de la voir et de la lire un peu plus haut à travers le regard de Gervaise opportunément placée de l'autre côté de la rue, en face de sa boutique donc. Et Gervaise s'en émerveillait :

> De loin, au milieu de la file noire des autres devantures, sa boutique lui apparaissait toute claire, d'une gaieté neuve, avec son enseigne bleu tendre, où les mots : *Blanchisseuse de fin*, étaient peints en grandes lettres jaunes[13].

De même que la boutique se distingue sur un fond sombre, les lettres jaunes se détachent sur le bleu de l'enseigne, cependant que l'italique recommande les mots eux-mêmes. C'est une forme de distinction qui détonne dans ce faubourg pauvre. À cette inscription fictionnelle, le texte donne une contrepartie qui est, toujours en italique, le nom *Maréchalerie* : désignation ne portant la marque d'aucun sujet, à la différence du terme « blanchisseuse » qui dit l'agent et le féminin, pour une réalité brute, l'atelier du maréchal-ferrant. Face à face hautement significatif du travail viril opérant sur le fer et du métier féminin qui blanchit et apprête le

12 Pensons aux débats actuels sur le harcèlement de rue.

13 *L'Assommoir*, *op. cit.*, p. 165.

linge, c'est-à-dire la matière qui revêt les corps. À cet endroit précis, refaisons le détour par les *Carnets d'enquêtes* où Zola a consigné ceci :

> En face de la maison, il y a une maréchalerie ; grand mur gris, sans fenêtre ; une porte béante, au milieu, montre une cour pleine de charrettes et carrioles, les brancards en l'air ; il y a aussi une forge, on entend le ronflement du soufflet et l'on voit la lueur du fourneau. Sur le mur, des fers à cheval peints en noir, en éventail[14].

On voit que le texte du roman suit de très près la notation première, à un détail près, celui de la couleur du mur, qui de gris qu'il était est devenu blanc. Pour accuser le contraste et donner un pendant à la blancheur de la blanchisserie. Or, dans tout ce chapitre 5, Zola accorde une grande importance au constituant chromatique en jouant de l'opposition du blanc et du noir, couleur dont nous trouvons trois occurrences dans notre passage, dont une récapitulative – « misère noire de la rue ». Mais il y a aussi le bleu des cottes et blouses d'ouvriers suspendues devant la bonneterie, la devanture lie-de-vin de la charbonnière, la note rouge vermillon sur la porte de la boutique de parapluies et l'incendie d'étincelles de la forge. Évidemment, on reconnaît là l'intention artistique, l'écrivain jouant des oppositions de tons comme le ferait un peintre. Mais voyons-y autre chose encore : le dépassement de la chose vue puisque le texte, certes mimétique, se constitue selon ses propres lois. C'est ainsi que le code chromatique trame sa propre ligne de signification, à l'image du ruisseau coloré qui traverse la rue par le milieu et auquel Gervaise s'attache passionnément (« un fleuve étrange et vivant, dont la teinturerie de la maison colorait les eaux des caprices les plus tendres, au milieu de la boue noire »). La simple mention dénotative du carnet (« [...], un atelier de teinturerie, avec des eaux de couleur qui coulent[15] ») va devenir fil directeur du roman. Ce sont ces mêmes eaux que Gervaise a enjambées le jour de la location, et elles étaient ce jour-là d'un vert pomme dans lequel elle a vu « un heureux présage[16] ». Ainsi, non seulement Zola fait varier la couleur selon la possibilité – déjà stylistique – qu'offre de fait le référent teinturerie, mais il projette aussi dans ce ruisseau central des significations affectives et destinales qui dépassent la localité, valent

14 Zola, *Carnets d'enquêtes*, *op. cit.*, p. 420-421.
15 *Ibid.*, p. 420.
16 *L'Assommoir*, *op. cit.*, p. 161.

pour le personnage et pour ceux de sa condition. Là encore, on peut apprécier le travail de mise en signes appliqué au fait urbain de la rue, cette rue précise de la Goutte-d'Or qui est déjà en elle-même un réservoir de signes que la sémiosis littéraire distribue, oriente, organise à l'image de ce face à face voulu de la maréchalerie et de la blanchisserie de fin.

LA RUE DANS LE DISCOURS DU ROMAN

On peut s'étonner de la faculté qu'ont quelques lignes d'un auteur (certes, pas n'importe lequel) et une topographie romanesque d'éclairer sensiblement une donnée urbaine et de rétroagir sur la définition même de ce qu'est une rue. En effet, nous pouvons mesurer l'écart qui existe entre la définition en langue de la rue et celle qu'articule le discours du roman. À l'article « rue » le dictionnaire dit ceci : « chemin bordé de murailles dans une ville, un bourg » (*Littré*). En croisant cette définition avec l'extrait de *L'Assommoir*, il nous paraît que trois propriétés de la rue pourraient être dégagées, qui formeraient une définition en compréhension.

Nommons rapidement la première propriété car nous l'avons déjà suffisamment établie : la rue est un tracé orienté, plus ou moins long, qui relie deux points de l'espace. Elle s'embranche (sauf pour l'impasse) sur d'autres voies, lesquelles peuvent former un quartier, quartier que le *T.L.F* définit comme « la partie d'une ville ayant une physionomie propre ». Ce tracé orienté appelle le parcours, celui de la marche (comme pour Zola en repérage ou les passants de la fiction) aussi bien que du regard, comme pour Gervaise en position fixe mais parcourant la rue d'une extrémité à l'autre et conjoignant ses deux pôles opposés. Cette tensivité inscrite dans le référent rue est de nature à retenir un écrivain, c'est-à-dire un producteur de signification – laquelle tient précisément au phénomène différentiel suivant une des grandes leçons de la linguistique structurale.

Une seconde propriété, moins évidente, serait la volumétrie. La rue peut se définir en effet par un certain volume du fait qu'une certaine quantité d'espace se trouve contenue entre ses côtés et une base. À ce titre, quoique ouverte sur les côtés, elle est une espèce de contenant. Il nous faut voir en effet que toute rue comporte une base et une partie haute architecturalement délimitée par la taille des bâtiments – et on sait que celle-ci est en principe réglementée[17]. Nous sommes presque toujours sensibles à cette base solide et à la nature du sol sur lequel nous marchons et à la partie même de la rue empruntée, voie ou trottoir ; le texte de Zola aussi qui note les « minces trottoirs, interrompus par des cailloutis en pente raide ». Ce bas s'impose de plusieurs façons : tactile, par le contact, auditive (ces sont les cahots dans les trous du gros pavé bossué) et, bien sûr visuelle, avec cette fixation quasi fétichiste sur le ruisseau de couleur. Celui-ci coule au creux du pavé et cette déclivité est une propriété oubliée de la rue d'autrefois (avant le tout-à-l'égoût souterrain,) restée dans l'expression « tenir le haut du pavé ». La métamorphose du ruisseau utilitaire en « large fleuve » n'en est que plus remarquable. C'est comme si la rue ouvrière, naturalisée, se trouvait anoblie. Ce fleuve qui coule au pôle bas a son correspondant au pôle haut, qui est présupposé, quand bien même il ne serait pas nommé. On ne le voit guère mais il n'échappe pas à l'attention de Gervaise dans ce regard expert et synthétique que nous avons déjà relevé : « [...] pour prendre d'un trait les passants, les maisons, le pavé et le ciel ». Ces derniers mots dessinent l'empan vertical du regard de Gervaise et le volume véritable de la rue, entre ces deux extrémités, aussi importantes que les deux autres sur l'axe horizontal. Ce ciel est une composante essentielle du paysage, y compris urbain. Les peintres et les photographes le savent bien qui le cadrent selon les codes de leur art et du moment, les poètes aussi qui en font grand cas – pensons à Baudelaire et aujourd'hui à un Jacques Réda, notamment celui des *Ruines de Paris* (recueil empli de cieux).

Revenons au pôle bas pour la troisième propriété de la rue qui pourrait nous échapper tant nous sommes habitués à nous la représenter dans le sens de la longueur. Or bien sûr, celle-ci possède une largeur et se trouve donc délimitée par un double tracé, que manifestent les croquis. Ce n'est pas sans conséquence dans la réalité urbaine, effective ou représentée. Nous savons qu'une même rue peut présenter deux visages, selon le côté envisagé et c'est la raison pour laquelle nous préférons parfois emprunter le trottoir de droite plutôt que de gauche, ou inversement (parce qu'il est ensoleillé,

17 Ici il faut renvoyer au précieux livre de François Loyer, *Paris XIXe siècle. L'immeuble et la rue*, Paris, Fernand Hazan, 1997.

moins fréquenté, plus beau, etc.). On a vu l'intérêt qu'il y a pour le romancier à installer Gervaise sur le seuil et quels effets il tire du dispositif : d'une part, face à face du descripteur et du décrit, d'autre part, mise en parallèle des deux visages de la rue. Car cette rue de la Goutte-d'Or est biface.

Parmi les traits portés à l'expression, il y a le discontinu que le tracé du plan ne transcrit pas mais que le texte du roman note : le trottoir est inégal, les façades varient en raison de leur âge, aspect, couleurs, textures, etc. Là encore, le romancier est sensible au grain de l'espace, à ces différences qui, pour la plupart en provenance de l'expérience, sont distribuées, accentuées par lui dans telle ou telle intention de sens. Autre fait essentiel : le tracé impose l'idée d'un espace à deux dimensions ; or il faut ajouter la troisième dimension de la profondeur. La frontalité que retient la définition du dictionnaire (« chemin bordé de murailles ») n'est pas complète fermeture. Autrement dit, les murailles, les façades, les devantures, vitrines laissent parfois pénétrer le regard – et l'on sait l'importance capitale de la fenêtre en tant qu'opérateur de la vision pour le projet réaliste tout entier et pour Zola en particulier[18]. Ici, il n'est pas question de fenêtres, mais sont procurées quelques vues du dedans, comme ces « angles de comptoir » aperçus par Gervaise, ce qui nous fait dire que la représentation de Zola autorise un jeu de la profondeur variable.

C'est le moment de revenir au mur blanc que Zola n'a pas retenu par hasard. Celui-ci « percé d'une immense porte », ouvre sur un désordre mais aussi sur une profondeur mal connue, anonyme, quelque peu mythique, animée par quelque Vulcain puissant mais invisible. Il constitue un mystère pour le personnage et une « zone d'incertitude » pour le lecteur dirait Wolfgang Iser[19]. Ce n'est pas non plus par hasard que, suivant l'opposition du petit et du grand, tout en bas de ce mur prend place une minuscule boutique d'horloger. Comme si, à l'invitation de la véritable rue qui contenait cette boutique[20], Zola s'était livré à un jeu manipulatoire, faisant varier l'échelle comme il a fait varier la couleur. Ce n'est pas qu'un jeu car cela permet de complexifier la représentation. L'air de rien, un propos idéologique se tient qui emprunte le dispositif topographique. D'un

18 Voir notamment Philippe Hamon, *Introduction à l'analyse du descriptif*, Paris, Hachette, 1981.

19 Wolfgang Iser, *L'Acte de lecture. Théorie de l'effet esthétique*, Bruxelles, Mardaga, 1976 pour la trad. fr.

20 Avec ce commentaire entre parenthèses de Zola : « l'image de la fragilité au milieu du vacarme et des secousses de la rue populacière », *Carnets d'enquêtes*, *op. cit.*, p. 421.

même côté de la rue sont projetés deux formes de travail : l'ouvrage brut, machinique et bruyant, l'ouvrage artisanal, propre, délicat du « monsieur en redingote » dans sa boîte ou armoire musicale. De l'autre côté de la rue où se tient le personnage porte-regard, la boutique de Gervaise qui manifeste de justes prétentions à la finesse. Et n'oublions pas que dans le dos de Gervaise, la boutique s'encastre à son tour dans un ensemble, la grande maison ouvrière qui constitue elle aussi, à l'instar de son vis-à-vis, une autre enclave profonde derrière le tracé. On peut rêver à la place de l'écrivain dans cet ensemble, comme professionnel.

Nous n'avons rien dit du syntagme la Goutte-d'Or. Si la couleur or semble tout à fait absente du quartier, le toponyme, lui, garde la mémoire des vignes qui jadis se cultivaient sur ces hauteurs. D'une certaine manière, pour la population du faubourg, le souvenir en est conservé dans les nombreux caboulots et notamment dans l'assommoir du père Colombe renfermant l'alambic hautement symbolique que Zola a stratégiquement situé sur le croquis à l'angle exact du boulevard des Poissonniers. En raison de la faible distance qui les sépare dans l'espace, nous pouvons peut-être risquer une analogie entre l'appareil, cet alambic anthologique qui impressionne fortement, et la rue de Gervaise. Si on la contemple à travers le regard et tout le corps de l'héroïne, elle paraît, avec ses angles et ses trous, sans fin et sans fond, complexe, contenant plusieurs mondes, des charmes et des pièges. Contre les simplifications scolaires sur la notion de milieu, contre les apparences et même contre le croquis de l'auteur, cette rue, on oserait la dire alambiquée.

L'Assommoir (chap. V)

> Au milieu de ces cancans, Gervaise, tranquille, souriante, sur le seuil de sa boutique, saluait les amis d'un petit signe de tête affectueux. Elle se plaisait à venir là, une minute, entre deux coups de fer, pour rire à la rue, avec le gonflement de vanité d'une commerçante, qui a un bout de trottoir à elle. La rue de la Goutte-d'Or lui appartenait, et les rues voisines, et le quartier tout entier. Quand elle allongeait la tête, en camisole blanche, les bras nus, ses cheveux blonds envolés dans le feu du travail, elle jetait un regard à gauche, un regard à droite, aux deux bouts, pour prendre d'un trait les passants, les maisons, le pavé et le ciel : à gauche, la rue de la Goutte-d'Or s'enfonçait, paisible, déserte, dans un coin de province, où les femmes causaient bas sur les portes ; à droite, à quelques pas, la rue des Poissonniers mettait un vacarme de voitures, un continuel piétinement de foule, qui refluait et faisait de ce bout un carrefour de cohue populaire. Gervaise aimait la rue, les cahots des camions dans les trous du gros pavé bossué, les bousculades des gens le long

des minces trottoirs, interrompus par des cailloutis en pente raide ; ses trois mètres de ruisseau, devant sa boutique, prenaient une importance énorme, un fleuve large, qu'elle voulait très propre, un fleuve étrange et vivant, dont la teinturerie de la maison colorait les eaux des caprices les plus tendres, au milieu de la boue noire. Puis, elle s'intéressait à des magasins, une vaste épicerie avec un étalage de fruits secs garanti par des filets à petites mailles, une lingerie et une bonneterie d'ouvriers, balançant au moindre souffle des cottes et des blouses bleues, pendues les jambes et les bras écartés. Chez la fruitière, chez la tripière, elle apercevait des angles de comptoir, où des chats superbes et tranquilles ronronnaient. Sa voisine, Mme Vigouroux, la charbonnière, lui rendait son salut, une petite femme grasse, la face noire, les yeux luisants, fainéantant à rire avec des hommes, adossée contre sa devanture, que des bûches peintes sur un fond lie-de-vin décoraient d'un dessin compliqué de chalet rustique. Mmes Cudorge, la mère et la fille, ses autres voisines qui tenaient la boutique de parapluies, ne se montraient jamais, leur vitrine assombrie, la porte close, ornée de petites ombrelles de zinc enduites d'une épaisse couche de vermillon vif. Mais Gervaise, avant de rentrer, donnait toujours un coup d'œil en face d'elle, à un grand mur blanc, sans une fenêtre, percé d'une immense porte cochère, par laquelle on voyait le flamboiement d'une forge, dans une cour encombrée de charrettes et de carrioles, les brancards en l'air. Sur le mur, le mot *Maréchalerie*, était écrit en grandes lettres, encadré d'un éventail de fers à cheval. Toute la journée, les marteaux sonnaient sur l'enclume, des incendies d'étincelles éclairaient l'ombre blafarde de la cour. Et, au bas de ce mur, au fond d'un trou, grand comme une armoire, entre une marchande de ferraille et une marchande de pommes de terre frites, il y avait un horloger, un monsieur en redingote, l'air propre, qui fouillait continuellement des montres avec des outils mignons, devant un établi où des choses délicates dormaient sous des verres ; tandis que, derrière lui, les balanciers de deux ou trois douzaines de coucous tout petits battaient à la fois, dans la misère noire de la rue et le vacarme cadencé de la maréchalerie[21].

21 *L'Assommoir*, Paris, G. Charpentier, 1877, p. 170-172.

INCURSIONS EN FORÊTS

Ces incursions ont leur point de départ dans deux lectures. D'une part, celle de l'essai publié par Robert Harrison sous le titre *Forêts : Essai sur l'imaginaire occidental*[1] qui porte sur l'histoire réelle et imaginaire de la forêt ; d'autre part, celle de l'écrit de Baudelaire sur « Le paysage » dans le *Salon de 1859*. Deux textes qui engagent à réfléchir sur la relation pouvant exister entre le lieu proprement dit et la question de sa représentation artistique. C'est celle-là même que pose Baudelaire au tout début de son article.

> Si tel assemblage d'arbres, de montagnes, d'eaux et de maisons, que nous appelons un paysage, est beau, ce n'est pas par lui-même, mais par moi, par ma grâce propre, par l'idée ou le sentiment que j'y attache. C'est dire suffisamment, je pense, que tout paysagiste qui ne sait pas traduire un sentiment par un assemblage de matière végétale ou minérale n'est pas un artiste[2].

Baudelaire s'en prend ici au « culte niais de la nature, non épurée, non expliquée par l'imagination[3] » et aux paysagistes comme à des praticiens, habiles souvent, parfois talentueux, qui composent des études plutôt que des tableaux. La question posée (« mais pourquoi l'imagination fuit-elle l'atelier du paysagiste[4] ? ») est surtout l'expression d'un regret – celui du paysage romantique notamment – cependant qu'elle ouvre la possibilité d'un paysage qui se fierait moins à l'observation directe et à la mémoire qu'à l'imagination. Si l'on se reporte à la fin de ce salon, on voit qu'il s'achève assez logiquement par un hommage à l'aquafortiste et graveur Charles Meryon qui s'est illustré dans le paysage urbain et à Victor Hugo, le poète-peintre. Baudelaire conclut son article par un vœu : « Je

1 Robert Harrison, *Forêts : Essai sur l'imaginaire occidental*, Paris, Flammarion, 1992 pour la trad. fr.

2 Charles Baudelaire, *Curiosités esthétiques L'Art romantique*, Paris, Bordas, « Classiques Garnier », 1990, p. 370.

3 *Ibid.*, p. 371.

4 *Ibid.*, p. 376.

désire être ramené vers les dioramas dont la magie brutale et énorme sait m'imposer une utile illusion[5] ». À cette formulation très personnelle on opposera l'impersonnelle extériorité telle qu'elle se fait sentir dans la première phrase énumérative : « tel assemblage d'arbres, de montagnes, … » Au risque de paraître le surestimer, on va s'appuyer sur le premier élément de cette énumération : « tel assemblage d'arbres ». On voit bien qu'il fonctionne comme un exemple (un x auquel pourrait se substituer un y) mais c'est le premier qui vient à l'esprit de Baudelaire au moment où il veut signifier l'indifférente brutalité de la nature, autrement dit, la nature moins l'imagination. Ce motif possède une contrepartie qui n'est pas explicitée en ce début d'article, mais le sera plus loin.

Le motif des arbres assemblés, spécialement dans sa version forte qui est la forêt, n'est pas quelconque. Il a depuis toujours partie liée avec l'imagination individuelle comme avec l'imaginaire collectif. À ce titre, il est significatif que Baudelaire, lorsqu'il met en cause un rapport littéral avec la nature, nomme précisément en premier une figure naturelle et un lieu qui ont une vocation symbolique marquée. Baudelaire poète est loin d'y être insensible puisqu'il l'emploie en un sens particulier qui est une façon d'accomplir le symbole dans les vers mémorables d'un sonnet résumant sa doctrine poétique et où l'homme « passe à travers des forêts de symboles / Qui l'observent avec des regards familiers ». Cependant, le motif en question poursuit sa carrière au-delà, au sein de l'esthétique qui se donne bientôt le nom de « naturalisme ». Mieux, il se trouve saisi par l'imagination de romanciers, et pas seulement dans des études ou ce qui en est l'équivalent en littérature, à savoir les descriptions, mais dans de véritables tableaux, de savantes compositions. Au sein du roman, arbres et forêts ne s'élèvent pas au hasard ; ils ne portent pas non plus une ombre quelconque sur ce qui les entoure et sur ce qui est raconté.

---

5 *Ibid.*, p. 381.

« TEL ASSEMBLAGE D'ARBRES »

C'est donc par cette formule que Baudelaire pose le paradigme pauvre du paysage. Ce faisant, il pense sans doute aux deux grandes traditions en Europe : celle des maîtres hollandais et l'école anglaise du paysage[6]. Il s'exprime surtout avec les exemples que mettent sous ses yeux les paysagistes contemporains. Parmi ceux-ci, il distingue notamment Charles Daubigny, Jean-François Millet, Jean-Baptiste Corot et Théodore Rousseau. Arrêtons-nous à ce dernier (l'un des fondateurs de l'École de Barbizon) car Baudelaire l'a déjà distingué dans son *Salon de 1846* alors que le peintre peinait à être reconnu. À cette heure, Baudelaire lui trouve quelques rapports avec Delacroix, avec les paysages de Rubens et de Rembrandt, juge sa couleur « magnifique », salue la « magie de ses tableaux ». Sa critique se conclut sur cette formule : « c'est un naturaliste entraîné vers l'idéal[7] ». Après avoir été refusé plusieurs fois au Salon officiel, Théodore Rousseau y est enfin récompensé en 1849 avec « Une avenue, Forêt de l'Isle-Adam », œuvre remarquable, notamment par la trouée de lumière au milieu d'arbres élancés qui forment le corps du tableau. Or, dix ans plus tard, le peintre n'est plus rattaché à de prestigieuses traditions et ne paraît plus remplir ce que Baudelaire nomme « les conditions du beau dans le paysage[8] ». La formule employée à l'ouverture de l'écrit du *Salon de 1859* peut donc s'appliquer à Rousseau, et notamment à tel tableau de lui qui s'y trouve commenté. Intitulé « Les Chênes », celui-ci représente en effet un « assemblage d'arbres » : pas un bois ni un bosquet mais, au milieu d'une clairière, plusieurs chênes offrant leur ombre à un troupeau de bêtes et à leur berger, qui font l'objet d'une étude que Baudelaire apprécie d'ailleurs en tant que telle. Ce tableau, en fait intitulé « Groupe de chênes, Apremont » fut présenté au salon de 1852 ; il est actuellement exposé au Louvre. Baudelaire, critique d'art, a donc affermi, durci son jugement à l'endroit du genre du paysage qui, selon lui, s'est appauvri. Significativement, on ne trouve

6 Sur l'importance de Turner, Constable et l'influence qu'aura Théodore Rousseau sur les peintres de la Royal Academy, on lira avec profit Kenneth Clark, *L'Art du paysage* [1949], Paris, arléa, 2010, chap. « La vision naturaliste », p. 115-146.

7 Charles Baudelaire, « Salon de 1846 », *Curiosités esthétiques L'Art romantique*, *op. cit.*, p. 184.

8 *Ibid.*, p. 184.

plus la classification à laquelle il avait procédé dans son précédent écrit en isolant par exemple le paysage historique, en distinguant la ligne ingriste de celle des coloristes. Du reste, le parti-pris à l'encontre de la nature végétale suffirait à éloigner Baudelaire d'un artiste comme Théodore Rousseau qui, lui, avait la religion de la nature, se qualifiait même d'« homme des forêts » et qui, écologiste avant l'heure, défendit ardemment la forêt de Fontainebleau quand celle-ci fut menacée[9]. Le poète des *Fleurs du mal*, quant à lui, préfère de beaucoup les ciels, le désert, les ruines, les paysages pittoresques ou sublimes.

> Nos paysagistes sont des animaux beaucoup trop herbivores. Ils ne se nourrissent pas volontiers des ruines, et sauf un petit nombre d'hommes tels que Fromentin, le ciel et le désert les épouvantent[10].

Il y aurait beaucoup à dire, notamment sur cette « tendance herbivore », sur la hiérarchie des genres en peinture comme sur l'intérêt qu'il y a pour le peintre à assembler des arbres, ou même à représenter tel arbre particulier. La formule de Baudelaire semble renvoyer à une sorte de degré zéro du paysage. L'assemblage en question est marqué par l'arbitraire ; plus que la composition, manque le mouvement que lui imprimerait l'imagination. Les arbres ne sont que des objets naturels, des objets-arbres donc. Délimités dans l'espace, et probablement dénombrables comme le sont d'ailleurs les chênes peints par Théodore Rousseau, auquel Baudelaire reproche précisément de ne retenir dans ses études qu'« un petit bout de nature » devenu « à ses yeux amoureux un tableau suffisant et parfait[11] ». On pourrait objecter qu'il ne s'agit pas véritablement de limite spatiale ou de nombre. Après tout, un seul arbre suffit à Victor Hugo, à la fin de *Bug Jargal*, pour retenir et susciter tout l'espace, sinon tout l'infini.

9 Karine Hugueneau nous fournit cette information intéressante : « La communion panthéiste que vivait Rousseau avec la nature s'exprima en 1852 à l'occasion d'une pétition qu'il envoya à Napoléon III par l'intermédiaire du duc de Morny. Il y protestait contre l'exploitation commerciale des arbres et des rochers de la forêt de Fontainebleau, notamment au Bas-Bréau près de sa maison à Barbizon, qualifiant de "carnage" et de "condamnation à mort" les abattages et réclamant la protection du site. Une étude de la forêt suivit la pétition de Rousseau et, en 1863, l'Empereur signait un décret réservant 1097 hectares "au plaisir exclusif du promeneur et de l'artiste", créant ainsi la première réserve naturelle dans la forêt de Fontainebleau. » (« Groupe de chênes, Apremont », consulté le 10/08/2020, URL : www.napoleon.org/histoire-des-2-empires/tableaux/groupe-de-chenes-apremont/).

10 *Ibid.*, p. 380.

11 *Ibid.*, p. 374.

Autant que la vue parcellaire, particularisante de la nature, ce qui est reproché aux paysages des paysagistes, c'est d'épuiser leur signification dans le domaine du visible, de manquer du prolongement d'un lointain, d'un horizon. Le grief accompagne le déclin du paysage idéal en peinture, déclin qui est à interpréter sur le fond plus vaste d'une histoire culturelle qui, au cours du XIXe siècle, a vu se modifier profondément le rapport de l'homme à la Nature ainsi que le régime de sa représentation. C'est cette histoire, culturelle et poétique, au long cours que suit Philippe Dufour dans *La Littérature des images*. Prenant acte du passage d'une littérature des Idées, d'esprit classique, à une littérature des Images qui se propose le monde sensible et y cherche Dieu au risque d'y perdre à la fin le sens religieux, le critique analyse un autre passage : des « grandes Images » à haute teneur symbolique aux « petites images », cultivées pour elles-mêmes, privées de sens et notamment de sens allégorique[12]. Il faudrait remonter plus loin qu'on ne le dit généralement et le Hugo pittoresque (celui des *Orientales* en particulier) serait déjà fautif, du moins si l'on en croit un critique traditionaliste comme Victor de Laprade dénonçant en 1861 « le réalisme outré des imitateurs de Victor Hugo qui suppriment la pensée au profit de l'image et réduisent la poésie à n'être plus qu'une impuissante écolière de la peinture[13] ». Baudelaire pourrait souscrire partiellement à ce grief, mais son jugement sur Hugo est bien différent, et plus juste.

La formule du *Salon de 1859* paraît renfermer une sorte de présupposé et renvoyer à un possible référent que l'on devine avant qu'il ne soit nommé. Ainsi, abordant un autre paysagiste, Auguste Clésinger, Baudelaire distingue de lui deux tableaux

> Ses deux paysages, *Isola Farnese* et *Castel Fusana*, sont d'un aspect pénétrant, d'une sévère et native mélancolie. Les eaux y sont plus lourdes et plus solennelles qu'ailleurs, la solitude plus silencieuse, les arbres eux-mêmes plus monumentaux[14].

Par ailleurs, un peu plus loin, lorsqu'il définit « le paysage des grandes villes, c'est-à-dire la collection des grandeurs et des beautés qui résultent d'une puissante agglomération d'hommes et de monuments[15] », les

12 Philippe Dufour, *La Littérature des images*, Genève, La Baconnière, 2016, p. 44 *et sqq.*

13 Victor de Laprade cité par Philippe Dufour, *ibid.*, p. 45.

14 *Ibid.*, p. 376.

15 *Ibid.*, p. 378.

termes employés peuvent évoquer le double naturel de la ville qu'est la forêt. Ce motif, retenu comme exemplaire et comme la contrepartie remarquable du degré zéro du paysage, semble alors concentrer ce qui fait défaut aux arbres assemblés des paysagistes commentés du *Salon de 1859*. À savoir : la grandeur voire l'excès, la profondeur, la sensation de l'invisible au lieu de la manie du visible, l'architectural au lieu du végétal, la complication au lieu du simple, l'apparition ou la vision au lieu de la description. Pour cette dernière alternative, nous la voyons mise en pratique dans le seul poème de Baudelaire qui soit nommé « Paysage », celui qui, ouvrant la section *Tableaux parisiens* des *Fleurs du mal*, oppose[16] aux toits de ville vus depuis une mansarde les « féeriques palais » bâtis par le poète qui, l'hiver venu, referme « portières et volets ».

La contrepartie du paysage naturaliste est donc à chercher ailleurs : en soi-même ou, s'il faut un support externe, dans les gravures de Méryon, ou dans le paysage romantique avec sa métaphysique propre de la nature et une conception du sublime qui, précisément, ébranle les cadres de la représentation, comme le démontre Yvon Le Scanff dans *Le Paysage romantique et l'expérience du sublime*[17]. S'agissant de littérature, on doit penser à celui que Baudelaire a qualifié, à la faveur d'un parallèle avec Delacroix, de « peintre en poésie[18] » dans son *Salon de 1846*, Victor Hugo. Ce dernier s'est plusieurs fois proposé le motif de la forêt, dans ses dessins, ses poèmes, ses récits de voyage et même ses romans – comment oublier un certain bois de Monfermeil ? On s'en tiendra ici à une seule figuration remarquable, en l'occurrence un poème des *Voix intérieures* qui est aussi hommage à un fameux graveur, « À Albert Dürer », poème qui, dans ce recueil, forme un diptyque avec le poème « À Virgile ». Son importance n'a pas échappé à la critique savante[19]. Dans ce poème, Hugo veut transmettre le frisson et l'effarement qui s'emparent du promeneur égaré en forêt.

16 Philippe Hamon voit de l'ironie dans le stéréotype du poète pauvre en sa mansarde comme dans « l'évocation des genres littéraires les plus conventionnels » dont l'églogue et l'idylle, cette dernière étant d'ailleurs pourvue d'une majuscule dans le poème. (*Puisque réalisme il y a*, Genève, La Baconnière, 2015, p. 61).

17 Yvon Le Scanff, *Le Paysage romantique et l'expérience du sublime*, Paris, Champ Vallon, 2007.

18 Parallèle qui est à l'avantage du peintre : « Trop matériel, trop attentif aux superficies de la nature, M. Victor Hugo est devenu un peintre en poésie ; Delacroix, toujours respectueux de son idéal, est souvent, à son insu, un poète en peinture. » *Salon de 1846*, in *Curiosités esthétiques L'Art romantique*, *op. cit.*, p. 116-117.

19 En particulier Jean Gaudon dans *Le Temps de la contemplation*, Paris, Flammarion, 1969, chap. « De Dürer à Piranèse », p. 76-88.

Dans les vieilles forêts où la sève à grands flots
Court du fût noir de l'aulne au tronc blanc des bouleaux
Bien des fois, n'est-ce pas ? à travers la clairière,
Pâle, effaré, n'osant regarder en arrière,
Tu t'es hâté, tremblant et d'un pas convulsif,
O mon maître Albert Dure, ô vieux peintre pensif[20] !

Ces premiers vers donnent idée de ce qu'est le paysage hugolien. Le regard visionnaire n'est pas en dehors de l'espace représenté, il est perdu dans l'épaisseur du milieu et y voit bientôt des « êtres inconnus » : faune, sylvain, Pan, chimères et géants. Le poème s'attache moins à décrire qu'à explorer le mystère d'un lieu qui brouille les frontières convenues entre l'animé et l'inanimé, le visible et l'invisible, le réel et le possible, et même l'ordre supposé entre sujet et objet du regard. Les « êtres inconnus » regardent en direction du promeneur qui, outre les impressions et suggestions morales, reçoit des quasi-messages :

J'ai senti, moi qu'échauffe une secrète flamme
Comme moi palpiter et vivre avec une âme
Et rire, et se parler dans l'ombre à demi-voix
Les chênes monstrueux qui remplissent les bois.

Avec cette forêt hideuse, on s'éloigne beaucoup de l'idylle et, comme l'observe Jean Gaudon, « la forêt de Dürer devient le négatif de celle de Virgile[21] ». On s'écarte aussi de la poésie délicate des « Chênes » de Théodore Rousseau pour se rapprocher des « confuses paroles » du sonnet des « Correspondances ».

FORÊTS DE SYMBOLES

Par sa formulation, Baudelaire évite les termes « bois » et « forêt » qui réfèreraient à des figures de lieux parlants pour l'imagination humaine. Or, parmi toutes les configurations naturelles, cet assemblage d'arbres est loin d'être indifférent. Pour la bonne raison qu'il s'inscrit dans une

20 Victor Hugo, *Les Voix intérieures* [1837], Paris, *Poésie*/Gallimard, 1990, p. 178.
21 *Le Temps de la contemplation*, *op. cit.*, p. 77.

histoire très longue, aussi ancienne que le monde et que ce discours sur le monde qu'est la littérature. Depuis les anciennes mythologies et le mythe de la forêt arcadienne qui abrita, nous dit Virgile dans son *Énéide*, « une race d'hommes sortis du tronc de chênes durs[22] » jusqu'au désert de la scène beckettienne où l'unique arbre évoque les forêts disparues de l'âge moderne.

Une chose frappe dans cette histoire imaginaire des forêts qui accompagne leur histoire réelle, c'est – à rebours du caractère pauvrement littéral dénoncé par Baudelaire – leur exceptionnelle capacité à s'attacher des significations, leur puissante vocation au symbole et à l'allégorie. L'étude de Robert Harrison s'intitule significativement *Essai sur l'imaginaire occidental*. L'auteur, en s'appuyant principalement sur les littératures européennes, y explore ces significations et ces régimes symboliques divers et parfois contradictoires. Les forêts apparaissent à travers le temps comme l'origine et la matrice de la civilisation, mais également comme l'ombre de la loi et, à ce titre, comme envers inquiétant ou miroir ironique de la civilisation. Elles sont aussi sanctuaires de la nature originelle où le chevalier du Moyen-Âge plonge et se ressource pour mieux défendre ensuite l'ordre social, allégorie du péché (la « *selva oscura* » de Dante) ou métaphore de l'erreur. La forêt est encore image de l'inconscient et des pulsions incontrôlées. Ainsi, Roland, le chevalier courtois devenu fou de jalousie, arrache les arbres et dévaste la forêt de Pétrarque, celle du « lyrisme privé » (R. Harrison). Mais elle est encore l'asile paisible des amoureux tel qu'il se rencontre dans le *Lucien Leuwe*n de Stendhal avec les épisodes au Chasseur vert.

On comprend mieux à la lecture de l'essai de Rober Harrison que la forêt, le paysage sylvestre, ne sauraient être seulement beaux « par ma grâce propre » pour reprendre l'expression de Baudelaire. S'agit-il d'ailleurs seulement du « beau » ? Les forêts plongent leurs racines dans l'imaginaire collectif et dans la mémoire culturelle. Avec le paysage de forêt (mais on pourrait en dire autant d'autres paysages), l'esthétique se complique d'enjeux idéologiques et anthropologiques. L'assemblage d'arbres est plus qu'un motif, même pour ceux qui se le proposent comme tel. Il a vocation symbolique et se prête admirablement, pour ne pas dire naturellement, à cet effort de décryptage qui consiste, suivant les termes de la poétique baudelairienne, à extraire de « toute la masse

22 Virgile, *Énéide* VIII.

suggestive éparpillée dans l'espace, la comparaison, la métaphore et l'allégorie[23] ». La conscience aiguë de cette vocation du poète fait que Baudelaire occupe une place particulière dans cette histoire imaginaire de la forêt. Chez lui, elle n'est pas un symbole parmi d'autres : Robert Harrison y voit « le symbole même du symbolisme[24] ». C'est déjà le cas chez Hugo, mais curieusement, ce n'est pas le peintre-poète, si « apte à se mettre en contact avec les forces de la vie universelle » et à « prendre sans cesse un bain de nature[25] » qui accomplit le symbolisme de la forêt, c'est l'auteur des *Fleurs du mal*. Dans les quelques vers de « Correspondances » qui ne constituent d'ailleurs pas un paysage.

Plutôt qu'au fameux sonnet, reportons-nous au poème « Obsession », poème qui exprime un des modes baudelairiens de la relation à la nature. Ce mode est l'obsession au sens premier d'encerclement, la nature assiégeant les sens et le cerveau du sujet. Le poème consiste en une série d'invocations adressées aux bois, à la mer, à la nuit. Citons son premier quatrain :

> Grands bois, vous m'effrayez comme des cathédrales ;
> Vous hurlez comme l'orgue ; et dans nos cœurs maudits,
> Chambres d'éternel deuil ou vibrent de vieux râles,
> Répondent les échos de vos *de profundis*.

Les premiers vers, avec l'adresse aux « grands bois », ouvrent un concert compliqué d'analogies. Dans la forêt-cathédrale[26] qui inspire respect et horreur, le bruit du vent évoque le son de l'orgue qui lui-même évoque le hurlement humain. Il s'établit une analogie, spatiale et acoustique, entre la nef et le cœur humain – malgré la disproportion, deux caisses de résonance –, entre la douleur ressassée et la rumeur insistante de la forêt qui finit par ressembler à une vaste prière pénitentielle. Le topos de la forêt-cathédrale reçoit une interprétation ou, si l'on veut, une orchestration particulière. Le poème ne relie pas seulement la nature à l'architecture, il relie la nature extérieure à la nature de l'homme et à sa psyché. Il réunit ce que la culture a séparé par des échos lointains

23 Baudelaire, *Salon de 1859*, *op. cit.*, p. 370.

24 Robert Harrison, *op. cit.*, p. 261.

25 Baudelaire, « Victor Hugo » [1861], in « Réflexions sur quelques-uns de mes contemporains », *Curiosités esthétiques L'Art romantique*, *op. cit.*, p. 734.

26 Cette équivalence est en quelque sorte établie depuis *Le Génie du christianisme* de Châteaubriand.

qui circulent « dans une ténébreuse et profonde unité ». Le premier quatrain d'« Obsession » met pour ainsi dire en pratique la doctrine de « Correspondances[27] ». Les forêts, préservant en elles la familiarité originelle, apparaissent comme le symbole des symboles. Dans le poème, elles observent l'homme « avec des regards familiers » ; ces regards provenant d'un fonds originaire ont la familiarité de l'origine, quand bien même cette dernière se perd dans un lointain confus.

On aura remarqué qu'au moment où elle s'accomplit comme symbole, la forêt disparaît pratiquement en tant que paysage. La Nature (avec majuscule) de « Correspondances » n'a pas vocation à la représentation naturaliste, ce qui nous ramène au *Salon de 1859* et au divorce du paysage et de l'imagination déploré par Baudelaire. Ici, on est tenté de mettre la chose en perspective. Il ne s'agit pas tellement de savoir si Baudelaire a tort ou raison et si l'histoire du paysage, aussi bien en peinture qu'en littérature, confirme ou infirme son point de vue. En revanche, on doit s'aviser que le second demi-siècle, spécialement à partir des années 1860-1870, est dominé par le roman, œuvre d'imagination par définition. Or dans celui-ci, en particulier dans sa version naturaliste, s'impose avec force la description.

FORÊTS DE ROMANS

La description, composante majeure du roman, fait courir un risque à ceux qui auraient un goût trop prononcé pour la nature. Le gardien de la doctrine, Zola lui-même, confesse ce péché d'école :

> La passion de la nature nous a souvent emportés, et nous avons donné de mauvais exemples, par nos exubérances, par nos griseries du grand air. [...] On rêve alors toutes sortes de choses folles, on écrit des œuvres où les ruisseaux se mettent à chanter, où les chênes causent entre eux, où les roches blanches soupirent comme des poitrines de femme à la chaleur de midi. Et ce sont des symphonies de feuillages, des rôles donnés aux brins d'herbe, des poèmes de clartés et de parfums. S'il y a une excuse possible à de tels écarts, c'est que

27 Sur le lien entre ces deux poèmes, voir Paul de Man, « Anthropomorphisme et trope dans la poésie lyrique », *Poétique* n° 62, avril 1985, p. 132-135.

> nous avons rêvé d'élargir l'humanité et que nous l'avons mise jusque dans les pierres des chemins[28].

Pour ces incursions en territoire romanesque, nous pouvons rester fidèles au motif initial, à savoir « l'assemblage d'arbres ». Nous n'entendons pas recenser tous les bois et toutes les forêts issus de l'imagination romanesque au XIXe siècle. Il faudrait remonter au moins à Walter Scott, s'attarder aux nombreuses forêts qui s'élèvent dans *La Comédie humaine* de Balzac[29] – on songe entre autres à celle du *Curé de campagne.* Il conviendrait évidemment d'accorder une place particulière à Hugo, à l'épisode fameux des *Misérables* où Cosette, traversant de nuit le bois de Montfermeil, éprouve en son âme d'enfant le même genre de terreur que celui qui saisissait le promeneur du poème « À Albert Dürer ». Il faudrait marquer une halte prolongée dans le roman des frères Goncourt, *Manette Salomon* (1867), qui, du reste, constitue une précieuse évocation des milieux d'atelier et des discussions esthétiques entre 1840 et 1860. Une partie du roman se situe dans la forêt de Fontainebleau qui suscite des descriptions-tableaux qui sont des chefs-d'œuvre dans leur genre. Elle abrite aussi un échange très baudelairien entre le peintre Coriolis et son ami Chassagnol. À Coriolis qui l'invite à visiter la forêt, il répond ceci :

> – Moi… Oh ! tu sais la forêt… j'ai horreur de ça, moi [...] Tu sais, moi, je suis un vrai pourri… Je n'aime que ce qu'a fait l'homme… Il n'y a que cela qui m'intéresse… les villes, les bibliothèques, les musées… et puis après, le reste… cette grande étendue jaune et verte, cette machine qu'on est convenu d'appeler la nature, c'est un grand rien du tout pour moi… du vide mal colorié qui me rend les yeux tristes… Sais-tu le grand charme de Venise ? C'est que c'est le coin du monde où il y a le moins de terre végétale[30]…

Ce propos n'est cependant pas représentatif de l'ensemble de l'épisode car Fontainebleau est surtout espace de ressourcement esthétique et de contemplation. L'esprit de Barbizon que les Goncourt transposent à peine et la figure du paysagiste suscitent le respect. Crescent, personnage inspiré de Théodore Rousseau, est présenté comme le peintre-né, que sa

28 Émile Zola, « De la description », in *Le Roman expérimental*, t. 10, Paris, Cercle du Livre Précieux, 1968, p. 1301.

29 Je renvoie à la belle traversée de l'œuvre que propose Alex Lascar dans son article « Forêts balzaciennes », *L'Année balzacienne*, 2004/1 (nº 5), p. 247-260.

30 Edmond et Jules de Goncourt, *Manette Salomon*, Union Générale d'Éditions, Paris, U.G.E., 10 |18, 1979, p. 249.

facilité semble dispenser d'une pensée esthétique. Mais sous les dehors du peintre-paysan, Coriolis ne tarde pas à discerner « l'illumination d'un voyant de la nature, la religiosité inspirée d'un prêtre de la terre en sabots[31] ».

Cette même forêt de Fontainebleau mériterait une exploration approfondie dans *L'Éducation sentimentale* de Flaubert[32]. Frédéric Moreau quittant la scène révolutionnaire et s'y retirant avec Rosanette, elle est là encore le lieu du lyrisme, de la rêverie esthétique et érotique mêlées, ce qui du reste ne lui enlève pas sa valeur documentaire[33]. Bien des implications, symboliques et idéologiques, enrichissent ces pages de description. Flaubert, en soustrayant les deux personnages au mouvement de l'histoire, les met au contact d'une nature aux formes et aux rythmes immémoriaux qui inspire enchantement et vertige. Le lieu détourne de l'histoire et ramène à elle. Depuis toujours, la forêt est le pendant de la ville, mais ici elle n'est pas simplement l'antithèse qui opposerait la nature à la civilisation ou le temps à l'éternité pour une mise à distance ironique des choses humaines. À la lisière de la ville, elle réfléchit l'histoire à la manière d'un miroir. Dans son demi-jour, s'établissent de curieuses correspondances entre les révolutions humaines et les déformations géologiques du paysage – la description du premier chapitre de la troisième partie est révélatrice à cet égard[34]. La composition romanesque souligne cette dialectique imaginaire : Paris et Fontainebleau voisinent dans l'espace réel comme dans l'espace du livre. Frédéric Moreau regagne Paris aussi vite qu'il l'a quitté et, significativement, ce retour a lieu de nuit comme si l'obscurité de la forêt s'était propagée à la ville insurgée. Le tableau très concerté de tout ce chapitre apparaît comme un dispositif de représentation et d'interrogation de l'histoire et même de l'historicité.

---

31 *Ibid.*, p. 274.

32 Voir Bernard Masson, *Lectures de l'imaginaire*, Paris, PUF, 1993 (chap. « Dans la forêt profonde. L'épisode de Fontainebleau dans *L'Éducation sentimentale* »).

33 Dans son édition, Pierre-Marc de Biasi précise ceci : « Pour préparer ce fameux épisode, Flaubert s'est rendu au château de Fontainebleau et a effectué plusieurs expéditions dans la région, avec visite de la forêt, arrêts dans les auberges et études topographiques. Le *Carnet* 12 contient 25 pages de repérages sur place qui montrent que l'auteur a fait, en fiacre et à pied, toutes les promenades que devaient faire Frédéric et Rosanette dans le récit ». (*L'Éducation sentimentale*, Paris, Le Livre de poche Classiques, 2002, p. 475, note 1).

34 *Ibid.*, p. 475-492.

Devant un tel épisode, on comprend que Zola ait voulu annexer Flaubert à la cause naturaliste, malgré le mépris dans lequel celui-ci tenait tous les termes en « isme ». Occasion de rappeler que celui de « naturalisme », terme de doctrine, conserve vivante sa relation avec les Beaux-Arts, notamment pour la représentation d'après nature et sur le motif. Il conserve aussi son fondement philosophique qui est une pensée de la nature et de l'histoire[35]. D'où peut-être l'intérêt des paysages lorsque, dans des œuvres d'imagination, ils font se rencontrer ces différentes significations.

Il y a, dans *Germinal*, un passage qui répond tout à fait à ce cas de figure, et c'est précisément un paysage de forêt. Au beau milieu du roman de la mine (quatrième partie, chapitre VII) se dresse une forêt strictement motivée par la causalité narrative. C'est en effet dans la forêt de Vandame qu'Étienne Lantier, à la suite de l'interdiction qui leur a été faite de se réunir, convoque les mineurs pour décider de l'avenir de la grève. Une forêt aussi fonctionnelle au plan du récit devrait fournir une version nettement prosaïque du paysage sylvestre. Ni forêt de symboles ni lieu de promenades comme elle l'était chez Stendhal, les Goncourt et Flaubert, elle sert à réunir une foule de grévistes peu portés à la rêverie. Cette prosaïsation pourrait s'accorder avec la réification de la forêt à l'âge moderne ; elle est à relier, dans le texte même de *Germinal*, à l'origine de la grève qui est précisément le tarif du boisage jugé inacceptable par les mineurs. La règle de l'efficacité narrative l'emportant, l'enjeu descriptif est réduit : la narration et les récits de paroles dominent. De fait, la forêt de Vandame est le lieu d'une intrigue au sens propre puisqu'une foule complote contre l'ordre social, elle accueille aussi l'épreuve qualifiante pour le héros ou, du moins, pour celui qui va le devenir. C'est en effet là, au cours de cette nuit, qu'Étienne Lantier s'impose définitivement comme le meneur des grévistes.

La forêt de Vandame abrite et l'action politique et le discours révolutionnaire. Trois orateurs s'expriment depuis une tribune improvisée, un tronc d'arbre : Étienne, Rasseneur et le vieux Bonnemort. Le premier, après un discours enflammé qui a conquis la foule des auditeurs, laisse par défi la tribune à Rasseneur, le réformiste, au moment où ses arguments sont devenus inaudibles. Très habilement, Lantier récupère

35 Voir Henri Mitterand, *Zola et le naturalisme*, Paris, PUF ; « Que sais-je ? », 1986 et *Zola : l'histoire et la fiction*, Paris, PUF, « écriture », 1990, notamment p. 53-61.

ensuite le discours de Bonnemort, l'ancêtre et le personnage-mémoire en présentant ce dernier comme l'emblème vivant de la souffrance ouvrière. Zola se sert de cette forêt, tribune et tribunal, pour observer et mettre en scène les ressorts de l'éloquence révolutionnaire, les rituels de la prise de parole, les moyens (bons et mauvais) de la persuasion et de la manipulation des foules. À ce titre, la forêt de Vandame constitue un observatoire peu ordinaire, spectaculaire, pour le romancier comme pour le lecteur – un observatoire grandeur nature. Le cadre est choisi : une clairière qui est d'abord plongée dans l'obscurité, puis est progressivement éclairée par la lune montante jusqu'à l'apothéose finale :

> « Notre tour est venu, lança-t-il dans un dernier éclat. C'est à nous d'avoir le pouvoir et la richesse ! »
>
> Une acclamation roula jusqu'à lui, du fond de la forêt. La lune, maintenant, blanchissait toute la clairière, découpait en arêtes vives la houle des têtes, jusqu'aux lointains confus des taillis, entre les grands troncs grisâtres[36].

Zola orchestre ainsi, en marge de la mine, un vaste son et lumière sur fond de forêt et de fantasme révolutionnaire.

Ce qu'on nomme prosaïsation de la forêt, qui ne se limite pas au fait d'apparaître dans un roman, pourrait signifier le divorce de l'imagination d'avec le lieu qui lui a si souvent servi de source et d'asile. Il n'en est rien. La forêt de *Germinal* est à elle seule un concentré de significations imaginaires. Forêt du XIXe siècle qui plonge ses racines dans un fonds culturel quasi insondable. Ainsi est-elle simultanément le lieu des proscrits où l'on se déshumanise (« une furie de visages [...], tout un rut de peuple[37] ») et un passage dans l'ombre de la loi qui n'est pas la négation de toute loi mais la revendication brutale d'un meilleur ordre social. La loi de civilisation est d'ailleurs symboliquement inscrite à l'incipit de ce chapitre VII, dans la toute première localisation, celle qui fait état d'une clairière, c'est-à-dire de l'espace à l'origine dégagé par les hommes pour y établir leurs institutions. Autrement dit, face à la nature vierge, la loi de la civilisation et du travail. Coupures symboliques nettes et ambiguïtés à la limite de la contradiction, tel semble être le régime de signification de ces pages. Toute la scène est traversée par un fantasme de régression, de

36 Émile Zola, *Germinal*, in *Les Rougon-Macquart*, t. III, Paris, Gallimard, La Pléiade, 1964, p. 1380.
37 *Ibid.*, p. 1380.

retour à la loi primitive, de récupération du sol (et du sous-sol) perdus et, simultanément, par un désir d'achèvement violent de l'histoire. Étienne Lantier lui-même est présenté comme un « chef de bande » et comme un « apôtre ». D'ailleurs, une certaine religiosité entoure la scène : « Une exaltation religieuse les soulevait de terre, la fièvre d'espoir des premiers chrétiens de l'Église, attendant le règne prochain de la justice[38]. » Le texte s'abandonne à une certaine liberté dans laquelle on serait tenté de voir un délire symbolique de l'écrivain. Délire qui s'exprime néanmoins dans le cadre d'une composition serrée, d'un tableau où le roman réfléchit avec exactitude sa signification globale ainsi que son sens immédiatement social. Zola ne s'égare pas vraiment en forêt de Vandame.

Si dans ces pages la scène du discours l'emporte largement sur la représentation du lieu, cela ne diminue pas son importance. Il faut revenir à la lettre du texte et de la description en citant le paragraphe initial de ce chapitre.

> C'était au Plan-des-Dames, dans cette vaste clairière qu'une coupe de bois venait d'ouvrir. Elle s'allongeait en une pente douce, ceinte d'une haute futaie, des hêtres superbes, dont les troncs, droits et réguliers, l'entouraient d'une colonnade blanche, verdie de lichens ; et des géants abattus gisaient encore dans l'herbe, tandis que, vers la gauche, un tas de bois débité alignait son cube géométrique. Le froid s'aiguisait avec le crépuscule, les mousses gelées craquaient sous les pas. Il faisait nuit noire à terre, les branches hautes se découpaient sur le ciel pâle, où la lune pleine, montant à l'horizon, allait éteindre les étoiles[39].

Ces quelques lignes établissent les coordonnées d'un paysage avec ses constituants visuels, tactiles (le froid ressenti de l'hiver) et même sonores (« les mousses gelées craquaient sous les pas »), un paysage nettement délimité par le bas et sur ses côtés et formant une enceinte ouverte sur le ciel. On reconnaît la prédilection de l'écrivain pour les cadres, les agencements et les formes pures[40], avec notamment ce « cube géométrique » de bois au sol. Tout cela se présente sur un plan, indexé dans le toponyme : « C'était au Plan-des-dames ». Ce début rappelle le seuil du livre et même la « plaine rase » de sa toute première phrase traversée par un personnage qui n'est

38 *Id.*
39 *Germinal*, *op. cit.*, p. 1375-1376.
40 Je renvoie à ce propos aux travaux d'Olivier Lumbroso, notamment *La Plume et le compas. La construction de l'espace dans* Les Rougon-Macquart *d'Émile Zola*, Paris, Champion, 2004.

pas encore identifié. D'où le mystère de cette saisie d'espace maintenue au ras du sol et dans une totale obscurité. On peut y déceler une négation même du paysage qu'Émilie Piton-Foucault a analysée de près dans l'œuvre entière de Zola et qu'elle rapporte notamment à un certain refus de la perspective et à un parti-pris de la bidimensionnalité rapprochant Zola de Manet, le peintre admiré. De fait, elle démontre que l'espace diégétique est régulièrement nié, moins représenté que présenté selon les contraintes de l'art (d'où l'importance des cadres) et les tendances propres du romancier : « le goût de l'espace plan », « l'écrasement de la perspective », « le plat de la description[41] ». Ces traits sont en effet récurrents dans les romans mais ils connaissent des variations intéressantes, comme ici précisément.

Ce passage propose une mimesis d'espace même si nous y reconnaissons le travail de la semiosis, notamment à travers le déplacement métaphorique qui transforme les hêtres en « colonnades » et les arbres abattus en « géants ». Cependant, la saisie du lieu ici opérée est bien en trois dimensions : la perpendiculaire au sol est bien marquée et ne manque pas la profondeur perspectiviste. L'espace est plan, certes, mais il s'agit d'un plan incliné : « la clairière s'allongeait en pente douce ». Cette donnée topographique n'est pas fortuite ; elle permet le léger surplomb des orateurs sur la foule et, réciproquement, facilite le regard de la foule sur les orateurs – champ et contre-champ dont joue l'écrivain, avec un vrai sens pré-cinématographique[42]. D'ailleurs, tout est affaire d'éclairage et d'optique. Car, hormis le terrain, l'autre ressource du dispositif inventé par Zola se trouve au-dessus de l'assemblée avec l'astre de la nuit qui va d'un point bas à un point haut. De la lune montante au cours de la scène, l'écrivain tire des effets variables et souvent déréalisants, au point qu'à tel moment le héros lui-même perd sa corporéité pour devenir obscure forme géométrique.

> Alors, Étienne se tint un instant immobile sur le tronc d'arbre. La lune, trop basse encore à l'horizon, n'éclairait toujours que les branches hautes ; et la foule restait noyée de ténèbres, peu à peu calmée, silencieuse. Lui, noir également, faisait au-dessus d'elle, en haut de la pente, une barre d'ombre[43].

41 Émilie Piton-Foucault, *Zola ou la fenêtre condamnée La crise de la représentation dans* Les Rougon-Macquart, Rennes, Presses universitaires de Rennes, 2015, p. 829-841.

42 Sur cette « prescience du cinéma » qui se reconnaît notamment dans le goût de Zola pour « le panoramique et le déplacement du foyer de la visée », je renvoie à Henri Mitterand, *Zola L'histoire et la fiction*, Paris, PUF, 1990, p. 223 *et sqq.*

43 *Germinal*, *op. cit.*, p. 1377.

Alors que l'espace décrit est intensément actantialisé, éminemment utile à l'intrigue et même au propos idéologique du roman, il se prête à une manipulation qui en diminue la tenue et la teneur « réaliste ». Pour reprendre l'opposition d'É. Piton-Foucault, disons que la « présentation » le dispute à « la représentation », notamment en raison du dispositif voulu qui ordonne les lignes du paysage, à savoir la perpendiculaire des arbres, le plan incliné de la clairière, l'oblique variable de la lune montante. Encore cette composante visuelle est-elle à compléter par la composante sonore, acoustique à laquelle Zola est toujours attentif, laquelle transforme complètement le lieu. Ce théâtre d'ombres de la forêt de Vandame est aussi une espèce d'auditorium. Prise d'image et prise de son vont de pair ; ce n'est pas par hasard qu'elles se trouvent réunies dans la clausule de ce chapitre VII : « L'ouragan de ces trois mille voix emplit le ciel et s'éteignit dans la clarté pure de la lune[44]. »

L'opposition baudelairienne entre le paysage tel qu'il est et le paysage tel que je l'imagine donne à penser qu'il existe deux modes de représentation entre lesquels choisir, les paysagistes du *Salon de 1859* adoptant le mauvais parti pris esthétique. Pour s'en tenir au cas exemplaire du paysage sylvestre, il semble que les modes de présence de la nature dépendent grandement des modes de conscience de l'homme, et d'un homme situé dans l'histoire. Le paysage qui ne paraît contenir qu'un « assemblage d'arbres » réfléchit en réalité un certain rapport historiquement déterminé de l'homme à la nature, et cela de façon plus ou moins consciente. C'est en toute conscience que ce rapport est établi dans les paysages très composés du roman, qui ne sauraient être de simples décors. En cela les paysages sont une voie d'accès privilégié au naturalisme pris au sens peut-être le plus authentique du terme – terme dont on se gardera cependant d'être prisonnier car la fabrique du texte, la lettre du paysage et les dispositifs élaborés du roman zolien questionnent l'opération mimétique elle-même. Quant à la beauté propre aux arbres, isolés ou assemblés, et sur le terrain de la science qui n'était certes pas celui de Baudelaire critique, ce dernier recevrait aujourd'hui de sévères démentis de la biologie et des sciences de l'environnement qui reconnaissent en eux les organismes vivants les plus anciens et les plus passionnants qui soient sur terre.

44 *Ibid.*, p. 1386.

TROISIÈME PARTIE

LIEUX DE PAROLE

ETHNOLOGIE ZOLIENNE (AUTOUR DE *L'ASSOMMOIR*)

> Il est souvent avantageux d'être hors du domaine observé. Il arrive pourtant qu'il faille s'en approcher, jusqu'à sembler s'y inclure.
> Robert JAULIN (*La Mort Sara*).

DU « DROIT AU ROMAN »

La formule doit peut-être moins sa célébrité à ses inventeurs, les Goncourt, qu'à Erich Auerbach qui l'a promue dans *Mimésis* au premier rang des traits définitoires du réalisme moderne. On pourrait passer rapidement sur une chose admise et à laquelle, peut-être par instinct démocratique, l'on souscrit spontanément si cette proclamation du droit des « basses classes » au roman n'avait pas été l'objet d'une espèce de rivalité et si l'empressement à revendiquer l'exclusivité du « peuple » ne finissait par paraître suspect. Il suffit de confronter deux des grandes voix autorisées en la matière, si l'on excepte Hugo. Celle des Goncourt donc dans la préface à *Germinie Lacerteux* (1864) : « Le public aime les romans faux : ce roman est un roman vrai. Il aime les livres qui font semblant d'aller dans le monde : ce livre vient de la rue. » Celle de Zola, dans la préface à *L'Assommoir* (1877) : « C'est une œuvre de vérité, le premier roman sur le peuple, qui ne mente pas et qui ait l'odeur du peuple. » Le débat semble tranché très tôt, par l'accueil enthousiaste que fait une partie de la critique au moins à *L'Assommoir* dès sa sortie. On sait par ailleurs que le succès remporté par le livre et le titre de chef-d'œuvre qui lui fut décerné par certains agacèrent considérablement Edmond de Goncourt. Le roman du peuple, c'est donc *L'Assommoir*.

Depuis, la formule « droit au Roman » colle au roman réaliste-naturaliste de la seconde moitié du XIXe siècle et se prévaut d'une espèce d'évidence. Et pourtant, si on la considère en elle-même, indépendamment de sa fortune littéraire (l'échec des Goncourt face au succès de Zola), on s'aperçoit que cette proclamation présuppose beaucoup. Elle abrite au moins trois présupposés.

Premier présupposé : le peuple, « les basses classes » n'ont pas encore d'existence romanesque ou, du moins, pas d'existence digne de ce nom. Il n'est pas utile, après Erich Auerbach, de revenir sur les étapes par lesquelles le peuple, sujet marginal et longtemps cantonné dans les genres inférieurs, devient progressivement sujet de droit dans la littérature au cours du XVIIIe et surtout du XIXe siècle. Il est vrai que le peuple n'apparaît pratiquement pas, du moins reste très marginal dans *La Comédie humaine* comme si Balzac qui, significativement, s'arrête au bord de 1848, ne pouvait voir en lui l'acteur du drame social qu'il devient pourtant. En revanche, il apparaît bien chez Dickens, chez Eugène Sue, à plus forte raison dans *Les Misérables* de Victor Hugo. Et que dire des scènes révolutionnaires de *L'Éducation* sentimentale où Flaubert, en anticipant sur *L'Assommoir* et sur *Germinal*, fait déjà flotter l'odeur du peuple ? On ne doit pas oublier non plus, dans un autre registre, les romans humanitaristes de Georges Sand ou d'André Theuriet, ni la littérature édifiante sur le « bon ouvrier » qui s'écrit encore vers 1870.

On peut estimer que l'ensemble, très divers à tous points de vue, de ces écrits forme une littérature à thème populaire globalement taxée sinon de mensonge, du moins d'inexactitude, contre laquelle joue le concept tactique de réalisme. Zola, comme les Goncourt avant lui, entend rompre avec le système de représentations et les canons esthétiques dominants. En un sens, l'accueil fait à son roman sanctionne la réalité de cette rupture. Il n'empêche que *L'Assommoir* est largement redevable au climat idéologique du moment : le thème ouvrier est dans l'air, la réforme, surtout morale, de la condition ouvrière également, et pas seulement pour les romanciers, également pour les économistes et autres sociologues. Il n'empêche que le roman populaire de Zola a du mal à s'affranchir des stéréotypes et que, s'il en congédie certains – celui du « bon ouvrier » qui perdure néanmoins à travers Goujet – c'est pour leur en substituer d'autres, « l'ouvrier rigoleur[1] »,

1 Voir Henri Mitterrand, Notice de *L'Assommoir*, Paris, Gallimard, « Folio », 1989, notamment p. 540-541.

la femme intempérante, notamment. Enfin, malgré l'incontestable changement de méthode, le romancier n'est pas à une infinie distance de Dickens et d'Eugène Sue. Il n'a pas en tout cas renoncé à l'intention édifiante. À l'évidence, la représentation zolienne des « basses classes » a eu besoin de modèles et de contre-modèles pour exister.

Deuxième présupposé : le romancier est habilité à faire droit à l'altérité populaire. C'est admettre l'impossibilité du discours organique, tenu par le peuple, pour le peuple – cela en dépit, notamment, d'une poésie ouvrière authentique. On bute là contre un solide préjugé à l'endroit de tout un secteur de notre histoire littéraire et contre une ignorance de la littérature prolétarienne qu'a justement dénoncée Michel Ragon[2]. Il est vrai que l'école, celle de la IIIe République, n'a pas encore poussé les classes populaires dans la sphère officielle des échanges et des productions linguistiques reconnues. En attendant, en quoi le romancier serait-il mieux placé qu'un autre ? Après tout, il se tient déjà maint discours sérieux sur le peuple : celui de l'historien (on pense forcément à Michelet), de l'économiste, du sociologue, de l'hygiéniste ; « la question ouvrière », comme on dit alors, est décidément à l'ordre du jour. C'est d'ailleurs le titre d'un ouvrage de Leroy-Beaulieu paru en 1872[3]. Dans l'ordre du figuratif, la peinture, derrière Courbet notamment, a déjà révolutionné les sujets et inventé, non sans scandales, un nouveau langage pour exprimer le peuple. Il faut croire qu'elle l'a fait avec un certain succès puisqu'on voit les romanciers fréquenter les ateliers des peintres, rivaliser avec eux, emprunter même leurs techniques et leurs « motifs ». Impressionnisme de la représentation bien sûr, il n'est que de comparer la description de Gervaise dans son atelier et les études que Degas consacre aux blanchisseuses.

Relativement à cette nombreuse concurrence, l'espèce de légitimité supérieure dont paraît se prévaloir le romancier ne peut tenir qu'au genre qu'il pratique et à la haute idée qu'il s'en fait : le roman comme genre indéterminé, c'est-à-dire capable d'annexer à lui tous les savoirs et tous les langages existants. Le roman surtout comme genre adulte et autonome, porté par une grande ambition scientifique et qui se pose avec assurance comme

2 Michel Ragon, *Histoire de la littérature prolétarienne en France*, Albin Michel, 1974. Voir également Edmond Thomas, *Voix d'en-bas : la poésie ouvrière du XIXe siècle*, Paris, François Maspéro, 1979 ; Jacques Rancière, *La Nuit des prolétaires. Archives du rêve ouvrier*, Fayard, 1981.

3 Paul Leroy Beaulieu, *La Question ouvrière au XIXe siècle*, Paris, Hachette, 1872.

« la grande forme sérieuse, passionnée, vivante, de l'étude littéraire et de l'enquête sociale[4] » – selon le vœu solennel des Goncourt. Ce vœu n'est pas immodéré car le romancier est fort d'une certitude, celle d'occuper presque à lui seul le vaste, l'inépuisable territoire de l'histoire des mœurs que les sciences sociales en voie de constitution ne sont pas encore en mesure de lui disputer et que l'histoire officielle lui a concédé depuis longtemps. L'histoire morale du siècle appartient au roman. En ce sens, le moment, historique et épistémologique, favorise incontestablement le romancier. L'esthétique nouvelle, naturaliste donc, qui affirme la préséance du document et de l'observation sur la fiction, ne peut que renforcer ses justes prétentions.

Troisième présupposé : on peut représenter romanesquement le peuple, « les basses classes ». Cela s'entend de deux manières selon que « pouvoir » veut dire « avoir la possibilité de » ou bien « avoir le droit de ». C'est précisément cette seconde acception qu'illustre le jugement porté par Hugo sur *L'Assommoir* :

> Vous n'avez pas le droit de nudité sur la misère et sur le malheur… J'y ai pénétré en moraliste, en médecin, mais je ne veux pas qu'on s'y introduise en indifférent ou en curieux et nul n'en a le droit[5].

Hugo ne conteste pas la vérité de la représentation, il condamne la méthode et l'esprit de la méthode. Et visiblement, il n'est pas fait le même usage de la référence qui est commune aux deux auteurs : là où l'approche hugolienne était charitable, la médecine expérimentale serait impitoyable et indécente (« Souvent j'ai dû toucher à des plaies autrement épouvantables » écrit Zola dans sa préface). À quoi sert en effet de mettre à nu la misère si dans le même temps on ne propose pas de remèdes ? Objection que l'auteur, qui présume peut-être beaucoup du réformisme, paraît admettre :

> J'ai montré des plaies, j'ai éclairé violemment des souffrances et des vices, que l'on peut guérir… Je laisse aux moralistes et aux législateurs le soin de réfléchir et de trouver les remèdes[6].

---

4 Edmond et Jules de Goncourt, Préface à *Germinie Lacerteux* [1864], Paris, U.G.E, 10-18, 1979, p. 24.

5 Victor Hugo cité d'après *Les Rougon-Macquart*, t. 2 (édition établie par Henri Mitterrand), Pléiade, 1961, p. 1564-1565.

6 Émile Zola cité d'après la Notice établie par Henri Mitterand de *L'Assommoir*, Gallimard, « Folio », 1989, p. 547.

Mais en-deçà de l'option politique et des problèmes de déontologie romanesque demeure la question de savoir s'il est possible de représenter les classes malheureuses. D'une certaine manière, *Les Misérables* de Hugo ont déjà répondu à cette question, par la négative. La misère ne se laisse pas analyser, saisir, scruter. Elle est irreprésentable, en raison même d'une opacité fondamentale. Opacité au sein de laquelle le regard (pas le scalpel) de Hugo, avec toute l'intensité dont il est capable, a tenté de se mouvoir dans *Les Misérables*[7].

Avec Zola, la question ne se pose déjà plus de savoir s'il faut ou s'il ne faut pas parler du peuple. Le « droit au Roman » des basses classes a et aura de plus en plus sous la IIIe République sa contrepartie dans « le devoir démocratique » qui s'impose progressivement aux écrivains. Nelly Wolf, qui a décrit la montée de ce devoir dans le roman français ainsi que les flux et reflux des « esthétiques démocratiques », note que trente ans à peine après la fameuse déclaration des Goncourt, c'est-à-dire vers 1890, « on est passé, quant à la représentation du peuple dans les arts, de l'obligation à la contrainte, du droit à la loi, et de la morale au devoir[8] ». Le devoir en question déborde largement du cadre de la littérature. En effet, de la même façon qu'il semble indispensable qu'un roman parle du peuple pour prétendre à l'art, de la même façon, les idéologies démocratiques, et le discours républicain en particulier, ne sauraient faire l'économie de la notion de peuple. Notion-clé, notion floue, qui suffit pourtant à autoriser le discours et le projet politiques[9].

Dans ce mouvement général, il faut faire une place particulière à Zola. Son œuvre, et particulièrement ses « romans ouvriers », ont un rôle fondateur pour l'élaboration d'une esthétique populaire. Le roman français, tout au long de la IIIe République et même au-delà, va vivre sur le modèle de la représentation sinon du discours naturaliste. Au commencement donc étaient le discours naturaliste et le peuple vu par Zola[10].

---

7 Sur ce point voir *Lire les Misérables* (textes réunis et présentés par Anne Ubersfeld et Guy Rosa), Paris, José Corti, 1985.

8 Nelly Wolf, *Le Peuple dans le roman français de Zola à Céline*, Paris, P.U.F., 1990.

9 Ici, il faut notamment renvoyer à Pierre Rosanvallon, *Le Peuple introuvable*, Gallimard, « Folio histoire », 1998.

10 Il conviendrait de projeter cette question sur une plus longue durée, comme le fait d'ailleurs Nelly Wolf dans *Le Peuple à l'écrit. De Flaubert à Virginie Despentes*, Saint-Denis, Presses universitaires de Vincennes, 2019.

ETHNOGRAPHIE ET RACIALISME

La qualification de l'œuvre de Zola comme ethnographie est relativement récente. Elle n'a pas fait que redonner un fond à la catégorie du roman documentaire. L'attention portée à la genèse du texte zolien, la mise au jour avec *Les Carnets d'enquêtes*[11] d'une partie inédite de l'œuvre ont surtout permis de mieux cerner la méthode de l'écrivain, notamment dans ce qui l'apparente au reportage, et de prendre la mesure de ce qui constitue le socle du roman, en l'occurrence une abondante matière ethnographique de première main, déjà classée, sériée, constituée de notes, d'observations sur le vif, de prises de vues, d'interviews, notamment[12].

L'idée que la société française se présente comme un ensemble d'ethnies qu'il revient au romancier d'explorer systématiquement est venue très tôt à Zola. Dès qu'il eut conçu son cycle et divisé la société en quatre « mondes » : « Peuple », « Commerçants », « Bourgeois », « Grand monde », plus un « monde à part » qui comprend la putain, le meurtrier, le prêtre, l'artiste. Il est clair que le « Peuple » constitue l'ethnie par excellence, significativement située aux deux extrêmes de la liste, étant entendu que les spécimens composant le « monde à part » seront de préférence d'origine populaire. Ajoutons, au cas où l'on aurait encore des doutes sur les intentions de Zola, que le choix qu'il fait de Gervaise, une femme du peuple, comme héroïne, permet d'additionner deux différences absolument ineffaçables, celle du sexe et celle de l'ethnie, pour ne pas dire la race. Nous y reviendrons.

Mais avant de voir comment l'auteur de *L'Assommoir* s'y prend pour représenter et penser l'objet qu'il se propose si clairement, l'altérité sociale et humaine, on doit s'arrêter sur les deux manières qu'il y a d'apprécier son entreprise ou sa performance, puisque performance il y a – sans quoi l'on comprendrait mal le bruit provoqué par le roman.

Il y a une première évaluation qui consiste à saluer l'entreprise. En se servant du roman comme instrument de connaissance, Zola fait œuvre de vérité. Il rompt avec les systèmes de représentation en vigueur et

11 Zola, *Carnets* d'enquêtes (Textes établis et présentés par H. Mitterand), Paris, Plon, « Terre humaine », 1986.

12 Voir l'Avant-propos d'Henri Mitterand aux *Carnets d'enquêtes*.

ouvre véritablement un espace de visibilité aux « basses classes ». La manière qu'il invente permet non seulement de faire voir mais aussi de faire entendre (c'est l'enjeu linguistique) des personnages qui ne sont plus saisis sous l'angle anecdotique mais sous l'angle biographique, dans l'espace d'une vie. Enfin *L'Assommoir*, loin d'être simple rassemblement d'observations ou simple contribution à l'histoire des mœurs, en remontant à la raison des « effets sociaux » (comme eût dit Balzac), propose rien de moins qu'une lecture sociologique du réel populaire. En vue de sa réforme.

Seconde manière : Zola n'a pas le choix, le sujet populaire s'impose à lui comme plus tard le cadre de la grève, dicté par les événements contemporains, s'imposera à *Germinal*. Il n'est plus possible au romancier de tenir les « basses classes » à la périphérie de la littérature au moment où précisément elles gagnent du terrain dans la ville parisienne qui souffre de son encombrement et de ses dangereux faubourgs. Curieux et inquiet de cette nouvelle réalité urbaine, *L'Assommoir* se place d'emblée dans le sillage des disciplines nouvelles et se rend réceptif aux discours environnants, en tout premier lieu au discours hygiéniste. Bien plus, Zola récupère et vérifie à l'échelle du roman l'ensemble de ces savoirs afin de « conjurer le danger que représente l'Autre[13] » et de mettre en place une véritable thérapie de classe, à l'usage de la bourgeoisie évidemment. Autant dire que l'ingénieux dispositif inventé pour faire voir et faire entendre le peuple fonctionne à l'extériorité, avec ce que cela peut supposer de voyeurisme et de complaisance dans l'observation ou dans l'audition.

On a donc le choix entre deux évaluations qui, pour simplifier, s'opposent de la manière suivante. D'un côté, un projet de connaissance, à usage externe, une entreprise sociologique et ethnologique qui vise à décrire et à interpréter des différences. De l'autre, un projet de reconnaissance, plutôt à usage interne, à usage de classe, qui veut reconnaître des différences pour mieux les conjurer. Il est clair que les notes de Zola, ses *Carnets*, parce qu'ils font une grande place à l'énoncé même de ces différences, militent en faveur de la première interprétation. Mais il est clair aussi que la seconde interprétation trouve facilement à se satisfaire du côté du roman qui, par sa nature même, dessine la place d'une énonciation et même de

13 Selon l'expression de Patricia Carles et Béatrice Desgranges dans leur « Lecture de *L'Assommoir* », *L'École des Lettres* II, n° 6, 1989-1990, p. 64.

plusieurs. À mi-chemin du document et de la fiction, il y a le discours de Zola, le discours sur le roman donc dans lequel on peut trouver, semble-t-il, des arguments pour l'une ou l'autre des deux interprétations. Il faut alors revenir à la préface, texte concerté où l'auteur définit son intention et où rien n'est neutre. Ni l'énonciation, fortement modalisée (« J'ai voulu peindre… », « J'ai dû toucher à des plaies… », « Ah ! la forme… », « Seulement, il faudrait lire mes romans ») ni l'énoncé où l'on relèvera surtout que le mot « peuple » est pris dans deux syntagmes : « la langue du peuple », « l'odeur du peuple ». Deux syntagmes qui font peser tout le poids de leur détermination, qui est grand.

Et d'abord, pourquoi ces deux déterminations et pas d'autres ? Probablement parce qu'elles cristallisent de façon prioritaire le sentiment de la distance et de l'altérité sociales. Elles renvoient en outre à des savoirs institués, le discours hygiéniste et la philologie, explicitement nommée dans la préface. Il faut néanmoins s'arrêter un moment sur le couple singulier que forment l'odeur et la langue. L'odeur n'est pas un trait définitoire de l'ethnie, à la différence de la langue qui est un trait culturel tout à fait admis. À moins que l'odeur ne serve à désigner, métonymiquement, le corps et ne renvoie donc à une définition physique de la race.

On pourrait s'étonner que les deux déterminations retenues pour penser la classe sociale (car même si Zola n'utilise pas le mot, c'est bien de cela qu'il s'agit) sont fort proches de celles qu'utilise la pensée racialiste de l'époque, c'est-à-dire la doctrine concernant les races humaines. Nous utilisons ici le terme de « racialisme » avec le sens que lui a donné Tzvetan Todorov dans *Nous et les Autres*[14]. Or il y a, comme le note Todorov, chez le représentant emblématique de la doctrine racialiste en France, Ernest Renan, une fort intéressante distinction. En bon philologue, spécialiste des langues et des religions, Renan insiste constamment sur l'idée de « race linguistique » pour signifier que la langue est le véritable critère qui permet d'identifier la race. Car c'est la langue qui fait la race et l'esprit d'un peuple.

> La langue se substitua ainsi presque complètement à la race dans la division des groupes de l'humanité, ou plutôt le mot « race » changea de sens. La langue, la religion, les lois, les mœurs, firent la race bien plus que le sang[15].

14 Tzvetan Todorov, *Nous et les Autres : La réflexion française sur la diversité humaine*, Paris, Seuil, « Poétique », 1989.

15 Renan, cité d'après T. Todorov, *op. cit.*, p. 167.

Pourtant, le discours de Renan résiste par moments au changement de sens que lui-même définit et défend. Autrement dit, il tend à maintenir malgré les apparences la race anthropologique, comme s'il ne pouvait pas éliminer la trace du rapport à la race comme sang. Il y a surtout des races linguistiques mais celles-ci ne continuent pas moins d'être des races physiques. La doctrine racialiste du XIXe siècle vit un peu de cette ambiguïté : oscillant entre la race comme sang (version Gobineau) et la race comme langue et comme culture (version Renan), d'où dans ce dernier cas le lien avec la philologie.

Alors, Zola raciste, ou plutôt, racialiste ? Sans doute dans la mesure où il n'existe pas de différence fondamentale entre le discours de l'altérité appliqué à l'étranger du dehors et à l'étranger de l'intérieur. Dans la mesure aussi où dans les deux cas on se sert de la science et du déterminisme (autre point de contact entre Renan, Taine et Zola) pour décider de la supériorité ou de l'infériorité des races et des classes. De la même manière que les penseurs racialistes conviennent de l'infinie distance qui sépare la race blanche des autres, de la même manière la plupart des observateurs de la diversité française sont convaincus de ce que les « basses classes » leur sont étrangères et inaccessibles. La conclusion est la même que pour les populations lointaines, il convient de les civiliser. Quant à l'unité de l'espèce que l'anthropologie racialiste admet tout de même puisqu'il est prouvé que les individus de deux races différentes peuvent procréer ensemble[16], l'observateur des « basses classes » la réserve quant à lui au fond des « passions humaines ». Ce que le comte d'Haussonville, député de droite dans le camp de la philanthropie, exprime ainsi en 1883 :

> Avec eux [les gens du peuple], nous n'avons rien de commun, sauf le fond des souffrances et des passions humaines ; nous n'éprouvons pas les mêmes angoisses, nous ne connaissons pas les mêmes plaisirs. On ne peut donc pénétrer dans leur vie morale que par divination et par conjecture, en s'appuyant néanmoins sur l'observation extérieure[17].

Autre version, artiste celle-là, du discours de l'altérité chez quelqu'un qu'on ne peut soupçonner de philanthropie, Edmond de Goncourt :

---

16 On pourrait songer ici, dans Le *Roman d'un spahi* de Loti, à l'enfant qu'ont ensemble Jean et Fatou-gaye. Sur la question plus générale du roman colonial, on renvoie à l'ouvrage de Jean-Marie Seillan, *Aux sources du roman colonial, 1863-1914*, Paris, Khartala, 2006.

17 Cité d'après Nelly Wolf, *op. cit.*, p. 20.

> Mais pourquoi… choisir ces milieux ? Parce que c'est dans le bas que dans l'effacement d'une civilisation se conserve le caractère des choses, des personnes, de la langue, de tout… Pourquoi encore ? Peut-être parce que je suis un littérateur bien né, et que le peuple, la canaille si vous voulez, a pour moi l'attrait des populations inconnues, et non découvertes, quelque chose de *l'exotique* que les voyageurs vont chercher[18]…

L'aveu est du reste intéressant parce qu'il combine deux arguments. L'argument du dépaysement et de l'exotisme avec ce que cela suppose de méconnaissance ou de connaissance à usage interne, c'est-à-dire pour sa distraction et son bénéfice littéraire propres. L'argument de l'essentialité qui est une constante de la littérature à thème populaire : le peuple dans sa brutalité sauvegarde une essence dont éloigne l'excès de civilisation propre au siècle. C'est cela qu'on admire dans le langage populaire dont on savoure la « verdeur », « l'imprévu », « la force des images » pour reprendre les expressions de Zola lui-même dans sa préface. La langue du peuple a de ce fait une place de choix dans son ethnologie.

L'ODEUR, LE SANG

Justement célèbre, la préface de *L'Assommoir* a l'avantage de poser très clairement les bases d'une ethnologie du peuple en faisant état de deux déterminations dont on vient de voir qu'elles ne sont pas indifférentes à l'époque. Il faut maintenant revenir au roman. Zola n'est pas le premier romancier à retenir le critère olfactif et à l'inscrire parmi les codes majeurs de l'altérité. Laissons de côté l'abondante littérature des récits de voyages qui, depuis le XVIIIe siècle au moins, fait un sort obligé à l'odeur animale des nègres. Reportons-nous plutôt à une scène bien française, celle de la prise des Tuileries dans *L'Éducation sentimentale :*

> On n'entendait plus que les piétinements de tous les souliers, avec le clapotement des voix […] Tous les visages étaient rouges, la sueur en coulait à larges gouttes ; Hussonnet fit cette remarque :

18 Edmond de Goncourt, *Journal* du 3 décembre 1871.

– Les héros ne sentent pas bon !
– Ah ! vous êtes agaçant, reprit Frédéric[19].

S'est-on suffisamment avisé que les personnages avaient du peuple révolutionnaire, plus qu'une perception visuelle, une perception auditive et olfactive ? La représentation zolienne dans *L'Assommoir* et dans *Germinal* retiendra la leçon de Flaubert et travaillera elle aussi à naturaliser les actions humaines en les tirant volontiers vers le monde animal. Qu'on se rappelle le piétinement de la noce dans les salles du Louvre ou la horde mugissante lancée sur les chemins de Montsou. Avec moins d'ironie que chez Flaubert, à l'égard du mythe révolutionnaire en particulier, mais avec plus de science en quelque sorte. En tout cas, c'est Zola qui écrit le grand roman de l'odorat au XIXe siècle (malgré la « syntaxe des odeurs » rêvée par Des Esseintes), et il le fait comme en application des savoirs de son temps, du discours hygiéniste et de la biologie notamment, qui conditionnent fortement sa description. C'est que l'époque est travaillée par l'effroi du miasme et de la contamination[20].

Le racialisme appliqué à l'étranger de l'intérieur trouve ainsi ses limites dans la pratique. La pratique, en l'occurrence, c'est l'espace de la ville moderne, de plus en plus encombrée, cernée de faubourgs, soumise aux migrations, gagnée par des flux de toutes sortes, visibles et invisibles. Les problèmes d'assainissement, la peur des épidémies comme le choléra, le péril de la démoralisation et des idées sociales, tout se rejoint. Le geste qu'accomplit Zola en délimitant, plan à l'appui, le quartier de la Goutte d'or renseigne autant sur la méthode documentaire que sur la manière médicale de procéder en isolant symboliquement la plaie, et sur la peur de voir l'endémie se transformer en épidémie. Le roman de Zola, malgré la très forte « territorialisation » de son personnel[21], admet la possibilité du mouvement et du contact : un vieux monsieur respectable peut toujours se toquer d'une coureuse et l'envolée de Nana sur les boulevards extérieurs annonce d'autres envolées d'une autre envergure qui feront le sujet de *Nana*. Du reste, il n'y pas que des contacts contagieux ou dangereux. *L'Assommoir* ne dit rien d'un autre contact

19 Gustave Flaubert, *L'Éducation sentimentale*, Paris, Le Livre de poche, 2002, p. 429.

20 Voir l'étude d'Alain Corbin, *Le Miasme et la jonquille*, Paris, Flammarion, « Champs », 1982.

21 Suivant la démonstration de Philippe Hamon, *Le Personnel du roman Le système des personnages dans* Les Rougon-Macquart *d'Émile Zola*, Genève, Droz, 1983.

possible, entre la femme du peuple et la famille bourgeoise : celui qui est rendu nécessaire par l'allaitement des rejetons de la bourgeoisie et de l'aristocratie. Pour cela, on requiert pourtant des nourrices, des migrantes temporaires en l'occurrence, dont le recrutement est entouré des plus grands soins comme on l'imagine. Le corps féminin livré, encore une fois, à l'inspection du regard bourgeois[22].

L'Assommoir en est encore au diagnostic, au stade de l'effroi miasmatique qu'il s'agit de conjurer et dont la bourgeoisie essaie alors de se protéger en se constituant non seulement un « odorat de classe » mais « un corps de classe[23] ». Quels sont pour cela les moyens de ce qui sera bientôt théorisé par Zola comme « roman expérimental » ? En premier lieu, bien sûr, la description minutieuse, soutenue, du miasme, des vapeurs, du déchet, de l'écoulement, qui autorisent à lire *L'Assommoir* comme un roman de l'analité. L'écrivain a également multiplié les scènes qui démontrent l'influence du milieu, notamment dans son acception olfactive, ainsi que les liens d'intimité à la fois perverse et jouissive qui s'établissent entre le personnage et son environnement. Le personnage respire son milieu autant qu'il est respiré par lui, à l'image de Gervaise enivrée par son linge sale ou de Nana sur qui l'atelier souffle un vent de perversion[24].

D'ailleurs, la fille de Gervaise est tout indiquée pour conduire la thématique olfactive jusqu'à son terme, et ce terme, c'est précisément *Nana* (1880) qui, autant que la suite de *L'Assommoir* par le lien héréditaire, en est le prolongement biologique. La thématique olfactive s'achève en thématique sexuelle[25]. L'effroi du miasme se prolonge dans l'effroi du péril vénérien. Ce dernier est plus terrible encore dans la mesure où,

22 Voir le cas, étudié par Alain Corbin, de la jeune accouchée morvandelle qui, montée à Paris, « séjourne quelque temps dans le dortoir d'un bureau de placement spécialisé. C'est là que le mari et le médecin de la jeune mère bourgeoise viendront l'examiner, faire gicler son lait, inspecter sa denture et ses organes intimes avant de l'embaucher. » (« Travailleurs migrants du siècle dernier », *Le Monde* du 10 février 1980).

23 Expressions de P. Carles et B. Desgranges (art. cité, p. 65).

24 « [...] ; les déhanchements, les voix enrouées, soufflaient une perversion au-dessus de l'établi, parmi l'éclat et la fragilité des fleurs artificielles. Nana reniflait, se grisait, lorsqu'elle sentait à côté d'elle une fille qui avait vu le loup. » (*L'Assommoir*, *op. cit.*, p. 424)

25 On sait en quels termes crus Zola dans son dossier préparatoire a défini le sujet de *Nana* : « Le sujet philosophique est celui-ci : Toute une société se ruant sur le cul. Une meute derrière une chienne qui n'est pas en chaleur et qui se moque des chiens qui la suivent. Le poème des désirs du mâle, le grand levier qui remue le monde. Il n'y a que le cul et la religion. »

cette fois, l'agent pathogène ne se contente pas d'évoluer à la périphérie des corps sous forme d'émanations nocives, il investit le vivant de l'intérieur, par le sang. Or, que font les innombrables « romans de filles » qui s'écrivent à cette époque pour combattre ce péril ? Ils se contentent le plus souvent de reproduire l'image stéréotypée, les notations obligées sur la prédisposition héréditaire, sur les mœurs de la prostituée et de conduire complaisamment la visite du bordel avec l'alibi documentaire[26]. En un sens, cette littérature d'observation, de voyeurisme voluptueux et angoissé se trouve en retrait par rapport aux propositions que contenait la célèbre étude de Parent-Duchâtelet, *De la Prostitution dans la ville de Paris* (1836). À en juger par le ressassement romanesque ainsi que par les campagnes menées contre les maisons de tolérance, la génération de 1880 ne partage pas l'optimisme du grand hygiéniste. L'option réglementariste, consistant à circonscrire et réglementer la prostitution, paraît insuffisante à mesure d'ailleurs que s'étend la prostitution clandestine, celle qu'incarne précisément le personnage de Satin dans *Nana*. Mais, comme le note René-Pierre Colin[27], les naturalistes ne prennent pas position contre la prostitution et Zola tient sur le sujet un discours qui ressemble à s'y méprendre à celui qu'il tenait quelques années plus tôt dans sa préface à *L'Assommoir*, c'est-à-dire un discours réformiste qui renvoie dos à dos la prostituée et la société, qui ne recule pas devant les plaies sociales mais ne va pas jusqu'à leur trouver des remèdes. « Le milieu fait la fille, qui, plus tard, par une action réflexe, gâte le milieu. Tout le problème scientifique de la prostitution est là, pas ailleurs[28]. »

Voilà pour le discours car le roman, lui, est moins occupé du « problème scientifique » que de sa représentation et de sa gestion dans l'ordre de l'imaginaire. Ici précisément *Nana*, comme *L'Assommoir*, s'éloigne du tout-venant de la production naturaliste consacrée au même thème, et Zola dépasse de beaucoup ses concurrents immédiats sur le même terrain, Huysmans avec *Marthe*, Goncourt et sa *Fille Élisa*, deux romans parus la même année que *L'Assommoir*. De l'intérêt des synchronies littéraires évidemment.

26 Sur la question générale de la prostitution, on se reportera à Mireille Dottin-Orsini et Daniel Grojnowski, *L'Imaginaire de la prostitution. De la Bohème à la Belle Époque*, Paris, Hermann, 2017.

27 René-Pierre Colin, *Zola Renégats et alliés la République naturaliste*, Lyon, Presses Universitaires de Lyon, 1988, notamment le chapitre « Misère sexuelle », p. 178-206.

28 Zola, cité d'après R.-P. Colin, *op. cit.*, p. 192.

Mais il ne faut pas se tromper sur la nature du roman : à le traiter seulement comme un efficace instrument de récupération, au service de la bourgeoisie, on risque peut-être de manquer l'essentiel. Si le roman zolien accède à une certaine maîtrise de l'Autre, entendons de l'altérité radicale, de l'altérité physiologique (l'odeur, le sang) désignée comme race, c'est moins par l'appropriation et l'imposition de savoirs, de toutes manières disponibles pour tous, que par le dépassement et l'emportement de ces savoirs à travers une fiction. « Puissance » de Zola – en comparaison de *L'Assommoir*, Flaubert trouve *La Fille Élisa* « sommaire et anémique[29] ». Mais qu'est-ce à dire ? Il y a dans *L'Assommoir*, dans *Nana*, et ailleurs, quelque chose d'exagéré, d'exorbitant qui fait littéralement sortir le roman de l'orbe de la représentation, pour le projeter du côté du mythe[30]. *L'Assommoir*, avec ses allures d'histoire fatale, met définitivement en place le mythe du tragique ouvrier en laissant des scènes inoubliables, presque archétypiques : Coupeau précipité de son toit, Gervaise triomphante dans sa boutique puis déchue, Gervaise sur le trottoir désert, entre autres. À travers ce mythe, ce n'est pas seulement le discours de l'altérité qui est produit, mais également une image qui ne se confond pas tout à fait avec le discours et la pensée claire de l'auteur, « image, étrange et proche, de l'ouvrier magique et repoussant, tour à tour monstre et martyr, héros et déchet, espoir et fossoyeur du monde moderne[31] ».

À cette mythologie qui, selon Nelly Wolf, s'élabore dans les trois romans ouvriers de Zola *(L'Assommoir, Germinal, La Bête humaine)*, on est tout à fait fondé à rattacher *Nana* qui accomplit le parcours mythique entrepris par Gervaise. L'« Ève prolétarienne[32] » se succède dans la Vénus corruptrice qui, propulsée au zénith de la société impériale, en deviendra l'emblème avant de l'entraîner dans sa chute au terme d'une carrière prodigieuse. Les implications émotionnelles sont encore plus fortes ici, en rapport avec le *tremendum fascinosum* qu'incarne le personnage ; Nana « tourne au mythe » selon le mot de Flaubert. Ce grandissement

29 Gustave Flaubert, Lettre à Edma Roger des Genettes du 2 avril 1877, *Correspondance*, t. V, Paris, Gallimard, Pléiade, 2007, p. 213.

30 Pour une approche de la question du peuple dans l'esprit d'une mythanalyse, voir Simone Bernard-Griffiths et Alain Plessin, *Peuple, mythe et histoire*, Toulouse, PUM, « Cribles », 1997.

31 Nelly Wolf, *op. cit.*, p. 63.

32 L'expression est de P. Carles et B. Desgranges, art. cité, p. 63.

d'un personnage populaire, parti du trottoir, ne sera pas du goût de Brunetière, ce qui prouve que le mythe peut rendre l'œuvre inacceptable pour la culture établie[33].

Sans doute le mythe a-t-il une fonction explicative. Il répond, selon sa logique propre, aux besoins et aux contradictions d'une conscience angoissée qui se projette dans des représentations d'origine et de condition (de condition déchue dans le cas de *L'Assommoir* et de *Nana*). Il a également une fonction exploratoire à l'égard d'une dimension de la vérité inaccessible au discours de la science. Cependant, il convient de ne pas se méprendre sur le type de maîtrise qu'offre cette symbolisation. Le mythe se présente comme une forme de discours particulière, telle qu'il y a lieu de penser que les hommes parlent moins le mythe qu'ils ne sont parlés par lui ou à travers lui. La maîtrise des locuteurs sur les effets de sens est apparente. C'est du moins ce qu'enseigne l'approche structurale du langage mythique.

MIXITÉS

Afin de rendre sa cohérence à cette ethnologie romanesque, il faut rétablir le lien qui existe entre la symbolisation, le processus métaphorique sur lesquels repose le mythe et ce que Zola présente comme l'enjeu spécifique, et pleinement conscient celui-là, de son livre, « la langue du peuple ». Cet enjeu semble d'ailleurs le principal point de friction avec le public, si l'on en croit l'auteur. Il est symptomatique en tout cas que dans cette seconde entreprise de symbolisation il se soit attiré les plus vifs éloges (de Huysmans et de Mallarmé notamment) et les pires accusations – où l'on retrouve l'argument de l'odeur perfidement retourné contre le style. Sous la plume d'un de Fourcauld par exemple : « Le style, je le caractériserai d'un mot de M. Zola, qui ne pourra se fâcher de la citation : Il pue ferme[34]. »

Réactions scandalisées devant la nouveauté d'une entreprise qui fait entendre tout du long, c'est-à-dire plus qu'il ne faudrait, la voix

33 Voir Roger Ripol, *Réalité et mythe chez Zola*, t. 2, Paris, Honoré Champion, 1981.

34 De Fourcauld dans *Le Gaulois* du 21 septembre 1876. Cité d'après la Notice de l'édition folio, p. 546.

populaire. Sans doute. Mais surtout, le « travail philologique » fait tourner l'ethnologie zolienne sur ses propres bases. Celle-ci change de nature, autant dire se dénature, en se donnant pour objet la langue et, à travers elle, la « race linguistique » au lieu de la race physique. Il se produit là quelque chose de singulier qui n'a pas dû échapper aux détracteurs : la hantise du contact dont se nourrit largement la description zolienne du peuple s'affaiblit sensiblement et le roman se commet dangereusement avec son méprisable objet qui, en l'occurrence, est un sujet parlant. N'oublions pas que la philologie, dont c'est d'ailleurs la grande époque, consiste, dans son acception la plus générale, à saisir le génie d'un peuple. Et notamment à travers ses manifestations linguistiques. Le « travail purement philologique » ferait ainsi, par son esprit propre, sortir l'écrivain bourgeois des limites de son mandat. C'est par cet écart qu'il fait véritablement œuvre d'ethnologue, presque au sens moderne du mot. Le roman accueille incontestablement la voix du peuple non seulement sous forme d'argot mais également sous la forme de fragments de culture populaire, comme lorsque sont rapportés au style direct les couplets scatologiques de Coupeau à la fin de la fête de l'oie[35].

Mais ce n'est pas cette forme de citation qui est forcément la plus scandaleuse, même si on peut incriminer la puanteur du style. Après tout, le romancier, par la bouche avinée du personnage, ne fait que renouer avec une tradition ordurière et carnavalesque, ce qui ne remet pas en cause son « exotopie[36] » : le narrateur reste extérieur au personnage et le discours citant au discours cité. Mais il en va différemment quand, sur de longues plages de récit, l'énonciation du narrateur s'allie à celle du personnage, se mésallie en l'occurrence. Ajoutons, indifféremment et à longueur de roman. C'est un des traits remarquables de *L'Assommoir* que tous les personnages, sans oublier le personnage collectif du quartier qui n'est pas le moins audible, accèdent à l'existence langagière via le discours indirect libre. C'est la marque grammaticale la plus claire de ce que Philippe Hamon nomme la « deshiérarchisation » du personnel romanesque dans cette seconde moitié du XIXe siècle[37]. Cette multiplicité

35 Sur les chansons dans *L'Assommoir*, voir P. Carles et B. Desgranges, « Impressions… café chantant : les chansons de *L'Assommoir* », *L'École des Lettres* II, n° 6, 1989-1990, p. 93-108.

36 J'emprunte le terme à Mikhaïl Bakhtine, *Esthétique de la création verbale*, Paris, Gallimard, 1984 pour la trad. fr., p. 159.

37 Philippe Hamon, *Texte et idéologie*, Paris, P.U.F., 1984. En particulier le chapitre « Héros, héraut, hiérarchies ».

de voix qu'on qualifiera, dans une perspective bakhtinienne, de polyphonie inouïe (Huysmans pour sa part évoque « l'orchestre puissant du style ») a pour effet certain de frayer à l'altérité langagière un passage au sein de l'institution. Menace de l'intérieur qui n'est pas sans rappeler la menace épidémique et vénérienne.

Relativement à cet effet de nouveauté, l'argument du plus ou moins grand « réalisme » est d'une assez faible portée. D'autant que l'auteur a devancé l'objection en posant que son intention avait été de « ramasser et de couler dans un moule très travaillé la langue du peuple », ce qui implique clairement la recherche d'un compromis afin de rendre cette langue compréhensible et acceptable par le public. La critique du parti-pris linguistique de Zola se modifiera significativement plus tard lorsque précisément l'usage du discours indirect libre sera devenu un tic d'écriture pour les écrivains naturalistes. On dénoncera alors la sophistication du procédé comme contradictoire avec la platitude et avec la bassesse des couches sociales représentées. En fait, l'argument est erroné puisque le discours indirect libre n'est pas exclusivement réservé à l'usage littéraire. Comme le notait déjà Henri Frei : « Il n'est d'ailleurs que le retentissement grammatical, et littéraire, d'une figure sémantique courante dans la langue parlée : l'interversion des interlocuteurs. Le parleur met dans sa propre bouche les opinions de son interlocuteur[38]. »

On devine tout ce que cette « interversion », de bouche en bouche, peut inspirer de suspicion et d'allergie pour qui veut préserver son corps social et, par conséquent, son corps parlant. En un sens, l'analyse que proposent les linguistes du plus subtil des modes du discours rapporté n'infirme pas ces craintes. Le discours indirect libre (D.I.L.) apparaît comme un mode particulièrement impur. Forme de citation oscillant entre le discours et le récit qui emprunte certains de ses traits au discours direct et au discours indirect, qui n'a pas d'introduction spécifique, qui abolit la frontière entre discours citant et discours cité, entre narrateur et personnage, qui commence et s'arrête on ne sait trop où : le D.I.L. est pour toutes ces raisons difficile à repérer et à interpréter[39]. Dans le moule où le narrateur zolien « coule » la langue populaire, la mêlant à

38 Henri Frei, *La Grammaire des fautes*, Genève, Slatkine Reprints, 1971, p. 242.

39 Sur le D.I.L., voir Dominique Maingueneau, *Éléments de linguistique pour le texte littéraire*, Paris, Bordas, 1986, chap. 5 « le discours rapporté » ; Bernard Combettes, « Discours rapporté et énonciation, trois approches différentes », *Pratiques* n° 64, déc. 1989, « Énoncé, énonciation et discours rapporté », *Pratiques* n° 65, mars 1990.

la sienne propre selon des posologies variables, qui parle ? « Ça » parle et « on » parle, sommes-nous tentés de répondre en reprenant les « on » et les « ça » dont il est fait grand usage dans *L'Assommoir*. Le « on » faussement impersonnel qui présuppose souvent un narrateur présent à l'histoire racontée ; le « ça » qui est la marque la plus petite de cette « contamination lexicale » (D. Maingueneau) qui, par endroits, gagne le récit comme si le vocabulaire du personnage se propageait à l'intérieur de l'énonciation du narrateur. Les deux vont d'ailleurs souvent de pair comme dans ce passage où la voix du narrateur finit par s'effacer au profit de celle du personnage (Nana ici) et le récit au profit du D.I.L.

> Avec ça, on ne mangeait point à sa faim, on crevait de froid. Si la petite s'achetait quelque chose de gentil, un nœud de ruban, des boutons de manchettes, les parents le lui confisquaient et allaient le laver. Elle n'avait rien à elle que sa rente de calottes avant de se fourrer dans le lambeau de drap, où elle grelottait sous son petit jupon noir qu'elle étalait pour toute couverture.
> Non, cette sacrée vie-là ne pouvait pas continuer, elle ne voulait point y laisser sa peau[40].

Cette contamination ne se limite pas au lexique, elle affecte toute l'énonciation. Précisons l'énonciation réaliste, laquelle a tendance à brouiller la nécessaire opposition des narratologues entre « qui raconte ? » (voix) et « qui perçoit ? » (point de vue) pour produire, chez Flaubert et Zola notamment, une subjectivité narrative d'un genre inédit, constituée inséparablement d'un voir et d'un dire. Dans *L'Assommoir*, l'impureté du dire a son correspondant, au plan du voir, dans la délégation fréquente de la perspective à une instance intermédiaire qui n'est ni tout à fait assimilable au narrateur ni au personnage. Cette instance implicite tantôt appelée « narrateur-témoin », tantôt « observateur[41] », sans être actantiellement impliquée dans l'énoncé, est néanmoins responsable d'une partie de l'information narrative. C'est souvent à elle que le lecteur est redevable de la description des personnages dans leur milieu, « comme si nous y étions ».

Il n'est pas sûr qu'il faille réduire cette autre trouvaille de *L'Assommoir* à la formule du roman naturaliste conçu comme dispositif permettant

40 Zola, *L'Assommoir*, *op. cit.*, p. 435.
41 La première appellation est due à Dominique Maingueneau (*op. cit.*), la seconde à A. J Greimas et J. Courtés, *Sémiotique dictionnaire raisonné de la théorie du langage*, t. 2, Paris, Hachette Université, 1986, article « Spectateur ».

de voir sans être vu et, éventuellement, de pratiquer le voyeurisme en toute honnêteté. De même, on se tromperait sans doute si l'on limitait la découverte linguistique de Zola à un moyen de parler la langue du peuple sans être parlé par elle ou à travers elle. Le « moule très travaillé » ne se contente pas d'accueillir une altérité langagière, il reflète et fabrique d'une certaine manière une subjectivité qui implique le fabricant (le romancier) et, au-delà, le lecteur, impliqué lui aussi, émotionnellement au moins. Ce que Mallarmé a fort bien exprimé dans sa lettre enthousiaste à Zola dans laquelle il salue son

> [...] admirable tentative linguistique, grâce à laquelle tant de modes d'expression souvent ineptes forgés par de pauvres diables prennent la valeur des plus belles formules littéraires puisqu'ils arrivent à nous faire sourire ou presque pleurer, nous lettrés ! Cela émeut au dernier point[42]...

La voix qui parle à travers *L'Assommoir* ainsi que l'observateur engagé dans la collectivité qu'il décrit, cependant décalé par rapport à elle, évoquent très exactement la situation, la posture de l'ethnologue. Tout se passe comme si Zola, en anticipant sur l'ethnologie moderne, en voie de constitution, formulait la problématique majeure de la discipline qui est le rapport du sujet observateur au sujet observé. Qu'en l'occurrence le sujet observé ne soit pas une société lointaine ne change pas grand-chose à l'affaire puisque l'équivalence race/classe est démontrée à l'époque et que le travail de terrain ethnographique, tel que Zola l'a pratiqué effectivement, établit la coupure qui définit l'ethnologie comme telle.

Les problèmes méthodologiques sont en partie les mêmes. Comment avoir une vue objective des phénomènes humains sans tomber dans le piège de la réification ? Comment conduire une observation participante ? Comment concilier distanciation et identification étant entendu que c'est la compréhension de l'intérieur que l'on vise ? Claude Lévi-Strauss l'a dit : « ce que tout ethnologue essaye de faire pour des cultures différentes : se mettre à la place des hommes qui y vivent, comprendre leur intention dans son principe et dans son rythme[43]. » Enfin, quelle place faire à la subjectivité (qui intervient bien chez les ethnologues chaque fois qu'ils éprouvent le besoin de se raconter) et au jugement moral ? On sait qu'un

42 Mallarmé cité d'après la notice des *Rougon-Macquart*, t. 2, Paris, Gallimard, Pléiade, p. 1565-1566.

43 Claude Lévi-Strauss, *La Pensée sauvage*, Paris, Plon, 1962, p. 331.

Lévi-Strauss notamment dénie à l'ethnologie le droit de juger car, pour juger, il faudrait disposer d'un critère absolu, hors culture. Critère dont personne ne dispose puisque chacun habite sa culture.

Évidemment, c'est sur ce dernier point que l'entreprise de Zola se sépare le plus nettement de la démarche ethnologique ou, si l'on préfère, que le roman reprend ses droits. Le récit zolien ne s'écrirait pas, lui, s'il ne disposait d'un critère philosophique et moral à partir duquel il peut émettre des jugements, hiérarchiser, qualifier des mœurs et des cultures, délivrer même à travers la fable, une morale. Ce qu'il fait sans embarras apparent, si l'on en croit la préface. Cette dernière n'est, il est vrai, qu'un des lieux – sans doute le plus visible – où s'énonce ce discours de la norme, dont la nouveauté est tout de même qu'il en appelle plus à la responsabilité des classes dirigeantes qu'à la vertu des classes inférieures. Mais il est clair que c'est le roman tout entier qui retentit d'un propos de classe, ce dont Zola paraît convenir lorsqu'il définit son récit comme « de la morale en action, simplement[44] ». On appréciera ce « simplement » sous la plume de l'hypocrite préfacier, qui ne fait sans doute là que subir la loi du genre. En vérité, le roman de Zola est singulièrement mixte. De cette mixité, de cette impureté même, la trouvaille linguistique n'est qu'un symptôme remarquable. Car *L'Assommoir* est issu de plusieurs croisements : entre le propos idéologique et l'écriture artiste, entre les savoirs positifs et la symbolisation mythique, entre l'ethnographie et le racialisme, enfin entre un travail de reconnaissance plus ou moins imposé et un projet de connaissance ethnologique dont le récit éprouve authentiquement les enjeux comme les difficultés. Ce n'est pas là la moindre de ses réussites.

Il y a pour finir un paradoxe à relever quant à la représentation du peuple dans le roman français. Ce paradoxe apparaît clairement si l'on regarde en avant, au-delà de Zola et du naturalisme. Qu'advient-il en effet du thème ouvrier abondamment traité aussi bien au cours de la période 1890-1914 qu'après-guerre, spécialement dans les années 1930 ? Le fait le plus marquant est que la IIIe République littéraire échoue à saisir la problématique des Temps modernes et à fonder le tragique et l'héroïsme industriel, comme à écrire une épopée ouvrière comparable à celle que Zola avait inventée pour son temps. Nelly Wolf qui a fort bien décrit cet échec y voit « le fruit d'une contradiction interne au

44 Zola, *L'Assommoir*, *op. cit.*, p. 17.

devoir démocratique », lequel favorise une vision homogène de la société, et le résultat d'« un blocage régressif sur le matériel symbolique du XIXe siècle[45] ». Ainsi, alors que le discours zolien de l'altérité avait réussi à former une représentation romanesque d'une grande vitalité et d'un profond intérêt ethnologique, au siècle suivant, la littérature populaire perd une part de sa substance problématique et symbolique. Toutefois, ce juste constat n'empêche pas d'estimer à leur juste valeur les entreprises ultérieures de ceux qui, dans l'entre-deux-guerres, ont illustré « l'âge parlant du roman[46] », suivant la formule de Jérôme Meizoz. Plus près de nous, il convient enfin d'apprécier ceux de nos contemporains qui, à l'image d'Annie Ernaux ou de François Bon[47], s'attachent à dire la condition des dominés et se posent très consciemment, mais différemment, la question de la langue.

45 Nelly Wolf, *op. cit.*, p. 71-72.

46 Voir Jérôme Meizoz, *L'Âge du roman parlant (1919-1939)*, Droz, Genève, 2001.

47 Je me permets de renvoyer à ma contribution « L'usine : dehors, dedans. François Bon », in Jean-Yves Laurichesse et Sylvie Vignes éds., *États des lieux dans les récits français et francophones des années 1980 à nos jours*, Paris, Classiques Garnier, 2019, p. 209-222.

FIGURES PLÉBÉIENNES
(*LES VA-NU-PIEDS* DE LÉON CLADEL)

Sacrifions à l'usage qui veut que l'on aille à Cladel sur la recommandation d'un plus illustre que lui, en l'occurrence Zola en son discours de 1892, prononcé aux obsèques de l'écrivain :

> Pendant les trente années de son dur et glorieux labeur, il est resté fidèle à la terre d'où il était sorti, il a aimé les humbles et les souffrants qu'il avait coudoyés dans sa jeunesse. Ses héros préférés, ce sont les va-nu-pieds des champs et des villes, tous ceux que la vie sociale écrase ; ce sont aussi les simples, les grands et les tendres, dont chaque heure, dans la bataille de l'existence, est un héroïsme. Il les prenait parmi le peuple, il leur soufflait l'âme naïve et forte des foules, il les faisait à son image ; car, même sous l'usure de notre terrible Paris, il avait gardé la simplicité et une tranquille grandeur. Il s'était mis véritablement à part, dans notre monde littéraire[1].

Tout le discours est un hommage appuyé au parfait « ouvrier » que fut Cladel mais il exprime aussi la reconnaissance de ce que fut sa place dans la République des lettres. N'échappe pas à Zola le paradoxe de cette situation littéraire. Voilà un auteur exigeant, sans concession, qui a conçu des œuvres à la gloire des petits et des misérables mais qui ne vont « point à la foule, à l'immense peuple des illettrés », qui « ne se laissent point aisément pénétrer par la foule[2] ». Cladel ou le paradoxe d'un auteur prolétaire élitiste, écrivant pour les *happy few* et manquant le succès public, ces « forts tirages » qui vous signalent dans l'espace des lettres, et que l'auteur de l'hommage a bien connus au moment où il s'exprime.

Zola a une autre formule intéressante : « Il était un maître, il tenait tout un coin de notre littérature[3]. » Elle suppose qu'il existe des domaines périphériques dont on peut se faire une spécialité et sur lesquels on

1 « Discours aux obsèques de Léon Cladel », in *Mélanges critiques, Œuvres complètes*, tome XII, Paris, Cercle du Livre Précieux, 1969, p. 666.

2 *Ibid.*, p. 667.

3 *Ibid.*, p. 667.

peut apposer sa griffe. Ce « coin » n'est pas à entendre seulement selon l'acception étroitement régionaliste que l'on dit généralement. D'ailleurs, Zola précise : « Ses héros préférés, ce sont les va-nu-pieds des champs et des villes[4]. » À ces personnages subalternes, issus de la plèbe, Cladel a choisi de réserver un traitement héroïque, au moment même où le romancier naturaliste « tue les héros[5] ». Il l'a fait tantôt dans de larges compositions qui portent le nom de ces héros (*Le Bouscassié, Ompdrailles, L'Homme-de-la-Croix-aux-Bœufs*[6]), tantôt dans des textes de modeste format mais où néanmoins leurs figures sont fièrement dressées, comme dans *Les Va-nu-pieds*, recueil de nouvelles paru en 1874 chez Lemerre.

Ici, il y aurait un rapide examen historique à pratiquer. Il faudrait voir comment, selon une coupe assez large, dans les années 1850-1890, il a été répondu au défi esthétique qui consiste à représenter et à relever ce qui, dans l'échelle sociale des êtres, se trouve au plus bas. Il faudrait remonter au précédent du « roman champêtre », par exemple à *La Mare au diable* dont Sainte-Beuve faisait grand cas, la qualifiant de « petit chef-d'œuvre ». Il faudrait faire un sort particulier au conte impeccable de Flaubert, *Un Cœur simple*, écrit avec la pensée de George Sand, au chef-d'œuvre naturaliste à succès, *L'Assommoir.* En mettant à part *Les Misérables* de Hugo, qui sont presque hors concours. Dessinant une espèce de panthéon, on comprend que Cladel n'y figure pas. Ce n'est pas faute d'avoir essayé. Peut-être s'est-il trop efforcé à cette pérennité par le style. S'est-il trompé de voie par son choix antidaté de l'épique ? Ne serait-ce pas aussi une question de positionnement dans le champ, ce que suggère à sa façon Zola par sa formule, un « coin des lettres ». Ou bien le jugement premier des contemporains est-il erroné ? Auquel cas nous serions mieux placés qu'eux pour estimer l'entreprise de Cladel. Car le panthéon peut être réaménagé – cela du reste fait partie de sa définition, comme l'a souligné Sainte-Beuve dans l'un de ses *Lundis.*

Soit ce « coin des lettres » tenu par Cladel, soient ces va-nu-pieds qui donnent leur titre à une œuvre présentée par l'auteur dans sa préface

4 Cladel, poète des va-nu-pieds, la mémoire a bien retenu ce trait. L'affiche du centenaire de sa naissance, célébré en 1935 par la ville de Montauban, en porte l'indication : « Léon Cladel. Écrivain régionaliste, poète de la terre du Quercy, des paysans et des va-nu-pieds. »

5 Zola, *Les Romanciers naturalistes* [1881] in *Œuvres complètes*, t. XI, Paris, Cercle du Livre Précieux, 1968, p. 98.

6 Plusieurs de ces romans sont abordés dans l'ouvrage collectif dirigé par Pierre Glaudes et Marie-Catherine Huet-Brichard, *Cladel*, Toulouse, Presses Universitaires du Mirail, « Cribles », 2003.

comme « un malencontreux recueil de tragiques histoires plébéiennes ». En fait, douze nouvelles qui forment une galerie de portraits. Une chose frappe d'emblée, la richesse dans la désignation de ces figures, surtout si on compare à certains contemporains, en particulier au « cœur simple » de Flaubert, si pauvrement nommé. Cladel ne connaît pas non plus l'embarras de notre époque quand il s'agit de nommer « les gens de peu », suivant l'expression de Pierre Sansot[7]. Il a sa manière personnelle d'incarner en des figures particulières, et particulièrement désignées, le sujet populaire. Il s'ensuit que « le peuple », sociogramme (dirait Claude Duchet) qui s'impose à toute une époque, est chez lui fortement concrétisé et pluralisé, ce que manifeste déjà le titre *Les Va-nu-pieds*. Pluriel que l'on retrouve dans d'autres recueils parus ultérieurement où Cladel fait défiler des personnages hauts en couleur : *Bonshommes* (1879), *Quelques sires* (1885), *Effigies d'inconnus* (1887) ou *Gueux de marque* (1887) – l'alliance de termes dit bien l'intention du portraitiste qui recommande des figures populaires, leur prête éclat et noblesse.

Observons au passage que Cladel est expert en formations composées, qu'il s'agisse de héros (*N'a-qu'un-œil*, 1882) ou d'héroïne (*Crête-Rouge*, 1880) éponymes. Il parle des « sans culottes », des « sans façons », de « tout le peuple des meurt-de-faim », des « Rien-du-Tout », etc. Cette richesse nominative, nous pouvons la vérifier dans chacune des nouvelles de notre recueil. Par exemple dans *Éral.* C'est l'histoire d'un « bon diable de la barrière Saint-Antoine » amoureux d'une étoile du cirque, une dompteuse, et qui, voulant obtenir ses faveurs, descend dans l'arène du cirque Napoléon pour y défier un formidable tigre du Bengale. Il est présenté comme « un bon diable sans sou ni maille », « un vrai zig », un « casse-cou ». Il est encore nommé « le croquant », « le faubourien », « l'incorrigible faraud », « le braque », « le bon drille », « l'humble enfant de la balle », « l'épique voyou », « le petit belluaire ».

Abondance, *copia verborum* donc, mais aussi richesse de la galerie. Traversons-la rapidement. Le recueil s'ouvre sur une nouvelle intitulée « Mon ami le sergent de ville ». C'est l'histoire d'un sergent de ville, séducteur impénitent, qui, un soir, s'intéresse au sort d'une grisette arrêtée sur le boulevard. Celle-ci se trouve être sa sœur, et la nouvelle est organisée autour de la reconnaissance de deux orphelins. La deuxième nouvelle « Achille et Patrocle », dans un registre nettement héroïque,

7 Pierre Sansot, *Les Gens de peu*, Paris, PUF, « Sociologie d'aujourd'hui », 1991.

est l'histoire d'un conscrit de l'an II qui se découvre un frère d'armes au cours des campagnes napoléoniennes. À la fin, l'un de ces ardents républicains tout pénétrés de l'esprit révolutionnaire, meurt aux bras de l'autre dans la redoute de la Moskova. La nouvelle suivante « Le nommé Qouæl », porte le nom du héros d'un fait divers épouvantable puisque c'est l'histoire d'un vagabond évadé de Sainte-Pélagie qui viole une princesse dont il est amoureux et se donne la mort au cours du viol. Le fantasme de transgression sociale et sexuelle est ici poussé jusqu'à ses conséquences les plus horribles, d'autant qu'à la dernière page de la nouvelle on apprend que la chaste héritière a mis au monde un enfant. La nouvelle suivante, qui est quercynoise, « Les Auryentys », ne propose pas d'aventure. C'est une sorte d'ethno-récit qui agite la question des fils de la terre. Elle fait entendre par la voix du frère paysan un très virgilien *Fortunatos nimium agricolas*, mais pour lui opposer, par la voix des deux autres frères, la complainte de l'ecclésiastique et l'indignation du soldat, tous deux privés de terre et de descendance. Dans « L'Enterrement d'un îlote », le narrateur suit le convoi funèbre d'un paysan que personne n'a jamais aimé, il assiste ensuite à un simulacre de messe et à la fin se retrouve seul devant la tombe du malheureux en compagnie de ses deux chiens malheureux. Chez Cladel du reste, l'animal apparaît souvent comme naturellement attaché aux « simples », étant simple lui-même, ce qu'avait déjà noté Michelet dans *Le Peuple.* Dans « Un noctambule », nouvelle d'esprit à la fois balzacien et baudelairien, le narrateur emboîte le pas d'un « écumeur de pavés », d'un chiffonnier. Il le suit dans une taverne, puis dans son bouge-palais où ce moderne Diogène porte sa récolte extraordinaire et conserve une mystérieuse relique qui aiguise la curiosité du narrateur[8]. Nouvelle politique s'il en est, « La Citoyenne Isidore » conte la visite qu'une octogénaire du faubourg Marcel rend à son renégat de frère devenu sénateur et allié du duc de Morny. C'est le face à face vengeur de la faubourienne et du « fils abâtardi », tous deux descendants d'un jacobin de Prairial. La référence au régime détesté se maintient dans la nouvelle suivante « Nazi », qui est quercynoise. C'est le lamento d'une bergère dont le mari, maçon monté à Paris, a été tué pour s'être opposé aux soldats du Prince-président. Par une cruelle ironie du sort, son fils aussi sera tué à la guerre, à Sedan. « L'Hercule » concentre en

8 Sur cette riche figure du chiffonnier, voir Antoine Compagnon, *Les Chiffonniers de Paris*, Paris, Gallimard, « Bibliothèque illustrée des Histoires », 2017.

quelques pages le tragique de la condition foraine. Deux saltimbanques se tuent à la peine pour vaincre un public particulièrement avare. Lorsque, à force d'exploits, ils s'en rendent enfin maîtres, le colosse épuisé s'abat et meurt. L'avant-dernière nouvelle, « Montauban-Tu-Ne-Le-Sauras-Pas », est directement inspirée de la biographie de l'auteur puisque ce titre fut le nom de compagnon porté par le père de Cladel. Le bourrelier jeté sur les routes de France est hanté par le rêve d'une terre. Parvenu à réaliser son rêve, il a la tristesse de voir son fils caresser un tout autre rêve que le sien, celui de devenir un artiste, « un barbouilleur doublé d'un aristo[9] » suivant les termes de son géniteur. Conflit du père et du fils donc, du paysan et de l'artiste. Mais l'artiste vaincu reviendra au pays pour s'y ressourcer tandis que le père monté à Paris pourra assister au triomphe du fils reconnu au salon. La nouvelle qui ferme le recueil « Revanche » est nettement plus sombre. Elle met en scène le dernier carré des « communalistes » réfugiés au Père-Lachaise et sur le point de succomber à l'assaut final des Versaillais. « Revanche » est le nom qui, en ce lieu fatidique, est donné au rejeton d'une fière faubourienne et du brave capitaine qui commande à ce dernier carré. Le *vae victis* tragique est néanmoins associé à la promesse de la République future[10].

Ce passage en revue permet du moins de vérifier que le pluriel du titre est justifié et qu'il reçoit dans tout le recueil un contenu figuratif très affirmé. Cette longue théorie de figures fortement dessinées procède en partie de ce que Zola eût appelé le « monde à part » (dans lequel il range notamment le prêtre et la prostituée). Refaisons-les défiler rapidement : le paysan, la bergère du Quercy, le soldat, la grisette ou, plus crûment, la « galérienne de l'amour », le chiffonnier, le faubourien et la faubourienne, l'artiste de cirque et l'artiste tout court. Et encore : l'apprenti, le compagnon, l'insurgé et la pétroleuse. Toute une humanité d'en bas, prolétaire, se presse dans ces pages serrées, à laquelle on est tenté d'appliquer les mots de Balzac en hommage aux personnages du roman qui « ne vivent qu'à la condition d'être une grande image du présent. Conçus dans les entrailles de leur siècle, tout le cœur humain se remue sous leur enveloppe[11] ». Ce sont en effet de vivantes images

9 *Les Va-nu-pieds* [1874], Paris, Alphonse Lemerre, 1884, p. 309.

10 Sur cette importante question de la Commune de Paris, je renvoie aux contributions d'Hélène Millot, Frank Lestringant et Yves Reboul dans le collectif *Léon Cladel*, *op. cit.*

11 Avant-propos à *La Comédie humaine*, t. I, Paris, Gallimard, Pléiade, 1976, p. 10.

d'un présent large qui déborde le moment de l'écriture. En fait, un quasi-siècle qui résulte d'une coupe historique délibérément tranchée et orientée, de la Révolution à la Commune et à ses suites.

Plusieurs de ces va-nu-pieds s'enracinent dans le sol révolutionnaire, soit directement, tels ces Achille et Patrocle suivant les campagnes de Napoléon, soit indirectement par le lien de filiation et par la mémoire des ancêtres. Ajoutons que la mentalité, l'habitus révolutionnaires se conservent naturellement dans les faubourgs – ce que dit exactement Hugo dans ses *Misérables* – mais également dans le corps prolétaire et dans sa langue. Qu'on voie le défi physique et verbal de la Citoyenne Isidore ou la crânerie du dompteur Éral qui plaisante « son Excellence le tigre » et le terrasse à la fin. Il conviendrait d'observer comment Cladel travaille (j'emploie exprès ce mot qui lui est cher) les deux déterminations capitales de ce peuple dont on a proclamé depuis peu le « droit au Roman », suivant la formule des Goncourt dans leur préface à *Germinie Lacerteux.* Ces deux déterminations – le corps, la langue – se trouvent réunies dans ce qu'il faut bien appeler une race. On connaît les termes du débat, disons, au moment de *L'Assommoir.* Quel regard porter sur cette race ? Regard naturaliste, censément médical, à la Zola, regard charitable à la Hugo, pour ne rien dire des Goncourt. Quoique, pour le contraste, il faille entendre Edmond s'exprimer dans son *Journal* (en date du 3 décembre 1871) à propos de « l'attrait des populations inconnues, et non découvertes » qui présentent « quelque chose de l'exotique que les voyageurs vont chercher ».

Ce qui intéresse surtout Cladel, semble-t-il, c'est le corps au travail, à tous les sens du terme. C'est pourquoi lui sont précieux le laboureur retournant l'humus, l'hercule de foire en plein exercice, le compagnon aux bras tatoués, le fugitif trouvé mort et aux chairs labourées. Non que ces corps donnent nécessairement lieu à des études savantes (comme chez un Degas aux prises avec ses repasseuses ou avec l'artiste de cirque) mais ils provoquent l'admiration et suscitent la plume épique de l'auteur qui les célèbre. Car ces corps-là ont leur éloquence propre. Ainsi de l'hercule de foire : « Il agissait comme d'autres parlent : éloquemment, il faisait des phrases, des figures, de la couleur et du dessin avec ses poids comme l'orateur avec les mots[12]. »

Le corps au travail et, évidemment, la parole en action, quels que soient la forme empruntée et le lieu où elle s'énonce. L'arène du cirque,

12 *Les Va-nu-pieds*, *op. cit.*, p. 273.

la place publique, la prison de Sainte-Pélagie, le champ de bataille, la table paysanne, le cabinet sénatorial où la citoyenne Isidore soufflète son traître de frère. Il faudrait faire entendre les langues de Cladel : langue de la prison, du boulevard, langue des villes et langue des champs, jargon des métiers et des spécialités. Il faudrait également montrer la gamme des idiomes et des personnages qui les articulent : mots tranchants, fanfarons, bons mots du faubourg, mais aussi le lamento du déshérité et de la veuve, la protestation, l'interpellation, le réquisitoire (qui fait penser au Forgeron de Rimbaud). Contrairement aux naturalistes qui préfèrent « la morale en action » (Zola), Cladel, lui, ne peut s'empêcher de mettre celle-ci en parole, dans la bouche de ses éloquents va-nu-pieds. Le plus éloquent n'est pas toujours celui que l'on croit ; dans « Les Auryentys » par exemple c'est le frère soldat qui fait entendre la plus longue plainte :

> Ah ! moi, j'ai franche bouche ! et je sonne à tour de bras. Il s'exprime à la doucerette, lui, l'apôtre, cela m'est impossible à moi. Par force, il faut que je braille en songeant à la longueur de mon tourment. [...] Croupir à l'armée ! Être soldat !... On ne se figure point ce que c'est ! D'abord, en temps de paix, on fainéante au midi comme au nord, on se saoûle, on traîne ses guêtres partout, on fréquente les bastringues, on court les filles qui vous empoisonnent et que l'on crève, on moleste les civils en reluquant leurs dames, cela n'est-il pas permis au soudrille qui se croit tout et n'est rien ? « Hé ! si tu bouges, pékin, gare ! » Et l'on dégaîne... Il est si facile, quand on a la moindre flamberge au flanc, de provoquer ceux qui n'ont que dix doigts pour se défendre, un contre trois le plus souvent. Tas de sagouins que nous sommes ! Et nous nous vautrons dans la mélasse jusqu'au jour où les bandes des Joseph, des Guillaume ou des Nicolas que l'on mécanise sans cesse, en ont assez de nos fanfaronnades et se rebiffent : « À la bonne heure ! C'est la guerre... On aura de la pâtée de Russe ou de Deutsche à chaque repas, et pour dessert une tranche de Mexicain ou de Romagnol[13] ! »

Suit une longue tirade où sont dépeintes toutes les misères de la vie militaire.

Mais la parole brève a elle aussi son efficacité propre. « Achille et Patrocle » le montre bien à travers le saisissant face à face du fier montalbanais Jean Gasq et de « l'autocrate » qui passe ses troupes en revue. Napoléon interpelle ce Jean Gasq qui le toise hardiment :

> – Pourquoi donc, mon brave, n'as-tu pas encore la croix ?
> – Je ne sais pas, général.

13 *Ibid.*, p 121-122.

> – Tu veux dire : Sire.
> – Je dis : Général.
> Le Corse sourit, après avoir blêmi. Sans doute il était d'humeur débonnaire ce jour-là[14].

Autre ligne de partage entre Cladel et les naturalistes, elle est, si on peut dire, presque ethnologique. Elle tient à cette idée de race à laquelle souscrit Cladel et qui s'éclaire diversement dans son œuvre, et même dans sa vie. S'en tenant aux *Va-nu-pieds*, on constate que l'individu, fût-il sans famille (le livre d'Hector Malot date de 1878), se rattache à une lignée. La plus prestigieuse est formée de ceux qui se transmettent le flambeau révolutionnaire et gardent intact cet esprit, tels Achille et Patrocle, ces « exterminateurs de l'antique hiérarchie[15] ». Il y a aussi la lignée naturelle, le lien de sang, même s'il est parfois compromis, comme par la sévère règle du partage en terre quercynoise. Ce lien ne saurait être désavoué, du moins si l'on en croit la plus personnelle des nouvelles de ce recueil. Montauban-tu-ne-le-sauras-pas se réconcilie avec son fils artiste dans l'atelier même où le peintre a représenté ses ancêtres. Le paysagiste s'est fait leur portraitiste et, pourvus de leurs noms de compagnons, « ces réfractaires » posent tels des héros. Le mot vaut au-delà de cette nouvelle, la plus longue du recueil et la plus personnelle aussi.

En effet, s'il fallait fixer en une formule l'être moral du va-nu-pieds selon Cladel, on pourrait dire que c'est un réfractaire fidèle. Fidèle à l'idéal révolutionnaire, fidèle à la lignée, à la terre, mais aussi bien à l'idée fixe ou au souvenir idéalisé, comme pour le chiffonnier de la nouvelle « Un Noctambule ». Dans ces conditions la figure du marginal et même celle, moins estimable, du hors-la-loi pourraient presque être rachetées. Et elles le sont d'une certaine manière par l'écriture d'un auteur qui est intéressé personnellement à ces figures qui, à quelque degré, le reflètent à lui, en particulier dans sa condition laborieuse et foraine d'homme des champs et d'homme de la ville. Car il n'y a pas loin d'eux à lui, comme il n'y pas loin de Montauban à Paris, pour reprendre l'interrogation posée par le fils à son père, au tout début de la nouvelle « Montauban Tu-Ne-Le-Sauras-Pas » : « Y a-t-il loin, bien loin de Montauban à Paris[16] ? »

14 *Ibid.*, p. 44.
15 *Ibid.*, p. 41.
16 *Ibid.*, p. 289.

Revenons à Zola et à un propos antérieur, datant des *Romanciers naturalistes*, au sujet de Cladel. Il est beaucoup plus sévère et répond sans ambages à la question de l'échec de Cladel et de son absence au panthéon qu'on évoquait plus haut. Erreur de calcul, tranche Zola :

> Je sais bien pourquoi M. Léon Cladel se donne une peine si rude à polir le style de ses romans. C'est qu'il a la conviction bien arrêtée qu'une œuvre ne vit que par la pureté de la forme. Il a la belle ambition de laisser des œuvres immortelles et il s'efforce de rendre parfaite chaque phrase qu'il écrit. Seulement, il y a là une duperie. Il n'est point vrai qu'il suffise d'avoir un style très soigné pour marquer à jamais son passage dans une littérature. La forme au contraire est ce qui change, ce qui passe le plus vite. [...] Un romancier qui se dit : « Je vais gagner l'immortalité à force de purisme », fait le plus faux calcul du monde[17].

Pire, lorsqu'il veut rendre les particularités et le langage du Quercy, comme par exemple dans *L'Homme de la Croix-aux-Bœufs*, Cladel aboutirait à un « galimatias poétique[18] » qui rebute le lecteur et le fatigue.

Ce jugement paraît bien sévère, et il mériterait d'être confronté à d'autres. Par exemple à celui de Paul Bourget qui, lui, se montre sensible à la tentative de Cladel. En l'écrivain il voit pour sa part celui qui a retenu la sévère leçon baudelairienne, même lorsqu'il se lance dans sa série de romans campagnards.

> « Du style en tout et pour tout !... » s'est-il écrié dans l'Avant-propos de *Les-Va nu-pieds*, mais du style à l'occasion de créatures à demi-conscientes, comme sont les hommes de la terre, – du style pour traduire leur rêve obscur des choses et d'eux-mêmes, – du style pour transcrire la sauvage poésie des champs et des bois ! Et pourquoi non ?... Et le prosateur s'ingénie à serrer sa syntaxe pour que les mots de patois qu'il encastre dans sa phrase y adhèrent solidement. Il va chercher sous ce patois les origines latines qui en font le frère de notre français, afin de n'employer que des termes qui soient de tradition, même dans leur rudesse fruste et populaire. Il poursuit, à travers ses pages, un nombre irréprochable, afin de fondre en une harmonie les rauques accents de ses héros rustiques. C'est, comme on voit, un art infiniment compliqué, mais en est-il un autre[19] ?

---

17 Zola, *Les Romanciers naturalistes* [1881], in *Œuvres complètes*, t. XI, Paris, Cercle du Livre Précieux, 1968, p. 242-243.

18 *Ibid.*, p. 243.

19 Paul Bourget, Préface à Léon Cladel, *Le Deuxième Mystère de l'Incarnation* [2e éd.], Paris, E. Rouveyre et G. Blond, 1883, p. XVIII-XIX.

Sans chercher à départager les deux critiques, on est cependant surpris de l'interversion des rôles, Bourget se montrant plus ouvert et plus philologue que son confrère qui pourtant, quelques années plus tôt, dans une fameuse préface, avait mis en avant le « travail purement philologique[20] » entrepris pour son propre compte sur la langue du peuple.

Quoi qu'il en soit, dans un livre comme *Les Va-nu-pieds*, le lecteur fait la rencontre d'un autre Cladel, moins encombré, moins préoccupé d'épique, peut-être moins « écarlate » pour reprendre la formule de Barbey d'Aurevilly[21], mais pas moins « plébéien avec exaltation[22] » pour reprendre celle de Bourget. Un Cladel se débattant dans moins de broussailles, s'exprimant dans une forme autre que le roman. Cette forme est donc la nouvelle, un format où sa langue « exagérée[23] » – en l'occurrence elle ne l'est pas vraiment, comme si le medium tempérait l'écrivain – s'adapterait mieux à ses figures minuscules, ces rien-du-tout majuscules.

20 Zola, Préface de *L'Assommoir*, Paris, Gallimard, « folio », 1978, p. 18.

21 Pour Barbey, Cladel est dans la lignée de Rabelais et de Rubens. Sur son jugement, je renvoie à l'article de Marie-Catherine Huet-Brichard, « "Un rural écarlate" ou les contradictions de Léon Cladel », in *Léon Cladel, op. cit.*, p. 143-154.

22 Paul Bourget, *Préface à Léon Cladel, op. cit.*, p. XVIII.

23 J'emprunte l'expression de « langue exagérée » à Pierre Michon à propos de ses propres *Vies minuscules*.

« IL PARLE BIEN, FRÉDÉRIC MOREAU »

En 1969, dans le numéro anniversaire de la revue *Europe*, une grande flaubertienne, Claudine Gothot-Mersch, consacrait un article au dialogue dans l'œuvre de Flaubert. Relativement au modèle théâtral d'abord prégnant (en particulier dans la première *Éducation sentimentale*), elle observait le progressif éloignement de l'auteur, la typisation nettement satirique du dialogue, son évidement du fait des idées reçues auxquelles il sert de véhicule, et même sa quasi inutilité. « Un seul personnage de Flaubert paraîtrait mutilé si on lui retirait la parole : on ne conçoit pas M. Homais muet – alors qu'Emma, Frédéric, Madame Arnoux ne perdraient pas grand-chose à le devenir[1] ». Mon objectif n'est pas de contredire ce sûr jugement, mais de modifier la perspective et de reconsidérer la pauvreté de ce dialogue. En mettant à profit l'enseignement de ceux qui, à la suite du « tournant pragmatique », ont entrepris d'analyser le discours en interaction, y compris dans ses manifestations les plus ordinaires[2]. Les occasions de discours ne manquent pas dans *L'Éducation sentimentale*, qu'il s'agisse de parole publique[3], de causeries et conciliabules, d'échanges privés de sorte que le roman est une mine pour qui s'intéresse aux rites de la communication et aux échanges en face à face. Comme l'écrit Philippe Dufour, « il y a ainsi lisible dans la fiction une anthropologie de la communication, savoir inédit : le roman du XIXe siècle ouvre la voie des sciences humaines[4] ». Je m'intéresserai à l'un de ces parleurs de la fiction qui n'est pas négligeable, même si beaucoup de ses propos semblent l'être, à savoir le héros.

---

1 Claudine Gothot-Mersch, « Le dialogue dans l'œuvre de Flaubert », *Europe*, n° 485-486-487, sept-oct-nov 1969, p. 117.

2 Dans cet intervalle est notamment à mentionner le numéro spécial *Communications*, n° 30 consacré à la conversation, présenté par Roland Barthes et Frédéric Berthet, Paris, Seuil, 1979.

3 Je renvoie à la belle étude qu'Henri Mitterand a consacrée au Club de l'Intelligence dans *Le Regard et le signe*, Paris, PUF, « écriture », 1987, p. 171-189.

4 Philippe Dufour, *La Pensée romanesque du langage*, Paris, Seuil, « Poétique », 2004, p. 91.

L'ÉDUCATION AU DISCOURS

On a coutume de présenter *L'Éducation sentimentale* comme une éducation politique et amoureuse. C'est aussi une éducation à discourir. Si pour tout héros le récit, au cours d'un processus réglé, fait état de l'acquisition d'une compétence, une chose frappe dans le cas de Frédéric Moreau, c'est qu'il tarde à l'acquérir et, *a fortiori*, à accomplir la performance qui le recommanderait. Ce qui vaut pour la composante actionnelle vaut aussi pour la composante discursive.

Longtemps Frédéric Moreau brille par sa discrétion et sa timidité : il regarde et écoute. Il est quasiment aphone lors de ses premières visites à l'Art industriel ; de même lors du bal à l'Alhambra ; de même lors de son admission au foyer des Arnoux, et encore dans le salon des Dambreuse (Deuxième partie, chap. II). Là d'ailleurs, se produit un phénomène singulier : il est agréé sans avoir presque rien dit, la conversation devenant du reste « impossible à suivre[5] ». Il est vrai que la bonne apparence et la « tenue[6] », au sens goffmanien du terme, suffisent parfois à réussir un rite d'admission. Mais, à ce stade, Frédéric Moreau n'est pas vraiment ridicule ; dans sa timidité et son embarras mêmes, il pourrait même incarner certaine figure en retrait de l'écrivain, homme de l'écrit et de la communication différée plutôt que de l'oral et de la communication en présence. C'est d'ailleurs son choix spontané lors de l'entretien avec Mme Arnoux à Saint-Cloud : « Elle admirait les orateurs ; lui, il préférait la gloire des écrivains[7] ». Ce n'est que le lendemain, sous son influence, que Frédéric s'imagine en orateur haranguant les foules. Mais ses performances officielles – l'examen oral de droit où s'illustre Deslauriers, comme plus tard la déplorable expérience au Club de l'Intelligence – montrent combien le héros est encore loin de cet état. Sans parler des accidents de langage, hésitations, bafouillages qui surviennent tout du long.

Prenons garde cependant : écouter n'est pas une infirmité. Non seulement le témoin apprend beaucoup mais il existe une compétence auditive, un art de se faire oublier dont les experts en conversation mondaine ont

5 Flaubert, *L'Éducation sentimentale*, éd. de Pierre-Marc de Biasi, Livre de poche, 2002, p. 217.

6 Erving Goffman, *Les Rites d'interaction*, Paris, Éd. de Minuit, 1974, p. 43-85.

7 *L'ÉS*, p. 154-155.

dit le prix[8]. Il convient aussi de distinguer plusieurs écoutes : celle de ceux qui, possédant parfaitement cet art de la conversation, savent au moment opportun sortir de leur réserve pour apporter leur précieuse contribution ; l'écoute contemplative (celle que pratique Frédéric dans le saint des saints, chez les Arnoux) ; enfin l'écoute subie – qui est abondamment illustrée. Exposés de Deslauriers, catilinaires de Pellerin, discours incendiaires de Sénécal, blagues de Hussonnet, causeries politiques, visiblement Flaubert les a échelonnés dans le livre en typisant ces êtres de parole que sont les personnages principaux mais aussi les actants collectifs qui parlent l'idéologie du lieu et du moment. Comparativement, Frédéric Moreau n'a pas de profil de discours et pas davantage de territoire. Ce qui s'accorde avec son statut d'intermédiaire, de timide tiers sans parole ni conviction propres. Force et faiblesse, pourrait-on dire. Après tout, ne pas faire partie des « hommes de parole[9] », c'est n'être pas circonvenu par l'idéologie, c'est échapper au figement du discours et à la bêtise. De cela on pourrait faire crédit à Frédéric Moreau, héros souple et plastique.

Néanmoins, c'est la faiblesse de ce statut qui est souvent relevée. Ainsi, lors du punch donné par Dussardier, quand les discours s'emballent, il n'est même pas permis à Frédéric d'exprimer son point de vue[10]. Un épisode intéressant est la pendaison de la crémaillère : pour une fois, Frédéric est en territoire connu (le sien !) qu'il devrait occuper de sa parole et marquer de son empreinte. Or son domicile est envahi par le discours désordonné des invités. À aucun moment le maître des lieux ne se met en position « haute » – par quoi les interactionnistes désignent le fait d'avoir « "le dessus" dans les négociations d'opinion[11] ».

On trouverait cependant dans le récit une conversation sérieuse où Frédéric a le dessus sur Deslauriers. L'éducation politique produit des effets : au moment des retrouvailles avec l'ex-commissaire désenchanté de Ledru-Rollin, celui-ci se rend à l'argument de Frédéric : « Le peuple est mineur, quoi qu'on prétende[12] ! » Verdict politique dont le tranchant s'émousse un peu si on le rapporte à ce qui suit immédiatement, le repas

---

8 Stendhal par exemple : « J'aime infiniment mieux entendre parler un autre que de parler moi-même » (*Vie de Henry Brulard*, Paris, Le Livre de poche, 2013, p. 388).

9 Voir Pierre Senges, *L'Idiot et les hommes de parole*, Paris, Bayard, « Archétypes », 2005.

10 *L'É S*, p. 395.

11 Catherine Kerbat-Orecchioni, *Les Interactions verbales*, t. II, Paris, Armand Colin, 1992, p. 94.

12 *L'É S*, p. 546. À quoi Deslauriers répond : « – C'est peut-être vrai ».

avec Mme Dambreuse. De l'importance du montage textuel qui fait voisiner l'interaction sérieuse en forme de bilan politique et l'exquis tête à tête préludant aux jouissances à venir.

Si n'avoir pas de territoire de parole n'est pas nécessairement un mal, c'est assurément un inconfort dont *L'Éducation sentimentale* exploite toutes les ressources, théâtrales notamment par le comique de situation. Car c'est bien ce que nous retenons, à notre place qui est à peu près celle du spectateur savourant l'ironie dramatique. L'absence de territoire, de profil de discours qui disqualifie le héros le dispose à jouer le rôle d'agent d'information, porteur de messages, détenteur de secrets, *go between*. Le dispose donc au romanesque et à ses complications, en bonne part (Hermès qui « hante » toutes les maisons) comme en mauvaise part (parasite). Tout est fait pour que prospèrent les malentendus et le lieu par excellence en est le discours, c'est-à-dire en fait tout le champ des interactions constitué en minutieux observatoire. Le roman est à cet égard une mine qui peut fort bien être utilisée à l'appui de deux thèses contraires. La première, pour résumer, incrimine le malentendu, y décèle un mal ; la seconde voit en lui un moindre mal, une quasi vertu sociale. La première thèse a été défendue naguère par le plus subtil des analystes, Valdimir Jankélévitch : « Tout plutôt que le malentendu, tout y compris les hostilités ouvertes[13] ». Au philosophe il y aurait bien des choses à emprunter : à commencer par la proposition initiale, à savoir que le malentendu procède de la méconnaissance – lien que *L'Éducation sentimentale* illustre suffisamment comme tout récit d'éducation à travers les naïvetés et les bévues du héros

À quoi imputer le malentendu ? Telle est la question essentielle de Jankélévitch pour qui la sphère de l'expression (sans d'ailleurs la limiter au seul plan verbal) ne renferme pas toute la problématique du malentendu. Il faut descendre à la source : nous-même, notre propre complication, notre goût du faux-monnayage, « notre duplicité incorrigible[14] », la séparation des consciences et des identités jamais synchronisées. Ce constat faisant dire au philosophe que « la vraie médicamentation du malentendu n'est pas d'ordre philologique, mais d'ordre moral[15] », nous en trouverions l'équivalent dans notre texte. Ainsi, dans l'épisode de

13 Vladimir Jankélévitch, *Le Je-ne-sais-quoi et le Presque rien 2. La Méconnaissance Le Malentendu* [1957], Paris, Seuil, "Points", 1981, p. 16.

14 *Ibid.*, p. 245.

15 *Ibid.*, p. 246.

Fontainebleau, l'épanchement des cœurs trouve bientôt sa limite. La raison ? « On découvre chez l'autre ou dans soi-même des précipices ou des fanges qui empêchent de poursuivre ; on sent, d'ailleurs, que l'on ne serait pas compris ; il est difficile d'exprimer quoi que ce soit ; aussi les unions complètes sont rares[16] ». Mais ce triste constat ne renferme pas toute la vérité de *L'Éducation sentimentale* qui, notamment à travers son héros, fait plutôt voir et triompher la thèse inverse de celle de Jankélévitch. Car le malentendu peut être envisagé non comme vice, mal à éliminer mais comme moindre mal supportant d'être entretenu, *modus vivendi* praticable, intelligent, qui ouvre aux partenaires un espace de rencontre[17]. Cette thèse a été développée par les ethnologues à l'échelle des communautés amenées à entrer en contact sans trop se heurter mais également par les analystes des interactions entre individus, en relation notamment avec la théorie des faces (FTA) développée depuis les travaux fondateurs d'E. Goffman, P. Brown et S. Levinson. Ce que donne à voir *L'Éducation sentimentale* corrobore leurs descriptions, en particulier pour ce qui est des vertus pneumatiques du malentendu.

MENTEUR

Ce n'est pas faire violence aux conversations construites (fictives) du roman que de leur appliquer les outils ultérieurement élaborés par les conversationnalistes afin de donner dignité théorique à ce qui en manquait tout à fait, à savoir les interactions authentiques se prêtant à une approche savante. En l'occurrence, la référence aux fameuses maximes de Grice semble non seulement inévitable mais instructive[18]. On sait que du principe général de coopération auxquels sont censés souscrire les interactants, Grice a tiré méthodologiquement quatre règles : de quantité (concernant la bonne quantité d'information fournie, ni top ni trop peu), de qualité (« Que votre contribution soit véridique »), de relation (« Parlez à propos »), de modalité (« Soyez clair »). Sans surprise,

16 *L'É S*, p. 491.

17 Voir notamment Franco La Cecla, *Le Malentendu*, Paris, Balland, 2002 pour la trad. fr.

18 H. Paul Grice, « Logique et conversation », dans *Communications* n° 30, Paris, Seuil, 1979, p. 57-72.

chacune de ces règles trouve à s'illustrer dans les interactions du roman, et notamment dans celles où est engagé Frédéric Moreau. Compte tenu de l'importance des situations fausses, on ne s'étonnera pas du nombre des manquements aux dites règles. La règle de qualité semble la plus malmenée, voire ignorée par le héros. Plutôt que de faire le compte des hypocrisies, mensonges, engagements reportés ou non tenus, embarras aboutissant parfois à l'*imbroglio* comique, il faut en redire les vertus dramatiques et souligner combien ils entretiennent la *fabula*, tout à l'encontre de la déflation du romanesque qu'est censé exemplifier le roman.

Le manquement récurrent à la règle interroge celle-ci en retour, non seulement dans l'espace fictionnel mais en dehors de lui. L'idéal gricien est-il seulement tenable, et même souhaitable ? Par là *L'Éducation sentimentale* fait retrouver les discussions soulevées par l'énoncé même des règles et par le principe de coopération auxquelles elles s'accrochent. La deuxième maxime notamment, dite de qualité, se heurte à un autre besoin, quasi vital, le besoin de réserve que François Flahaut lui a nettement opposé : « Pour qu'un échange de parole soit possible il ne me semble nullement nécessaire de *vouloir* éviter le mensonge ; bien plutôt il est indispensable de pouvoir dissimuler et mentir[19] ». Le terme de réserve est également employé par Erving Goffman qui inclut dans « les territoires du moi », au-delà des objets spatiaux, ce qu'il nomme « les réserves d'information » et « les domaines réservés de la conversation[20] ».

Or si la dissimulation est la règle, la question s'inverse : elle n'est pas « de savoir pourquoi nous rusons, mais au contraire pourquoi il est des rapports de parole où nous nous plaisons à êtres sincères[21] ». Il conviendrait d'isoler dans le roman ces lieux de sincérité : ils sont peu nombreux, le dialogue amoureux en fait partie avec ses limitations propres qui tiennent à la déficience de la langue et au démon du stéréotype. Se distingueraient quelques échanges qui sont comme un domaine où la parole se raréfie voire s'éteint[22]. Accompagnement social minimum, plus besoin de phrases, moindre surveillance à exercer sur les territoires du moi. On pense ici aux

---

19 François Flahaut, « Le fonctionnement de la parole. Remarques à partir des maximes de Grice », dans *Communications*, *op. cit.*, p. 76. Voir aussi son ouvrage *La Parole intermédiaire*, Paris, Seuil, 1974.

20 Erving Goffman, *La Mise en scène de la vie quotidienne*, t. 2 *Les relations en public*, Paris, Éd. de Minuit, 1973, p. 43-72.

21 F. Flahaut, *Communications*, *op. cit.*, p. 77.

22 Je renvoie à Philippe Dufour, *Flaubert ou la prose du silence*, Paris, Nathan, « Le texte à l'œuvre », 1997.

entrevues avec Mme Arnoux faisant suite à la déclaration de Frédéric au cours desquels les deux s'épanchent et éprouvent une « béatitude indéfinie[23] ». Cependant, le narrateur ne manque pas d'en signaler la fragilité car elle repose sur une « convention » (« Cette convention qui les garantissait du péril, facilitait leur épanchement[24] ») qui est aussi « mensonge », celui du renoncement à la chair. Mais ces moments précieux s'enlèvent sur un fond qui est tout autre, celui donc de la zone intermédiaire des semi-vérités, semi-mensonges, du trafic de sentiment que fréquentent la plupart des êtres de la fiction, à commencer par le premier d'entre eux, le héros qui évolue longuement dans cette *buffer zone*. Le manquement à la règle de qualité est si évident qu'il n'est pas utile de s'y attarder davantage.

RÈGLE DE QUANTITÉ

En revanche, on peut revenir sur la maxime de quantité, dédoublée ainsi par Grice : 1/ que votre contribution contienne autant d'information qu'il est requis, 2/ que votre contribution ne contienne pas plus d'information qu'il est nécessaire. On la gloserait simplement de cette façon : le locuteur doit éviter de pécher par défaut ou par excès. Bien qu'il ait une prédilection pour la quantité faible, pour une certaine *brevitas* censée protéger le locuteur, il arrive à Frédéric Moreau de sortir de sa réserve. La raison en est que les conversations sont des « improvisations collectives[25] » avec ce que cela suppose d'événements ou d'incidents imprévisibles auxquels les interactants doivent s'ajuster et réagir dans l'instant. Ces événements (de discours donc) surgissant à l'improviste au milieu de la réunion coïncident souvent avec des mentions de noms propres : celui d'Arnoux, de Cisy, de la Maréchale. C'est ainsi que, face à Pellerin qui vient de le mettre en cause, Frédéric est amené à défendre Arnoux : « Dans l'échauffement de son éloquence, il fut pris de tendresse pour cet homme intelligent et bon[26] [...] ». Plus

23 *L'É S*, p. 407.
24 *Ibid.*, p. 404.
25 Selon la formule de Catherine Kerbrat-Orecchioni, *Le Discours en interaction*, Paris, Armand Colin, 2009, p. 92.
26 *L'É S*, p. 98.

remarquable et plus risquée est, au beau milieu du salon Dambreuse, la défense ardente de Sénécal soupçonné de conspiration. Là encore, Frédéric s'échauffe, invoque « le droit de résister » et, « emporté par la bravoure qui saisit quelquefois les timides », va jusqu'à déclarer à la cantonade : « Je me moque des affaires[27] ! ». Écarts de langage qui sont une violation de toutes les règles, à commencer par celle de la politesse, et constituent une offense territoriale ; faute de calcul aussi (Frédéric comptait sur le soutien du public féminin), tout cela devrait transformer le héros en *persona non grata*. Or l'offense n'offense pas ! La raison qui échappe au locuteur est exprimée par le narrateur-moraliste, c'est « le large fonds d'indifférence[28] » que possède le monde.

L'une des particularités de *L'Éducation sentimentale* est que le discours en interaction recouvre des phénomènes fort divers, en nature et en format. Bien sûr, nous retenons la scène avec ce qu'elle suppose d'amplification rhétorique, d'unité (notamment temporelle) et d'iconicité car précisément elle est faite pour produire l'effet mimétique maximum et s'inscrire dans la mémoire. L'on pense d'abord à la scène mondaine, mais il n'y a pas qu'elle pour se ranger sous un label reconnaissable[29]. Cependant, Flaubert a un goût marqué pour des interactions d'un format plus resserré auxquelles, pour cette raison, on pourrait refuser le label de « scène », quoiqu'elles présentent un certain coefficient dramatique. Ce changement d'échelle demande un effort d'accommodation de la vue auquel précisément les interactionnistes nous ont entraînés.

À Catherine Kerbrat-Orecchioni nous empruntons cette proposition : la conversation, conçue comme mécanique interactionnelle, s'organise selon un emboîtement de « rangs », de bas en haut : acte de langage, intervention, échange, séquence, interaction[30] – ce dernier terme coïncidant de fait avec l'ensemble que nous appelons « scène ». Celle-ci se laisse donc décomposer en menues unités. Le phénomène premier est le tour de parole. Un tour de parole peut contenir plusieurs interventions tandis que l'échange, lui, constitue « la plus petite unité construite par au moins deux participants ». Donnons un exemple qui en même temps

---

27 *Ibid.*, p. 364.

28 *Ibid.*, p. 364.

29 Voir le collectif *La Scène. Littérature et arts visuels*, textes réunis par Marie-Thérèse Mathet, Paris, L'Harmattan, 2001.

30 C. Kerbrat-Orecchioni, *Le Discours en interaction*, *op. cit.*, p. 61.

illustrera la *brevitas* qui nous intéresse : quand Frédéric une certaine nuit demande à son domestique « – Eh bien, dit-il à son domestique en train de le déshabiller, es-tu content ? – oui, sans doute, monsieur ! Mais ce que je n'aime pas, c'est ce peuple en cadence[31] ». Deux tours de parole forment ici un échange (qui n'atteint pas au niveau supérieur de la séquence), construit sur un acte de langage, une demande qui programme une réponse, cette réponse consistant en deux interventions : une approbation et une restriction, qui ne manque d'ailleurs pas de sens politique.

Flaubert montre une prédilection pour ce type d'échange, limité à quelques tours de parole, voire à de simples « paires adjacentes ». Quelques exemples :

> Deslauriers la [Mme Arnoux] trouvait « pas mal, sans avoir pourtant rien d'extraordinaire ».
> – Ah ! tu trouves, dit Frédéric (122).

Au bal de la Maréchale, cas intéressant d'échange capté au sein d'une vaste interaction :

> – Et vous, monsieur, dit-elle, vous ne dansez pas ?
> Frédéric s'excusa, il ne savait pas danser.
> – Vraiment ! mais avec moi ? bien sûr ? (199)

Ici l'acte de langage est une requête (portant sur un acte à accomplir). Frédéric ayant décliné l'invitation, Rosanette insiste avec malice, initie un mouvement de séduction qui a une traduction posturale.

> Et, posée sur une seule hanche, l'autre genou un peu rentré, en caressant de la main gauche le pommeau de nacre de son épée, elle le considéra pendant une minute d'un air moitié suppliant, moitié gouailleur. Enfin elle dit « Bonsoir ! », fit une pirouette, et disparut (199-200).

Lorsque Dambreuse, qui s'est porté candidat à Nogent, intercepte Frédéric sur le boulevard et veut se justifier :

> – Un mot, cher Monsieur ! j'ai des explications à vous fournir
> – Je n'en demande pas.
> – De grâce ! écoutez-moi (471).

31 *L'É S*, p. 436.

Chacun de ces échanges s'inscrit dans une histoire interactionnelle qui possède sa syntaxe propre – on en voit ici commencer une (la première rencontre de Rosanette). On saisit aussi l'importance du cadre situationnel. La démarche réparatrice de Dambreuse intervient sur le boulevard agité par un mouvement de foule si bien que les partenaires (Martinon est là aussi) sont un moment séparés. L'échange avec Rosanette est un beau cas d'école s'il faut illustrer le tressage des actes de langage (AL) et des actes de langage non verbaux (ANL). Qu'on enlève à cette interaction le déhanchement de la Maréchale, le pommeau de nacre et, succédant au « Bonsoir ! », l'espèce de signature qu'est la pirouette finale, et l'on perd la moitié de la signification.

Ajoutons autre chose au sujet de ce laconisme procédant du caractère (timidité de jeune homme) ou d'un calcul (toujours la *buffer zone*). Le héros le conserve lorsqu'il se parle à lui-même, dans la solitude du soliloque. En particulier lorsqu'il s'auto-évalue. Trois exemples parmi d'autres : « Ah ! quel dommage ! Et songer que des imbéciles me trouvent riche[32] ! » ; « quelle canaille je fais[33] ! » ; « Eh bien, quoi ? Est-ce que je l'ai tué[34] ? » – pour trancher le débat moral qui le saisit face à la dépouille de Dambreuse.

SCÈNE, SKETCH

Comme on pourrait finir par l'oublier, il convient de rappeler la différence entre les conversations authentiques et les conversations romanesques qui, on l'a vu par les exemples précédents, font l'objet d'un montage précis et voulu. Un peu comme au théâtre, nous sommes en position de surprendre des dialogues qui ne nous sont pas adressés. De cette propriété précisément, l'auteur tire un certain nombre d'effets. Reportons-nous à la scène du Café anglais. Là encore il s'agit d'une longue scène avec unité de lieu et sans hiatus temporel. Le scénario présumé est celui du tête à tête galant (voire plus si affinités) dans un haut lieu

32 *Ibid.*, p. 250.
33 *Ibid.*, p. 548.
34 *Ibid.*, p. 558.

gastronomique. Or le scénario et le script de la conversation sont perturbés par des tiers incommodes : Hussonnet, Cisy, puis de nouveau Hussonnet. Toutes sortes de bruits dérangent le duo : aboiement des bichons de Rosanette (qu'il faudra reconduire au domicile), « l'infernal piano » du cabinet voisin, les intrusions intempestives des serveurs et, *last but not least*, les *topics* de la conversation imposés par celui qui va apparaître comme le rival de Frédéric sur son propre territoire – ce cabinet réservé. Tout cela aboutit à l'incident que le texte agence, y compris pour l'œil, comme un sketch comique avec jeu de scène, accélération du tempo, stichomythies :

> La Maréchale décrocha de la patère sa capote. Frédéric se précipita sur la sonnette en criant de loin au garçon :
> – Une voiture !
> – J'ai la mienne, dit le vicomte
> – Mais, monsieur !
> – Cependant, monsieur !
> Et ils se regardaient dans les prunelles, pâles tous les deux et les mains tremblantes (328).

On a bien là une offense territoriale au sens de Goffman et un *Face threatening act* (FTA) caractérisé, c'est-à-dire une atteinte à la face positive de Frédéric puisque, à sa barbe, Cisy s'offre à reconduire dans sa propre voiture Rosanette qui plante là celui qui n'en possède pas, reste l'otage du lieu et le payeur. L'offense s'aggrave de l'incompréhension du témoin Hussonnet qui croyait Frédéric et Rosanette amants. Ce qui oblige Frédéric à battre en retraite et à user de dénégation. Nouveau sketch comique :

> – Eh bien ? dit Hussonnet
> – Eh bien, quoi ?
> Je croyais…
> Qu'est-ce que vous croyiez ?
> Est-ce que vous ne… ?
> Il compléta sa phrase par un geste.
> Eh non ! jamais de la vie !
> Hussonnet n'insista pas davantage (328-329).

On pourrait citer bien d'autres échanges limités à quelques tours de parole qui, par leur découpe et leur tempo, semblent appeler la capture par l'image, l'illustration façon Bertall[35]. Soit, comme ici, l'auteur-scénographe les détache sur le fond d'une longue scène) soit, se contentant du seul sketch, il les loge dans des temps faibles ou intermédiaires du récit. C'est le cas lorsque, situation vaudevillesque, la Vatnaz découvre Frédéric dépité devant la loge du concierge :

> – Elle [Rosanette] vous a reçu ?
> – Non !
> – On vous a mis à la porte ?
> – Comment le savez-vous ?
> – Ça se voit ! Mais venez ! sortons ! j'étouffe ! (264)

Si l'on conserve la proposition des interactionnistes, en suivant le mouvement du haut vers le bas, de la séquence globale vers l'échange (tourné parfois en sketch comique), nous pouvons poursuivre ce *decrescendo* de la matière verbale ou parlée. On est conduit, il faudrait plutôt dire, Flaubert nous conduit vers de petites unités de peu de poids qui, contrairement aux actes de langage, ne se recommandent d'aucune officialité et n'engagent pas ou engagent peu le locuteur. Propos inachevés, en suspens, adverbes de discours ou simples « continueurs » (type « certainement[36] »), modalisateurs (type « sans doute[37] ») dont se sert le héros dans l'embarras, ils mériteraient une étude à part. On se contentera de relever un certain enchaînement (de type question/réponse) qui se reproduit dans le roman et dans lequel la paire adjacente comporte un élément appartenant à la catégorie grammaticale des quantificateurs (ou assimilés).

À Mme Arnoux interrogeant Frédéric sur Dambreuse :

> – Vous le connaissez peut-être ?
> – de nom, seulement (223).

---

35 Le lien entre Gavarni et Flaubert est établi par Takashi Kinouchi dans « La mémoire des images dans *L'Éducation sentimentale* », *Flaubert* [En ligne], 11 *Les Pouvoirs de l'image* (I), 2014, consulté le 10/07/2017, URL : http://flaubert.revues.org/2256. Marie-Ève Thérenty revient sur cette culture iconographique dans sa contribution « Scènes et types. Poétique du roman de mœurs et grammaire de l'illustration », in *Le Roman de mœurs. Un genre roturier à l'âge démocratique*, Paris, Classiques Garnier, 2019, p. 55-67.

36 *L'É S*, p. 269.

37 Voir p. 344 (face à Regimbart organisateur trop zélé du duel), p. 380 (en réponse à la franche demande en mariage de Louise). Il est aussi placé dans la bouche du domestique (p. 436) qui, pour le coup, parle comme son maître.

À la même qui cette fois formule une requête (en vue d'une aide) :

> – Vous connaissez M. Dambreuse, n'est-ce pas ?
> – Oui, un peu
> – Ah ! un peu (293).

Face à Mme Dambreuse :

> – J'ai vu quelqu'un, avant-hier, qui m'a parlé de vous, M. de Cisy ; vous le connaissez, n'est-ce pas ?
> – Oui… un peu (359).

Dans ces occurrences on voit un Frédéric Moreau qui ne nie pas la connaissance qu'il a de tel ou tel mais en discute le degré. Le locuteur plein de mauvaise foi (version morale négative) ou voulant sauvegarder ses réserves territoriales (version sociologique neutre) joue du fait que la connaissance est quantifiable, au même titre que l'eau, le blé, l'argent. Elle se prête par conséquent à la diminution mais aussi à l'augmentation – on l'a vu lorsque Frédéric répondait d'Arnoux en public. Ainsi « un peu » sert-il à restreindre une affirmation ; en raison de son lien avec l'implicitation, il n'a pas manqué de retenir l'attention des spécialistes. Il y a en lui une subtilité stylistique (dans certains contextes il s'interprète comme litote) mais aussi une propriété qui tient à l'usage en langue tel que l'a analysé Ozwald Ducrot en observant par exemple qu'un énoncé comme « J'ai un peu d'argent » n'exclut pas que je puisse en avoir beaucoup[38] ». De même, connaître un peu Cisy n'exclut pas que l'on se soit frotté à lui… Tout cela ne manque pas de piquant pour le lecteur qui est au poste d'observation. D'autant que dans le texte ces emplois subtils ou litotiques, sollicitant la mémoire, se font signe. Les trois cités sont à rapprocher de la franche affirmation de Louise Roque lors d'une fameuse soirée chez les Dambreuse. À Mme Arnoux auprès de laquelle elle est venue s'asseoir et qui l'interroge sur Frédéric : « Vous le connaissez ? », elle répond sans retard : « Oh ! beaucoup ! Nous sommes voisins, il m'a fait jouer toute petite[39] ». Ce cri du cœur, peut-être l'un des plus vrais de toute *L'Ēducation sentimentale*, est évidemment une infraction à la maxime de quantité, il est aussi atteinte à la face de Mme Arnoux (sa propre estime de femme), faute interactionnelle de place, de tenue et

38 Ozwald Ducrot, *Dire et ne pas dire*. Principes de sémantique linguistique, Paris, Hermann, « Savoir », 1980, p. 196.

39 *L'É S* p. 516.

de goût, comparable à celle que le narrateur, lorsqu'un peu plus haut il suivait le plan de table, a cruellement relevée en décrivant la toilette de Louise, « habillée tout en vert, couleur qui jurait grossièrement avec le ton de ses cheveux rouges[40] ».

Revenons à présent vers cette unité indispensable, l'acte de langage. Il n'est pas nécessaire de s'attarder à sa définition austino-searlienne ni aux classements en exercitifs, directifs, permissifs, etc. Il n'y a aucune raison de penser que la formule d'Austin « quand dire, c'est faire » ne puisse s'appliquer au héros. Le lent apprentissage, les ratés de la communication, les ambiguïtés de toute sorte n'empêchent pas de voir que celui-ci, comme tout être de parole, accomplit un certain nombre d'actes de langage, qui produisent des effets. On attirera simplement l'attention sur un ces *speech-acts* qui, par leur récurrence, valent comme traits sémiques du personnage, s'intégrant donc à son portrait[41]. Deux en particulier sont fortement réitérés : le serment (face à Deslauriers, Arnoux, Mme Arnoux, Rosanette, Louise, Mme Dambreuse) et la dénégation (pratiquement face aux mêmes). Les deux sont solidaires (assurer que / assurer que ne pas) et dans les deux cas la force de l'expression n'est pas proportionnelle à l'étendue du discours. Quand, en femme libre, Mme Dambreuse demande à Frédéric : « – Tu m'aimes, n'est-ce pas ? », sa réponse, « – Éternellement[42] ! », démontre la force illocutionnaire de sa parole. Il ne faut guère plus de mots à la dénégation dont un exemple-type serait, face à Mme Arnoux faisant allusion au projet de mariage avec Mme Dambreuse : « – Moi ? Jamais de la vie[43] ! ». Le héros possède ainsi tout un registre exclamatif et multiplie les petits mots qui ne deviennent pas phrases, à la limite du cri, comme pour les interjections : des « Ah », « Eh ! », « Eh bien », « Eh bien, alors », « Oh, rien ! », « Comment ! lui », souvent accompagnés de pauses d'hésitation. Autant de signes, surtout graphiques, qu'on verrait bien projetés sur la scène du vaudeville ou sur la planche de l'illustrateur.

40 *Ibid.*, p. 509.

41 Voir Philippe Hamon, « Pour un statut sémiologique du personnage », in R. Barthes, W. Kayser, W.C. Booth, Ph. Hamon, *Poétique du récit*, Paris, Seuil, « Poétique », 1977.

42 *L'É S*, p. 568.

43 *Ibid.*, p. 400.

BIEN PARLER

Dans le dernier livre d'Erving Goffman, précisément intitulé *Façons de parler*, deux chapitres traitent successivement de l'exclamation et de la conférence, autant dire de deux modalités extrêmement distantes de la prise de parole en public[44]. L'application est tentante à notre texte : d'une part l'extrême *brevitas* et le style exclamatif de Frédéric Moreau, d'autre part la *copia verborum* des discoureurs qui ne manquent pas dans *L'Éducation sentimentale*, et dont le héros fait quelquefois partie. Nous pouvons y voir l'empan du bien parler, du moins de la parole efficace, et nous pouvons le vérifier à deux occasions de discours précises, soit un moment de vérité et une heure de gloire.

D'abord, le moment de vérité. Parmi les secs énoncés du héros, il en est un à distinguer absolument. D'autant qu'il trace une frontière du récit, clausule interne conduisant au dénouement. Il s'agit du refus signifié à Mme Dambreuse de l'accompagner dans la voiture coupable : « Vous ne montez pas ! – Non, madame[45] ! ». Précision importante, et bel acte de langage non verbal noté par l'auteur, Frédéric ferme la portière et fait signe au cocher de partir. Cette parole coupe court au malentendu qui a régné depuis le début de la relation avec Mme Dambreuse et s'est accusé durant la séquence de la vente aux enchères, jusqu'au moment où le jeu devient intenable. Et l'on peut soutenir dans la perspective morale de Jankélévitch (« Tout plutôt que le malentendu ») que c'est à l'honneur du héros d'y mettre fin. Par là il s'extrait brutalement de la *buffer zone* où il s'était installé. Quitte à y retomber dans les deux chapitres suivants, mais c'est dix-sept ans plus tard.

Pour le moment de gloire, il faut effectuer un mouvement amont, dans le plein du texte. Il ne s'agit pas d'un bref échange comme précédemment, mais d'une véritable interaction, d'un de ces « événements communicatifs[46] » que l'auteur prépare de loin, auquel il apporte tout son soin et que tout bon liseur de roman attend. Il s'agit de la soirée chez les Dambreuse au cours de laquelle les participants célèbrent l'ordre et

44 Erving Goffman, *Façons de parler*, Paris, Éd. de Minuit, 1987 pour la trad. fr.

45 *L'É S.*, p. 611.

46 C. Kerbrat Orecchioni, *Le Discours en interaction*, *op. cit.*, p. 70-71.

la mondanité retrouvés après les frayeurs révolutionnaires[47]. Occasion pour Flaubert de faire défiler les idées du moment et de mettre en scène des interactants typés avec leur parlure et leur corps propres. La soirée, partagée entre dîner et jardin, renferme plusieurs échanges et donne lieu à différents cadrages qui, d'une façon ou d'une autre, impliquent Frédéric Moreau. De fait, cette soirée abrite la performance réussie du héros. Ce n'est pas qu'il y soit particulièrement sincère car on retrouve les entorses habituelles à la maxime de qualité (« Ne dites pas ce que vous pensez être faux »). Frédéric ment plusieurs fois, et même effrontément face à Louise Roque. Il se fait frauduleusement valoir en racontant l'histoire du courageux Dussardier. Lorsque la conversation s'engage sur le terrain politique, il se récuse prudemment, « confessant qu'il n'avait pas pris les armes[48] ». À table, deux *topics* risqués sont inopinément apparus : le duel avec Cisy et le portrait de la Maréchale. Sans rien élucider (entorse à la maxime de modalité : « Soyez clair »), le mis en cause en tire une sorte de gloire involontaire.

Mieux, faisant la conquête des deux publics que toute soirée mondaine combine selon des arrangements variés, le héros reçoit un double agrément. Celui des hommes (déjà impressionnés par sa double qualité de duelliste et d'amant deviné de la Maréchale) qui, à la fin de la soirée, le félicitent et lui manifestent leur soutien. Quant aux femmes, il se prête au jeu galant de Madame Dambreuse, la maîtresse des lieux, tout en se trouvant opportunément placé dans le champ de vision de deux observatrices intéressées (Mme Arnoux et Louise Roque). Il réussit à plaire à toutes. De fait, à ce stade de son parcours, le héros mène plusieurs vies parallèles sans être prisonnier d'aucune passion, et la passion qui assombrit ne sied pas au mondain[49]. Quand bien même sa vanité tombe sous le coup de l'ironie, la performance est réussie. Au passage, rien dans toutes ces pages n'est dit du corps mondain et de l'habit, mais il faut imaginer un Frédéric beau, comme cela est exprimé ailleurs dans le texte, par des femmes[50].

> Il se sentait dans son vrai milieu, presque dans son domaine, comme si tout cela, y compris l'hôtel Dambreuse, lui avait appartenu. Les dames formaient

---

47 Pierre-Marc de Biasi (note p. 504), d'après les manuscrits, situe ce dîner le 2 juillet 1848.

48 *L'É S*, p. 515.

49 Comme le rappelle Évelyne Bachellier dans « De la conversation à la conversion », *Communications* n° 30, *op. cit.*, p. 43.

50 *L'É S*, p. 359 et p. 547.

> un demi-cercle en l'écoutant ; et, afin de briller, il se prononça pour le rétablissement du divorce, qui devait être facile jusqu'à pouvoir se quitter et se reprendre indéfiniment, tant qu'on voudrait. Elles se récrièrent ; d'autres chuchotaient ; il y avait de petits éclats de voix dans l'ombre, au pied du mur couvert d'aristoloches. C'était comme un caquetage de poules en gaieté ; et il développait sa théorie, avec cet aplomb que la conscience du succès procure (517-518).

Voilà Frédéric Moreau homme de discours, professant une théorie hardie et *ad hoc*, avec une belle aisance oratoire et territoriale, sur laquelle le texte insiste. Passons sur la vision sexiste qui assimile l'auditoire féminin à une basse-cour, mais retenons ce terme de « milieu » et l'idée induite d'une approche éthologique des interactions. S'il fallait encore une preuve que le discours est une pratique « située », nous l'aurions là dans cette soirée estivale qui libère la parole et l'écoute, dans ce jardin des Dambreuse où l'auteur n'a pu s'empêcher de faire grimper une plante au nom étrange, l'aristoloche, qui consonne avec l'humeur politique de l'orateur. Sur un mur, qui pourrait être un mur de scène, tout à fait dans son habitude scénographique[51]. Mais la tentation plus forte à laquelle Flaubert n'a pu résister en offrant cette heure de gloire à son héros imparfait et en le faisant bien parler vient de plus loin. D'une tradition policée qui fait corps avec la littérature, celle de la conversation mondaine, et du grand code du roman, celui qui unit Stendhal à Proust, en passant par Flaubert.

Ces remarques sur l'empan du registre de parole accordé au héros pourraient donc donner raison à celle qui paraît la moins qualifiée des juges, Louise Roque prononçant : « N'est-ce pas qu'il parle bien, Frédéric Moreau[52] ? ». De fait, et en plus d'un sens, l'être maladroit, long à acquérir la compétence, qui a diversement géré les « négociations conversationnelles », maîtrise la parole en public et sait jouer sa partition sur la scène du monde. Dans ces conditions, sachant qu'il n'est pas facile de résister au charme nostalgique du mot de la fin, il faudrait revenir à ces derniers mots du héros. Ils s'accordent à un certain profil de parole que nous reconnaissons – laconisme et style exclamatif –, lequel ramène dans la *buffer zone* en faisant l'impasse sur ce que les deux amis n'eurent pas de meilleur. Par là sont confirmées l'insuffisance initiale et

51 Je renvoie aux fines analyses d'Isabelle Daunais dans *Flaubert et la scénographie romanesque*, Paris, Librairie Nizet, 1993.

52 *L'É S*, p. 516.

la déflation héroïque. Mais ce mot de la fin n'est qu'une manifestation, la plus visible car la dernière, de l'être parlant. « Le sens n'est pas "au bout du récit" il le traverse[53] » avertissait Roland Barthes dans une fameuse introduction à l'analyse du récit. Cela vaut aussi pour le discours en interaction qui s'y trouve représenté et mis en scène.

53 Roland Barthes, « Introduction à l'analyse structurale des récits », in *L'Analyse structurale du récit*, Paris, *Communications*, n° 6, 1966. Repris au Seuil, coll. « Points », 1981, p. 12.

CHRONOTOPIE HUGOLIENNE DANS *LES MISÉRABLES*

Bakhtine nous impressionne par l'étendue de sa culture et la profondeur de ses vues. Pour les grandes œuvres critiques comme la sienne (et en laissant de côté la façon particulière dont elle nous est parvenue dans le temps), l'avenir dure longtemps. Nous n'avons pas encore, dans le domaine de l'esthétique du roman, tiré toutes les leçons d'une théorie conçue au contact des plus grands de la littérature européenne, Rabelais, Dostoïevski, Goethe, entre autres. De telles conjonctions font rêver à d'autres conjonctions. À quoi aurait ressemblé un Victor Hugo selon Bakhtine ? Sauf à imaginer une fiction à la Borges, on ne saurait se substituer à un grand critique pour écrire les livres qu'il n'a pas écrits. Mais, plus modestement, nous pouvons, à partir des outils qu'il a laissés, sans nécessairement nous en donner tout le mode d'emploi, tenter la lecture d'un texte qui nous semble appeler les concepts de Bakhtine. Telle nous apparaît, relativement au concept de chronotope, une certaine pensée du temps et de l'espace proprement romanesque (articulée dans la langue du roman) dans *Les Misérables* de Hugo.

LE CHRONOTOPE DE LA RENCONTRE

C'est peu de dire que le chronotope est une notion complexe et c'est avec quelque raison qu'on a parfois reproché à Bakhtine certaine façon qu'il a d'étendre ses idées bien au-delà de leur définition d'origine. À lire de près les analyses qu'il lui a consacrées[1], on s'aperçoit que la liaison n'est

1 Je me réfère à *Esthétique et théorie du roman*, Paris, Gallimard, 1978, pour la trad. fr. et à *Esthétique de la création verbale*, Paris, Gallimard, 1984, pour la trad. fr.

pas directe entre les différents niveaux du chronotope : du plus abstrait (le chronotope entendu comme articulation de l'entendement humain) au plus concret (telle situation du roman où s'éprouve l'indissolubilité du temps et de l'espace), en passant par plusieurs niveaux intermédiaires[2]. Mais également, du plus externe à l'art littéraire (par exemple, le chronotope culturel de l'agora sous l'Antiquité) à tel motif à l'œuvre au sein du roman ou d'une variante du roman : par exemple, le chronotope du salon, lieu où se concrétisent (qu'on songe à Stendhal ou à Balzac) les indices du temps historique. Beaucoup de motifs du roman étant, à quelque degré, et temporels et spatiaux, il faut également poser une hiérarchie des chronotopes. Les grands chronotopes sont ceux qui fournissent au roman des sortes de schémas organisateurs : tel est le chronotope de la route qui accompagne toute l'histoire du roman depuis ses origines grecques, et qui peut même spécifier telle variété du roman sous l'étiquette du picaresque.

Autre grand chronotope, celui de la rencontre. La rencontre, qui suppose la conjonction de deux ou plusieurs êtres en un point précis du temps et de l'espace, constitue un thème spatio-temporel par définition. En cette coïncidence s'éprouve très concrètement l'indissolubilité du temps et de l'espace. Mais elle est également une forme, une cellule narrative qui possède un grand pouvoir d'engendrement ; d'elle procède toute une série de motifs et de scènes dont le rendement romanesque est depuis longtemps démontré : séparation, quête, poursuite, retrouvailles, reconnaissances, etc. Dans un récit, les rencontres sont souvent des points décisifs, des points d'alternative où s'infléchissent les destins et où se décide rien de moins que le bonheur ou le malheur des personnages. Toutes les rencontres ne sont sans doute pas des nœuds du récit, des fonctions (au sens de Barthes), mais elles le sont souvent. Exemplaire serait à cet égard la rencontre de Mgr Myriel au commencement des *Misérables*, événement décisif et mis en mémoire comme tel. Ajoutons que la rencontre est aussi par définition chargée de fortes valeurs émotionnelles et qu'elle se trouve liée à toute une gamme d'affects comme l'impatience, la crainte, la terreur, la joie, etc. Le romanesque joue à plein, l'identification primaire aussi.

Le chronotope tel que le décrit Bakhtine possède une autre propriété remarquable, celle de s'entourer de motifs complémentaires, d'appeler

---

2 Pour l'élucidation de ces niveaux, voir l'analyse d'Henri Mitterrand, « Chronotopies romanesques : *Germinal* », *Poétique*, n° 81, février 1990.

d'autres chronotopes qui, avec lui, forment un complexe. Ainsi, le motif de la rencontre s'associe naturellement à celui de la route, lequel apparaît comme une sorte d'invariant du temps de l'aventure, constamment réinterprété dans l'histoire de la littérature. Le motif de la route et la figure du passant[3], qui sont très diversement réalisés dans *Les Misérables*, s'attachent prioritairement au personnage de Jean Valjean. Les métaphores courantes (« le chemin de la vie », « prendre une nouvelle route », « faire fausse route », etc.) trouvent ici leur sens figuratif, symbolique, allégorique, à presque tous les stades d'un parcours de rédemption. Mais ce n'est pas tout. La route, les passages empruntés par les personnages du roman ont comme propriété de mener quelque part, notamment à la rencontre d'autres personnages ou d'autres zones de la réalité historique. Citons Bakhtine :

> Cette route-là est profondément marquée par le cours du temps historique, par les empreintes et les signes de son déroulement, par les indices de l'époque[4].

Autant qu'à la grande histoire qu'il arrive au personnage fictionnel de recouper (Jean Valjean entre dans la ville de Digne par la même route que Napoléon), il faut songer à l'histoire sous l'histoire, en particulier à ce temps des mœurs urbaines ou suburbaines qui se découvre au même Jean Valjean au cours de ses promenades crépusculaires.

La rencontre appartient de droit au temps de l'aventure. Elle apparaît, nous dit Bakhtine, « aux points de rupture (aux hiatus) des séries temporelles normales[5] ». Dans *Les Misérables*, le motif est à répétition, Hugo n'hésitant pas à multiplier ces hiatus. Il y a là une espèce de reconnaissance à l'égard de l'aventure et de l'extraordinaire tels qu'ils se pratiquent dans le roman populaire à la Eugène Sue. Rien de comparable avec l'intrigue banalisée et aplanie de l'esthétique réaliste-naturaliste. Il serait difficile d'énumérer toutes les occurrences du motif de la rencontre. Ne serait-ce qu'en raison du nombre des personnages du « drame » (pour parler comme Hugo) et de la constellation qu'ils y forment. À côté de Jean Valjean, le passant emblématique, prennent place bien d'autres figures mobiles : Javert et la meute policière, Éponine, Gavroche, le personnage qui opère des jonctions improbables dans l'espace du roman. Le gamin

3 Victor Brombert s'y intéresse dans *Victor Hugo et le roman missionnaire*, Paris, P.U.F., 1985.

4 Bakhtine, *Esthétique et théorie du Roman, op. cit.*, p. 385.

5 *Ibid.*, p. 299.

est, par définition, celui à qui il arrive des aventures en chemin, celui qui fait de bonnes et de mauvaises rencontres. La matière spatiale d'un roman comme *Les Misérables* est fortement narrativisée et actantialisée ; la *via dolorosa*, la piste du policier, la déambulation insouciante, l'itinéraire louche du rôdeur de barrières s'y croisent étrangement. Toutes ces occurrences d'un même motif pourraient néanmoins se ramener à quelques schémas, précisément spatio-temporels.

- La coïncidence (signification inscrite dans l'expression courante « tomber sur quelqu'un »). Peuvent, entre autres, se placer sous ce signe la rencontre de Jean Valjean et de Cosette dans la forêt, celle de Marius et de Laigle dans le quartier Saint-Michel, celle de Marius et du père Mabeuf à Saint-Sulpice. Sous le signe de la non-coïncidence en revanche, l'arrivée tardive de Marius au chevet de son père mort, les rendez-vous manqués avec Cosette au Luxembourg.
- La convergence. Je pense ici à des scènes dans lesquelles un ou plusieurs personnages viennent à la rencontre d'un ou d'autres personnages en un point précis de l'espace qui paraît, à ce moment précis, doté d'une force centripète. Les forçats de la cadène venus de l'horizon et marchant en direction de la barrière du Maine viennent à la rencontre de Jean Valjean et de ses souvenirs les plus traumatisants (« De telles rencontres sont des chocs et le souvenir qu'elles laissent ressemble à un ébranlement[6] »). Plus loin dans le récit, la barricade fatidique dressée rue de la Chanvrerie attire trois formes de désespoir (chapitre « Ou vont-ils ? »). Dans la dernière partie, Thénardier filé par Javert et Jean Valjean cherchant l'issue de l'égout convergent vers une mystérieuse grille placée sur la berge de la Seine pour s'y rencontrer une dernière fois au cours d'un étonnant face à face.
- La poursuite (et son contraire, l'évitement). Ce schéma se réalise notamment dans la relation Javert-Jean Valjean, depuis la première scène de reconnaissances (et même en deçà) jusqu'au moment où l'inspecteur lâche sa proie dans la dernière partie du livre. Mais il y aurait là d'autres personnages à mentionner, par exemple, Boulatruelle, double grossier et rustique de l'inspecteur, espèce de

6 *Les Misérables*, II, 510. Toutes les références sont à l'édition en trois tomes d'Yves Gohin, Paris, Gallimard, « folio », 1991. On indique d'abord le tome, puis la page.

Javert à l'état sauvage, et d'ailleurs aussi malheureux que lui à la fin lorsqu'il perd la trace de Jean Valjean dans la forêt.

– La contiguïté. Il existe, pour ainsi dire, des rencontres par contiguïté. On songe d'abord au manège amoureux de Marius au Luxembourg, à ce lent « rapprochement de destinées » qui finissent un jour par s'embraser. À ce stade de l'intrigue, il est impossible de ne pas sacrifier aux conventions du genre.

> On a tant abusé du regard dans les romans d'amour qu'on a fini par le déconsidérer. C'est à peine si l'on ose dire maintenant que deux êtres se sont aimés parce qu'ils se sont regardés[7].

Ce métalangage est permis à Hugo qui entend et écrit de bien d'autres manières la rencontre dans le roman. Celle d'Éponine dans la masure Gorbeau n'est sans doute pas moins importante à ses yeux. On peut se fier au montage même du texte : le livre intitulé « La conjonction de deux étoiles » est précédé d'un certain chapitre « Pauvreté, bonne voisine de misère » et suivi des chapitres « Une rose dans la misère » et « Le judas de la providence » sur lesquels je reviendrai dans un moment. Le chronotope de la rencontre (comme tout autre) ne s'interprète bien et ne prend sens que dans le système topologique de l'œuvre. C'est même une des manières de sémiotiser le chronotope qui permet de se délivrer du thématisme pouvant s'attacher à lui.

Toutes les occurrences du motif situationnel de la rencontre ont en commun de présenter de fortes valeurs émotionnelles, avec néanmoins des différences de degré. Ces intensités sont particulièrement élevées dans les scènes de reconnaissances. Là, la rencontre est saisissement, rendez-vous violent où l'un des protagonistes paraît se trouver à la merci de l'autre, pour le meilleur ou pour le pire. Pour le meilleur lorsqu'une main « énorme » saisit le seau de Cosette dans le bois de Chelles (« Il y a des instincts pour toutes les rencontres de la vie. L'enfant n'eut pas peur ») ou lorsque, dans le couvent du Petit-Picpus, Jean Valjean recule de stupeur en entendant son nom prononcé dans la nuit par le vieux Fauchelevent, qu'il n'a pas encore reconnu. Mais ces violentes péripéties tournent plus souvent au malheur du personnage. Presque tous les face à face de Jean Valjean et de Javert plongent au substrat archaïque de l'instinct, qu'il soit d'agression, de conservation, de fuite. Qu'on se rappelle la scène de

7 *Ibid.*, t. II, 493.

l'arrestation de M. Madeleine où Javert jette sur sa victime le regard du prédateur avant de le saisir au collet à la stupéfaction de Fantine, scène inouïe qui la tue. On se rappelle aussi la dernière arrestation sur la berge de la Seine où Jean Valjean demeure « inerte sous l'étreinte de Javert comme un lion qui consentirait à la griffe d'un lynx[8] ».

Les implications sadomasochistes[9] de ces scènes s'avouent dans le chapitre « À chasse noire, meute muette » lors de l'épisode du cul-de-sac Genrot, épisode étonnant par le resserrement du temps et de l'espace qui s'y observe. Dans *Les Misérables*, la crise implique presque toujours ce resserrement et, en somme, une définition chronotopique. Observons aussi que la rencontre violente, par sa structure dramatique même, entre en correspondance avec l'écriture suspensive, laquelle tient à sa merci le lecteur et lui inflige ses rythmes douloureux. Elle lui offre un support projectif idéal où il expérimente des états émotionnels divers et même contradictoires : peur de la victime, excitation du chasseur, anxiété du sauveur[10]. Ces trois places qui dessinent une configuration abstraite, et comme le triangle infernal du suspense, ont une réalisation actantielle précise au Livre III de la Cinquième partie lorsque Thénardier (en position de Sauveur) délivrant Jean Valjean (la Victime) de l'égout s'avère être le complice de l'Agresseur (Javert). Configuration elle-même ébranlée lorsque l'inspecteur « déraillé » retourne l'agression contre lui-même en se suicidant.

Ces scènes sont de nature à captiver l'attention du lecteur. D'un lecteur soumis au texte et voluptueusement installé dans l'attitude voyeuriste et l'identification primaire. En revanche, celui que Michel Picard[11] nomme le « liseur » (par opposition au « lu ») pourrait se montrer plus méfiant. Résistant à ces séductions, il pourrait s'interroger, entre autres, sur le grand nombre de rencontres et, plus généralement, de conjonctions[12]. Le système de la vraisemblance hugolienne n'est guère économique, mais il

---

8 *Ibid.*, III, 371.

9 *Ibid.*, II, 41 : « La griffe et la serre ont une sensualité monstrueuse ; c'est le mouvement obscur de la bête emprisonnée dans leur tenaille. Quel délice que cet étouffement ! Javert jouissait. Les mailles de son filet étaient solidement attachées. »

10 J'emprunte ces éléments à Francis Vanoye, « Le suspense et la participation émotionnelle du spectateur », *Cinémaction* n° 71, Corlet-Télérarna, 1994.

11 Michel Picard, *La Lecture comme jeu*, Paris, Éd. de Minuit, 1986.

12 On renvoie ici, comme à propos de l'idée de révolution, à André Brochu, *Hugo. Amour/Crime/Révolution*. Essai sur *Les Misérables*, Montréal, Presses de l'Université de Montréal, 1974.

fonctionne. Il a besoin du détour explicatif, de procédés d'anticipation[13], de règles forgées en chemin ; et quand tout cela ne suffit pas, le romancier se pourvoit du côté du hasard ou de la providence. Cela dit, une chose est le système de la vraisemblance, autre chose est la pensée du hasard dans le roman[14]. Le hasard ne se manifeste pas que dans le roman, il est aussi dans le monde. On songe à la formule balzacienne : « Le hasard est le plus grand romancier du monde » (Avant-propos à *La Comédie humaine*). On pourrait lire *Les Misérables* à la lumière de ce propos et y rechercher cette pensée du hasard, parfois explicitée, comme dans le moment historique de Waterloo (autre formidable rencontre, celle de Napoléon et de Wellington) où le grand homme censé conduire les destinées collectives est apparemment victime d'une série de coups du sort, en fait victime du « hasard divin[15] ».

CHRONOTOPIES

Le temps de l'aventure auquel *Les Misérables* sacrifient si évidemment n'est nullement indifférent à d'autres séries temporelles. Hugo a une manière particulière d'articuler le motif situationnel aux séries temporelles de la biographie, de l'histoire, comme au temps des mœurs. Comment la série historique s'inscrit-elle dans le motif situationnel ? Souvent à la faveur de conjonctions qui ont tout l'air de rencontres, de telle sorte que les schémas spatiaux-temporels déjà mentionnés deviennent les supports concrets d'une historicisation ; du coup, le motif s'intègre à des structures chronotopiques plus vastes.

Reportons-nous à la Troisième partie du roman et à ce Livre huitième où Marius fait littéralement la découverte de ses voisins de la masure Corbeau. Cela grâce à la rencontre d'Éponine, « une sorte d'envoyée

13 Notre incrédulité est anticipée soit directement soit par personnage interposé, comme lorsque dans le jardin du couvent le vieux Fauchelevent abasourdi de se trouver en présence de Jean Valjean s'écrie : « Par où êtes-vous entré, Dieu Jésus ? Vous tombez donc du ciel ! » (II, 31)

14 Vincent Descombes propose des remarques intéressantes à ce sujet dans « Grandeur de l'homme moyen », *Critique* n° 567-568, septembre 1994.

15 *Les Misérables*, I, 450.

des ténèbres » qui révèle au jeune homme une existence contiguë à la sienne, et à laquelle il aurait pu rester aveugle.

> Quoi ! un mur seulement le séparait de ces êtres abandonnés, qui vivaient à tâtons dans la nuit, en dehors du reste des vivants, il les coudoyait, il était en quelque sorte, lui, le dernier chaînon du genre humain qu'ils touchassent, il les entendait vivre ou plutôt râler à côté de lui, et il n'y prenait point garde[16] !

Éponine sera, concrètement, la médiatrice de l'espace-temps de la misère, ou des « misères ». C'est elle qui communique à Marius le désir de voir de l'autre côté du mur. À ce moment du récit où il est suggéré coup sur coup que la misère peut échapper au regard, toujours socialisé, et qu'elle défie le regard, la curiosité du personnage est justifiée en théorie.

> La commisération a et doit avoir sa curiosité. Ce trou faisait une espèce de judas. II est permis de regarder l'infortune en traître pour la secourir. – Voyons un peu ce que c'est que ces gens-là, pensa Marius, et où ils en sont[17].

Ce propos serait sans doute à verser au dossier de la représentation du peuple dans le roman au XIXe siècle. Comment donner vue sur ce monde sous un monde ? Quel regard pratiquer ? Regard du dehors, qu'il soit des économistes et hygiénistes inquiets des « classes dangereuses » ou celui des philanthropes bien intentionnés. Regard du dessus, celui du romancier « réaliste » qui soulève les toits en cédant au complexe d'Asmodée. Regard d'explorateur, celui des Goncourt, tentés par l'altérité radicale et l'exotique social. Regard du médecin penché sur les plaies, afin qu'ensuite le législateur y remédie : ainsi résonne le discours réformiste de Zola que ne recoupe pas exactement la fiction curieuse de « l'odeur du peuple » (Préface de *L'Assommoi*r) et prête à mêler sa voix à la sienne. II y a là une grave question de déontologie romanesque, celle que précisément soulève Hugo au moment de *L'Assommoir*[18].

Mais revenons à cette troisième Partie des *Misérables* pour noter qu'elle ne s'ouvre pas seulement au temps des mœurs ; elle abrite (notamment dans les quatrième et cinquième Livres) l'intrigue de maturation. Le

16 *Ibid.*, II, 330.

17 *Ibid.*, II, 331.

18 « Vous n'avez pas le droit de nudité sur la misère et sur le malheur … J'y ai pénétré en moraliste, en médecin, mais je ne veux qu'on s'y introduise en indifférent ou en curieux et nul n'en a le droit. » Victor Hugo cité d'après *Les Rougon-Macquart*, t. II (éd. établie par Henri Mitterrand), Paris, Gallimard, Pléiade, 1961, p. 1564-1565.

narrateur y pratique le récit sommaire pour rendre compte des années décisives qui font suite à l'ostracisme familial et politique subi par Marius. C'est à l'époque de la masure Gorbeau que le jeune homme fait l'expérience de la solitude sociale, de l'indépendance économique et même de la survie, là aussi qu'il entame son éducation politique en frottant son bonapartisme aux conceptions rugueuses des membres de l'A.B.C. Dans la tradition du *bildungsroman*, toute cette partie déroule le temps de la formation. Le parcours spatio-temporel ou, mieux, chrono-spatial[19] du personnage implique les idées d'épreuve, de conversion au réel, de dessillement, Marius ouvrant les yeux au propre comme au figuré.

Ce temps biographique se donne à voir plus précisément lorsqu'il s'objective dans le corps misérable, qui se reconnaît à sa morphologie et à sa pathologie propres (on peut songer à la déchéance physique de Gervaise à la fin de *L'Assommoir*). Ce qu'indique le portrait d'Éponine :

> C'était une créature hâve, chétive, décharnée : rien qu'une chemise sur une nudité frissonnante et glacée [...], les formes d'une jeune fille avortée et le regard d'une vieille femme corrompue ; cinquante ans mêlés à quinze ans ; un de ces êtres qui sont tout ensemble faibles et horribles et qui font frémir ceux qu'ils ne font pas pleurer[20].

Il convient de s'attarder un moment à l'intérieur et aux abords de la masure Gorbeau dont Éponine est comme l'émanation (« Une rose dans la misère »). Par sa médiation et avec la complicité du judas providentiel (subterfuge très romanesque), le temps des mœurs s'est insinué dans le temps de l'aventure. Le regard descripteur qui sonde avec effarement le galetas où rampe la famille Jondrette hésite entre éthologie et pitié. II faut d'ailleurs se rappeler que la masure Corbeau a été précédemment située dans l'espace parisien (Livre quatrième de la Deuxième partie), au moment où Jean Valjean s'y est dissimulé avec Cosette. Ce quartier n'existe plus comme tel au moment de l'écriture, il faut donc la fiction d'un promeneur qui se serait aventuré quarante ans plus tôt « dans les pays perdus de la Salpêtrière[21] ». Au moment de l'histoire où il est saisi (1823), ce quartier est un *no man's land* en marge de l'espace et de l'époque : sur le bord extérieur de la ville, tout près de la barrière,

19 Comme l'indique H. Mitterrand (art. cité, p. 91), il faudrait le dire ainsi pour respecter l'ordre bakhtinien des termes.

20 *Les Misérables*, II, 322.

21 *Ibid.*, I, 549.

entre la Salpêtrière et Bicêtre, « c'est-à-dire entre la folie de la femme et la folie de l'homme[22] ».

Ce promeneur fictif, cet observateur[23] qui n'est pas un actant du récit éprouve au sein d'une expérience topophobe ce qu'on pourrait appeler la mauvaise historicité. Douteux quant à la datation (il a « plutôt l'ait suranné qu'antique »), le quartier est marqué par le souvenir des crimes commis et par les « traditions patibulaires » dont on sait quels échos elles éveillent chez Hugo. La civilisation s'épuise dans les lisières d'une ville qui en est pourtant l'emblème. Le parallèle avec la forêt ne se présente pas ici par hasard : « C'était un boulevard de la grande ville, une rue de Paris, plus farouche la nuit qu'une forêt[24]. » On reconnaît là un schème de l'imaginaire occidental qui oppose la forêt hors-la-loi à la cité et à ses institutions, l'instinct à la morale, la nature à l'histoire[25]. Représentations du reste ambiguës qui hésitent entre nostalgie et hostilité envers les origines et qui, pour cette raison, supportent dans le roman des enjeux historiques particuliers, chez Hugo et chez les autres – qu'on se rappelle l'épisode de la forêt de Fontainebleau dans *l'Éducation sentimentale* de Flaubert. Ici, Hugo se montre surtout sensible aux déphasages, aux discontinuités, au fait que les différentes parties d'une ville, comme les différentes composantes d'une société, ne sont pas synchrones, l'histoire n'allant pas du même pas pour tous et partout. Pas plus, au demeurant, que le temps intérieur du sujet (de l'âme) n'est identique au temps externe des événements ; *Les Misérables* démontrent plus d'une fois que le sujet est irréductible à l'histoire à laquelle il appartient et participe pourtant.

On doit encore s'aviser d'une chose, c'est que cet espace-temps des misères (dans leur double acception d'infortune et d'avilissement), qui s'objective fortement dans les épisodes de la masure Gorbeau, rejoint la série du temps de l'aventure en de nombreux points du récit qui sont moins expositifs. Le mouvement latéral vers la marge est constamment présent dans le roman, de façon manifeste ou subreptice. Le long de la route (pour reprendre la formule de Bakhtine), c'est-à-dire sur les

22 *Ibid.*, I, 554.

23 Sur cette notion, voir l'article « Observateur » d'A. J. Greimas et J. Courtés dans *Sémiotique dictionnaire raisonné de la théorie du langage*, t. 2, Paris, Hachette, 1986.

24 *Les Misérables*, I, 549.

25 Voir la belle étude de Robert Harrisson, *Forêts* : *Essai sur l'imaginaire occidental*, Paris, Flammarion, 1992.

itinéraires des actants ou des observateurs virtuels, sur la ligne même de l'aventure, ou perpendiculairement à elle, se disposent des êtres ou des scènes dont la représentation s'intègre à un chronotope plus large, qu'il s'agisse d'un mendiant de quartier, du père Mabeuf dans son jardin, d'un bandit agressant Jean Valjean au cours d'une promenade suburbaine, de tel rôdeur de barrière, ou de tels anonymes acteurs de l'insurrection de 1832.

Le mouvement latéral fait communiquer avec tous les compartiments de l'édifice social, met au contact de la mauvaise historicité, celle de la masure Gorbeau ou, pire, celle où se tient « l'Ugolin social ». Mais il met aussi au contact de la bonne historicité, celle notamment que portent en eux certains vieux quartiers de Paris, en particulier les faubourgs Saint-Antoine et Saint-Marceau dont il est question au début de la Quatrième partie[26]. Là, c'est le travail révolutionnaire qui est décrit comme incombant à de multiples acteurs. Significativement, afin d'en rendre compte, l'auteur est obligé de découper dans la matière du récit (voir le chapitre « Bien coupé »), d'interrompre la série de l'aventure et de développer une écriture simultanéiste telle qu'au siècle suivant la pratiquera Jules Romains. Les actants du récit ne suffisant plus, il faut ici encore un observateur virtuel, mobile, susceptible d'opérer de multiples rencontres, capable de pénétrer dans telle salle basse, tel cabaret ou tel domicile ouvrier ; à cet observateur sont imputées les informations du chapitre « Faits d'où l'histoire sort et que l'histoire ignore ». Au moment où est décrite l'insurrection qui fermente, à plus forte raison lorsque celle-ci va se déclarer, on voit que le motif situationnel de la rencontre, omniprésent, éclate, débordé par des structures chronotopiques dans lesquelles l'idéologie et l'imaginaire sont presque impossibles à départager.

Cette alliance n'est pas propre à Hugo, elle semble caractériser les grandes entreprises romanesques du XIXe siècle, spécialement celles qui se posent la question des « basses classes » dans l'histoire. De ces œuvres, on ne saurait donc, ainsi que le souligne Henri Mitterrand, réduire la « chronotopie à un simple mode particulier de relation entre le roman et

26 À cet égard, comme l'observe Pierre Sansot, il y a une profonde différence entre le faubourg et la banlieue. Le faubourg précède la ville dans le temps, la banlieue est une excroissance qui lui succède. Le faubourg se suffit à lui-même, la banlieue tend vers la ville qui s'en méfie. (*Poétique de la ville*, Paris, Méridiens-Klincksieck, 1984, chap. « La fronde des faubourgs »).

l'histoire, entre le réel et sa représentation[27] ». Le parallèle entre Hugo et Zola serait encore révélateur. Leur représentation, romanesque et mentale, du peuple oscille entre respect (pour l'acteur historique) et effroi (de la barbarie au sein de la civilisation). II y a une grande difficulté à concevoir ensemble ces deux images – car il existe bien une réalité iconique du peuple, effrayante et fascinante à la fois. II faut faire effort sur soi pour les admettre. Chez Hugo il faut même un coup de force du raisonnement. Le passage souvent cité mérite de l'être :

> Quant à nous, si nous étions forcés à l'option entre les barbares de la civilisation et les civilisés de la barbarie, nous choisirions les barbares. Mais, grâce au ciel, un autre choix est possible[28].

Cette rhétorique ne se trouve pas dans *Germinal*, non plus que le pourvoi en Dieu. Cependant les deux œuvres partagent un certain nombre d'images et de schèmes symboliques, comme celui de la mine où Zola projette tel moment violent d'un procès historique dans lequel s'affirme une conscience de classe. Dans l'œuvre hugolienne, le lieu souterrain renvoie à toute une série de motifs obsédants : architectures et prisons concrètes mais, aussi bien, « la prison de la pensée[29] ». II ne se limite pas à tel monde particulier (au sens de Zola découpant l'univers social en « mondes ») mais vaut pour l'édifice social dans son entier, comme le suggère le pluriel de « mines » désignant l'ensemble des mineurs qui travaillent la société, dans le sens du bien ou dans celui du mal. Zola, lui, ne conçoit pas l'édifice social sur ce mode unitaire. II se le figure comme un ensemble, certes, mais à parcourir horizontalement et successivement, ce qu'indique le principe même des *Rougon-Macquart*, c'est-à-dire de la série, discontinue par définition. Le schéma qu'édifie l'imagination hugolienne, et qu'elle parcourt de haut en bas, est rigoureusement chrono-spatial, si bien que travailler pour ou contre l'édifice, c'est travailler pour ou contre le temps, le temps du progrès et celui des révolutions.

On reconnaît chez les plus grands romanciers une manière de réarticuler un motif qui invite à sémiotiser le chronotope, plus que ne le fait Bakhtine lui-même. Ainsi, le chronotope du lieu souterrain accomplit

27 « Chronotopies romanesques : *Germinal* », art. cité, p. 100.

28 *Les Misérables*, II, 448.

29 C'est le titre du chapitre consacré à Hugo par Victor Brombert dans son ouvrage *La Prison romantique*, Paris, José Corti, 1975.

un véritable destin narratif à travers *Les Misérables*. Un destin qui nous échappe en partie puisqu'il s'amorce au bagne, en deçà même du récit, redevient lisible à Waterloo dans l'accident tragique du chemin creux d'Ohain, durant l'épisode du Petit-Picpus (le couvent est, comme l'a noté Victor Brombert, un autre lieu de « putrescence »), dans la topographie de la rue Plumet (« la maison à secret »), dans la terrible barricade de la rue de la Chanvrerie[30]. Ce destin aboutit dans la dernière partie du livre à « l'intestin de Léviathan ». Dans cette Cinquième partie où est venu pour Jean Valjean le moment des dernières épreuves, les séries de l'aventure, de la biographie, de l'histoire se trouvent étonnamment resserrées. L'odyssée souterraine métaphorise le chemin de la vie avec ses embranchements, ses culs-de-sac, ses dépressions et ses rencontres imprévisibles : la meute policière ou le morceau du linceul de Marat. En disparaissant sous la surface terrestre pour s'enfoncer dans la matière au point d'être méconnaissable à la fin, Jean Valjean change d'espace-temps. Cette marche obscure s'interprète comme régression vers un état antérieur du personnage (qui redevient forçat) ainsi que de l'humanité, c'est-à-dire comme exploration de couches historiques oubliées. Miroir et envers de la ville et de ses révolutions, l'égout est une image du temps. Image qui n'est d'ailleurs distincte et lisible que pour le narrateur, et non pour le personnage, tâtonnant, marchant à l'instinct, quasi inconscient. C'est sans le savoir que Jean Valjean refait, ce 6 juin 1832, un chemin de croix très ancien, jusqu'à ce que lui vienne, mais confusément, le pressentiment final du salut. On apercevrait là qu'il existe une chronotopie selon le personnage et une chronotopie selon le narrateur.

Les Misérables portent très loin « l'aptitude à voir le temps, à lire le temps dans l'espace[31] ». L'œuvre est entièrement pénétrée de « valeurs chronotopiques[32] ». À peu près tous les lieux édifiés soigneusement (et souvent longuement) par la fiction répondent à la définition bakhtinienne du chronotope, c'est-à-dire à une définition spatio-temporelle (ou chrono-spatiale) précise qui concentre à la fois : une signification figurative concrète, un rapport pertinent avec le réel historique, une énergétique

30 Barricade archétypique, superlative, éminemment chronotopique. Elle fait saillie sur l'espace parisien et elle est pourtant « immense tombeau ». Construction momentanée où les acteurs du drame veulent ressaisir l'occasion révolutionnaire, elle procède d'une espèce de nécessité et s'inscrit dans la longue durée de l'histoire parisienne et du mythe urbain lui-même.

31 Bakhtine, *Esthétique de la création verbale*, *op. cit.*, p. 232.

32 Bakhtine, *Esthétique et théorie du roman*, *op. cit.*, p. 384.

propre sans laquelle il manquerait au roman quelque chose d'essentiel. Qu'on se remémore les principaux espaces du roman, aussi bien les séjours des personnages que ceux qui sont le théâtre de l'action historique, et l'on verra qu'ils vérifient tous cette définition. À qui la faute ? À Bakhtine, c'est-à-dire à l'instrument critique ? À Hugo, c'est-à-dire au génie naturellement chronotopique de l'auteur des *Misérables* ? Sans doute aux deux.

ZOLA ET LE ROMAN SONORE
(*LA FORTUNE DES ROUGON*)

L'art n'a pas absolument besoin du son, comme le prouvent assez les arts visuels et le cinéma muet, mais la B.D. mime le son et la peinture peut très bien induire une représentation du son – songeons seulement au *Tres de Mayo* de Goya. S'agissant de littérature, et pour que l'idée de roman sonore prenne un peu consistance, il suffit de se représenter ce que seraient, pour s'en tenir à eux, les chefs-d'œuvre du réalisme français privés de leur composante sonore. *Illusions perdues* sans la presse qui gémit (mot d'autrefois) dans l'imprimerie provinciale, *Le Rouge et le noir* sans les marteaux de la fabrique à clous qui fait trembler le pavé de Verrières, *L'Éducation sentimentale* sans le tapage sur le pont du *Ville-le-Montereau* qui fume « à gros tourbillons » et fait tinter sa cloche, *L'Assommoir* sans les sanglots de Gervaise dans le silence de sa chambre d'hôtel. Sans prétendre que ces impressions initiales donnent toujours le la, elles participent indubitablement à « l'effet de réel » – peut-on concevoir un quai de la Seine muet au moment de l'embarquement ? –, elles font effet sur nous et s'inscrivent dans notre mémoire. D'une façon ou d'une autre, elles s'intègrent au tout sémantique du roman, selon des modalités qui nous sont encore mal connues. À cela on voit notamment deux raisons au moins. La première est que nous n'avons généralement pas de raison spéciale de nous intéresser à la trame sonore des livres, sauf dans le cas particulier du roman des musiciens ou lorsque, dans une œuvre donnée, tel événement sonore s'autonomise et monte en surface à la façon d'un personnage, comme la petite phrase de Vinteuil. Mais c'est un objet esthétique. L'autre raison est que les phénomènes sonores n'ont pas un statut bien clair pour la critique (je ne parle pas des musicologues et des acousticiens). Les choses changent néanmoins. Ainsi, l'idée de « paysage sonore », avancée dès les années 70[1], a des

1 Par le canadien Robert Murray-Schaffer, *Le Paysage sonore*, Paris, H.-C/Lattès, 1979.

prolongements fort intéressants chez un historien des mentalités comme Alain Corbin[2]. On sait que le concept de polysensorialité intéresse de plus en plus les chercheurs. Du côté des disciplines du sens, on réfléchit à une sémiotique du son, qui est en cours de constitution. La question de fond est bien : comment les sons signifient ? Gageons qu'un roman comme *La Fortune des Rougon* nous aide à y répondre.

LE ROMAN SONORE

Il n'est pas difficile d'établir que *La Fortune des Rougon* est un beau roman sonore : la clameur du peuple, les conciliabules du salon jaune, le coup de feu de Rougon dans la mairie, le tocsin dans la vallée, la fusillade sur les hauteurs de Sainte-Roure, le guet-apens tumultueux tendu aux insurgés, jusqu'au repas final qui, au milieu des bruits d'argenterie, consacre le nouvel héros, tout cela compose déjà un riche répertoire. Au-delà, il conviendrait de se demander comment un roman organise, paradigmatiquement et syntagmatiquement, et comment il hiérarchise sa matière sonore. Sur l'axe syntagmatique, qu'advient-il notamment de l'opposition bruit / silence, à l'échelle du livre, des chapitres entre eux, à l'intérieur des chapitres. Dans le tout premier, par exemple, le silence le plus complet coexiste avec « le rugissement de la révolte[3] ». Cette alternance du bruit et du silence pourrait d'ailleurs être érigée en principe compositionnel.

Puisque les sons se rattachent naturellement à des sujets ou à des circonstants, la première tâche d'une analyse distributionnelle[4] consisterait à observer le type de lien qui unit les uns aux autres, sachant que le trait sémantique /sonore/ *vs* /muet/ n'est pas également pertinent dans tous les cas. On pourrait parler de typisation sonore pour certains actants ou

---

2 Alain Corbin, *Les Cloches de la terre. Paysage sonore et culture sensible dans les campagnes au XIXe siècle*, Paris, Albin Michel, 1994.

3 Zola, *La Fortune des Rougon*, éd. Henri Mitterand, Paris, Gallimard, folio classique, 2015, p. 66.

4 Outre l'analyse distributionnelle des linguistes, on peut aussi penser à la syntaxe des opérations poétiques au stade des avant-textes. Or la distribution est une des tendances du « style de la genèse » chez Zola comme le montre Olivier Lumbroso dans *Zola autodidacte : genèse des œuvres et apprentissages de l'écrivain en régime naturaliste*, Genève, Droz, 2013, p. 256 *et sqq*.

circonstants. Pour nous en tenir aux premiers, parmi les actants individuels, il est clair qu'Antoine Macquart (dont les récriminations résonnent dans les cafés de Plassans) est bien plus caractérisé que son demi-frère Rougon (qui fait beaucoup moins de bruit). Silvère et Miette sont plutôt du côté du silence et du bas bruit, nous y reviendrons. Tante Dide est tout à fait à part avec « l'étrange phrase musicale » qu'elle fait entendre dans son délire et qui est « pareille au bruit déchirant d'une fusillade[5] » – singulière comparaison qui a valeur d'indice et fait basculer d'un paradigme (la musique) vers un autre, capital dans le roman (les armes). Pour les deux actants collectifs et antagonistes, parmi les qualifications qu'ils reçoivent tout au long du roman, retenons peut-être celle-ci au début du chapitre V : « La voix haute du peuple, par intervalles, grondait entre les bavardages du salon jaune et les diatribes de l'oncle Antoine[6] ». C'est quasiment du métalangage d'auteur parfaitement avisé en fait de composition et de rythme. En effet, de même qu'un romancier (*a fortiori* réaliste) doit faire se rencontrer des mondes sociaux et croiser les fils d'une intrigue, il lui faut aussi croiser des voix, des lignes mélodiques, en un mot ordonner une partition.

Mais, comme en musique précisément, il n'est pas certain qu'un auteur-compositeur soit tout à fait libre. Le choix et la distribution de la matière sonore obéissent à certaines contraintes, comme en particulier celles qui tiennent à la hiérarchie des genres. Ce serait un objet d'étude en soi que d'observer dans les littératures modernes et contemporaines ce qu'il advient des grands codes de la tradition. Pensons notamment au fracas des armes de l'épopée et aux voix de la nature de l'ancienne poésie bucolique et de la lyrique moderne. Aux deux extrémités de la gamme, l'« *arma virumque cano* » de *L'Énéide* et le « *mugitus boum* » des *Géorgiques* ouvrent un vaste espace sonore qui est encore celui de *La Chartreuse de Parme*, où résonnent à la fois la canonnade et les chants d'oiseaux, et toujours celui de *La Route des Flandres* – même si la mise en œuvre langagière remarquable de Claude Simon est tout autre. Lorsque Baudelaire fait entendre « la rue assourdissante » dans l'un de ses plus célèbres sonnets (« À une passante »), il y a longtemps que les prosateurs ont introduit les bruits de la ville dans leurs romans, mais aussi dans leurs chroniques, observations et autres de tableaux de mœurs. Et nous ne disons rien des sons industriels et des audaces futuristes à venir.

5 *La Fortune*, *op. cit.*, p. 432.
6 *Ibid.*, p. 242.

La Fortune des Rougon hérite évidemment des grands patrons sonores. Le fracas des armes y retentit et les armes à feu abondent mais sans qu'elles soient (sauf pour la carabine de Silvère) rattachées à un héros particulier, comme dans *L'Illiade* le bouclier l'était à Achille. Celles-ci souvent tombent entre de drôles de mains et ces détonations peu maîtrisées sont rien moins qu'héroïques. En revanche, pas de mugissement de bœufs à Plassans ou ses environs ; mais la « voix de la nature[7] » (Hugo) est nettement audible. On pense en particulier à la Viorne que l'on entend dès le premier chapitre[8] (déjà comparée à un être vivant) et dont la voix sera modulée sur le chemin de l'aventure des deux jeunes gens.

Ce roman polyphonique étend naturellement sa gamme pour la simple raison que la variation sonore s'accorde avec sa diversité générique. Ce serait l'occasion de rendre hommage à David Baguley pour avoir attiré notre attention sur cette diversité et sur le fait plus général que « le texte naturaliste est le lieu de convergence de divers types de discours, de modes et de thèmes, dont la combinaison seule détermine le nature distinctive de la littérature naturaliste[9] ». Proposition à laquelle nous adhérons entièrement et qui se vérifie largement dans le premier roman de la série, y compris par le biais suivant lequel nous l'abordons ici, celui de l'univers sonore.

Ainsi, l'on pourrait dresser une table de correspondances entre événements sonores et modes génériques qui donnerait idée de l'étendue de la gamme exploitée par Zola. À l'idylle correspondent les duos silencieux de Silvère et de Miette mais aussi les notations ténues, sons, voix, chants captés par eux dans des circonstances précises auxquelles nous allons revenir. L'étrange chanson de la tante Dide, venue des profondeurs du corps et qu'un savoir d'époque met au compte de la névrose, pourrait aussi bien être qualifiée de voix élégiaque. « Les bruits déchirants de la fusillade » au cours de laquelle Miette rend son dernier souffle et, à la fin du roman, la mise à mort de Silvère relèvent de la tragédie. Sur le bord épique, c'est évidemment la clameur de la petite armée révolutionnaire qui s'impose. Mais il y a l'envers parodique. Zola l'a spécialement cultivé,

---

7 Voir Préface (1837) des *Voix intérieures*.

8 « La Viorne, grossie par les pluies, passait au-dessous d'eux avec des bruits sourds et continus [...] ça et là, un rayon de lune glissait, mettant sur l'eau une traînée d'étain fondu qui luisait et s'agitait comme un reflet de jour sur les écailles d'une bête vivante. » (p. 56-57).

9 David Baguley, *Le Naturalisme et ses genres*, Paris, Nathan, « Le texte à l'œuvre », 1995.

en jouant beaucoup de l'amplification rhétorique et du suspens mais aussi en faisant en sorte que le programme politico-narratif de Rougon soit marqué par des événements sonores. Le coup de feu accidentellement parti de son fusil et « l'épisode homérique de la glace cassée[10] » valent pour lui comme épreuve qualifiante tandis que le vacarme dans la ville nuitamment prise d'assaut – un pic acoustique – tient lieu d'épreuve glorifiante pour celui qui, en défenseur de l'ordre, a tout orchestré. Mais le clou (comique) se trouve un peu plus loin au moment de la furieuse sonnerie qui clôt l'épisode guerrier. Au-dessus de tous, alors que le combat a cessé, dans le clocher de Plassans, Granoux continue de frapper la cloche de son marteau. Ce sonneur fou, l'écrivain et son lecteur pourraient l'associer au « chaudron fêlé » de Flaubert, au « faux accord » de Baudelaire et, avant eux, au Quasimodo de Notre-Dame de Paris[11]. Zola s'amuse évidemment de ce Granoux « radieux[12] » agité d'une espèce de *furor* poético-politique.

Cet épisode comique parachève le renversement parodique de tous les tocsins qui, autour de Plassans, ont résonné aux heures les plus graves du roman et qui résonnent dans la mémoire collective, au-delà même de la fiction[13]. Voilà confortée, en plus de la modulation générique (grave vs comique), l'idée d'un parcours syntagmatique des formants sonores à l'intérieur du roman.

SÉMIOTIQUE DES SONS

Jusqu'à présent nous avons traité sans distinction de tous les sons du roman : aussi bien la voix des personnages que les bruits de fusillade ou le tocsin[14]. Cette saisie peut surprendre qui fait peu cas de l'humain,

10 *La Fortune*, *op. cit.*, p. 345.

11 Sur l'influence de Victor Hugo et la question du grotesque, voir Jacques Noiray, « Aspects du grotesque dans *La Fortune des Rougon* », in Béatrice Laville et Florence Pellegrini éds., *La Fortune des Rougon d'Émile Zola Lectures croisées*, Bordeaux, Presses universitaires de Bordeaux, 2015, p. 153-170.

12 *La Fortune*, *op. cit.*, p. 413.

13 Je renvoie au livre d'Alain Corbin, *Les Cloches de la terre*, *op. cit.*

14 C'est le seul son qui soit mentionné dans le second plan du roman tel qu'il est reproduit par Henri Mitterand dans sa notice de l'édition folio classique, p. 500.

alors que le romancier ne confond certes pas les hommes au langage articulé, les êtres de la nature (la Viorne ou la pluie qui tombe), les bruits artisanaux, etc. ; nous savons pertinemment aussi qu'il n'en tire pas le même parti. Cependant, il y a lieu de croire que la hiérarchie des expressions sonores est depuis toujours interrogée par la littérature et – pour s'en tenir à un précédent prestigieux – elle l'a été explicitement par Victor Hugo qui dans son discours théorique comme dans sa pratique poétique a notamment distingué trois voix : celle de la nature, celle du moi, celle des événements. Quant à l'opposition entre la voix et le bruit (au sens négatif de nuisance), n'allons pas chercher ailleurs que dans le roman même de Zola sa contestation. La voix ou les voix humaines peuvent devenir chose indiscernable, peu intelligible, et de peu d'intelligence d'ailleurs comme il arrive dans le salon jaune assimilé en telle page du chapitre III à une tour de Babel[15]. À l'inverse, les cloches ont un langage, ainsi que les êtres de la nature comme la Viorne qui roule diversement ses eaux selon les heures et les saisons.

À ce stade, on ne peut guère éviter la question : comment un son signifie ? Ajoutons, n'importe quel son. Car celui-ci est une « substance d'expression parmi les autres[16] » et la tâche d'une sémiotique est donc de décrire la constitution de ce plan d'expression. À cette sémiotique en cours d'élaboration nous pouvons emprunter plusieurs propositions qui procèdent de l'inflexion qu'a connue la discipline dans les années 90 et au-delà. Inflexion qui l'a conduite à s'intéresser « intensément à la dimension phénoménale de ses objets[17] ».

Pour le dire simplement, dans l'expérience en question, il faut qu'un sujet (le sujet d'écoute donc) s'ajuste à un objet. Or, d'après Jean-François Bordron[18], cette expérience se laisse décomposer. Un musicologue, Pierre Schaeffer[19], a naguère proposé de distinguer plusieurs types d'écoute : « l'ouïr » (sans attention spéciale) ; « l'écoute » qui demande une certaine attention ; « l'entendre » qui implique que

15 *La Fortune*, *op. cit.*, p. 133.

16 Jacques Fontanille, « Une sémiotique du son ? Remarques sur la constitution d'un plan d'immanence », *Actes Sémiotiques* [En ligne], 113, 2010, consulté le 26/09/2020, URL : https://www.unilim.fr/actes-semiotiques/2823, DOI : 10.25965/as.2823.

17 *Ibid.*

18 Jean-François Bordron, « Quelques réflexions préliminaires en vue d'une sémiotique des sons », *Actes sémiotiques* [En ligne]. 2010, consulté le 26/09/2020, URL : https://www.unilim.fr/actes-semiotiques/2823, DOI : 10.25965/as.2823.

19 Dans *Traité des objets musicaux*, Paris, Éd. du Seuil, 1966.

s'organise l'espace perçu, que s'effectue un tri comme lorsque nous tentons de « distinguer un son particulier à l'intérieur du bruit général d'une ville[20] » ; enfin « le comprendre » qui est le stade de « l'écoute sémantique » où interviennent les émotions, l'appréciation esthétique, la reconnaissance de structures mélodiques, rythmiques, mais aussi « des réminiscences de tout ordre[21] ». C'est dire que la perception, dans son processus même, constitue une sémiose qui est engagée dès le premier stade même si nous avons le sentiment que celle-ci s'accomplit vraiment lorsqu'un dessin du son s'est formé, qu'un plan s'est stabilisé et qu'il y a reconnaissance (pour exemplifier littérairement cela, on peut penser à la petite phrase de Vinteuil).

Empruntons à Jacques Fontanille une autre proposition où s'affirme encore la dimension somatique. Particulièrement intéressante est son hypothèse de « la bulle sonore ». Autour de n'importe quel son se crée un volume (sa propriété est d'être élastique). C'est « un volume habité par des masses mouvantes, des tensions et des événements superposables et non superposables, et doté d'une frontière élastique[22] ». Cette bulle sonore n'est pas seule : il faut bien quelqu'un (un auditeur) pour l'attester et Fontanille – c'est le cœur de son hypothèse – la met en relation avec l'enveloppe sensorielle du corps propre, corps qui se trouve à plus ou moins grande distance d'elle. En somme, ce sont deux actants qui se trouvent mis en tension si bien que dans toute expérience d'écoute intervient « un réglage » entre le sujet sensible et la source sonore (ou entre la visée et la saisie).

Le son a donc une source qui est un corps, humain (unique ou démultiplié comme dans le cas d'une foule), mais pas seulement. La culasse du fusil où se produit la détonation, la cloche frappée par son battant, les eaux de la Viorne dans son lit, etc. constituent aussi des corps sonores. Ceux-ci ont la faculté d'émouvoir un corps-cible, c'est-à-dire un sujet percevant dont la chair est émue de l'extérieur. En vertu d'un principe de réversibilité, ce sujet devient à son tour source d'une saisie dont le corps sonore est cette fois la cible. De sorte que s'établissent des correspondances entre d'une part les corps qui sont à la source du son (par exemple, un fusil dont le coup part et fracasse une glace) et les

20 Jacques Bordron, art. cité.

21 *Ibid.*

22 Jacques Fontanille, « Une sémiotique du son ? », art. cité.

modifications de la chair sensible (chez les témoins et auditeurs de la chose). Et de fait, Alain Corbin en fait la remarque, nous avons à l'égard du son une vulnérabilité beaucoup plus grande qu'à l'égard de l'image[23].

À la question comment le son signifie ? le texte littéraire apporte sa réponse qu'il articule dans son système sémiotique propre. Or on est frappé de la manière dont un roman comme *La Fortune des Rougon* figure le processus que décrivent les sémioticiens. En l'expliquant, c'est-à-dire en déployant une matière impalpable et invisible (le son) dans l'étendue et la durée textuelle. En disant cela, on se réfère aux nombreuses scènes d'écoute disposées dans le récit. Car ce sont bien des scènes démarquées comme telles, des temps forts censés produire le plus grand effet sur les personnages comme sur le lecteur. Parmi ces événements sonores particulièrement travaillés par l'auteur, nous avons l'embarras du choix. Je choisirai le premier dans l'ordre du récit parce que l'effet scénique y est poussé jusqu'à la sidération et qu'à lui seul il justifierait la réputation de Zola comme « peintre de foules ». Auditeur de foules aussi, et cela dès le premier volume de la série.

> C'était comme les échos éloignés d'un convoi de charrettes. La Viorne, d'ailleurs, couvrait de son grondement ces bruits encore indistincts. Mais peu à peu ils s'accentuèrent, ils devinrent pareils aux piétinements d'une armée en marche. Puis on distingua, dans ce roulement continu et croissant, des brouhahas de la foule, d'étranges souffles d'ouragan cadencés et rythmiques ; on aurait dit les coups de foudre d'un orage qui s'avançait rapidement, troublant déjà de son approche l'air endormi. Silvère écoutait, ne pouvant saisir ces voix de tempête que les coteaux empêchaient d'arriver nettement jusqu'à lui. Et, tout à coup, une masse noire apparut au coude de la route ; *La Marseillaise*, chantée avec une furie vengeresse, éclata, formidable[24].

Les auditeurs sont deux mais c'est principalement Silvère qui est requis par l'événement cependant que le texte inscrit nettement les étapes d'une sémiose de la perception. On voit bien comment, à travers un réseau lexical très dense, on passe de la phase initiale de l'écoute à celle de l'entendre (où l'auditeur concentre son attention, s'efforce de discriminer), enfin à celle du comprendre, suivant d'ailleurs un mouvement qui mène de l'indice au symbole quand est reconnu le chant éclatant de *La Marseillaise*, objet sonore patrimonial s'il en est.

---

23 Alain Corbin, *L'Homme dans le paysage*, Paris, Les éditions Textuel, 2001, p. 30 *et sq.*

24 *La Fortune*, *op. cit.*, p. 58-59.

La notion d'horizon sonore élastique semble particulièrement adaptée à une foule en approche, qui se meut dans l'obscurité et dans un espace ouvert. Les deux auditeurs sur leur talus sont comme aux premières loges. Pour arranger cet étonnant son et lumières, Zola a combiné code visuel et code auditif et c'est peu de dire que l'événement est théâtralisé. Un théâtre à ciel ouvert pour deux uniques témoins qui étaient jusque là « perdus dans le grand silence[25] ». Nous voyons bien que l'univers sonore se présente comme un volume animé par des masses en mouvement, des tensions et que certains événements ont lieu simultanément (ainsi des bruits de la foule au début couverts par le grondement de la Viorne) tandis que d'autres ont lieu successivement. Ici la successivité l'emporte logiquement en raison de la progression de la foule dans l'espace.

L'hypothèse de la bulle sonore prend consistance figurative dans un passage comme celui-ci où elle se trouve à la fois vérifiée et complexifiée. On est d'abord frappé de la disproportion entre la cible – les deux jeunes gens saisis par l'événement et dont l'enveloppe charnelle est soumise à des forces très puissantes – et la source, le corps multiple et monstrueusement bruyant de cette foule en marche. Relevons deux autres phénomènes remarquables. Le premier est l'expansion du corps-source, cette clameur qui monte jusqu'au ciel et descend jusqu'aux « pierres du chemin[26] » – où l'on trouve une confirmation paroxystique de l'élasticité de la bulle sonore. Le second est le déplacement de la cible. En effet, à part des deux jeunes gens (d'ailleurs en voie de disparition grammaticale au fil du texte) se forme une autre cible qui les excède de beaucoup. On pourrait même parler d'un troisième corps pour la campagne qui frissonne « tout entière, ainsi qu'un tambour que frappent les baguettes[27] ». Et, d'une phrase à l'autre, s'illustre le principe de réciprocité et de réversibilité que nous avons mentionné à la suite de Fontanille, le corps-cible devenant corps-source à son tour, comme lorsque nous dirigeons notre attention vers un son qui nous alerte ou comme l'ont fait Silvère et Miette dans la première phase de l'écoute. Mais ici, cela va bien plus loin puisque, à la faveur de l'écho répercuté dans un volume en creux, cette campagne devient pour ainsi dire parlante.

> Alors ce ne fut plus seulement la bande qui chanta ; des bouts de l'horizon, des rochers lointains, des pièces de terre labourées, des prairies, des bouquets

25 *Ibid.*, p. 59.
26 *Ibid.*, p. 60.
27 *Id.*

> d'arbres, des moindres broussailles, semblèrent sortir des voix humaines ; le large amphithéâtre qui monte de la rivière à Plassans, la cascade gigantesque sur laquelle coulaient les bleuâtres clartés de la lune, était comme couvert par un peuple invisible et innombrable acclamant les insurgés ; et, au fond des creux de la Viorne, le long des eaux rayées de mystérieux reflets d'étain fondu, il n'y avait pas un trou de ténèbres où des hommes cachés ne parussent reprendre chaque refrain avec une colère plus haute. La campagne, dans l'ébranlement de l'air et du sol, criait vengeance et liberté[28].

Ainsi, des trois corps en présence (la foule, les deux auditeurs, le site dans son entier), c'est le troisième qui vient au-devant. Il est d'ailleurs le plus décrit, c'est-à-dire le plus richement doté en formants sonores, ceux que la phrase énumérative (qui commence à « Alors… ») déploie en une belle période rhétorique, la plus longue de toute la scène. Force de la fiction et de la prose littéraire qui permettent au langage d'exercer à plein, dans toute sa richesse poétique (la cadence, l'usage des figures, notamment la métaphore), la capacité à produire une mimesis du son – un son vécu, actualisé par des actants, humains et non-humains. Avec ici le renfort d'une motivation de type réaliste car, évidemment, pareille orchestration et pareille architecture sonore seraient impossibles sans la topographie qui les accueille et sans le phénomène physique de l'écho. Tout cela se jouant quelque part sur la carte d'un territoire romanesque déterminé, non loin de Plassans.

Plusieurs scènes d'écoute pourraient être examinées de la même façon. En particulier d'eux d'entre elles. Au chapitre V du roman, ouvrant une étrange parenthèse, Zola a aménagé une seconde scène d'écoute qui est symétrique de celle du chapitre I. Cette fois, au lieu que la foule vienne à la rencontre des jeunes gens, ce sont eux qui s'en écartent. Fatigués, dégrisés aussi, ils escaladent la pente des Garrigues, s'assoient sur un rocher et se fondent dans la nuit. Une fois que le roulement sourd de la foule s'est éloigné, ce que leur écoute détecte, c'est le son de deux cloches éloignées l'une de l'autre et le tocsin.

> Et dans ce vide, quand le roulement sourd de la petite armée se fut perdu, ils n'entendirent plus que deux cloches, l'une vibrante, sonnant sans doute à leurs pieds, dans quelque village, au bord de la route, l'autre éloignée, étouffée, répondant aux plaintes fébriles de la première par de lointains sanglots. On eût dit que ces cloches se racontaient dans le néant, la fin sinistre d'un monde[29].

28 *Id.*
29 *Ibid.*, p. 246.

Il faut suivre le parcours (syntagmatique) de ces cloches, qu'on retrouve au chapitre VI dans un tout autre scénario. Sur l'autre bord, si on ose dire. Les sauveurs de la ville se sont faits guetteurs nocturnes et, tout tremblants, postés sur la terrasse de l'hôtel Valqueyras, ils sont à l'affût du moindre bruit. Bientôt ils s'épouvantent du tocsin qui résonne dans la nuit, des feux qui s'allument de loin en loin dans la vallée, réveillant des peurs ancestrales et la frousse bien actuelle de la révolution populaire. Cependant, la tonalité est bien différente des deux scénographies précédentes, ne serait-ce que parce que tout cela a lieu sous le regard ironique du vieux marquis qui, à cet endroit, pourrait être un double du narrateur inclus dans la fiction. On vérifie par là que les mêmes formants sonores (les cloches) reçoivent des significations fort différentes selon les contextes, les auditeurs et la manière dont le langage (ici littéraire) dépeint les sons, verbalise et modalise l'événement sonore.

Dans ces différentes mises en scène ordonnées avec un sens précis de la topographie (on pourrait parler de points d'écoute), Zola joue chaque fois de la distance entre le corps-source et le corps-cible. Cette distance entre les « actants positionnels[30] » peut être faible, grande, voire très grande. En simplifiant on distinguera deux modalités : entendre de près et entendre de loin. Zola marque une préférence pour la seconde qui implique des réglages particuliers entre la visée (à partir du sujet sensible) et la saisie (à partir de la source sonore). Et l'on comprend dans ces conditions l'intérêt des espacements et d'un phénomène comme l'écho.

ÉCHOS

L'écho, lui seul, mériterait une étude séparée. Nous voulons simplement en souligner l'importance et la variété des réalisations. À côté des réalisations en grand que nous venons de mentionner où Zola utilise toutes les ressources d'un espace ouvert, il existe des théâtres plus resserrés comme la ville de Plassans contenue dans ses murailles et dont la place est une certaine nuit agitée par un branle-bas de combat – nuit

30 « Une sémiotique du son ? », art. cité.

au cours de laquelle les bourgeois terrifiés s'enfoncent dans leurs lits, tout oreilles ou au contraire se rendant sourds à la chose.

Mais la réalisation maximale de l'écho, celle qui met la plus grande distance entre la source et la cible, excède de beaucoup les limites de Plassans pour s'élargir au territoire national. C'est évidemment l'écho troublé, différé, déformé du coup d'état parisien. Il est heureux qu'en français le mot « coup » ait aussi la signification de bruit. Et Zola ne se prive pas d'exploiter cette potentialité sémantique. En 1851 on est bien loin de l'information en direct, instantanée et multicanaux qui aujourd'hui a extraordinairement compressé les distances. Mais de nos jours comme hier l'espace politique peut s'appréhender en termes d'acoustique. Zola le sait bien qui, dès le premier tableau politique de Plassans, à l'incipit même du chapitre III, écrit ceci :

> À Plassans, dans cette ville close où la division des classes se trouvait si nettement marquée en 1848, le contrecoup des événements politiques était très sourd. Aujourd'hui même la voix du peuple s'y étouffe ; la bourgeoisie y met sa prudence, la noblesse son désespoir muet, le clergé sa fine sournoiserie[31].

En quelques phrases l'essentiel est dit d'une conjoncture politique : l'événement assourdi, la voix du peuple étouffée (ce qui rend plus violente encore l'explosion que l'on a entendue au chapitre I), la prudence de la bourgeoisie (attentiste et donc économe de paroles), le mutisme des nobles qui se sont mis en retrait, en marge du mouvement de l'histoire, la sournoiserie du clergé. Cela produit un effet de sourdine généralisée. Bien vu de la part du romancier historien ou bien entendu, a-t-on envie de dire.

Juste à la suite de cette observation générale, le narrateur s'attache à l'un des points d'impact de l'événement, à savoir le salon jaune qui, à ce stade de l'histoire, est à la fois surface réfléchissante, caisse de résonance et lieu de relance. Lieu cybernétique, dirait Philippe Hamon, où parvient, s'accumule, s'émet de l'information. Information qui sera répercutée au dehors, dans les divers foyers, suivant le principe de l'écho. D'ailleurs, c'est *La Fortune des Rougon* tout entière qui constitue un bel observatoire de la rumeur et des circuits compliqués, entravés de l'information. Faisant état d'entrave et de bruit (au sens de la théorie de l'information), on songe aux médisances que fait courir Antoine

31 *La Fortune*, *op. cit.*, p. 121-122.

Macquart, aux lettres parisiennes cachées au sein du foyer Rougon ou, pire, soustraites par des mains malveillantes à l'hôtel de la poste – Vuillet bloquant l'information et dévoyant (à proprement parler) le service public à des fins d'intrigue personnelle.

Pour apprécier complètement le jeu avec les proportions dont je parle, il faut se porter à l'autre extrême, c'est-à-dire à la réalisation la plus locale, la plus petite de l'écho. Celle-ci ne laisse pas de surprendre car elle est à la limite de l'invraisemblable. Il s'agit du puits mitoyen par lequel Silvère et Miette ont choisi de communiquer.

> Le son étrange de leurs voix les étonna. Elles avaient pris une sourde et singulière douceur dans ce trou humide. Il leur semblait qu'elles venaient de très loin, avec ce chant léger des voix entendues le soir dans la campagne. Ils comprirent qu'il leur suffirait de parler bas pour s'entendre. Le puits résonnait au moindre souffle. Accoudés aux margelles, penchés et se regardant, ils causèrent[32].

On pourrait décrire ce puits comme un véritable dispositif qui se laisse parfaitement analyser selon les trois niveaux distingués par Philippe Ortel : technique, pragmatique, symbolique[33]. Il s'agit bien d'un ouvrage qui remplit son office (on y puise de l'eau). Mais il est surtout employé à des fins pragmatiques, pour communiquer de façon tout à fait inédite à l'insu d'autrui et en enfreignant un interdit. Enfin, à lui s'attachent toutes sortes de valeurs sémantiques et esthétiques, de réminiscences culturelles aussi. Parmi ces valeurs, il y a sans doute l'impossibilité d'une union qui, on le sait, ne sera jamais consommée et l'on devine que cette communication par les profondeurs obscures du puits (« profondeurs discrètes » dit le texte) n'augure rien de bon pour le jeune couple à la fois séparé par le mur et réuni par la réflexion de l'image et du son. Autre chose est confondant dans ce dispositif, audio-visuel donc, que Zola a eu l'idée d'installer en un point très précis de l'espace romanesque. C'est qu'il synthétise – nous devrions dire adjoint puisqu'il s'agit d'un ouvrage de maçonnerie – les deux modalités que sont entendre de près / entendre de loin, mais aussi voir de près / voir de loin qui, en principe, sont exclusives l'une de l'autre. Et l'on a déjà observé que Zola, dans ses scènes d'écoute, privilégie la seconde.

32 *Ibid.*, p. 268.

33 Philippe Ortel, « Vers une poétique des dispositifs », in *Discours, image, dispositif. Penser la représentation II* (Ph. Ortel éd), Paris, L'Harmattan, « Champs visuels », 2008, p. 33-58.

Le syntagme « de très loin », souligné dans la citation précédente, donne l'occasion de préciser qu'il y a différents lointains, conformément à ce qui a été déjà dit de la sémiose du son et de l'élasticité de la bulle sonore. Je voudrais pour finir faire un sort à une écoute spéciale du lointain ou d'un lointain. À part des grands théâtres que nous avons examinés, ce sont des scènes d'écoute d'un autre format dans lesquelles le phénomène décrit se trouve familiarisé, parfois même miniaturisé. Ce rapetissement va généralement de pair avec l'abaissement du volume sonore. Il y a une déflation de l'événement et il s'agit donc de menus sons, parfois à la limite de l'amuïssement. Non plus donc le lointain des vastes espaces, frappés d'étrangeté, qui étaient saisis depuis une position élevée, mais celui des sites personnels saisis horizontalement, à hauteur de personne, parfois même au-dessous. Fontanille accepterait sans doute le qualificatif de « petites » appliqué à ces bulles sonores que détache la perception des personnages établis en certains mini-territoires.

Immanquablement, l'on est ramené à l'aire Saint-Mittre où, dès le début, une scierie qui grince a servi « de basse sourde et continue aux voix aigres[34] » des vauriens et des bohémiens. L'aire contient des réceptacles, des abris d'où l'on perçoit les bruits environnants. Là, le silence voire le recueillement des auditeurs est la condition même de l'écoute fine. Or Silvère et Miette forment souvent un couple silencieux. Bien plus, ils incarnent le cas de figure original de l'écoule jumelle, celle de deux êtres quasiment unis en un même corps. Ce n'est pas par hasard que Zola a eu, au début du roman, l'idée de loger les deux adolescents dans une pelisse qui les enveloppe sur les chemins nocturnes et qui contient leurs deux enveloppes corporelles, celles par lesquelles ils se rapportent (plus ou moins) au monde. Suivant cette même logique imaginaire, il s'est plu ailleurs à les installer au ras du sol, dans des cachettes d'où ils perçoivent les bruits du faubourg.

> L'air calme de la nuit leur apportait des paroles et des sons perdus, le bonsoir d'un bourgeois fermant sa porte, le claquement d'un volet, l'heure grave des horloges, tous ces bruits mourants d'une ville de province qui se couche. Et lorsque Plassans était endormi, ils entendaient encore les querelles des bohémiens, les pétillements de leur feu, au milieu desquels s'élevaient brusquement des voix gutturales de jeunes filles chantant en une langue inconnue, pleine d'accents rudes[35].

34 *La Fortune*, *op. cit.*, p. 33.

35 *Ibid.*, p. 288. C'est nous qui soulignons.

En deux phrases remarquables de discrétion détachant des unités (des isolats) sur fond de silence nocturne, un univers sonore se constitue. Avec ces bruits perdus, ces chants du crépuscule, on approche très près de l'expérience lyrique, celle qui requiert des sujets sensibles dont on devine le profond recueillement et dont on peut imaginer que la chair vibre, un peu comme si, tout auditeurs qu'ils sont, ils devenaient à leur tour des instruments vibratoires, eût dit Lamartine.

Laissons de côté le scénario hugolien[36] (car les morts qui se tiennent sous la terre ont une voix et ils ont adressé leurs paroles obscures aux deux amoureux). Notre propre écoute, non plus du faubourg mais du texte cette fois, retient ces « bruits mourants » de la citation. Ils nous conduisent, dans cette même aire Saint-Mittre, à Silvère tragiquement exécuté, à l'auditeur mourant. Car dans ses derniers instants, où il s'absente quasiment de la scène présente, les heures heureuses de l'aire Saint-Mittre font retour, sous forme de sensations (notamment auditives) remémorées que le texte, pour certaines, réitère à l'identique.

> Toujours ils étaient revenus dans ce trou. Il crut saisir le chant mourant de la bohémienne, le claquement des derniers volets ; l'heure grave qui tombait des horloges. Puis le moment de la séparation sonnait. Miette remontait sur son mur. Elle lui envoyait des baisers. Et il ne la voyait plus[37].

Par ce jeu d'échos intratextuels et d'analepses subjectives, ces lignes s'emplissent et résonnent d'indices récapitulatifs qui font également effet sur nous. C'est la preuve qu'un texte littéraire peut développer une mémoire propre, c'est-à-dire formée des éléments de la substance sonore qu'il a lui-même engendrée.

La capacité visuelle de l'auteur de *Rougon-Macquart* n'est plus à démontrer, et elle paraît infinie ; il est donc juste que Zola photographe, critique d'art, descripteur, etc., et aussi Zola dessinateur et topographe[38] ait fasciné les critiques. Mais il existe aussi un Zola preneur de son. Il ne faut pas s'en étonner outre mesure puisque le but de l'œuvre réaliste est

36 On pense, entre autres, au poème « Dans le cimetière de… » des *Rayons et les ombres*, et notamment à ce vers « Je fais du bruit dans l'herbe, et les morts sont contents ». Mis au pluriel, il convient parfaitement à Miette et Silvère.

37 *Ibid.*, p. 445.

38 Je reprends ici la remarque d'Olivier Lumbroso dans *Zola. La plume et le compas. La construction de l'espace dans* Les Rougon-Macquart d'Émile Zola, Paris, Honoré Champion, 2004, p. 301.

de donner à voir et à entendre. Néanmoins on peut admirer sa capacité à prendre le son, c'est-à-dire à littéralement attraper la substance sonore. À l'échelle d'un seul roman, qui est le premier et qui donne peut-être le la, on mesure la variété de son répertoire, l'étendue de sa gamme, l'inventivité des dispositifs destinés à capter le son dans sa pure phénoménalité comme dans ses implications symboliques et même politiques. On est frappé aussi de la concordance entre la description de la sémiose sonore telle que la proposent les spécialistes du sens et la manière dont un écrivain, qui met précisément en scène l'écoute, organise des univers sonores. Mettons cela au compte de la sémiotique « insciente » d'un écrivain de génie. On est enfin frappé d'autre chose : ce roman plein de bruit (fût-il faux) et de fureur (parfois ridicule) souvent s'assourdit, ouvre des parenthèses muettes, ménage des stases et des silences – silences de Zola comme on a dit « silences de Flaubert[39] » – auxquels *La Fortune* doit une partie de son charme.

39 Voir l'article de Gérard Genette dans *Figures I*, Paris, Éd du Seuil, 1966.

QUATRIÈME PARTIE

LIEUX DE LA MORALE

LA CHRONIQUE DE MŒURS (ÉTIENNE DE JOUY)

ENTRE DEUX SIÈCLES

Dès que l'esprit se fixe sur le préfixe « inter », il est difficile de résister à sa multiple sollicitation, qui est particulièrement adaptée au sujet dont nous voulons traiter, à savoir la chronique de mœurs au XIXe siècle, et plus spécialement au début de ce siècle. En nous plaçant en amont de l'histoire moderne de la représentation des mœurs, il y a comme une pensée d'anniversaire puisque l'œuvre qui va nous retenir date de plus de deux cents ans : il s'agit de *L'Hermite de la Chaussée d'Antin ou observations sur les mœurs et les usages français au commencement du XIXe siècle*. Elle consiste en une longue série d'articles parus hebdomadairement entre août 1811 et mars 1814, qui ont été ensuite repris en volumes chez l'éditeur Pillet. Il y eut plusieurs rééditions. Celle que nous utilisons date de 1823, elle est précédée d'un « Discours préliminaire » où Jouy met en perspective son projet littéraire mais aussi enregistre les « oscillations convulsives » de l'époque sans manquer de prendre acte de la mort de Napoléon[1]. Cet ensemble connut un véritable succès, puis tomba dans l'oubli. Il est volontiers cité par les historiens de la littérature et par les dix-neuviémistes, mais le plus souvent à titre de jalon préparant la voie à d'autres formes et notamment au genre qui va bientôt prendre en charge cette représentation moderne des mœurs, à savoir le roman. L'appellation « roman de mœurs », quant à elle, apparaît pour la première fois en France sous la plume d'Étienne Lamothe-Langon qui publie en 1826 son *Espion de police, roman de mœurs*. Mais c'est Balzac qui dans sa *Comédie humaine*

1 Étienne Jouy, *Observations sur Les Mœurs françaises au commencement du XIXe siècle*, vol 1, dans *Œuvres complètes*, Paris, Didot, 1823.

invente la véritable formule du roman de mœurs contemporaines, et cela pour tout le siècle et même au-delà[2].

Si l'étoile de Jouy a pâli, ce n'est pas par manque de talent ou d'agrément mais parce que son entreprise souffre de l'ombre portée par le monument balzacien et sans doute aussi est-elle handicapée par le choix d'un médium moins ambitieux, cette chronique qui a donc une double existence : d'abord sous forme de parution périodique, puis sous forme de livre qui rassemble annuellement les textes parus. Il nous faut présenter en quelques mots Étienne Jouy, qu'on aurait tort de réduire à ses chroniques et à son siège d'académicien[3]. Il est né en 1784 et il meurt en 1846, ce qui fait de lui l'exact contemporain de Chateaubriand. Lui aussi a connu une vie d'aventures : très jeune, il a voyagé en Guyane, a été envoyé aux Indes orientales ; il rentre en France en pleine Révolution, y connaît quelques ennuis (y compris une condamnation à mort !), devient capitaine pour l'armée du nord, quitte le service en 1797. Pour ce qui est des lettres, il s'est illustré à la fois comme librettiste (c'est lui qui a donné les livrets de *Guillaume Tell* de Rossini et de *La Vestale* de Spontini) et comme dramaturge – sa tragédie *Sylla* remporta un vif succès. Il devient académicien en 1815. Comme Chateaubriand – auquel bien sûr on ne saurait le comparer – Jouy se trouve entre deux siècles de sorte que l'objet de ses chroniques lui est grandement inspiré par la vue et la fréquentation d'une monde dont toutes les coordonnées (sociales en premier lieu) ont été modifiées par la Révolution et l'Empire. Dans sa contribution initiale intitulée « Portrait de l'auteur » retenons cet extrait où Jouy explique qu'il a été

> conduit à chercher les moyens de recueillir une foule de détails domestiques, de circonstances fugitives, d'événements journaliers, auxquels il est possible d'ajouter un nouveau degré d'intérêt en les rattachant à des souvenirs politiques ou littéraires : la diversité des mœurs, parmi les habitants de cette immense capitale, est le résultat nécessaire d'une population considérable et d'une extrême civilisation ; on peut y puiser le sujet d'une grand nombre de petits tableaux dont l'histoire ne dédaignera pas de faire un jour son profit[4].

2 Voir la synthèse de Bernard Gendrel, *Le Roman de mœurs.* Aux origines du roman réaliste, Paris, Hermann, « Savoir lettres », 2012 ; également de Philippe Dufour, Bernard Gendrel, Guy Larroux éds, *Le Roman de mœurs Un genre roturier à l'âge démocratique*, Paris, Classiques Garnier, 2019.

3 Une biographie lui a été consacrée par Michel Faul, *Les Aventures militaires et autres d'Étienne de Jouy*, préface de Jean Tulard, Paris, Éd. Séguier, 2009.

4 Jouy, « Portrait de l'auteur », 17 août 1811, *op. cit.*, p. 38.

Et, dans la foulée, il offre ses services « aux rédacteurs d'un journal alors en crédit[5] », qui n'est pas n'importe lequel. C'est *La Gazette de France*, le plus ancien périodique français, créé au temps de Théophraste Renaudot après obtention du privilège royal (en 1631, sous Louis XIII donc). À l'origine, il s'agit d'un hebdomadaire imprimé sur quatre pages de petit format, qui deviendra bi-hebdomadaire à la veille de la Révolution et comptera plus de 12000 abonnés. Il deviendra ensuite quotidien. Napoléon se méfie de la presse et lui impose un contrôle strict. Coïncidence : 1811, année où Étienne Jouy lance son projet, est aussi celle d'un fameux décret par lequel sont autorisés quatre quotidiens seulement : *Le Moniteur*, *Le Journal de l'Empire*, *Le Journal de Paris* et *La Gazette de France.* L'entreprise de Jouy n'est pas réellement gênée par le cadre autoritaire du régime : c'est qu'elle se tient dans ses limites sans empiéter sur les domaines réservés, en particulier ceux de la politique étrangère. La chronique s'accommode parfaitement d'un certain apolitisme cependant que, mentalement, l'auteur se tient dans un entre-deux politique qui n'a pas besoin de se dire. Il est du « parti intermédiaire », héritier des principes révolutionnaires et partisan de la monarchie constitutionnelle. Il y a pourtant un moment où Jouy découvre ses préférences politiques. C'est en 1814, au moment du retour de Louis XVIII, quand échappe à l'Hermite ce cri du cœur « *vive le Roi*[6] *!* ». Coïncidence intéressante : c'est aussi le moment où Jouy choisit de faire mourir son personnage, comme si celui-ci pouvait s'éteindre en paix une fois le cercle révolutionnaire refermé et la paix rétablie. C'est-à-dire après que Napoléon, « ce terrible météore a disparu[7] » comme il sera écrit dans la série suivante, *Guillaume le franc-parleur.*

Voilà donc un homme qui, à son heure et à la jonction de deux univers, entend inventer une forme particulière d'écrit, un genre est-on tenté de dire, qui nous fait nécessairement rencontrer la question de l'intertextualité.

5 *Ibid.*, p. 39.

6 « La maladie de l'ermite », dans *L'Hermite de la Chaussée-d'Antin*, t. 3, p. 441.

7 « Histoire du franc parleur », dans *Guillaume le franc-parleur*, t. 1, Didot, 1823, p. 12.

INTERTEXTUALITÉ ET INTERMÉDIALITÉ

Dans un article fondateur, Jürgen E. Müller a établi de façon explicite le lien entre intermédialité et intertextualité[8]. Un des reproches qu'il adresse à cette dernière est de limiter, de fait, le champ de la recherche aux textes écrits. Pour cette raison, elle « s'est révélée une notion très confortable pour les chercheurs en littérature[9] ». La notion d'intermédialité, quant à elle, permet de dépasser ce cadre au profit des « interactions et des interférences ENTRE plusieurs médias », orientant les recherches vers les *matérialités* et les *fonctions sociales* de ces processus[10] ». Müller a en partie raison. « L'axe de pertinence », pour reprendre sa formule, n'est pas le même et on peut en effet regretter une sous-estimation par les littéraires, du moins jusqu'à une date récente, des « matérialités ». En revanche, il nous semble avoir tort à propos des « fonctions sociales » qui échapperaient fatalement à une approche intertextuelle. Le cas de la chronique de mœurs incline à penser que nous devons toujours faire fond sur la notion d'intertextualité.

D'abord, le fait est qu'une intertextualité déclarée se propose d'elle-même et nous ne faisons que suivre la propre conscience architextuelle[11] de l'auteur qui doit inscrire sa contribution parmi des possibles génériques s'offrant à lui au moment historique qui est le sien. Ensuite, l'idée d'une recherche littéraire exclusivement centrée sur son objet et son média est injuste. Dans bien des domaines, cette autonomie du littéraire est apparue comme illusoire. Pour s'en tenir au cas de la chronique qui nous occupe, il est clair qu'elle appartient simultanément à deux champs médiatiques : le littéraire et le journalistique, et les récents travaux ont bien souligné la circulation entre les deux[12].

---

8 Jürgen E. Müller, « Vers l'intermédialité : histoires, positions et options d'un axe de pertinence », *Médiamorphoses. L'identité des médias en questions*, n° 16, 2006, p. 99-110.

9 *Ibid.*, p. 103.

10 *Ibid.*, p. 103.

11 Voir Gérard Genette, *Palimpsestes. La littérature au second degré*, Paris, Éd. du Seuil, 1982.

12 On se reportera à la vaste synthèse *La Civilisation du journal. Histoire culturelle et littéraire de la presse française au XIXe siècle*, sous la dir. de Dominique Khalifa, Philippe Régnier, Marie-Ève Thérenty et Alain Vaillant, Paris, Nouveau Monde éditions, 2011.

Élisant donc l'axe de l'intertextualité, on doit s'arrêter aux premières formules employées par Jouy pour nommer son entreprise : « petits tableaux », « bulletin moral de la situation de Paris », « bulletin hebdomadaire », « feuilletons », « articles de journaux », autant de formules qui désignent la sphère du journal. En revanche, dans le texte qu'il écrit en 1823 à l'occasion d'une réédition de ses chroniques – lesquelles sont entre-temps devenues livres – il emploie des termes qui donnent idée d'une autre ambition. Il parle d'« essais » et se rattache à deux traditions nationales. La première est française, c'est celle des moralistes (Montaigne, Molière, la Bruyère, Duclos). Jouy se souvient aussi de Lesage et des toits soulevés du *Diable boîteux*, sans pourtant vouloir suivre son exemple car des observations de ce genre, dit-il, « donneraient lieu à une chronique plus scandaleuse[13] » que la sienne. Est invoquée également l'entreprise de Louis-Sébastien Mercier, l'homme des *Tableaux de Paris* (1781-1788), autre lecteur de l'espace mais que Jouy entend dépasser par un plus grand « réalisme » – le mot apparaîtra en 1826.

L'autre tradition est anglaise. C'est le fameux *Spectateur* d'Addison et Steele lancé par les deux écrivains-journalistes en 1711, soit exactement cent ans avant *L'Hermite*. Modèle révéré que les Français ont tenté d'acclimater, mais sans succès. Dans un contexte civilisationnel particulier, le projet d'Addison et Steele ne visait rien de moins qu'à normaliser les mœurs et à œuvrer à l'unité de la nation[14]. Et de fait, *Le Spectateur* a réussi, du moins pour la frange éclairée à laquelle il s'adressait, à former une caractérologie nationale reposant sur un certain nombre de valeurs : décence, *benevolence*, « juste milieu », etc. En tant qu'« entreprise d'éducation collective et de promotion culturelle[15] », cette expérience journalistico-politico-littéraire constitue un cas d'école pour les spécialistes de l'intermédialité et une démonstration en grand du principe médiologique suivant lequel l'organe technique crée de la pensée. Le cas anglais aurait de quoi rendre jaloux un observateur de mœurs comme Étienne Jouy. Mais, autre temps, autre lieu (Paris n'est pas Londres), autre nation ;

13 « Mœurs parisiennes », t. 1, p. 137.

14 Je m'appuie ici sur Alain Bony, *Joseph Addison Richard Steele*, The Spectator *et l'essai périodique*, Paris, Didier Érudition-CNED, 1999.

15 *Ibid.*, p. 45.

il n'est pas facile de rééditer l'expérience. Néanmoins, il y a un défi que Jouy entend relever :

> Je vois avec plus de plaisir que de vanité prospérer entre mes mains une entreprise où plusieurs hommes de mérite ont successivement échoué, dans le siècle dernier : le peu de succès qu'ont obtenu dans leur temps les *Spectateurs*, les *Observateurs*, les *Épilogueurs* français, avait fait croire à certaines personnes que l'amour-propre national ne s'accommodait point de cette espèce de lanterne magique, au moyen de laquelle un moraliste, plus ou moins sévère, reproduit chaque semaine quelque partie du tableau fidèle de nos vices, de nos travers, de nos ridicules : j'ai lieu de croire, au contraire, que c'est à un défaut de fidélité de ces portraits qu'il faut s'en prendre du froid accueil qu'ils ont reçu[16].

Nous avons cet avantage sur Jouy que nous pouvons distinguer les entreprises ultérieures qui investissent, suivant des modalités propres, ce même territoire des mœurs. Si bien que dans un tableau des possibles génériques, nous pouvons inscrire d'autres cas. À commencer par la « littérature panoramique[17] », selon l'expression de Walter Benjamin, avec ses séries (type *Les Français peints par eux-mêmes)* conçues comme de vastes entreprises collectives dans lesquelles des écrivains ou écrivants réunis se proposent d'offrir l'image la plus diversifiée possible de la société contemporaine[18]. S'imposent aussi les physiologies en vogue dans les années 1840[19]. À un large public qui, à cette heure, a besoin de reconnaître sa nouvelle physionomie, elles fournissent notamment des portraits de types humains ou professionnels (la grisette, l'étudiant, le notaire, le vieux garçon, etc.). En matière de représentation des mœurs, si on laisse de côté le théâtre (qui au demeurant intéresse beaucoup Jouy), les possibles génériques pourraient être figurés ainsi :

---

16 Jouy, « Révolution des modes », 1er janvier 1813, *op. cit.*, t. 3, p. 3-4.

17 Walter Benjamin, *Charles Baudelaire. Un poète lyrique à l'apogée du capitalisme*, Paris, Petite Bibliothèque Payot, 1974, p. 55. Repris dans *Paris, capitale du XIXe siècle : le livre des passages*, Paris, Cerf, 1997.

18 Voir José-Luis Diaz, « L'esprit sous presse. Le journal et le journaliste selon "la littérature panoramique" 1781-1843 », dans Marie-Ève Thérenty et Alain Vaillant éds., *Presse ε Plumes : journalisme et littérature au 19e* siècle, Paris, Nouveau monde éditions, 2004.

19 Voir Nathalie Preiss, *Les Physiologies en France au XIXe s. Étude historique, littéraire et stylistique*, Mont-de-Marsan, Éditions InterUniversitaires, 1999. Ainsi que Valérie Stiénon, *La Littérature des Physiologies Sociopoétique d'un genre panoramique* (1830-1845), Paris, Classiques Garnier, 2012.

<table>
<tr><th>Essai périodique</th><th>Tableau</th><th>Série panoramique</th><th>Chronique de mœurs</th></tr>
<tr><td>Le Spectateur
(Addison et Steele)</td><td>Tableau de Paris
(L.-S. Mercier)</td><td>Les Français peints par eux-mêmes (Curmer éd.)</td><td>L'Hermite de la Chaussée-d'Antin (Jouy)</td></tr>
<tr><td>Physiologie</td><td colspan="2">Roman de mœurs</td><td>Roman de mœurs réaliste</td></tr>
<tr><td>La Grisette</td><td colspan="2">L'Espion de police
(Lamothe-Langon)</td><td>Le Père Goriot
(Balzac)</td></tr>
</table>

Il y a au moins deux remarques à faire sur ce tableau. La première porte sur le statut de l'auteur. Il est négligeable dans les séries panoramiques. Si un écrivain reconnu y prend part, comme Balzac en tête des *Français peints par eux-mêmes*, apportant sa pierre à l'édifice, il n'est qu'un collaborateur parmi d'autres. Il n'est pas davantage valorisé dans le cas des physiologies où les rôles sont partagés, entre l'écrivain, le graveur et le dessinateur – ainsi les vignettes de Daumier sont-elles pour beaucoup dans le goût que l'on eut pour ces livres de petit format. Mais la chronique elle-même pourrait être partagée – et Jouy fera plus tard l'expérience de la collaboration quand il se proposera de traiter les mœurs de province.

Malgré les séparations qu'instituent les noms de genres, malgré la frontière entre sphère littéraire et sphère journalistique qui n'apparaît pas ci-dessus (précisément parce qu'elle est relative comme l'enseignent les cas d'Addison-Steele et de Jouy), il est un fait constant, qu'on pourrait dire structurel : celui de la sérialité. À un degré ou à un autre, ces productions littéraires obéissent à ce principe – sauf peut-être le tableau de Mercier, mais il eut un prolongement avec *Le nouveau Paris*. On pourrait dire qu'il existe une sérialité de type 1, qui est l'effet du média, c'est la parution périodique par suite d'un accord avec le journal. Cette sérialité est aussi commandée par le marché, comme c'est typiquement le cas des physiologies dont le public est friand. Mais, avec autant de force, opère une sérialité de type 2 qui tient moins au média qu'à ce qui est visé à travers lui, le référent et le domaine des mœurs. Or celui-ci est infini comme l'indique l'extension des premières observations parisiennes vers la province – Jouy, en collaboration cette fois, à partir de 1818, publie *L'Hermite en province*, qui comptera pas moins de quatorze volumes.

D'une certaine manière, ce prolongement provincial fait déjà signe en direction de l'auteur de *La Comédie humaine* qui, s'avisant lui aussi que l'état nouveau du monde social impose des cadres, médite ces articulations, ces divisions qu'il va appeler des « scènes », en tire l'architecture toute nouvelle que l'on sait. Appelée donc par l'infinie variété des mœurs et le défi que constitue leur représentation, on reconnaît là une des propositions majeures du fameux *Avant-propos* balzacien de 1842.

LA CHRONIQUE : NARRATION INTERMÉDIALE

Chronique : le mot nous est familier et la chose est en bonne place dans les médias actuels comme la radio et la télévision, qui emploient force chroniqueurs. Ainsi que l'a rappelé Marie-Ève Thérenty dans *La Littérature au quotidien*, au XIXe siècle, la chronique constitue un genre journalistique, à côté du premier-Paris, du fait divers, du petit reportage, du grand reportage et de l'interview – ce dernier n'apparaissant que vers la fin du siècle[20]. De tous ces genres qui ne sont pas étanches (ainsi la chronique s'approche-t-elle du petit reportage) on pourrait suivre l'évolution tout au long du siècle, et au-delà.

Empruntons à Marie-Ève Thérenty cette observation, à savoir que, dès le début du siècle, la chronique s'éloigne de sa première version, celle de la « chronique-liste » qui consistait à répertorier les principaux faits survenus depuis le dernier numéro d'une revue ou d'un journal. Cet affranchissement relativement aux petits faits (bruits de la ville, anecdotes, etc.) est dû à la rencontre avec un autre genre d'écrit « la physiologie parisienne ou l'étude de mœurs ». C'est précisément cet écart que marque Jouy dans son tout premier article où il annonce qu'il traitera d'autres matières que « du pavage de la rue des Quatre-Vents ». Ce but plus sérieux qu'il poursuit, moins asservi à la petite quotidienneté, n'est rien de moins qu'une écriture du social pour laquelle il se fait flâneur et enquêteur. Nouvelle forme de journalisme qui se fonde sur le déplacement et la description.

20 Marie-Ève Thérenty, *La Littérature au quotidien*. Poétiques journalistiques au XIXe siècle, Paris, Seuil, « Poétique », 2007.

Que narre Jouy et que décrit-il ? On peut s'en faire une idée à travers les articles réunis dans le premier volume, même si en réalité il faudrait considérer l'ensemble des quelque deux cents articles que totalise *L'Hermite* en ses cinq volumes parus pour mesurer l'exploration tous azimuts opérée dans l'espace social. C'est en effet le territoire immense des mœurs exploré en toute liberté, sans plan préalable mais non sans méthode. Tout s'y trouve : manières de vivre en société, d'habiter, de circuler, de se divertir, de s'informer, mais aussi de naître (« Le parrain »), d'épouser (« Les noces – le mariage »), de mourir (« Les sépultures »), etc. On est frappé de l'importance de la localisation. D'où d'ailleurs le reproche qu'adresse Jouy à ses prédécesseurs qui n'ont pas daigné « peindre sur place et d'après nature, avec les nuances qui leur conviennent, cette foule de détails et accessoires, dont se compose le tableau mobile des mœurs locales[21] ». Il en résulte que sa peinture à lui est toujours assortie à des lieux : manières de ville, de campagne, de quartier, de salon, d'opéra, de café, de boulevards, d'hôpital, etc. L'empan sociologique est très vaste : cela va de la meilleure société (celle qui dans « Le Parrain », en la personne du comte de V**, requiert l'Hermite pour être parrain du nouveau-né) jusqu'aux domestiques (« Mœurs de l'antichambre »), en passant par les bons bourgeois du Marais, l'étudiant du pays latin et le commissionnaire – individu qui par sa mobilité fait pendant à l'observateur social qu'est lui-même l'Hermite. Cet observateur capable de pénétrer tous les milieux, d'en dire l'intimité est aussi à ses heures détective, sémiologue à l'affût des indices à décrypter – en cela il dépasse Mercier[22].

Le ton est celui de la conversation. Stylistiquement, on retrouverait des traits appartenant aux genres précédemment mentionnés comme l'essai périodique façon Addison-Steele ou la physiologie. Mais l'article aime à se placer sous l'égide prestigieuse de la tradition : l'essai de Montaigne, la comédie de Molière, la peinture des caractères de La Bruyère, sans oublier la tradition antique de la satire (plutôt horatienne) qui, ici, n'est

21 « Discours préliminaire », tome 1, *op. cit.*, p. 24.

22 Sabine Monod en fait la remarque : « En effet, le personnage découvre que la seule observation scientifique et la mise à plat systématique de la ville et de ses types lui octroiera peut-être une chance d'accéder à une forme de lisibilité de Paris. » « Aux sources de l'enquête : autour de *L'Hermite de la Chaussée-d'Antin* », Fabula / Les colloques, Séminaire « Signe, déchiffrement, et interprétation », consulté le 01.02/2014, URL : http://www.fabula.org/colloques/document883.php.

jamais diffamatoire puisqu'elle vise des types et non des personnes. Pour l'essentiel, la narration, vive et spirituelle, s'attache aux vices du temps, aux préjugés de classes (de toutes les classes) – y compris celui qui voudrait que le journal dispense son abonné de penser. Il arrive donc à Jouy de bousculer son lecteur, en particulier le bourgeois du Marais. De même, sont doucement incriminées des pratiques, des modes, comme ces albums que les dames de la bonne société ont transformés en recueils de compliments à leur gloire (« Des albums »).

Abordée ainsi selon un plan stylistique, la chronique paraît s'absorber dans la matrice littéraire, dans un quasi oubli de son medium, qui est le journal. Il n'est pas facile de faire le départ entre ce qui appartient en propre à « la matrice médiatique » et à « la matrice littéraire ». On pourrait même douter qu'il y ait un propre tant la porosité entre les deux s'impose. Néanmoins, on peut tenter de rendre à chaque média ce qui lui est dû. Pour la matrice médiatique, je me contenterai de deux traits spécifiques.

Il en est un capital qui, si on l'oubliait, donnerait raison à Jürgen E. Müller déplorant qu'on ne fasse pas suffisamment droit aux matérialités. Il s'agit du critère de la « rubricité », et par conséquent de la place précise de la chronique dans le journal, à savoir celle du feuilleton. C'est à peu près à ce moment que le mot va désigner la « partie réservée au bas d'un journal pour une critique régulière » qui peut être « de littérature, de sciences, de critique ». Cet espace est mesuré dans un périodique comme *La Gazette de France*. La forme du livre qui nous est demeurée nous dissimule ce fait matériel : la chronique était au-dessous du premier-Paris traitant de l'actualité sérieuse, comme des faits de politique intérieure. Plus tard, sous la Monarchie de juillet, les chroniqueurs tireront parti de cette différence de niveau, de cette position excentrée au point que la chronique en bas de page pourrait « déconstruire la machine journalistique, son écriture, son idéologie, pour prendre le contre-pied de l'industrie du journal[23] ». Ce n'est pas encore le cas au temps de Jouy mais retenons que potentiellement, l'espace du feuilleton réservé à la chronique permet des écarts critiques de nature ironique. Évidemment, pour éprouver cela, il faudrait avoir le journal sous les yeux.

Le second trait, lui, nous est accessible à travers le livre, notamment à travers sa table des matières. Il s'agit de ce que Jouy nomme

23 *La Littérature au quotidien*, *op. cit.*, p. 244.

« Correspondances », sans doute en souvenir d'Addison et Steele qui avant lui ont pratiqué la chose. Il s'agit d'articles dans lesquels la parole est donnée aux lecteurs : lecteurs de Paris et lecteurs de province qui entendent participer à la vie de la capitale grâce au journal. C'est-à-dire, ajouterait un médiologue, grâce aux chevaux et aux routes. En effet, pas de diffusion, pas d'opinion publique sans du papier, des machines, des routes, bientôt des chemins de fer. Ainsi, plus ou moins loin de la source (ils peuvent résider tout près comme l'habitant du Marais), ces correspondants exercent ce que nous appellerions aujourd'hui un droit de réponse à propos de telle opinion exprimée précédemment par l'Hermite. Exemple : cet académicien du Calvados discutant l'idée suivant laquelle le tutoiement des parents par les enfants serait contraire au respect qui leur est dû (« Correspondance, par M. *Arnault*, de l'Institut »). À quoi notre correspondant objecte que, marié à deux reprises, tous ses enfants, quoique élevés sous des lois différentes, l'aiment et le respectent également. À quoi l'Hermite ayant le dernier mot objectera à son tour. Cette querelle policée illustre bien le principe de variabilité des mœurs qui s'expose tout au long des chroniques ainsi que l'intention morale qui les soutient. On voit aussi comment une apparemment mince question domestique est traversée par un macro-événement, la Révolution, qui a transformé les usages jusqu'au sein des familles.

À la différence de la communication littéraire, en absence, asymétrique, la communication journalistique maintient et exploite le contact avec le récepteur qui vit dans la même durée journalière que l'émetteur – du moins pour le lecteur parisien car en province le journal sera lu le lendemain ou surlendemain. Avec les avantages et les inconvénients de cette interaction

> Je fais chaque jour l'expérience qu'il est impossible d'écrire dix lignes, sur quelque sujet que ce soit, sans compromettre dix intérêts particuliers, sans froisser vingt amours-propres : les reproches, les plaintes, les réclamations, m'arrivent de tous côtés ; et, chose assez ordinaire, les uns se plaignent de ce dont les autres se louent (car je reçois bien, de loin en loin, quelques lettres de remerciements)[24].

Le lecteur peut se trouver incorporé au texte avec le statut flatteur de co-auteur. Mais prenons-y garde, le chroniqueur reste maître du jeu :

24 Jouy, « Correspondance », 12 novembre 1811, *op. cit.*, t. 1, p. 191.

il est libre de choisir ses correspondants, de jeter certaines lettres au feu comme l'affirme Jouy dans l'un des ses articles, bref d'orchestrer la polyphonie. D'ailleurs, à côté des lettres reçues, il faudrait aussi prendre en compte les entretiens qui nourrissent la chronique, l'Hermite s'effaçant alors pour laisser la parole à des informateurs (par exemple, l'étudiant de la chronique « Le pays latin »), comme on le ferait dans une enquête ethnographique. D'autre part, nous manque l'assurance de l'identité de ces correspondants ou informateurs. Il est facile de la dissimuler sous l'anonymat et les noms d'emprunt. Cette question se posait déjà, un siècle plus tôt, pour *Le Spectateur* anglais. Jouy a bien retenu la leçon et perçu l'avantage d'un dispositif appartenant à la chronique et au journal mais qui se prête bien à des usages littéraires. Car il y a là aussi une zone d'intersection entre la matrice journalistique et la matrice littéraire.

LITTÉRARISATION

On est ramené au fait majeur qui est – pour citer encore Marie-Ève Thérenty – « la littérarisation du journal », dans tous ses genres. Mais c'est encore plus vrai de la chronique qui tout au long du siècle eut ses grands noms et ses grandes plumes, écrivains-journalistes ou journalistes-écrivains. Comme on l'a déjà relevé, cette conscience littéraire est sensible et il suffit de voir les autorités invoquées par Jouy ainsi que l'intertexte mis en œuvre. Un autre bon témoin serait le péritexte épigraphique constitué des meilleurs auteurs, anciens et modernes. Tout indique que la chronique s'écrit sur fond de littérature constituée et tout désigne le profil lettré de son auteur, et peut-être aussi par extension, le profil désiré de son lecteur.

Une autre marque plus subtile de littérarité consiste en la fictionnalisation. On pourrait s'en étonner eu égard à la visée déclarée du peintre moderne des mœurs qui s'astreint aux devoirs de l'observation ethnographique. Comprenons bien : l'étude des mœurs appartient au domaine de l'avéré mais elle ne résiste pas à la tentation fictionnelle. Et la fiction commence au nom. Nous n'avons encore rien dit de cette appellation d'hermite, antiphrastique au possible car notre chroniqueur est un infatigable promeneur et, à certains égards, un flâneur pré-baudelairien. Ce nom supporte le dispositif énonciatif de la chronique. Un peu comme Addison et Steele avaient inventé un personnel spectatorial, une sorte de club fictionnel, Étienne Jouy invente de confier ses observations à cette figure de l'Hermite qui coïncide largement avec sa propre personne, mais de laquelle il se disjoint par de subtils décalages. Il en est un qui est fort astucieux, celui de l'âge. L'Hermite est sensiblement plus âgé que Jouy, ce qui, au passage, pourrait poser un problème de vraisemblance pour le septuagénaire qui parcourt tant de distances. Cette existence artificiellement allongée confère un supplément d'expérience et d'autorité à celui qui se présente comme « un vieux chroniqueur ». Elle permet également d'enjamber plus légitimement cette frontière capitale et cette durée intermédiaire entre XVIIIe et XIXe siècles, entre ancien monde pré-révolutionnaire et nouveau monde post-révolutionnaire.

En effet, ne nous y trompons pas, malgré la modestie qui lui vient du média, malgré sa place dans ledit média, malgré ses petites découpes et bien qu'elle paraisse vouée aux « affaires du jour », la chronique aspire à élargir sa perspective, à s'appliquer au présent en mouvement qui est bordé par le passé. L'Hermite aime à observer les monuments, à scruter les lieux du souvenir (cimetière, plaques commémoratives) comme il se plaît à comparer les époques : l'ancien Hôtel-Dieu et l'actuel[25], salons et théâtres d'antan et ceux du moment[26]. En revanche, la dimension d'avenir semble lui manquer et ce serait là une différence notable avec le roman de mœurs qui, lui, entend désigner les formes de l'avenir. Songeons seulement, dans son *Avant-propos* de 1842, à cette phrase singulière de Balzac à laquelle la critique a dû se frotter[27] : « Ainsi dépeinte, la Société devait porter avec elle la raison de son mouvement ».

Si l'Hermite est un personnage, cela veut aussi dire que l'auteur peut en disposer. Ce qui peut aller assez loin : il pourrait par exemple le faire mourir – prérogative reconnue au romancier. Or, au bout du cinquième tome, l'Hermite mourra, mais pour renaître dans ce que Jouy désigne comme une « suite » de *L'Hermite de la Chaussée-d'Antin*, sous un autre

25 « Une visite à l'hôpital », t. 3.

26 Voir la chronique « Mœurs des Salons » du premier tome ainsi que le pendant formé par « Une première représentation d'autrefois » (t. 2) et « Une première Représentation d'aujourd'hui » (t. 3).

27 On pense notamment à Pierre Barbéris qui l'a commentée dans *Le Monde de Balzac*, Paris, Arthaud, 1973.

nom et pourvu d'un nouveau caractère. Ce sera *Guillaume le franc-parleur*, qui donne lieu à deux tomes, parus en 1815-1817 chez le même éditeur Pillet. Évidemment, nul n'est dupe de cette réincarnation, pas plus qu'on ne le sera des dépaysements ultérieurs – il y aura notamment *L'Hermite de la Guyane*… Faisant ainsi varier le dispositif énonciatif, la chronique, obéissant au principe de sérialité, s'accroît, se transporte en d'autres lieux, et cela suivant le jeu consenti de la fictionnalité. Une fictionnalité bien comprise qui rappelle le romanesque du siècle précédent et qui fait penser au roman-feuilleton et à ses ficelles (relances, coup de théâtre, résurrections de personnages).

La fiction appelle la fiction. La chronique pourrait être reprise, passer en d'autres mains, celle de continuateurs inspirés par l'exemple de Jouy (encore la sérialité). C'est exactement, profitant de la disparition de l'Hermite, ce que fait en 1818 Balisson de Rougemont en publiant, toujours chez Pillet, *Le Bonhomme ou nouvelles observations sur les mœurs parisiennes.* Dans sa préface, il ne manque pas d'honorer son prédécesseur :

> Je pourrais citer des monuments qui n'ont point été observés, des établissements utiles sur lesquels on a gardé le silence ; quelques originaux aussi ont échappé aux pinceaux spirituels de l'Hermite. Depuis sa mort, de nouveaux usages ont pris racine ; de nouvelles mœurs se sont entées sur celles qu'il a décrites avec tant de grâce… Ce sont ces originaux, ces usages, ces mœurs que je vais entreprendre d'esquisser. Mon zèle et la vérité de mes tableaux suppléeront chez moi au talent dont mon prédécesseur était abondamment pourvu. Je ne me flatte point de le rivaliser[28]…

Tout cela accrédite suffisamment la thèse de la littérarisation. Pourtant, cette chronique ramenée dans le giron de la littérature pourrait faire le chemin inverse. Autrement dit, il est possible et sans doute souhaitable de « rechroniciser » ces textes. Comment ? En leur rendant leurs milieux, leurs observatoires (le salon, la loge d'opéra, la rue, etc.), leurs véhicules et routes concrètes, selon la forte leçon de la médiologie. Il conviendrait en somme de retremper la chronique de mœurs dans la matérialité et dans le réseau de communications qui la rend possible.

S'il est permis de sauter du média à la médiation et si la notion d'auteur intermédial est recevable, il faudrait nous représenter celui-ci sous un triple aspect. Comme un promeneur dont les pieds foulent toutes

28 M. de Rougemont, *Le Bonhomme ou nouvelles observations sur les mœurs parisiennes*, Paris, Pillet, 1818.

sortes de terrains, principalement urbains, mais qui s'éloigne parfois de Paris et recourt donc à des véhicules[29]. Comme un parleur prenant part à toutes sortes de conversations, qui sait aussi s'effacer pour recevoir ou surprendre le discours d'autrui. Comme un commensal, s'asseyant à toutes sortes de tables, des plus distinguées aux plus communes. Par là sont démultipliés sites de paroles et points de vue, et l'on sent bien que le plaisir de la chronique tient grandement à cela. À travers ce personnage, étonnant par sa mobilité et sa plasticité, « passent », à proprement parler, un maximum d'informations de sorte qu'il devient le support de toute sortes d'inscriptions et de savoirs à propos du contemporain. Sans oublier que, professionnellement, il convertit sans cesse de l'oral en écrit ou de l'écrit en écrit, puisqu'il ne se prive pas de reformuler les opinions et les humeurs de ses correspondants. Ce qui fait de lui une espèce de traducteur.

Chacune de ces postures mériterait d'être analysée pour elle-même. Celle à laquelle on est le plus sensible est sans doute la première, celle du promeneur. En raison de l'originalité réelle de Jouy si on le compare à ses prédécesseurs, mais aussi parce que ce personnage du flâneur a fait l'objet d'une forte recommandation théorique de la part de Walter Benjamin et de ses successeurs[30]. On doit par ailleurs lui reconnaître un authentique potentiel ouvrant la voie aux romanciers ultérieurs (Hugo, Balzac, Zola), comme le souligne Sabine Monod qui insiste sur le mouvement caractéristique de l'entreprise de Jouy balançant entre ouverture au dehors et enfermement au dedans : « L'Hermite reprend à son compte cette dialectique en ramenant Paris dans sa cellule par le biais de ses notes, et le souvenir de ses rencontres[31]. »

C'est en effet le phénomène essentiel. À nuancer cependant par deux types d'intromission du dehors : les correspondances qui, on l'a vu, constituent un aliment essentiel de la chronique et qui, au passage, rapatrient un matériau lointain et médiatisé (par l'académicien du Calvados ou le simple lecteur du Béarn) auquel l'Hermite n'a pas accès. Et puis, il ne faut pas se représenter le bureau du chroniqueur comme un espace étanche. Celui-ci tarde un peu à apparaître, mais il apparaît

---

29 Voir les chroniques « Paris à la campagne » (t. 1), « La partie de campagne » (t. 2), « Un voyage à Pontoise » (t. 3).

30 Notamment Karlheinz Stierle, *La Capitale des signes. Paris et son discours*, Paris, Éd. de la Maison des Sciences de l'homme, 2001.

31 Sabine Monod, art. cité, p. 7.

au tome 3 dans une chronique intitulée « La cellule de l'ermite ». Cellule relative où le plus intéressant n'est pas le mobilier ou la bibliothèque bien constituée mais le double hommage rendu à deux personnes d'expérience et deux jaseurs, Madame Choquet, la domestique qui rapporte les propos d'antichambre recueillis la veille, et Paul, le vieux serviteur, « un vrai Sancho parisien ». Celui-ci a partagé la bonne et la mauvaise fortune de l'auteur, il passe « pour le plus grand géographe et le plus grand voyageur qui ait jamais monté derrière une voiture[32] » – encore un véhicule – et il s'est tellement identifié à son maître qu'il parle en leur nom à tous deux, en disant « nous ». Encore un partage d'autorité.

Une fois que l'on a remis à leur juste place correspondants et modestes médiateurs, il faut encore s'aviser d'un troisième terme. Ce troisième terme que la dialectique du dedans et du dehors pourrait faire oublier n'est autre que le journal. Sans être très visible dans la série, il s'y inscrit cependant, de loin en loin, à la fois comme objet du discours mais aussi comme site concret : « Les journaux » (tome 1), « Le bureau d'un journal » (tome 2), « Projet de journal » (tome 3). Le second cas est le plus instructif car il donne à voir l'Hermite dans l'exercice de sa profession, au sein même des locaux du journal, corrigeant l'épreuve de son dernier article avant de la porter lui-même à l'imprimerie, où il sera témoin d'un démêlé entre un auteur dramatique et le prote refusant d'insérer un article immodeste dudit auteur sur sa propre pièce… Dans l'intervalle, se produit un amusant *quiproquo* dont l'Hermite entend tirer parti : il est confondu avec le responsable de la rédaction et se voit pressé de visites et de sollicitations diverses qui lui font mesurer combien ce lieu est le rendez-vous des intérêts et des amours-propres. D'où le tout début de la chronique qui en est déjà la morale :

> Il est des endroits qu'il ne faut pas visiter par intérêt pour ses plaisirs. Je dirai au gourmand : ne descendez pas à la cuisine ; à l'amateur du théâtre : ne fréquentez pas les coulisses ; au protecteur, à l'ami des lettres : ne vous arrêtez pas au bureau d'un journal ; le jeu des machines pourrait vous dégoûter des produits[33].

Puisque l'auteur en personne y invite, on pourrait (devrait) oublier le média et, pour le coup, ce dédain de la matérialité commun aux

32 « La cellule de l'ermite », 22 mars 1814, t. 3, p. 424.
33 « Le bureau d'un journal », 24 janvier 1812, t. 2, p. 39.

hommes de lettres et à leurs critiques donnerait raison à Jürgen E. Müller. L'ennui est que cette médiation, avec toutes les implications techniques et pragmatiques qui sont les siennes, est capitale. Au point qu'on peut la considérer comme la clé de voûte de la chronique : non simple cuisine journalistique, non simple cadre temporaire appelé à disparaître, mais condition même de la communication et du sens. C'est en tout cas ce que nous ont appris les linguistes de l'énonciation et les médiologues[34]. Du reste, Jouy lui-même a bien compris l'importance du lien médiatique quand, au tout début de son entreprise, il choisit de faire précéder la longue série de ses chroniques d'un Avant-propos qui est un dialogue entre le libraire et l'Hermite, dialogue ayant valeur d'engagement. La leçon vaut pour les chroniqueurs actuels, héritiers de Jouy à leur façon, qui ambitionnent toujours d'entretenir le discours quotidien et de le transformer en livre.

34 Pour les premiers, voir notamment Dominique Maingueneau, *Le Contexte de l'œuvre : énonciation, écrivain, société*, Paris, Dunod, 1993 ainsi que, avec Patrick Charaudeau, *Dictionnaire d'Analyse du Discours*, Paris, Éd. du Seuil, 2002. Pour les seconds on se reportera à l'ouvrage de Régis Debray, *Introduction à la médiologie*, PUF, 2000.

MORALE DU DÉNOUEMENT CHEZ LES GONCOURT

Les deux mots que nous associons, la génération des Goncourt aspire plutôt à les séparer ; et chacun d'eux fait au moins l'objet d'une redéfinition. Dans un contexte polémique à ne pas perdre de vue, Zola congédie la morale fausse des « idéalistes » (« morale de pure rhétorique[1] » selon lui), mais c'est pour lui opposer « l'âpre leçon de vérité » qui doit se dégager du roman. Quant au dénouement, c'est un mot venu du théâtre et encombré de romanesque dont plusieurs aimeraient faire l'économie, si la chose était possible. De fait, plus d'un romancier de cette génération a travaillé à son effacement, si bien que ce trait pourrait, avec d'autres, caractériser une certaine poétique du roman après 1850. Nous ne voudrions pas avoir l'air de surestimer quelques formules zoliennes qui, au fond, n'engagent pas nos auteurs. Ceux-ci suivent leur tempérament propre et il suffit de parcourir leur *Journal* pour comprendre que ces observateurs de mœurs, ces amateurs de types et de caractères, ces inventeurs de maximes sont à bien des égards dans la tradition française des moralistes, celle de La Bruyère[2]. Mais les contraintes du roman sont spécifiques. Ici, nous voulons seulement utiliser ces deux termes de « morale » et de « dénouement » comme entrées possibles d'un dictionnaire naturaliste où l'on chercherait la place et le double nom des Goncourt[3].

---

1 *Le Roman expérimental*, in *Œuvres complètes*, t. 10, Paris, Cercle du Livre Précieux, 1968, p. 1228.

2 Sur cette question, je renvoie au n° 15 des *Cahiers Edmond et Jules Goncourt* (« Les Goncourt moralistes »), 2008.

3 Les Goncourt sont en bonne place dans le *Dictionnaire des naturalismes* en deux volumes dirigé par Pierre-Jean Dufief et Colette Becker, Paris, Honoré Champion, 2017. On peut également se référer à l'ouvrage collectif *Les Frères Goncourt : art et écriture* (éd. de Jean-Louis Cabanès), Bordeaux, Presses universitaires de Bordeaux, 1997 ; Bernard Vouilloux, *L'Art des Goncourt : une esthétique du style*, Paris, L'Harmattan, 1997. Créés en 1992, *Les*

MODÈLES DU DÉNOUEMENT

Cette grave question de poétique tourne au fond autour de l'effacement du vieux couple nœud/dénouement. À lire Zola, on a le sentiment que c'est notamment par là qu'on reconnaît le progrès du roman :

> Il n'est plus nécessaire de nouer, de dénouer, de compliquer, de glisser le sujet dans l'antique moule ; il suffit d'un fait, d'un personnage, qu'on dissèque, en qui s'incarne un coin de l'humanité souffrant, et dont l'analyse apporte une nouvelle somme de vérité[4].

Ceci est noté dans le chapitre des *Romanciers naturalistes* consacré aux Goncourt (à propos de *Madame Gervaisais* précisément) où il est aussi souligné que « l'une des tendances des romanciers naturalistes est de briser et d'élargir le cadre du roman[5] ». On voit bien que Zola entend ici l'expression « cadre du roman » dans son sens large de codes génériques et dans un sens plus spécifique, à savoir le système configuratif du texte lui-même, de ses « lieux ». Pour nous en tenir à ce sens spécifique et au dénouement, « briser le cadre » impliquerait en toute rigueur des décisions sévères qui ont été prises en effet, mais par d'autres que les Goncourt. Il n'y a pas chez eux le parti de se taire pour couper court au dénouement (comme, par exemple, le fit Stendhal pour *Lucien Leuwen*), mais au contraire une dépense stylistique certaine au moment de clore – nous y reviendrons. Il n'y a pas non plus ce dispositif problématique de la fin qui, chez Flaubert, la rend presque toujours indécidable, mais au contraire un *telos* romanesque affirmé qui montre aussi les « écrivains d'idées ». Il n'y a pas non plus, malgré ce que dit Zola (« la dernière formule est brisée »), une complète dédramatisation du roman. On ne saurait évidemment leur en faire grief. C'est plutôt Zola qui, avec l'appui du texte des Goncourt, cède à ce que David Baguley appelle une illusion de « non-généricité[6] », précisément caractéristique d'un certain naturalisme théorique.

Cahiers Edmond et Jules de Goncourt demeurent la plus riche source d'informations sur l'œuvre et la vie des deux frères.

4 *Les Romanciers naturalistes*, in *Œuvres complètes*, t. 11, *op. cit.*, p. 172.

5 *Ibid.*, p. 170.

6 Dans *Le Naturalisme et ses genres*, Paris, Nathan, « Le Texte à l'œuvre », 1995.

Quant aux Goncourt et à leurs textes concrets, on peut voir une preuve de leur attachement au cadre artistique, entendu ici au sens fort de bordure définitoire de l'œuvre même, dans leur fidélité à la formule encadrante prologue/épilogue, ou avant-scène/épilogue pour utiliser les mots de Robert Ricatte[7]. Et il est encore plus significatif que cette formule, qui se distend sans doute, ne rompe jamais et se maintienne dans les deux systèmes romanesques successivement expérimentés : celui « balzacien de la machine infernale, tardive et brusque[8] » (type *Charles Demailly, Sœur Philomène*) et celui plus aplani, sans machination, « naturaliste » si l'on veut, de *Germinie Lacerteux* et des romans suivants.

Que l'on puisse envisager les dénouements naturalistes à la lumière de *La Poétique* d'Aristote ne devrait pas étonner outre mesure, et pourtant cette confirmation de généricité ne laisse pas de troubler. Passons sur la *métabolè* tragique ou renversement du bonheur en malheur, encore qu'on puisse l'apprécier en termes de réussite esthétique et morale. Par exemple, la transformation de Manette paraît brusquée, et on a dit que Mme Gervaisais convertie tournait au monstre. De la même façon, on peut discuter de l'utilité de telle péripétie dans un dénouement qui ne l'appelle pas : ainsi de l'arrivée *in extremis* du frère de Mme Gervaisais quand tout est déjà dit. Plus intéressant paraît le cas de la reconnaissance. Je pense au Coriolis vu de dos et reconnu par Anatole et Chassagnol, qui disparaît, fantomatique, au coin d'une rue dans l'antépénultième chapitre de *Manette Salomon*. Unilatérale aussi, mais fortement dramatisée, la fin de *Germinie Lacerteux* propose une version saisissante de la reconnaissance. Parce qu'elle est *post mortem* et qu'elle bute sur une contradiction, une énigme aussi fermée que le visage de la morte. Le long monologue de Mlle de Varandeuil qui balance entre exécration et miséricorde n'entreprend en effet rien d'autre qu'une pénible reconnaissance, qui aboutit au cimetière de l'épilogue. À quoi ? à une croix introuvable, à la mort méconnaissable de la fosse commune.

Une autre vieille prescription mériterait examen, c'est celle qui concerne « l'étendue » et la « bonne longueur » (suivant les termes d'Aristote dans sa *Poétique*) du dénouement. Il faut noter une tension entre, d'une part,

7 Robert Ricatte, *La Création romanesque chez les Goncourt*, Paris, Armand Colin, 1953.
8 *Ibid.*, p. 454.

l'observation des différentes parties du drame – on vient de suggérer que les Goncourt y tiennent – et d'autre part, la pente propre de l'intrigue de dégénérescence ou encore, l'angle de vue de « la vision entropique » (D. Baguley). Cette dégénérescence, cette entropie en effet sont en avance sur le début du dénouement, ou de la résolution. *Charles Demailly* montre bien cette désynchronisation : « un grain de sable » est très tôt (chapitre 45) introduit dans le bonheur conjugal ou, du moins, dans l'orgueil du créateur ; et ce qui suit, le « supplice de cette goutte d'eau » (chapitre 60) au cours duquel le héros ouvre les yeux (autre version de la reconnaissance appliquée ici à l'épouse), précède de beaucoup les péripéties qui amènent une fin inéluctable. Mais ce n'est pas tout, car une autre source de tension s'ajoute à la précédente, celle qui résulte de la ponctuation de texte, et de la division en chapitres. C'est là un autre niveau de clausularité[9] qui possède sa signification et sa rythmique propres – et l'on sait que les Goncourt sont experts en ce domaine-là. Une lecture clausulaire précise de leurs romans (suggérée déjà dans le livre de Ricatte) devrait donc prendre en compte le jeu de ces trois niveaux, de ces trois ordres de grandeur dont on a deviné qu'ils ne sont pas forcément commensurables : le drame et ses « parties », l'entropie et ses degrés, la ponctuation de texte. De là, le sentiment de fins bel et bien dessinées mais à géométrie variable. On sent que l'expression commode « fin de roman » perd de pertinence chez les Goncourt car leur roman (pas seulement le leur évidemment), qui se prête si bien à la mesure du fait qu'il égrène des unités discrètes, défie aussi cette mesure par le jeu des tons, des intensités, des harmonies.

Pour compléter ces modèles du dénouement, on a besoin d'un autre critère qui n'appartient pas à la tradition mais qu'on peut constituer comme tel, en se fiant, plus encore qu'au discours théorique, à une large pratique attestée chez Balzac (Zola aime à se référer à la fin de *La Cousine Bette*), chez Flaubert, et même dans certaines pièces d'Émile Augier. Ce critère est celui de l'ouverture. Nous ne parlons pas ici de l'ouverture à l'interprétation et au commentaire moral : après tout, un lecteur peut très bien ne pas se satisfaire du dénouement qui lui est proposé et lui imputer un défaut – généralement de finalité plus que de finition. C'est, typiquement, le cas de Barbey d'Aurevilly regrettant que manque à la transfiguration de Renée Mauperin « la miraculeuse

9 Sur cette notion je me permets de renvoyer à mon *Mot de la fin : la clôture romanesque en question*, Paris, Nathan, « le Texte à l'œuvre », 1995, en particulier chap. 2.

influence de la croix[10] ». Nous voulons parler de la « large ouverture sur la réalité, sur l'implacable marche de la vie[11] ». S'agissant des Goncourt, l'image reçue de la « tranche de vie » demande à être revue, en tout cas pour la limite finale – car l'avant-scène, elle, articule bien le roman sur une antériorité. Cette image suppose un amont, un toujours-déjà-là sur lequel s'enlève l'existence ou l'épisode, et en aval, lorsque la représentation s'achève, un toujours-encore-là de « la vie » – on est obligé d'utiliser le maître-mot de l'esthétique réaliste. Mot commode, mais pas si vain qu'on pourrait le croire, et qui peut se comprendre comme la véritable finalité du livre chez plus d'un auteur. Ainsi, la clôture zolienne ouvre dans cette direction. Elle travaille à l'exacte intersection du texte et du hors-texte, elle y installe des personnages dans des protocoles de sortie souvent dynamiques (comme celui de *Germinal*) et elle prétend y installer celui en qui s'achève, en dernière instance, « le parcours de la mimesis » (Paul Ricœur), le lecteur. Les Goncourt et leurs fins fermantes ne travaillent pas à cette intersection, sur ce seuil-là. Et cela ne tient pas seulement aux « thèmes », mort ou anéantissement du personnage, puisque statistiquement, si on ose dire, le dénouement zolien est aussi mortel que celui des Goncourt. Quoiqu'on puisse diagnostiquer là, dans ce défaut de transitivité, une sorte d'impuissance[12], on ne saurait en conclure quelque chose contre eux ou contre leur morale d'artistes.

DE « L'IMPERSONNALITÉ MORALE »

À la place de la morale, le naturalisme (et pas seulement théorique) veut accréditer l'idée de « l'impersonnalité morale[13] ». Il y aurait beaucoup à dire à propos de cette formule. Si on la comprend comme immanence de la morale à l'observation, la possibilité d'un roman naturaliste à thèse

10 Cité d'après l'édition établie par Nadine Satiat de *Renée Mauperin*, Paris, GF, 1990, p. 286.

11 Zola, *Le Roman expérimental*, *op. cit.*, p. 1249.

12 « Impuissance de l'art le plus subtil à saisir autour de lui autre chose que son propre reflet » observait Jean-Pierre Richard dans *Littérature et sensation*, Paris, Éd du Seuil, 1954, p. 283.

13 Zola, *Le Roman expérimental*, *op. cit.*, p. 1240.

n'est pas exclue, mais ce serait une thèse « en action[14] ». Et d'une certaine manière les Goncourt, en écrivains d'idées, illustrent cette possibilité dans certains de leurs romans. Si on la comprend, cette impersonnalité, comme neutralité idéologique et énonciative, on est renvoyé à la question de la présence/absence de l'énonciateur dans l'énoncé. Au fond, on le sait, une question de dissimulation. Comment, par exemple, écrire un roman anti-catholique sans trahir en discours cet anti-catholicisme ? C'est la gageure de *Madame Gervaisais*, dénoncée par Barbey d'Aurevilly comme une hypocrisie supérieure.

La neutralité du narrateur est une chose, la neutralité du récit en est une autre, pas moins discutable que la précédente. Le récit inclut en effet dans sa grammaire une sanction. Dernière phase canonique du récit, elle a pour charge d'évaluer les états transformés. Elle peut revenir au narrateur comme aux personnages : qu'eux-mêmes ou que d'autres statuent sur leur propre état. De fait, elle est parfois médiatisée par l'institution : médicale notamment (d'où la figure du médecin à laquelle le naturalisme fait la place que l'on sait) mais aussi judiciaire. Qu'on songe à *La Fille Élisa* où sanction pénale d'une part, sanction pénitentiaire et médicale d'autre part, se répondent aux deux bouts du récit. Mais ces médiations institutionnelles voyantes ne sont pas nécessaires pour constituer le texte en espace évaluatif. Parce que toute vie représentée, ou tout épisode d'une vie, vient se placer de lui-même sous l'égide du critère téléologique, et s'apprécie en termes de vie accomplie ou non, sur le terrain de l'éthique donc. Il faudrait ajouter : dans des institutions sociales données, l'on aurait alors le pendant politique de l'éthique. Le texte des Goncourt n'est pas insensible à cette dimension, même lorsqu'il, ou justement lorsqu'il conduit à la forclusion sociale ses personnages. Le plus parlant, celui où la « moralité sociale[15] » serait la plus claire est *Renée Mauperin* – même s'il y a maladresse dans la préface tardive d'Edmond. Or une chose frappe dans ce roman, c'est que son long dénouement consacré à la maladie et à la fin de l'héroïne, paraît décalé par rapport à sa « moralité sociale ». La finalité idéologique déclarée (qui ne requiert pas ce long *decrescendo)* et la fin narrative ne

14 Suivant l'expression de Zola dans la Préface de *L'Assommoir* : « C'est de la morale, en action, simplement. »

15 Pour parler comme Barbey d'Aurevilly cité dans d'édition GF de *Renée Mauperin*, *op. cit.*, p. 289.

sont pas synchrones. En cela, *Renée Mauperin* manifeste un trait constant de l'écriture de la fin chez les Goncourt, à savoir l'accentuation. Une accentuation qui n'est pas vraiment dans l'orthodoxie naturaliste, laquelle préfère les fins désaccentuées.

Cette accentuation est notamment d'ordre stylistique. Les conclusions, et le cadre du récit en général, font l'objet d'un soin particulier, auquel les contemporains ont été sensibles. *Renée Mauperin* « finit par un des plus beaux lits de mort que le roman ait jamais dressés[16] » écrit Paul de Saint-Victor. Et Flaubert à propos de *Germinie Lacerteux* : « Ce dernier chapitre (sur le cimetière) rehausse tout ce qui précède et met comme une barre d'or au bas de votre œuvre[17] » – jugement qui ramène à la question de la mise en cadre.

Par style, il semble bien qu'on puisse entendre tous les phénomènes d'emphase qui rehaussent la fin et la recommandent à l'attention. Il faudrait ici s'attacher à ces touches finales des Goncourt coloristes (par exemple au chapitre final de *Germinie Lacerteux*) et se rendre attentif aux harmonies finales comme à ces contrastes de tempo où se concentre « la puissance émotionnelle du roman » (pour parler comme Milan Kundera). Par exemple dans *Renée Mauperin*, entre l'atmosphère excitée du presto jusqu'à la catastrophe du frère, et la paix de l'adagio pour le long dénouement

Cette accentuation est également pathétique. Le mot *pathos* est à l'origine ambigu puisqu'il renvoie aussi bien à l'événement violent qui peut clore la tragédie (l'agonie par exemple) qu'à l'émotion vive suscitée chez le récepteur (émotion recherchée en tant que telle par l'orateur qui veut convaincre). Ajoutons que l'effet pathétique n'appartient pas seulement à l'action violente, c'est ce que fait sentir Flaubert lorsqu'il dissocie la mort violente d'Emma et la mort douce de Charles. Cette formule du pathétique apathique (si on admet l'oxymore), il nous semble que les Goncourt l'ont recherchée dans presque tous leurs dénouements. Et l'on comprend pourquoi un dénouement étendu leur est précieux pour conduire l'intrigue de dégénérescence jusqu'à son terme, celui-ci étant la dépersonnalisation du sujet tombé en apathie, brisé non seulement comme personne intellectuelle et morale mais aussi comme personne physique atteinte dans son corps propre.

16 *Ibid.*, p. 271.

17 Cité par Robert Ricatte, *op. cit.*, p. 262.

Du reste, ni les autres personnages ni l'énonciation ne restent indemnes au milieu de cet anéantissement qui a été préparé de loin. Dans *Charles Demailly* la folie qui s'empare d'un esprit supérieur suscite la prise à témoin du narrataire. De ce dernier, Mauperin père pourrait être un substitut lorsqu'il recueille la souffrance et les dernières paroles de Renée. Ce personnage (un actant du récit donc) se rattache à une figure analysée par Jean-Louis Cabanès, celle du « spectateur pathétique[18] » qui a plusieurs réalisations dans l'œuvre, dont une assez singulière à la fin de *La Faustin* où est présenté un cas d'« agonie sardonique[19] ». Dans *Manette Salomon*, où l'on retrouverait plus discrète cette figure, il n'est pas rare que soit montrée la scène d'énonciation. Au tout dernier chapitre de *La Fille Élisa*, se produit un phénomène symptomatique de transvocalisation : la narration revient à un « je » témoin qui, sous la conduite du sous-préfet et du directeur de l'établissement, visite la prison de femmes. L'ultime scène consiste en un face-à-face, ou plutôt en un triangle formé par les figures d'autorité, auto satisfaites, le narrateur navré et la fille Élisa, condamnée à la peine capitale et au silence, qui n'est plus capable d'articuler un mot.

> Je regardais attentivement la femme au masque paralysé, aux yeux aveugles, et dont la bouche, seule encore vivante dans sa figue, tendait vers la garde des lèvres enflées de paroles qui avaient à la fois comme envie et peur de sortir.
> – Mais, messieurs ! m'écriai-je avec un peu de colère dans la voix, est-ce que, même à l'agonie, vous ne permettez pas à vos prisonnières de parler[20] ?

C'est dans *Germinie Lacerteux* que la voix résonne le plus nettement, dans un dernier chapitre aux accents hugoliens : voix accusatrice haussée de plusieurs tons, longue invocation ironique à Paris, « la grande ville humaine, la grande ville charitable et fraternelle[21] ! » qui enterre à la va-vite ses pauvres dans des fosses indiscernables. Tout ce mouvement est ponctué de signes d'exclamation et le dernier signe du texte est un point d'exclamation. Au stade de la clausule, il faut l'imputer non à

18 Jean-louis Cabanès, *Le Corps et la Maladie dans les récits réalistes (1856-1893)*, t. 2, Paris, Klincksieck, 1991, p. 707 *et sqq.*

19 Celle-ci est analysée par Mireille Dottin-Orsini dans « La Faustin, les paons blancs et l'agonie sardonique », in *Les Frères Goncourt : art et écriture*, *op. cit.*, p. 247-260.

20 Edmond de Goncourt, *La Fille Élisa / La Faustin*, Union Générale d'Éditions, « 10 18 », 1979, p. 174.

21 Edmond et Jules de Goncourt, *Germinie Lacerteux*, Union Générale d'Éditions, « 10 18 », 1979, p. 247.

une voix anonyme de polémiste mais au personnage focal, à celle qui a pardonné à sa servante, Mademoiselle de Varendeuil en quête d'une tombe et d'une croix. Certes, ce n'est sans doute pas par hasard que l'indignation et la peine se font entendre si clairement au bout de ce roman dont on sait que par le sujet il touche de très près à l'existence des auteurs.

> À la fin, la vieille demoiselle se laissa tomber à genoux dans la neige, entre deux croix dont l'une portait 9 novembre et l'autre 10 novembre. Ce qui devait rester de Germinie devait être à peu près là. Sa tombe vague était ce terrain vague. Pour prier sur elle, il fallait prier au petit bonheur entre deux dates, – comme si la destinée de la pauvre fille avait voulu qu'il n'y eût, sur le terre, pas plus de place pour son corps que pour son cœur[22] !

Cela invite à atténuer le reproche fait aux Goncourt touchant à leur manque de sympathie et de passion. Plus qu'une sécheresse de cœur ou une fatalité de tempérament, sont en cause leur situation historique, leur caractère « antidaté » (Paul Bourget), les rituels discursifs choisis ou inspirés par l'époque – par le discours médical notamment. Néanmoins chez eux il faut observer, comme Jean-Louis Cabanès le souligne, que s'articulent de façon originale « clinique et compréhension sympathique des individus, ou bien encore description des misères sociales et compréhension des réprouvés[23] ». Quant à la place qu'ils occupent par rapport à leurs personnages, quant à leur « exotopie » (Mikhaïl Bakhtine) de romanciers, celle-ci est l'effet de leur choix d'artistes qui les retient de se transporter en eux ou en elles et de dire : « Germinie, c'est nous » ou, plus légitimement, « Mlle de Varendeuil, c'est nous ».

Qu'on se propose en esprit les dénouements des Goncourt, qu'on les superpose, ils feront l'effet de points obsédants fixes, sans doute aussi de points aveugles qui, autant qu'à l'intention des auteurs, font rêver à l'intention de l'œuvre. Au-delà de l'accomplissement d'une histoire, parfois d'une thèse, comment ne pas voir en eux une opération conjuratoire continuée à l'endroit de la mort ou de ce qui pour l'artiste s'en approche le plus : la défaite de l'orgueil et l'aphasie ? Ou encore, le lieu d'une impossible *catharsis* pour des artistes qui ne parviennent pas à naturaliser la mort ? Au seuil terminal manque sans doute cette « vie » que

22 *Ibid.*, p. 250.
23 Jean-Louis Cabanès « Les Goncourt moralistes : le général et le particulier », *Cahiers Edmond et Jules Goncourt*, n° 15, *op. cit.*, p. 16.

la mimésis zolienne réintègre au-delà des catastrophes finales, comme manque la consolation suprême d'une surnature qui, chez Baudelaire, s'offre à « la mort des artistes ». Mais ces manques ont leur raison et, de toute manière, en prononçant ce mot de « manque », nous retombons dans notre morale, de lecteur, qui n'était pas celle de nos auteurs.

LE GAI SAVOIR DE *FÉCONDITÉ* (ZOLA)

Nous n'aurons pas le front de présenter le premier des *Quatre Évangiles, Fécondité* (1899) comme un livre comique ni d'en proposer une lecture au second degré qui lui ferait dire autre chose que ce qui est dit fort clairement au premier. Cette œuvre de combat, écrite au cours de l'exil anglais, n'est suivant nos modernes catégories, et pour s'exprimer comme Roland Barthes, ni un texte de plaisir ni un texte de jouissance, encore que le projet déclaré en soit celui-ci :

> Dans *Fécondité*, faire, d'un bout à l'autre, circuler le torrent des germes. Il faut que la semence, la vie roule, déborde de partout. Le spasme du monde en continuelle fécondation. C'est là la grandeur et la bravoure qui hausseront seules le sujet[1].

Peut-être est-ce un texte de délire et, sûrement, de consolation, de satisfaction de soi. Dans la toute première Ébauche des *Quatre Évangiles*, Zola écrit : « De la sorte je puis contenter mon lyrisme ; me jeter dans la fantaisie, me permettre tous les sauts d'imagination dans le rêve et l'espoir. Je voudrais un optimisme éclatant[2]. » Et dans sa lettre à Mirbeau de 1899, après donc la publication du livre : « Tout cela est bien utopique, mais que voulez-vous ? Voici quarante ans que je dissèque, il faut bien permettre à mes vieux jours de rêver un peu[3]. » Il n'est pas sûr que nous entrions toujours dans ces rêves non plus que dans l'allégresse spéciale de *Fécondité.* Encore faut-il que soit saisi l'enjeu réel du roman ; le rire en fait partie.

1 Les *Quatre Évangiles*, dans *Œuvres complètes*, Éd. Henri Mitterand, Paris, Cercle du Livre précieux, t. 8, 1968, p. 508.
2 *Ibid.*, p. 506.
3 *Ibid.*, p. 516.

D'UN ZOLA CONTROVERSÉ

Parlera-t-on d'un Zola risible ? On n'oserait pas la formule si elle n'avait déjà été mise en pratique, moins par les zoliens convaincus que par les adversaires et les essayistes, toujours irrespectueux. Pour les premiers, il faudrait citer Léon Bloy s'étranglant de rire et de colère à la lecture du roman. Pour les seconds, on citera Philippe Muray : « Mimétiquement, couronnant tout son siècle qui a été porté par un fantasme de grossesse religieuse, Zola écrit comme on se gonfle. Comme on couve. Comme on gésine. *Fécondité* est la première tentative d'offrir le genre romanesque à la gynécologie[4]. » Il y a sous la plume de l'essayiste des lignes réjouissantes où il prolonge en science-fiction le rêve de Zola jusqu'à nos modernes banques de sperme … Pour les jugements favorables, qui sont rares, on pourrait s'étonner de celui-ci, qui vient de Léon Daudet dans une lettre adressée à l'auteur le 17 décembre 1899 :

> Dès à présent, laissez-moi vous assurer qu'aucun livre de vous ne m'a davantage empoigné, mené, bouleversé. C'est un arbre humain complet, avec tige, feuilles et racines, et quelle sève bouillonnante ! […] *Fécondité* durera. C'est un des plus beaux hymnes, que je sache, à la vie si belle et si méchante[5].

Quoi qu'il en soit, et à moins d'accepter tout à fait cette catégorie d'utopie, on ne peut pas toujours éviter la lecture incrédule voire moqueuse de *Fécondité.* Même si Zola a anticipé les critiques : « Je connais bien les défauts de mon livre, les invraisemblances, les symétries trop volontaires, les vérités de morale en action[6]. » Libéré des sévères règles du réalisme, Zola s'oublie.

Rappelons seulement que le héros s'appelle Mathieu Froment, que le domaine qu'il reconquiert sur les terres incultes s'appelle Chantebled, qu'il ensemence ces champs avec la même ardeur et la même réussite que son épouse Marianne. Le « divin désir » les fait douze fois parents. Cet infatigable travailleur paraît doué du don d'ubiquité, circule entre

---

4 Philippe Muray, *Le XIXe siècle à travers les âges*, Paris, Denoël, 1985, p. 539.

5 Léon Daudet cité par Alain Pagès dans sa présentation de *Fécondité*, in Émile Zola, *Œuvres complètes*, t. 18, Paris, Nouveau Monde Éditions, 2008, p. 19.

6 Lettre à Octave Mirbeau du 29 novembre 1899, in *Œuvres complètes*, *op. cit.*, p. 516.

Paris et Janville, relie entre eux toutes sortes de milieux qui personnifient exactement toutes les données du problème français de la dépopulation. Pour les personnages, c'est une merveille de symétrie. D'un côté, les bons, les féconds, les travailleurs qui s'agrandissent, vont à la conquête de la terre, de l'industrie, du négoce, du monde (le roman s'achevant par un éloge vibrant du colonialisme) ; de l'autre, les impuissants, les stériles, les oisifs, les jouisseurs qui courent à leur perte. Ceux qui se sont rendus coupables du crime de l'enfant unique sont impitoyablement punis, les ménages déréglés par la fraude connaissent la ruine, les amoureux égoïstes sont frappés de stérilité, la castration des femmes (c'est le mot d'époque) conduit à une folie de maternité inconsolable et même au crime (Constance de Beauchêne), les jouisseurs sont punis par où ils ont péché. Le héros, sûr de son fait, traverse tout cela et reste indemne, ses retours à Chantebled sont ponctués de couplets à la gloire de la vie. C'est « le poème de la vie » tel que l'entend Zola à cette époque particulière de son existence.

Roman à thèse, pamphlet, poème, panégyrique, évangile, *Fécondité* est à l'image des autres *Évangiles* un texte pléthorique. Cet aspect, le plus visible, est un de ceux qui gênent l'accès à l'œuvre. Pour la comprendre et l'apprécier à sa juste valeur, il faudrait se défaire des idées reçues et rapides à son sujet, la ressaisir dans son contexte propre, cette dernière décennie du siècle agitée par toutes sortes de débats et de questionnements (idéologiques autant, sinon plus que littéraires) que nous avons perdus de vue, et ce n'est pas l'étiquette « fin-de-siècle » qui nous aidera à y voir clair dans cette complexité. Or c'est replacée sur le fond des débats touchant aux chances d'une société nouvelle, à l'orée du XXe siècle que la fiction zolienne, elle-même renouvelée, prend sens[7]. Faut-il le souligner ? *Fécondité* est inséparable d'un débat extrêmement sérieux sur les idées de famille et de nation. Il a fallu à Zola une réelle énergie, de créateur et d'idéologue, pour entreprendre pareille question. Cela n'a pas échappé aux contemporains qui étaient plus sensibles que nous à cette dimension de questionnement et de proposition de l'œuvre.

7 Pour cette réévaluation, on se reportera notamment à Henri Mitterand, *Le Roman à l'œuvre : genèse et valeurs*, Paris, P.U.F., 1998, chapitre « La vérité et l'utopie : *Les Quatre Évangiles* » ; Béatrice Laville, « L'écriture de l'utopie », in Gisèle Seginger éd, *Zola à l'œuvre*, Strasbourg, Presses universitaires de Strasbourg, 2003, p. 232-244. Voir également la synthèse de Jacques Pelletier, *Le Testament de Zola. Les « Évangiles » et la religion de l'humanité au tournant du* XX*^e^ siècle*, Québec, Éditions Nota bene, 2004.

Fécondité est un livre à deux faces, l'une excessivement sombre, l'autre excessivement riante. Ce versant sombre, c'est celui qu'a d'abord voulu Zola puisque le premier titre envisagé était *Le Déchet* et qu'il visait « les tragédies de la natalité », entendons les bouges horribles, les maisons d'avortement où le mari honteux accompagne sa femme, où les filles de bonne famille se rendent à l'insu de leurs parents, les sinistres maisons d'accouchement où opèrent des personnages maléfiques, les criminelles blessures faites aux femmes par des chirurgiens à la mode, et encore, le trafic des nourrices, l'Hospice des enfants, les meneuses d'enfants qui s'envolent à St Lazare, les provinces infanticides, et encore dans les couples légitimes, toutes les fraudes, tous les moyens de tromper la nature. Zola, effaré, y voit la cause principale d'un mal qui frappe la société à la source même, c'est-à-dire à la source de la génération. Et il n'y a rien de risible dans le tableau même si la formulation du diagnostic est un peu carrée.

Apercevant le danger d'une vision par trop démoralisante, Zola a l'idée d'opposer au déchet « l'exemple d'un groupe social où l'on ne frauderait pas la nature et où le grand nombre des enfants deviendrait une cause de prospérité [...]. Je résolus de placer le remède à côté du mal[8] ». Ainsi s'invente la structure antagonique et l'axiologie particulières du roman à thèse. Le remède et le mal ou encore Physis et Antiphysis. Le groupe social qui porte les bonnes valeurs est d'abord un couple, le couple élu, fécond, éternellement amoureux, créateur, et rieur. En effet, au début du livre, c'est sous forme de rire que l'andidote est généreusement administré, comme préventivement. À tous ceux qui se moquent de son imprévoyance et de sa paternité, Mathieu Froment oppose un rire de bon cœur. Et de bon corps, de corps sain, comme celui que fait entendre son épouse Marianne à la toute première page du livre dans la chambre radieuse. Ce rire de la jeune mère, il résonne tout au long du livre, malgré les épreuves, et ce jusqu'à la dernière page, quelque soixante ans après ce commencement. Entre cet allegro initial et le couple patriarcal des noces de diamant riant gaiement à son peuple réuni, le roman paraît avoir dressé d'imparables barrières à ce que Zola appelle donc « le déchet ».

À quelle source s'alimente ce rire clair, irréfragable, antidaté ou sans âge ? À la même source d'où procède la vie, pour user de mot fétiche,

8 *Ibid.*, p. 510.

mais qui est ici pris dans son sens premier. On doit en parler comme d'une fonction du vivant, une forme de santé, sinon d'avant la chute, du moins d'avant le déchet, par-delà le bien et le mal[9]. Et on voit bien comment celui-ci s'incorpore à la thèse nataliste de *Fécondité*. En même temps qu'un certain état de la société et de la civilisation (en l'occurrence bourgeois) a déréglé criminellement la fonction de génération, avec toutes sortes de conséquences funestes, s'est en même temps perdu le rire, cette fonction naturelle, hors d'âge. Sauf pour le couple élu, qui est à part et a conscience de l'être, dans cet accomplissement heureux des fonctions naturelles. Physis triomphant d'Antiphysis.

Il faut s'attarder un peu dans la chambre où commence le roman et qui est son lieu d'élection, autant que le champ ou s'accroît le chêne tutélaire des Froment. Celle-ci n'est pas seulement chambre nuptiale, elle est aussi chambre de souffrance et de victoire pour la parturiente. Car à la version noire (les accouchées clandestines et les flaques de sang dans de sinistres cliniques) s'opposent les accouchements victorieux de Marianne qui font se récrier d'admiration le bon médecin, le Docteur Boutan, partisan des familles nombreuses, allié et porte-parole scientifique de l'auteur. Mais où se voit mieux encore le triomphe de la Nature et la rencontre des fonctions, c'est à l'occasion des scènes d'allaitement – et on se souvient ici de la fin du *Docteur Pascal*.

> Et le dos appuyé contre deux oreillers, elle continua de rire, elle sortit de la camisole l'un de ses petits seins durs de guerrière, que le lait gonflait maintenant, épanoui comme une grande fleur de vie, blanche et rose ; tandis que l'enfant goulu, ne voyant pas encore, promenait les mains, tâtonnait des lèvres. Lorsqu'il eut trouvé, il téta violemment, buvant toute la mère, jusqu'au meilleur de son sang.
>
> Elle jeta un léger cri de souffrance, au milieu de son beau rire[10].

Fécondité comme histoire de chambres. Ce rire en effet, par une heureuse puissance, se communique à ceux qui sortent de la chambre (on pourrait dire aussi bien, qui sortent de Marianne, sa progéniture) et à ceux qui y entrent, l'invasion de la chambre par les enfants rieurs étant un motif récurrent. Ailleurs dans le roman, un rire d'enfant vient

9 En suivant la direction nietzschéenne indiquée par Françoise Gaillard dans sa contribution « Peut-être y a-t-il encore un avenir pour le rire ? », in *Zola et le rire* (Marie-Ange Voisin-Fougère éd.), Dijon, Les éditions du Murmure, 2003, p. 171-186.

10 Zola, *op. cit.*, p. 171.

résonner au seuil de la chambre mortuaire, où est étendu le fils unique des Beauchêne, et où Marianne a poussé son onzième ventre de femme enceinte. On ne sait trop ici si ce sont les exigences de la thèse ou une logique imaginaire qui commandent ces intrusions.

IRONISTES ET RIEURS

Conformément à la mentalité et aux structures du roman à thèse, il faut que le rire élu ait son ou ses correspondants négativement marqués. Ils figurent dès l'ouverture du roman dans laquelle Zola a pris soin de faire entendre d'autres rires que celui du couple élu. Mentionnons rapidement ces personnages fortement dessinés par l'auteur qui n'a pas omis de les doter chacun d'un rire personnel. Et ce prédicat compte singulièrement dans la typologie bien ordonnée du roman.

D'abord, le rire franc, sonore de l'homme d'énergie, Beauchêne (le bien nommé), cousin par alliance du héros, industriel vigoureux, créateur de richesse et porte-parole des théories de Malthus. Il est aussi celui qui arrange l'existence au mieux de ses plaisirs (il engrosse d'ailleurs une ouvrière de son usine) sans salir le foyer, qui confie en toute franchise son système au héros au sortir d'un repas d'affaires bien arrosé. Dans la typologie de *Fécondité* il appartient au nombre des fraudeurs de l'espèce sympathique. De lui émanent la chaude gaieté du mâle, une gaieté communicative, ainsi que le comique de sous-entendu. Beauchêne est « goguenard » suivant le vocabulaire du roman.

Ensuite, le rire élégant, mondain, supérieur du personnage fin de race représenté par Séguin du Hordel. Il formule nettement sa thèse : « Plus les peuples se civilisent, moins ils procréent[11]. » Zola lui associe la version littéraire en la personne de Santerre, le romancier mondain qui cultive le pessimisme à la Schopenhauer et ne trouve la femme acceptable que comme vierge intacte, ce qui ne l'empêche pas de devenir l'amant de Valentine.

Enfin, il y a le rire spécial qui émane de toute la personne capiteuse de Sérafine, la baronne de Lowics, jeune veuve qui mène une libre existence, satisfaisant tous ses caprices. Mathieu Froment a été son amant

11 *Ibid.*, p. 60.

autrefois et elle se trouve sur son chemin dès le début du roman, en parfaite tentatrice. « Elle ne riait plus du même rire, sa face hardie s'éclairait d'une sorte de volupté ironique, dans le rouge reflet de ses cheveux[12]. » Les rouges reflets, les regards par en dessous, l'agression rieuse nous rappellent Nana. Le soir même de cette rencontre, Mathieu, gagné par la fièvre du boulevard parisien, est repris par le souvenir de la tentatrice. Mais au moment où il s'apprête à la rejoindre, un embarras de circulation s'interpose et immédiatement surgit une autre image :

> L'embarras semblait grandir de minute en minute, il finit par y voir un obstacle qui coupait son désir, en barrant la chaussée. Et, brusquement, une autre image se dressa, celle de Marianne, riante et confiante dont la tendresse l'attendait là-bas, dans l'immense paix fraîche de la campagne[13].

Le poison (la volupté ironique, l'agression souriante d'Éros) face au contre-poison (l'image riante) ; Zola disait « le remède à côté du mal ». Il faut donc créditer d'une force conjuratoire très grande le rire et l'icône de la femme riante. L'un et l'autre sont les moyens de désamorcer les inquiétantes puissances du désir, d'un désir que Zola entend laver de toute impureté, en l'ancrant au plus profond du vivant et en le soustrayant aux forces de corruption dans l'écart utopique, celui qui sépare Janville et Chantebled de Paris. D'ailleurs, au saut du train, au bout du chemin nocturne, qui se tient là dans la nuit ? Marianne, « debout sous les étoiles, riante, saine, robuste dans sa taille souple sur ses hanches fortes, avec sa gorge nourricière, menue et ferme », en « bonne déesse féconde[14] ».

DÉSARMER PAR LE RIRE

Fécondité se bat sur deux fronts. Le front extérieur des vices du temps, de la fraude généralisée que stigmatise le roman à thèse ; le front intérieur (très intérieur même) des angoisses et des vieilles phobies. Le rire est dans ce combat en bonne place, stratégique même, comme un Janus

12 *Ibid.*, p. 48.
13 *Ibid.*, p. 78.
14 *Ibid.*, p. 80.

féminin à deux faces riantes et confiantes, telle Marianne sur le chemin de Janville. Je n'insiste pas sur cette question de l'éros féminin, objet de l'étude de Chantal Bertrand-Jennings[15], ni sur l'ennemi intime. Il me semble qu'ici est suffisamment parlante la tentation parisienne de Mathieu sauvé par l'icône riante.

Revenons plutôt au front externe que veut heurter la thèse nataliste. Le clivage qu'organise *Fécondité* n'est pas seulement entre les féconds et les stériles, il est aussi entre le rire vrai, inaltérable de Physis et le rire qui se mésallie aux idées fausses (comme en l'authentique gaieté de Beauchêne), et encore celui que font entendre les ironistes de tout bord. Comment défaire le camp redoutable des fraudeurs qui est idéologiquement majoritaire et dispose en outre de l'arme ironique ? Fraudeurs et ironistes, ce sont d'ailleurs les mêmes personnes, ce qui se conçoit si l'on considère l'ironie comme une belle fraude du discours.

Il y a là une situation discursive intéressante. Nous nous trouvons en effet dans le genre agonique de la thèse, du pamphlet, qui, traditionnellement, admet parfaitement l'ironie[16]. Qu'on songe seulement aux grands exemples de parole pamphlétaire en France, de Voltaire à Bernanos, en passant par Zola lui-même qui l'illustre admirablement dans les écrits en faveur de Dreyfus (on se souvient de ses phrases cinglantes). Du reste, ces écrits sont exactement contemporains de la rédaction de *Fécondité* (été 1898 et printemps 1899), ce qui au passage fait réfléchir à la simultanéité des « écritures » (au sens de Roland Barthes) chez un grand écrivain. Où l'on retrouve la controverse. Car à cette façon de voir on pourrait opposer une autre, celle de l'essayiste irrespectueux. Citons encore Philippe Muray :

> Heureusement pour Zola, en fin de compte, qu'il y a eu l'affaire Dreyfus comme paravent au moment où il écrivait ses derniers livres. Heureusement qu'il y a eu *J'accuse* pour cacher ce qu'il était en train d'énoncer dans ses romans et qui n'avait que l'apparence de la littérature[17].

Vision partiale et discutable : qui fixe le sens de ce qui est « littérature » ? Et qui ne voit que la thèse de *Fécondité* et le combat pour Dreyfus procèdent du même combattant ?

15 Chantal Bertrand-Jennings, *L'Éros et la femme : de la chute au paradis retrouvé*, Paris, Klincksieck, 1977.

16 Voir Marc Angenot, *La Parole pamphlétaire*, Paris, Payot, 1982.

17 Philippe Muray, *op. cit.*, p. 542.

L'énonciation zolienne donc (la sienne propre comme celle qui est déléguée aux personnages) n'est dans *Fécondité* jamais ironique. C'est à l'autre camp et à ses représentants qu'est réservée l'arme très littéraire dont le demi-siècle écoulé (naturalisme compris) a usé et même abusé. Zola sort donc du champ ironique et de ses jeux sophistiqués. Que lui reste-t-il pour faire campagne ? Quatre ressources. Premièrement, le sérieux de la thèse appuyé sur la science (les ouvrages sur la dépopulation, les contradicteurs de Malthus, la médecine). Deuxièmement, l'exemplarité de ses héros irréfragables. Troisièmement, l'abondance verbale, ce « poème de la vie » que certains contemporains semblent avoir mieux goûté que nous, l'engendrement du discours étant bien sûr l'analogue du champ de blé sans bornes et de la descendance innombrable. Enfin, dernière ressource, le rire qui travaille presque à l'inverse, désamorçant le discours et les discours adverses. Il suffira de relever quelques passages qui illustrent cette puissance de désarmement.

J'en relève trois qui sont nettement socialisés, impliquant un groupe et la coprésence des deux camps. Le premier (Livre III) est à l'occasion d'une invitation qu'ont donnée les Froment à Chantebled. Inexplicablement au cours de cette fête (le texte dit : « le désir divin passait ») Mathieu et Marianne échangent un baiser en public, sous le regard des deux autres couples (les Beauchêne et les Séguin), entendons sous le regard des fraudeurs. S'ensuit un moment de gêne :

> Étonnés de ce qu'ils venaient de faire, n'ayant pas voulu le faire, Mathieu et Marianne demeurèrent un moment interdits, se regardant avec consternation. Et puis, ils éclatèrent d'un bon rire, ils s'excusèrent gaiement. Aimer, aimer ! Pouvoir aimer ! C'est toute la santé, c'est tout vouloir et tout pouvoir !
>
> « Alors, reprit Beauchêne goguenard, au sixième maintenant ! C'est pour cette nuit, le sixième[18] ! »

Autre scène socialisée (Livre V), à l'occasion d'un double mariage chez les Froment et de la fête de Janville durant laquelle défile la famille féconde et rieuse des Froment, qui compte onze enfants à ce moment de l'histoire.

> [...], ça faisait une vraie queue de monde, comme ce beau dimanche, au travers de la Grand-Place de Janville, emplie de la population en fête. Et c'était irrésistible, même ceux qui gardaient en travers la prodigieuse création de

18 *Fécondité*, *op. cit.*, p. 254.

> Chantebled, s'égayaient, s'amusaient de la voir galoper de la sorte, envahir le pays où ils tombaient, tant ils apportaient avec eux de santé, de joie et de puissance, comme si la terre elle-même, en son débordement de vie, les eût enfantés à profusion, pour les éternels espoirs de demain[19].

Le défilé rit et Janville sourit.

On peut imaginer aussi de défaire les ironistes en les attirant sur le terrain même de la fécondité. C'est ce qu'a fait Zola en parfait naturaliste à l'occasion d'une autre scène, encore une fête organisée à Chantebled (Livre V) pour des noces rieuses. Sous la conduite de Mathieu Froment, les invités parisiens admirent le domaine métamorphosé et portent leurs pas dans les étables et les écuries. Séguin vante la métamorphose mais ricane, recommence ses vieilles théories, trouvant le « Croissez et multipliez » de la Bible bon pour les animaux mais pas pour les hommes. Or, ce pessimisme littéraire fin-de-siècle et fin de race est parfaitement déplacé dans la ferme qui proclame la victoire de la vie. Les ironistes, entourés par « la fermentation odorante de la vie[20] », sont ici défaits. De même pour Beauchêne dont le gros rire et la conférence malthusienne tombent à plat.

Il faudrait aller jusqu'au bout, c'est-à-dire jusqu'à l'apothéose finale de la fête patriarcale (Livre VI) qui réunit l'innombrable descendance des Froment pour les noces de diamant de Mathieu et Marianne devenus nonagénaires. Cette scène finale manifeste surabondamment la puissance de la fécondité et du lien social ainsi que la victoire des féconds : « Candides et riants, les héros bientôt centenaires triomphaient, dans la floraison débordante de leur race[21]. » Évidemment, dans l'entraînement du panégyrique, Zola veut nous conduire hors de Paris, au grand air, sous l'ombre patriarcale du grand chêne. Hors soupçon, hors nervosisme moderne, hors ironie, hors discours.

Sous l'arbre utopique, il n'y plus rien à dire ou à contredire, il n'y a plus que les rires et le lait qui coule du sein des jeunes mères. « Si l'on avait moins ri, on aurait entendu le ruissellement du lait[22] [...] » Phrase remarquable et qui synthétise l'essentiel. Reste à savoir si on se laisse désarmer par Physis pour passer sous l'ombre utopique du grand

---

19 *Ibid.*, p. 372.
20 *Ibid.*, p. 411.
21 *Ibid.*, p. 502.
22 *Ibid.*, p. 418.

chêne ? Telle est la question que se pose, ou plutôt, que ne devrait pas se poser le lecteur acquis à la cause de *Fécondité.* Au-delà sans doute, c'est celle de la littérature et du statut de ce roman. La question fut posée tout de suite, y compris par les lecteurs enthousiastes, comme Lucien Victor-Meunier dans *Le Rappel du* 16 octobre 1899 :

> Un roman, oui, sans doute, puisque les personnages, foule innombrable, sont tous palpitants, saignants de vérité, et que chacun d'eux, dans cette cohue qui grouille, a sa silhouette, sa personnalité, son âme, mais l'idée au-dessus de tout cela plane, et c'est elle qui est le but et la raison d'être du livre[23].

Du côté des contemporains, relevons simplement que les plus sévères lecteurs, ceux qui font du dernier Zola une lecture sans concession, sont tout de même arrêtés par le « torrent monotone mais insensé – donc captivant de *Fécondité* puis des autres évangiles[24] ». Il y aurait aussi cet aveu de Barthes dans *Le Plaisir du texte* : « dans *Fécondité* de Zola, l'idéologie est flagrante, particulièrement poisseuse : naturisme, familialisme, colonialisme ; il n'empêche que je continue à lire le livre[25]. » Et si le plaisir de *Fécondité* comme texte tenait aussi à ce « il n'empêche » ?

23 *Le Rappel* du 16 octobre 1899, cité par Henri Mitterand dans la Notice de *Fécondité*, *op. cit.*, p. 514.
24 Philippe Muray, *op. cit.*, p. 538.
25 Roland Barthes, *Le Plaisir du texte*, Paris, Éd. du Seuil, 1973, p. 52.

LA PLACE DU MORT
(MAUPASSANT)

La place du mort : on la chercherait spontanément dans les lieux où se vivent l'extraordinaire rencontre, l'apparition du revenant, parfois la tentation nécrophile (comme dans « La Tombe »), en somme dans un certain nombre d'expériences qui perturbent très gravement l'ordre de la raison et de la morale. Or il est arrivé à Maupassant de dessiner ailleurs cette place, plus tranquillement, non pas entre les murs du cimetière et à part du monde des vivants, mais parmi eux. Sur un fond coutumier, au milieu des travaux et des jours, la nouvelle dite réaliste observe ce qui se produit aux parages de la mort ou, plus exactement, de ce sujet particulier qu'est le mort ou la morte. De ce voisinage il y a beaucoup à apprendre, et c'est cet enseignement tel qu'il se fabrique dans les dimensions modestes de la nouvelle (en l'occurrence de quelques nouvelles choisies) que nous voudrions dégager. Évidemment, dans ces récits où morts et moribonds semblent jouer de mauvais tours aux vivants, la grande leçon ironique ne nous surprendra pas tant elle est naturelle à un héritier de Flaubert qui s'entend à « peindre de dessus et le dessous des choses ». Mais on ne saurait s'en tenir à elle car dans ces textes opère aussi un Maupassant ethno-sociologue, fin analyste des interactions et des rituels, se faisant un devoir – grave celui-là – d'interroger l'énigmatique passage, et cela au plus près, à hauteur de cadavre si on ose dire.

LE MORT COMME ACTANT

Les différentes grammaires narratives n'ont pas prévu ce personnage spécial qu'est le mort, et pour cause. *A priori*, il est difficile de considérer celui-ci comme un véritable actant, qui possèderait une sphère d'action propre et qui pourrait prétendre au statut de sujet, anti-sujet, destinateur, destinataire ou à quelque autre rôle répertorié. En réalité, et si l'on s'en tient à la théorie, les choses sont plus complexes : rien ne lui interdit de figurer dans une combinatoire narrative, et même en bonne place, par exemple dans le rôle du destinateur qui pourrait déclencher une quête, et l'on songe à la victime à venger (voir « Une vendetta »). De même, si le mort n'agit pas positivement, il peut fort bien être doté d'une sphère d'influence, éventuellement accessible à la perception d'autrui. C'est très précisément ce qu'éprouvent les deux hommes qui veillent le cadavre de Schopenhauer dans « Auprès d'un mort » et qui se sentent « plus que jamais dans l'atmosphère de son génie[1] ». En laissant de côté l'ancienne catabase et la dormition magique, il y a aussi les revenants, c'est-à-dire les défunts qui sortent de leur tombe (« La Tombe ») ou font retour dans le monde des vivants (« Apparition »). Ce dernier cas nous rapproche, fantastique en moins, de celui qui va nous retenir, celui du mort apparent ou du moribond qui tarde à s'éteindre.

Deux cas différents certes mais qui, l'un et l'autre, posent l'énigme du passage et soumettent aux vivants la question même de la réalité de la mort. C'est particulièrement vrai pour le mort apparent ou pour le mort-vivant qui ne constitue pas seulement une source d'histoires miraculeuses ou effrayantes et un beau thème littéraire[2]. Maupassant, en le mettant en scène, retrouve une vieille hantise dont Philippe Ariès a retracé l'histoire et les poussées.

> La religion des morts, les rites de la sépulture n'étaient en réalité que précautions pour éviter les enterrements précipités : non seulement la *conclamatio* – le rappel par trois fois, à haute voix, du nom du défunt présumé – mais les coutumes de la toilette, de l'exposition du corps, du deuil dont le bruit

1 Guy de Maupassant, *Contes et nouvelles*, t. 1, Paris, Gallimard, Pléiade, 1974, p. 729.

2 Je renvoie à l'essai de Daniel Sangsue, *Fantômes, esprits et autres morts-vivants*, Paris, José Corti, 2011.

pouvait aussi réveiller le mort-vivant, l'habitude de laisser le visage découvert, le délai de plusieurs jours avant l'inhumation, etc.[3].

Cette hantise qui fut autrefois vive, en particulier au XVIIIe siècle (les médecins de 1740 en firent grand cas), s'apaise au XIXe siècle et leurs successeurs de la seconde moitié du siècle tendent à la rejeter comme une superstition. Pire, le concept de mort-état auquel adhéraient les générations précédentes, c'est-à-dire la croyance en un « état mixte » où mort et vie se chevaucheraient leur est devenu insupportable[4]. Ils veulent en finir avec l'ancienne conception même si certains de leurs écrits, dans leur intitulé même, paraissent refléter encore cette ancienne mentalité – voir par exemple d'Eugène Bouchut, *Traité des signes de la mort et des moyens de prévenir les inhumations prématurées*, paru en 1849 et couronné par l'Institut[5]. L'ouvrage connaît sa troisième édition en 1883.

On ne sait si Maupassant a eu connaissance de ce débat scientifique, mais il est certain que l'idée d'un état mixte est de nature à le retenir, d'autant qu'elle offre à un conteur des virtualités narratives intéressantes. Ses nouvelles dites réalistes font état d'un un cas insolite : celui du mort qui ne veut pas mourir ou qui joue un mauvais tour aux vivants. Notre corpus nous propose plusieurs versions. Dans la nouvelle « Le Vieux », persuadés que le moribond ne passera pas la nuit, sa fille et son gendre anticipent le moment de la mort, organisent tous les préparatifs et convoquent au repas funéraire ; lorsque les invités se présentent, le vieux n'a toujours pas rendu l'âme. Il faudra par conséquent renouveler la cérémonie. Le gendre, fâché de ce contretemps et de la dépense, conclut « – ça n'serait pas à r'faire tous les jours ». Dans « En famille », la mère Caravan est déclarée morte par l'officier de santé alors qu'elle est seulement en état de syncope. Là encore, tous les préparatifs sont faits par le fils et la belle-fille quand la vieille sort de son sommeil léthargique. Confus, ils seront punis de leur empressement. À ces deux nouvelles on peut adjoindre une troisième, « La Roche aux guillemots ». Un amateur de chasse doit ramener la dépouille mortelle de son gendre à Briseville ; or, ne voulant à aucun prix manquer le rituel annuel de la chasse aux

3 Philippe Ariès, *L'Homme devant la mort*, Paris, Éd. du Seuil, « L'Univers historique », 1977, p. 390.
4 *Ibid.*, p. 396-397.
5 Eugène Bouchut, *Traité des signes de la mort et des moyens de prévenir les enterrements prématurés*, Paris, éd. Baillière et Fils, 1849.

guillemots, il modifie le cours de son voyage, s'arrête à Étretat et laisse le cadavre en attente dans une remise pour rejoindre ses amis chasseurs. La nouvelle propose un épineux cas de conscience : doit-on renoncer à sa passion pour accomplir un devoir sacré ?

On le voit à travers ces trois variantes, le moribond, la morte apparente, le cadavre encombrant sont au centre de la nouvelle ; ils méritent pleinement le statut de sujets. Dans la combinatoire actantielle, ils occupent la place de l'opposant. Un opposant particulier, inerte et en position allongée, confiné dans la chambre mortuaire ou dans le cercueil. La force antagoniste qu'il représente ne saurait être l'effet de sa volonté puisque nul ne commande à la nature et nul ne choisit l'heure de sa propre mort, ou le moment de sortir d'un coma, n'en déplaise aux proches. Car, on le sait, les rudes paysans de Maupassant ne brillent guère par leur humanité et ne s'embarrassent guère de sentiments. La piété filiale, même quand elle se manifeste, s'émousse vite et s'allie à d'autres considérations ; ainsi le fils Caravan, après avoir beaucoup pleuré sa mère, se réjouit de la farce qu'il va faire à son chef de bureau au ministère, le décès le dispensant de s'excuser et lui offrant même une petite revanche d'amour-propre.

Les vivants sont ainsi engagés dans toutes sortes de calculs et, comme ils subissent la force d'obstruction de la mort, ils tâchent de ruser avec elle. M. d'Arnelles, le chasseur passionné, décide de faire un détour et de remiser le corps durant les quatre jours sacrés de la chasse. Mais il est dérangé par une espèce de domestique en noir qui n'est autre que le croque-mort venu lui rappeler ses devoirs cependant que le débat moral qui l'agite lui fait manquer ses cibles. La confrérie des chasseurs résoudra le dilemme de la façon la plus avantageuse. Dans « Le Vieux », le retard mis à mourir plonge le couple Chicot dans la perplexité (« – je l'aurions point cru ; c'est point croyable qu'il aurait duré comme ça ! ») et dans la contrariété. Tout se passe comme si le moribond était animé par une mauvaise volonté. Désemparé, maître Chicot en fait le constat dans sa langue à lui : « – Dis donc, Phémie, i n'veut point finir. Qué qu'tu f'ais, té ? ». La vieille Caravan ne veut pas davantage finir : quand tout semble consommé, que le quartier a défilé dans sa chambre, que les lettres de faire-part ont été imprimées, elle se redresse sur son lit, retrouve sa conscience, intègre derechef le monde des vivants pour y rétablir ses droits. Elle récupère les objets sur lesquels son fils et sa belle-fille ont déjà fait main basse, bien décidée à les écarter de l'héritage au profit de sa fille et de son gendre, les indélicats ayant été démasqués à la faveur de cette extraordinaire syncope. Pire, la morte présumée a tout perçu du manège qui a eu lieu autour d'elle. Dans une autre nouvelle, « Le Diable », la disparition de la mourante fait l'objet d'un sordide marchandage entre le fils et une repasseuse chargée de la garde qui accepte, après hésitation, de traiter « un trépas à forfait[6] » – marché risqué puisque il s'appuie sur un calcul de longévité.

En ce mort malin qui réserve des surprises, s'entend à fausser les calculs des vivants et à leur jouer des mauvais tours, faut-il reconnaître le *trickster* des contes et des mythes ? On serait tenté de le faire si la friponnerie n'était surtout le fait des vivants, sujets à l'erreur au demeurant et si, en dernière instance, la grande déceptrice n'était la Nature elle-même. C'est en vertu de sa loi obscure en effet que tout vient à son heure, y compris l'heure de mourir. De là l'importance dans nos nouvelles des contretemps qui frappent comme autant d'ironies du sort. L'ironie peut être d'ailleurs à double détente comme dans « Le Vieux » puisque le moribond s'éteint à la fois trop tard (après l'arrivée des invités) et trop tôt (en plein repas, gâchant la joie de la tablée).

Il y aurait cependant un cas un peu singulier où la mort ne présente pas cette force d'empêchement et où le retard même s'avère profitable. C'est lorsque le mort (en l'occurrence une morte) provoque la curiosité et suscite le récit, ainsi qu'on le voit dans « Madame Baptiste » : le narrateur démoralisé, en gare de Loubain, doit attendre plus de deux heures l'express de Paris. Il aperçoit un convoi funèbre sans religion ; il décide de le suivre. Alors, son obligeant voisin lui raconte l'histoire de la morte qu'il reçoit sur le chemin du cimetière. Pleinement satisfait par la triste histoire de Mme Baptiste qui lui a permis de tuer agréablement le temps, il conclut : « Et je ne regrettai pas d'avoir suivi ce convoi[7] ». Cet heureux cas de figure mis à part, la difficulté majeure peut être formulée ainsi : comment accorder le temps des vivants aux exigences de cet être particulier qu'est le mort ou le mort en instance, c'est-à-dire le moribond ?

6 Maupassant, *Contes et nouvelles*, *op. cit.*, t. II, p. 771.
7 *Contes et nouvelles*, *op. cit.*, t. II, p. 658.

FAÇONS DE MOURIR

Derrière cette simple question se cache en vérité un véritable enjeu anthropologique que pose fort bien la nouvelle. Dans ses modestes dimensions celle-ci cerne fort bien aussi, non pas la Mort (même s'il arrive à Maupassant d'employer la majuscule pour la désigner dans sa dimension métaphysique) mais le fait mortel, coutumier, dans sa réalité anthropologique.

Celui-ci est en réalité triple et obéit à une chronologie précise, chaque phase appelant l'autre sans qu'il y ait moyen de les intervertir ou d'en accélérer le cours, au risque d'être puni. Au commencent bien sûr la mort du sujet, reconnue comme cessation du souffle, arrêt du cœur, mort cérébrale dirait la médecine contemporaine. C'est, si on ose dire, le seul fait du sujet – sauf dans le cas particulier de l'euthanasie où l'on aide quelqu'un à mourir, ou dans celui de la mort provoquée[8]. Cette cessation de vie appelle une vérification, ordinaire ou spécialisée, comme on le voit précisément dans « En famille » où le constat médical donne lieu à une mise en scène de l'autorité médicale (une série de vérifications étant opérées sur la vieille) dont le lecteur ne saisira le piquant qu'après coup. Viennent ensuite l'annonce de la mort et la mort civile, celle qui va être inscrite sur le registre d'état civil. Elle consiste en une date et une heure, qui font pendant à celles de la naissance, et relève de l'autorité du maire. De cette mort publique il n'y aurait rien à dire si les vivants ne péchaient par imprudence (en publiant trop tôt la chose, comme on le voit dans nos deux nouvelles) et s'il n'y avait une certaine latitude relativement à la règle. En effet, un maire arrangeant, apprend-on (« Le Vieux »), a la faculté d'antidater le décès et donc de tricher avec la loi civile. Dernière étape : ce sont toutes les opérations subséquentes : les rituels appropriés (veille du mort, prières, inhumation, repas) et, plus prosaïquement, les tâches et formalités à accomplir. La liste qu'en dresse la belle-fille d'« En famille » a une portée ironique puisqu'elle dissout le mystère métaphysique de la Mort en une suite d'items.

On ne s'étonnera pas qu'un auteur réaliste déplace l'attention du ciel des idées vers le sol et la coutume. En cela il reste fidèle à l'esprit

8 Dans « Le Diable », c'est en simulant une apparition diabolique que la Rapet provoque la mort de la nonagénaire (*op. cit.*„ t. II, p. 775-776)

subversif de « L'Enterrement à Ornans », même s'il fait ici l'impasse sur la phase de l'inhumation et la cérémonie religieuse : pas de prêtre donc, pas de bedeaux comme dans le tableau de Courbet. C'est peut-être que l'inhumation soustrait le corps à la vue ; or c'est ce corps qui précisément l'intéresse. En outre, elle conduirait nécessairement au cimetière, c'est-à-dire à ce « contre-emplacement » que Michel Foucault a défini comme une « hétérotopie[9] ». Or dans ces nouvelles-là, Maupassant ne veut pas s'éloigner. Comme par ailleurs il opère sur les mœurs, il est naturellement attentif à la face rituelle du phénomène et à ce qu'elle dissimule : sous la douleur publique, l'égoïsme et le calcul, sous l'observance des formes, la contrariété et la volonté d'en finir au plus vite, sous la religion, les simagrées, etc. L'écrivain réaliste étant aussi une sorte d'ethno-sociologue, il sent le parti à tirer d'un événement qui fixe tout un personnel (famille, voisins, médecin, croque-mort, éventuellement prêtre, etc.) en un espace-temps délimité. Il est donc tenté de monter des espaces interactionnels *ad hoc*, qui valent comme de précieux observatoires. Ainsi, dans « Le Vieux », manières de table et manières de mort sont mises en parallèle proche et donnent lieu à une observation amusante. Car du lit à la table, l'écart n'est pas grand : « Quand tout le monde eut vu l'agonisant, on pensa à la collation ; mais comme on était trop nombreux pour tenir dans la cuisine on sortit la table devant la porte[10] ». À bonne distance de la chambre sombre, en pleine lumière, l'appétit normand a tôt fait de reprendre le dessus, le rire et la plaisanterie de reprendre leurs droits si bien que les invités, qui ont été déplacés à contretemps, sont dédommagés de leur déception première et du temps perdu, même si le moribond a la mauvaise grâce de s'éteindre au cours du repas.

Le nouvelliste peut étendre presque à loisir telle phase du rituel. C'est ce qu'il fait dans « En famille » avec la visite à la morte. En un manège réglé les visiteurs, davantage poussés par la curiosité que par la piété, se succèdent dans la chambre mortuaire qui se trouve à l'étage. L'ordonnatrice du rituel est la belle-fille guère aimante qui gravit donc plusieurs fois l'escalier étroit pour répéter devant la morte les gestes attendus : asperger le drap, s'agenouiller, faire un signe de croix, etc. En cachette, les enfants prennent le relais, entraînant discrètement

9 Michel Foucault, « Des espaces autres », in *Dits et écrits*, t. IV, Paris, éd. Gallimard, 1994, p. 755-756.

10 Maupassant, *Contes du jour et de la nuit*, Paris, Gallimard, « folio classique », 1984, p. 113.

leurs camarades auprès du corps, et c'est la petite fille qui règle les opérations, reproduisant solennellement « les simagrées maternelles avec une perfection absolu[11] ». Il y a là évidemment, sis à l'étage et confié aux enfants (petits singes du monde adulte), un dispositif ironique qui met à nu l'essence même du rituel, à savoir sa reproductibilité et son caractère public. Pas de rituel en effet sans célébrants, témoins, sans petite croyance momentanément partagée.

À l'opposé exact d'« En famille » qui s'attarde sur la face publique de la mort et insiste sur l'ostension, « La Roche aux guillemots » joue sur la dissimulation. Nul ne voit ni même ne devine la présence du gendre dans les bagages du beau-père. Ce dernier renvoie à deux reprises le croque-mort venu s'enquérir de ce qu'il fallait faire du mort en souffrance dans la remise (un non-lieu), lequel est donc frauduleusement soustrait à sa communauté naturelle. Dans son tranquille scandale, et à la limite de l'invraisemblance, la nouvelle soumet la question de l'antagonisme des rituels. Le mort ne fait pas seulement obstruction comme cadavre, il entrave également un rituel très estimable. Qu'est-ce qui mérite de l'emporter, des égards dus aux morts ou de la règle propre à la confrérie des chasseurs qui, une fois l'an, se retrouvent à Étretat pour chasser, c'est-à-dire donner la mort aux guillemots ? À la fin, la loi du petit groupe, collectivement énoncée, l'emporte et elle est fondée sur l'argument naturel. Le mort est déclaré indifférent au temps et donc il peut attendre (argument un peu spécieux car il y a le risque de décomposition). Mais surtout, le cycle des saisons est immuable qui fait revenir les guillemots en un point précis de la côte ; par ailleurs, le début de la nouvelle a marqué le prix de la confrérie, désormais réduite à quelques membres et donc menacée dans sa survie par suite du vieillissement et de la disparition de ses membres (« ce sont les derniers chasseurs de guillemots, ceux qui restent des anciens[12] ») : c'est encore la loi naturelle, simplement mais opportunément inscrite dans le cadre du récit. C'est cette même loi naturelle qui, dans « Le Vieux », voudrait l'emporter sur le temps de la mort et qui a du mal à s'accorder avec lui. En effet, comme on l'a vu, l'observance des rites et le strict respect du mort ne cadrent pas avec les travaux et les jours de ces normands un peu frustes soumis

11 Maupassant, *La Maison Tellier. « Une partie de campagne » et autres nouvelles*, Paris, Gallimard, « folio classique », 1995, p. 125.
12 *Ibid.*, p. 185.

au temps qu'il fait, préoccupés de cueillir les pommes et de repiquer les colzas. En somme, les exigences du champ contre celles du mort.

Loin du débat théorique ou doctrinal qui n'est pas le sien, à sa façon, Maupassant reste fidèle à la grande leçon du naturalisme et même à sa source philosophique, celle qui depuis le XVIIIe siècle lui fait définir l'homme comme un être soumis aux lois et aux processus de la nature.

AUPRÈS DU MORT

On ne s'en tiendra pas cependant à cette leçon anthropologique qui est quelque peu dissimulée sous la surface anecdotique de la nouvelle et qui dépasse l'effet comique ou de surprise apparemment recherché. Il nous paraît qu'à autre chose est bon l'espace resserré de la nouvelle : à rapprocher précisément les vivants et les morts. De fait, ces nouvelles démontrent une attention précise aux jeux de places, aux distances que les humains observent par rapport à cette force d'attraction et de répulsion qu'est le mort, si bien que s'appliquerait à elles la proxémique d'un E.T Hall, chose étrange d'ailleurs puisque celle-ci vise les interactions dans l'espace entre les êtres vivant en société[13].

Le moins qu'on puisse dire est que cette zone de proximité intéresse profondément Maupassant. On songe d'abord aux nouvelles fantastiques faisant intervenir la figure du revenant qui se manifeste aux vivants, le cimetière étant un des lieux propices à cette rencontre. Mais on songe aussi à l'expérience du Horla qui consiste au fond en l'approche d'un corps autre, simultanément être et non-être, essentiellement fluide. Les questions de place et de position demandent donc une grande attention et constituent peut-être l'une des voies d'accès privilégiée à la signification. Par-delà les différences de registres (fantastique ou réaliste), il conviendrait de revenir à un savoir oublié, la topologie, telle que la définit Michel Serres et à la lumière de laquelle il interprète *Le Horla* :

> La topologie épouse l'espace, autrement et mieux. Pour ce faire, elle use du fermé (dans), des intervalles (*entre*), de l'orientation et la direction (*vers, devant,*

13 Edward T. Hall, *La Dimension cachée* [1966], Paris, éd. du Seuil, 1971.

> *derrière*), du voisinage et de l'adhérence (*près, sur, contre, suivant, touchant*), du prolongement (*parmi*), de la dimension… et ainsi de suite, toutes réalités sans mesure et avec relations. Jadis nommée par Leibnitz *analysis situs* la topologie décrit les positions et s'exprime, au mieux, par les prépositions[14].

Le cas qui nous intéresse est apparemment simple puisqu'il s'agit non pas d'un corps fluide mais solide et visible, à demeure certes mais également suspendu entre deux états, et relativement auquel les vivants se placent en quelque façon. Nos nouvelles se prêtent bien à l'analyse topologique et la relation spatiale s'indique précisément au moyen de ces mots grammaticaux peu considérés que sont les prépositions ou les locutions prépositionnelles. Ceux qui accompagnent le mort à sa dernière demeure sont *derrière* lui avant qu'il ne soit mis *sous* terre. Mais auparavant, il aura été *au-dessus* d'eux (on a vu le parti que Maupassant tirait de la chambre mortuaire placée à l'étage), ou mis *de côté* (comme dans « La Roche aux guillemots » et on se sera tenu *autour de* son lit. La relation de proximité est précisément observée. Dans « Le Vieux », lorsque vient la nuit, la cohabitation des vivants et du moribond donne lieu à une étrange notation :

> Le lit des deux paysans était caché à l'autre bout de la chambre, dans une espèce d'enfoncement. Ils se couchèrent sans dire un mot, éteignirent la lumière, fermèrent les yeux ; et bientôt deux ronflements inégaux l'un plus profond, l'autre plus aigu accompagnèrent le râle ininterrompu du mourant.
>
> Les rats couraient dans le grenier[15].

« Auprès d'un mort » (l'enjeu spatial est affiché ici) nous soumet un cas intéressant. Les deux compagnons et admirateurs de Schopenhauer qui le veillent sont pris d'un malaise quand ils perçoivent l'odeur de décomposition. Ils passent dans la chambre voisine pour avoir le corps comme point de mire, mais malgré cette distance interposée, ils n'échappent pas à son emprise.

> Mais il nous obsédait toujours ; on eût dit que son être immatériel, dégagé, libre, tout-puissant et dominateur, rôdait autour de nous. Et parfois aussi l'odeur infâme du corps décomposé nous arrivait, nous pénétrait, écœurante et vague[16].

---

14 Michel Serres, *Atlas*, Paris, éd. Julliard, 1994, p. 71.

15 *Contes du jour et de la nuit*, *op. cit.*, p. 110.

16 *Contes et nouvelles*, *op. cit.*, t. II, p. 730.

C'est la deuxième fois dans la nouvelle que le verbe « obséder » est employé à propos du mort : on pourrait en détacher la préposition latine « *ob* » (devant) et entendre, avant le sens psychologique moderne, le sens étymologique : occuper un lieu, assiéger. De sorte que ceux qui sont censés observer les devoirs funèbres et veiller sur le prestigieux cadavre sont en réalité occupés par lui, objets d'un siège, ses prisonniers donc.

L'individu inerte qui suscite une vive curiosité pose aussi un problème esthétique. Saisir un corps, le faire tenir dans l'espace, autant qu'un problème de littérateur, c'est un problème de peintre ou de photographe, ou même de cinéaste[17]. Les virtualités picturales de ce type de scène (on pense aux Hollandais) sont évidentes : le clair-obscur, les bougies allumées ou la lampe, la raideur du corps, le profil du mort, avec ces éléments on compose aisément un tableau[18]. Mais là n'est peut-être pas l'essentiel car il ne s'agit pas d'esthétiser ou de fixer une image. Le défi est ailleurs, dans cet incompréhensible passage qui fait glisser ou basculer d'un état dans un autre, de vie à trépas, du corps solide au corps qui bientôt et imperceptiblement va se décomposer, évoluer étrangement au-delà du moment fatal. D'où d'ailleurs, dans « En famille », l'étonnement du fils devant le corps momifié de la mère, inaltérable et inodore : « Tiens elle est en bois ; elle se conserverait un an. » Et pour cause. Puisque on ne saurait tout à fait se fier à l'œil (le médecin qui a soulevé la paupière s'est trompé), le signe qui ne trompe pas est olfactif. Et par là serait encore justifiée l'ancienne précaution des testateurs qui imposaient un certain délai avant d'être inhumés.

Si le moment du passage est quasiment insaisissable et l'altération qui lui succède tout aussi mystérieuse, on comprend pourquoi moribonds et morts doivent être à portée de regard, d'oreille et de nez. Le témoin, qui est aussi le survivant, tombe parfois dans la pure contemplation, comme Charles devant le cadavre d'Emma se rappelant des histoires de catalepsie et rêvant de la ressusciter. Plus prosaïquement, il est à l'affût de tous les signes, ceux qui accompagnent la mort mais ceux aussi

17 Pierre Reboul à propos de la nouvelle « Le Vieux » fait cette remarque : « Peu de contes paysans appellent, pour moi, aussi fortement, une illustration cinématographique en noir et blanc – avec le talent d'un Eisenstein ». *Contes du jour et de la nuit*, Notices et notes, p. 258.

18 Ainsi, dans la nouvelle « En famille » : « L'ombre emplit la chambre, et sur la figure sèche et ridée la flamme remuante des lumières faisait danser des clartés. », *La Maison Tellier*, *op. cit.*, p. 125-126.

qui la précèdent ou qui la suivent. Car curieusement le corps envoie des signes. Retenons-en deux, confondants : le rire et le râle. Nous les reconnaissons. Le premier a atrocement résonné dans la bouche d'Emma Bovary en point d'orgue de son agonie ; il a flotté sur d'autres lèvres et fasciné les contemporains comme cas médico-philosophique avec l'agonie sardonique. C'est celui de lord Annandale au dénouement singulier de *La Faustin* d'Edmond de Goncourt. Il est au centre même de la nouvelle « Auprès d'un mort » comme emblème philosophique et comme élément d'intrigue. Sur le visage du philosophe il prolonge la blague supérieure, mais pour un temps seulement car le récit fait brusquement passer de la figure qui rit souverainement à l'horrible grimace, et cela à la faveur d'un incident grotesque : le travail de décomposition commencé a desserré les mâchoires et, par un processus tout mécanique, a fait sauter le râtelier de Schopenhauer ! Râtelier que le narrateur effrayé retrouve au sol « ouvert comme pour mordre[19] ». Comment interpréter ce dernier signe au sol, détaché de son émetteur : défaite, morsure cynique du chien-philosophe, victoire du *trickster*, ultime blague ?

Écrivant l'agonie, Maupassant se souvient sans doute du halètement d'Emma, de « ses côtes, secouées par un souffle furieux, comme si l'âme eût fait des bonds pour se détacher[20] », peut-être aussi du dénouement d'*Un cœur simple* pour lequel Flaubert a hésité, essayant dans ses brouillons le scénario de la mort violente et celui de la mort douce et conservant à la fin le râle qui soulève les côtes de Félicité. Pour le naturaliste qui s'est affranchi des codes de la belle mort, ce n'est pas tant le souffle d'*anima* qui retient l'attention que le râle. Et Maupassant l'inscrit dans la texture phonique même de sa description :

> Un bruit régulier, rauque, une respiration dure, râlante, sifflante avec un gargouillement d'eau comme celui que fait une pompe brisée, partait de la couche enténébrée où agonisait un vieillard, le père de la paysanne[21].

Au lieu du souffle ailé et de l'euphonie d'*anima*, le bruit, les allitérations en [R] et la gêne respiratoire marquée dans les occlusives. Quoique motivée par le contexte, c'est-à-dire l'univers paysan, la comparaison avec la

19 Maupassant, *Contes et nouvelles*, t. I, *op. cit.*, p. 731.

20 Gustave Flaubert, *Madame Bovary*, Paris, éd. Le Livre de poche, « Classiques », 1999, p. 471.

21 *Contes du jour et de la nuit*, *op. cit.*, p. 106.

pompe brisée ne laisse pas de choquer. S'établit un parallèle cruel avec les vivants qui, tout près, vont descendre les brocs de cidre et se rincer le palais. Il y a bien sûr là une façon de déspiritualiser en plaquant du mécanique sur du vivant. L'image de la pompe apparaît deux fois et on peut lui adjoindre, dans la même nouvelle, celle de l'horloge (« son souffle rauque, régulier comme un mouvement d'horloge, ne s'était ni accéléré ni ralenti[22] »). De même, dans l'autre nouvelle, la sortie du sommeil léthargique est décrite comme lente remise en marche du vieux corps. Dans tout cela, où situer l'âme ? Non plus au-dessus, dans les cieux ou flottant juste au-dessus du visage, ni non plus au bord des lèvres où pourrait se recueillir l'ultime parole ou prière, mais au-dessous, dans la gorge et les voies respiratoires. La source audible du principe de vie n'est pas tant souffle impalpable, spirituel qu'eau souterraine qui ne parvient plus à monter ou qui monte en gargouillement, en un état gazeux, improbable mélange d'air et d'eau. À sa façon triviale, l'image dit bien l'ancien étonnement et sans doute la vieille crainte face aux états mixtes.

Maupassant ne pouvait être que requis par les états mixtes (mort apparent, agonisant mais aussi revenant, apparition, Horla) en tant que penseur de l'un et de l'autre dans la fiction. Cette attention, on pourrait la juger antidatée ou typiquement « littéraire » si on la rapportait au savoir médical qui, à la fin du XIXe siècle, en finit avec la mort-état. L'artiste, lui, est moins enclin à l'expédier et à faire ainsi taire une des grandes peurs occidentales. Citons encore Philippe Ariès : « C'était tout l'un ou tout l'autre. La mort n'avait pas plus de durée que le point géométrique n'avait de densité ni d'épaisseur[23] ». La mort est peut-être un point géométrique, mais pas le mort qui est un corps, c'est-à-dire un volume qui fait saillie dans l'espace, émet des signes, dérange la routine des vivants, et qui suscite toutes sortes de réactions, de conduites et de rituels.

Ce grand achoppement qu'il est pour les vivants, philosophiquement mais aussi coutumièrement, voilà ce qui retient Maupassant dans ses nouvelles dites réalistes. Sans l'appareil et sans le décor du fantastique, s'en tenant précisément aux mœurs telles que les a définies Balzac (« ce ne seront pas des faits imaginaires : ce sera ce qui se passe partout ») et

---

22 *Ibid.*, p. 110.

23 Philippe Ariès, *op. cit.*, p. 396-397.

en suivant la grande leçon de Courbet, observateur lui aussi de ce qui se passe autour du mort. Même combat, même ironie, avec des moyens différents : d'une part le peintre qui traite le simple enterrement dans le grand format traditionnellement réservé à la peinture d'histoire ; de l'autre l'écrivain qui, l'air de rien, dans le format faussement modeste de la nouvelle, ne recule pas devant la difficulté et oblige son public à voir ce qu'il n'aime pas voir, à se tenir au bon endroit, telle « la vieille paysanne qui était restée près du moribond, retenue par une peur avide de cette chose qui lui arriverait bientôt à elle-même[24][...] ».

24 *Contes du jour et de la nuit*, *op. cit.*, p. 114.

MAUPASSANT CLASSIQUE

En proposant cette idée d'un Maupassant classique nous souhaitons vérifier une impression qui est la nôtre et que nous présumons même chez le moins averti des lecteurs, celui par exemple qui découvrirait aujourd'hui *Une Vie* ou *Boule de suif.* Ce serait recourir au même argument que la critique impressionniste d'autrefois lorsqu'elle faisait valoir qu'une impression largement partagée atteste et finalement objective une propriété interne de l'œuvre. Il y a par ailleurs les occasions commémoratives qui font s'interroger sur cette fameuse épreuve du temps, cette durée de cent ans dont parle Horace : *Est vetus atque probus centum qui perfecit annos* (« Est vieux et sérieux ce qui a traversé une centaine d'années. ») Ce vers, qui pourrait servir de devise à tous les centenaires, Judith Schlanger nous indique qu'il est mal interprété pour la simple raison qu'il est lu hors de son contexte, à savoir cette épître (II, 1) où Horace développe un point de vue en vérité rien moins que conservateur, voire même moderniste puisqu'il analyse comme un préjugé l'idée que le temps est mesure de la valeur. Sa thèse est au contraire que les décisions se prennent maintenant : « La génération actuelle veut dégager son point de vue et faire fond sur elle-même[1]. » Seulement, et c'est là le point critique, l'appréciation du jour étant parfaitement risquée, l'auteur ne peut faire fond sur le jugement du public, si bien qu'il faut idéalement le jugement d'un arbitre supérieur : Auguste selon le vœu d'Horace, la critique des lettrés dans un contexte moderne. Et ces trois moments, l'entrée en scène de l'œuvre, son appréciation, son entrée (ou non) en mémoire, chaque génération aspire à les faire coïncider. Ce que vérifie le cas Maupassant.

Si l'on cherche des expressions de ce présent décisionnaire, on n'a qu'à se reporter en arrière. Par exemple, à ce jugement du jour, qui est du maître autorisé :

1 Judith Schlanger, *La Mémoire des œuvres*, Paris, Nathan, « Le texte à l'œuvre », 1992, p. 78.

> Mais il me tarde de vous dire que je considère *Boule de suif* comme un chef-d'œuvre ! Oui ! jeune homme ! Ni plus, ni moins, cela est d'un maître. C'est bien original de conception, entièrement bien compris et d'un excellent style. Le paysage et les personnages se voient et la psychologie est forte. Bref, je suis ravi ; deux ou trois fois j'ai ri tout haut *(sic)*.
>
> Ce petit conte restera, soyez-en sûr[2].

Ou à cet autre, prononcé treize ans plus tard, soit à la mort de Maupassant, par Jules Lemaître, dans un article des *Contemporains* :

> [...] personne ne fut plus vite déclaré classique que cet écrivain dont les contes les plus illustres se passaient dans les couvents de La Fontaine rebaptisés de leur vrai nom[3].

Je voudrais rendre compte de l'idée qui apparaît dans le jugement de Jules Lemaître, à savoir que Maupassant fit très tôt figure de classique, qu'il fut agréé comme tel. Non sans indulgence, eu égard au caractère subversif de sa représentation. Pour reformuler un peu l'argument, Maupassant présente la singularité d'être un réaliste acceptable, ce qui en ce siècle est loin d'être la règle (qu'on se reporte à l'article du *Grand Dictionnaire* de Pierre Larousse consacré à Balzac). Cette acceptabilité présente deux faces : la morale d'une part, la langue d'autre part. C'est surtout de la première que fait état Lemaître lorsqu'il écrit que « Maupassant offrait le singulier phénomène d'une sorte de classique primitif survenu à une époque de littérature vieillissante, décrépite et tourmentée[4] ».

Entendons que dans une époque troublée, travaillée par l'ironie nihiliste, le nervosisme, l'esthétisme et autres maladies de la « psychologie contemporaine » (Paul Bourget), Maupassant fait figure d'exception. Frotté à toutes ces influences, il aurait su rester indemne et dégager une parole autonome, « une source de belle eau » (Lemaître). Anachronisme de Maupassant : il jouit de la santé classique et échappe à cette maladie de vieillesse qui frappe, selon Bourget, la littérature d'observation désertée par les forces de vie et d'action. L'autre sujet d'étonnement consiste en une espèce d'antériorité morale, en une sensualité d'avant la

---

2 Gustave Flaubert, Lettre à Maupassant du 1er février 1880, *Correspondance*, t. V (janvier 1876-mai 1880), Gallimard, Pléiade, 2007, p. 807.

3 Jules Lemaître cité d'après l'édition de *Notre Cœur* établie par Nadine Satiat, Paris, G F, 1991, p. 325.

4 *Ibid.*, p. 325-326.

faute, fort éloignée de celle de Zola « qui est celle d'un moine tenté[5] ». Tout se passe comme si ce Maupassant-là, par l'espèce de franchise qui est la sienne, exonérait sa représentation et son public du poids de la culpabilité. Ses personnages aussi d'ailleurs. Innocents Madame Tellier et son établissement, qui sont ancrés dans une tradition locale et sont par là même naturalisés. Innocentes la mère et la fille d'*Une partie de campagne.* Innocente dans *Mont-Oriol* Christiane, la femme adultère sans remords, et qui s'en étonne. Innocente et même héroïque la maîtresse syphilitique de la nouvelle « Le lit 29 ».

Il est possible que la grivoiserie de certaines de ses histoires soit aussi parfois une manière d'exorcisme. Mais, pour l'essentiel, il semble que sa représentation soit moins douteuse que celle de beaucoup de ses contemporains. Maupassant dit avec moins de détours qu'eux le plaisir érotique. Comme écrivain, il n'a pas besoin pour justifier la sexualité en littérature de l'alibi scientifique, de cette visée sociologique qui prétend animer les naturalistes lorsqu'ils portent leur regard sur les milieux de la prostitution. C'est qu'il n'a pas constitué la sexualité en objet à part, en thème d'école ou en mythe obsédant. Elle est sans doute pour lui un des modes de la sensualité, de la participation violente aux forces de la nature. S'il y a une pensée obsédante chez lui, elle ne s'attache pas à la sexualité en tant que telle mais à la fatalité de tout désir humain comme au leurre de la possession.

Sur ce versant moral de la question, ajoutons le point de vue de Zola dans son article sur « La littérature obscène » où il prend la défense de certain journal, le *Gil Blas*, accusé par la presse vertueuse de 1880 de flatter par ses publications grivoises le grand public (notamment féminin) :

> Maintenant, entre ceux qui prennent la spécialité de ne pas faire rougir les femmes et ceux qui mettent leur gain à les faire rougir, il y a les véritables artistes, les écrivains de race qui ne se demandent pas une seconde si les femmes rougiront ou non. Ils ont l'amour de la langue et la passion de la vérité[6].

L'autre face de cette acceptabilité est plus nettement langagière. Pour en donner une idée plus concrète, faisons un bref détour par Taine, celui

5 *Ibid.*, p. 326.
6 Émile Zola, « La littérature obscène », in *Œuvre critique* I, Paris, Cercle du Livre Précieux, t. X, 1968, p. 1378.

des *Nouveaux Essais de critique et d'histoire*[7]. Au chapitre sur le style de son essai sur Balzac, Taine, sous la forme d'une petite comédie, met en scène la rencontre entre l'œuvre de Balzac et l'homme de goût « qui sait bien le français et qui a été nourri dans les classiques ». Précision qui laisse assez deviner l'issue du scénario. Cette rencontre est un échec : l'homme de goût est vite rebuté par l'encyclopédisme pédant, les prétentions poétiques, le style broussailleux, excessif, fautif de l'auteur moderne qu'on a voulu lui faire goûter[8]. Bref, ce Balzac inacceptable ne résiste pas à l'épreuve du jugement classique et manque à la règle essentielle qui est de plaire, ainsi qu'à ce ton de l'échange social qui a valeur de code convenu entre personnes de même culture. En vérité, le scénario tainien ne veut pas tant redire l'idée reçue d'un Balzac grossier que sa convenance et celle de son style à un public moderne qui a cessé depuis longtemps d'être constitué sur le modèle du salon pour ressembler plutôt à un « club d'affaires politiques ». Le singulier classicisme prêté à Maupassant peut, de la même manière, s'interpréter en termes de convenance de l'écrivain à un auditoire donné. Avisons-nous d'ailleurs que, pour la période qui nous intéresse, cette idée critique est diversement formulée. Par Taine donc, par Lanson chez qui l'on trouve des éléments de sociologie littéraire, par Émile Hennequin qui, dans sa *Critique scientifique* (1890), théorise la conception selon laquelle l'œuvre d'art est le signe d'une analogie entre l'auteur et le public. À cette sympathie entre l'écrivain et la société, il faut un médium qui est évidemment un certain usage de la langue, une « écriture » eût dit Barthes.

S'agissant de « style », Maupassant évite les mauvais gestes, les écarts, les disparates qui rendent Balzac peu aimable. Son texte, voué à l'échange, se recommande par sa clarté. Clarté, transparence, fluidité de Maupassant. L'idée reçue n'est pas qu'une commodité de présentation. En tant que telle, elle est d'ailleurs essentielle à la perception d'un auteur comme classique. Ce qui n'interdit pas de diviser l'idée reçue en idées particulières et de l'appréhender selon plusieurs plans. Disons trois.

D'abord le plan de l'énoncé, du récit pris dans sa totalité, C'est-à-dire entendu comme intrigue fondée sur un sujet « simple », comme suite

---

7 Hippolyte Taine, *Nouveaux Essais de critique et d'histoire*, Paris, Hachette, 1923 (12e édition), p. 39-41.

8 Ce jugement as été largement révisé. On se reportera notamment au collectif *Balzac et le style*, Études réunies et présentées par Anne Herschberg-Pierrot, Paris, SEDES, 1998.

d'unités narratives qu'une main de maître a agencées en une composition équilibrée. Il faudrait souligner notamment le souci numérique qui préside presque toujours au découpage du texte en parties et en chapitres. Réussite des structures et discrétion des structures chez Maupassant[9], qui font néanmoins courir un risque à son texte, celui de passer pour superficiel. Sa clarté procède aussi de l'heureuse mise en œuvre des ingrédients traditionnels du récit : narration, description, portraits, dialogues. Tout cela fait l'impeccable tenue du roman, « un prêt à porter d'excellente coupe » selon la formule d'Henri Mitterrand[10].

Ensuite, un plan lexical-stylistique où il faut redire la clarté de Maupassant en termes de justesse, de convenance, de choix. Choix en particulier d'un niveau de langue étranger à la spécialisation, aux jargons comme aux mots « sales ». Sa conception du style, retenant la leçon flaubertienne, l'éloigne en général de la néologie et des complications de l'écriture artiste. Là encore, ces choix font courir un risque à son texte, celui de passer pour un texte de lecture courante, comme, sans aménité, le note Edmond de Goncourt dans son *Journal :* « Une page de Maupassant n'est pas signée, c'est tout bonnement de la bonne copie courante appartenant à tout le monde[11]. » Il s'agit bien sûr d'une des versions négatives – et malveillantes – de l'acceptabilité.

Il y a enfin un plan poétique-pragmatique qui renvoie à la forme d'écriture réaliste mise au point par Maupassant. Plus précisément, à la manière particulière qu'il a de souscrire à l'un des articles majeurs d'un « cahier des charges du projet réaliste[12] » (Philippe Hamon), à savoir que le message et que le geste producteur du message doivent s'effacer. Sa clarté, l'espèce de langue courante qui est la sienne, seraient alors une manière d'effacement assurant l'autonomie du message, de l'histoire, en dernier ressort son identification à la « vie », maître-mot de l'esthétique maupassantienne. Cette dimension pragmatique, communicationnelle, de l'écriture, l'écrivain la souligne dans sa célèbre définition du réaliste comme « illusionniste », ayant à communiquer, sans entraves, une illusion. C'est aussi cette dimension que prenait en compte André Vial

---

9 Cette discrétion est soulignée par Marie-Claire Bancquart dans sa préface à *Mont-Oriol*, Paris, Gallimard, « folio ».

10 Dans sa préface à *Une Vie* pour le Livre de poche.

11 Edmond de Goncourt cité d'après Yvan Leclerc, « Maupassant l'imitation, le plagiat », *Europe*, août-sept. 1993, p. 127.

12 Philippe Hamon, « Un discours contraint », *Poétique* n° 16, 1973.

lorsque, relevant à partir de *Mont-Oriol*, et surtout dans *Notre Cœur*, la présence de plus en plus marquée (et pas toujours heureuse selon lui) du romancier dans ses textes, il y diagnostiquait un regrettable relâchement de la discipline flaubertienne dommageable à la netteté de l'image et à la transmission de l'illusion[13]. Les « aphorismes de la vie morale » ainsi que les nomme Vial, les commentaires pseudo-philosophiques, un certain lyrisme oratoire que n'eût sans doute pas commis Flaubert, tout cela nuirait à la véritable clarté qui est celle de l'énoncé, de l'histoire.

Cette acceptabilité, comportant ses risques propres, tend donc vers une sorte d'idéal. Elle ne saurait être négative ni se confondre avec la banalité et le cliché, qu'accueille incontestablement le texte de Maupassant. Il y a, par exemple, cette fameuse Normandie à base de pommiers et d'herbe verte, telle image de Rouen surtout héritée de Flaubert. Il y a, comme le note André Vial, un point critique où « les styles voulus s'abâtardissent en un style, *le style Maupassant*[14] ». Il y a enfin cette fameuse docilité aux sollicitations d'un public qu'on a dit féminin et dont on se sert encore (quoique de moins en moins) pour disqualifier les derniers romans d'analyse. Ils « ont eu des succès de salon » ; on veut bien croire le témoignage d'Anatole France mais on relève que, pour ce qui est de « plaire aux dames », on aurait pu aussi bien signaler le dénouement du premier roman, *Une Vie*, heureux d'une certaine manière, accueillant aux clichés, et récompensant la vertu féminine. Qu'on voie le retour salvateur de la servante au grand cœur auprès de l'héroïne durement éprouvée par toute une existence, celui du mauvais fils revenu de ses erreurs, précédé par une petite fille qui vient de naître. Ceux qui, sensibles à cet aspect de l'œuvre, ont cru prendre Maupassant en faute, sont tombés souvent eux-mêmes dans la facilité, peut-être dans le piège. Il aurait fallu plutôt interpréter cette perméabilité du texte au cliché et au stéréotype[15].

D'abord il est clair qu'il faut laver Maupassant de certaine accusation de servilité à un public. Tenter d'écrire le roman de « la réalité élégante » n'implique pas qu'on doive épouser les valeurs du monde. Maupassant a sur ce sujet des phrases assez nettes. On peut y joindre les toutes premières pages de *Fort comme la Mort* où le peintre à la mode se livre à des réflexions sur la nature de l'artiste et le désir de plaire dont

13 André Vial, *Guy de Maupassant et l'Art du Roman*, Paris, Nizet, 1954.

14 *Ibid.*, p. 603.

15 À ce sujet, voir notamment Ruth Amossy, *Les Idées reçues. Sémiologie du stéréotype*, Paris, Nathan, 1991.

on voit par quelle malice préventive elles ont été placées là et qu'elles ne s'appliquent pas au seul Olivier Bertin.

On peut se demander par ailleurs s'il n'est pas dans la nature de l'esthétique réaliste d'être accueillante au cliché. Au même titre qu'elle retient un sujet banal ou qu'elle cherche le profil moyen pour les personnages. Il y a en outre une puissance propre au cliché, au stéréotype, et même à la bêtise, qui exerça une fascination certaine sur Flaubert. En tant qu'ils se recommandent par leur évidence, leur caractère de vérité partagée, ce sont des pourvoyeurs naturels de « l'effet de réel », de l'illusion pour reprendre le terme de Maupassant qui a l'avantage de souligner la dimension de croyance qui s'attache au projet réaliste en général, au sien en particulier.

Légitimité propre du cliché donc, qui sert aussi à dire, ou à redire, le fond commun de l'expérience, ce qui, en conformité avec l'esprit classique, est vrai partout et en tout temps. Il n'y a pas de doute que Maupassant ait voulu aussi tenir ce langage-là, ait aussi reconnu comme son domaine ce vaste champ de l'expérience presque symboliquement compris entre le titre et la dernière phrase de son premier roman, *Une Vie* (« La vie, voyez-vous, ça n'est jamais si bon ni si mauvais qu'on croit ») et le titre de son dernier roman publié, *Notre Cœur.* Tout cela inciterait à penser que la part de risque attachée au cliché, à l'acceptabilité en général, Maupassant l'a calculée. Mieux, on peut se demander si ces derniers, il ne les a pas parfois conçus au service d'un leurre, d'un piège. Ce piège, s'il faut le nommer, ce serait le comble du lisible. Au sens du Barthes de *S/Z* (« Nous appelons classique tout texte lisible[16] »), mais aussi de Brunetière :

> Lisez à ce point de vue les meilleures nouvelles de Maupassant : il vous semblera que tout autre que lui, que vous-même, au besoin, eussiez pu les écrire ; elles sont impersonnelles comme les œuvres classiques[17].

« Comme les œuvres classiques ». Ce n'est qu'une comparaison mais il n'empêche, elle est remarquable sous la plume de Brunetière qui ne fut pas toujours doux à la cause des naturalistes et qui se montra scrupuleux sur la question du classicisme, refusant qu'on emploie le mot

16 Roland Barthes, *S/Z* [1970], Paris, Éd. du Seuil, « Points », 1976, p. 10.

17 Ferdinand Brunetière, « Les nouvelles de M. de Maupassant », in *Le Roman naturaliste* [1883], Paris, Calmann Lévy, 1892, p. 405.

au hasard. Si bien qu'on a le sentiment que le critique de *La Revue des Deux Mondes* est près de commettre une entorse au bon usage de cette notion qu'il a lui-même fixé. Est classique l'œuvre qui satisfait à plusieurs conditions et qui bénéficie de la coïncidence presque miraculeuse de plusieurs perfections : la sienne propre, celle de la langue, celle des genres, celle d'un moment de l'histoire nationale fidèlement traduit dans la littérature. Dans ces conditions, l'appellation de « classique moderne » est un non-sens : on ne devient pas classique pas plus qu'on ne cherche à le devenir. Sans rien retrancher à leur valeur, Brunetière peut donc écrire : « les Lamartine, les Musset, les Hugo, eux non plus ne sont pas ni ne seront jamais classiques[18]. » Ce qui n'empêche pas la critique de louer des talents, de se prononcer sur la qualité et les chances de l'œuvre, et donc sur cette entrée en mémoire, devenue pour nous synonyme de classicisme. Entrée en mémoire qui pourrait ne pas être étrangère à tel trait du style classique, comme cette impersonnalité dont fait état Brunetière à propos des nouvelles de Maupassant. Il ne l'entend pas au sens de Flaubert, mais comme harmonie des facultés qui caractérise l'œuvre classique au sens de l'histoire littéraire, supposant des qualités moyennes, et non une faculté éminente qui s'excepterait. Car la véritable notion d'un classique est indifférente à la valeur individuelle de l'homme et elle n'enveloppe pas nécessairement l'idée d'une supériorité individuelle de l'artiste, ou bien encore une « originalité d'intelligence » (Brunetière).

À ces vues datées et restrictives[19], on préfère de beaucoup celles de Sainte-Beuve qui lui, défendait l'idée d'un panthéon sans cesse aménageable et avançait une définition large du classique :

> Un vrai classique, comme j'aimerais à l'entendre définir, c'est un auteur qui a enrichi l'esprit humain, qui en a réellement augmenté le trésor, qui lui a fait faire un pas de plus, qui a découvert quelque vérité morale non équivoque, ou ressaisi quelque passion éternelle dans ce cœur où tout semblait connu et exploré ; qui a rendu sa pensée, son observation et son invention, sous une forme n'importe laquelle, mais large et grande, fine et sensée, saine et belle

18 Ferdinand Brunetière, *Études critiques sur l'histoire de la littérature française*, tome III, Paris, Hachette, 1911, p. 312.

19 Voir la mise au point d'Alain Viala, « Qu'est-ce qu'un classique », *BBF*, 1992/1, p. 6-15. Antoine Compagnon a également abordé la question dans son cours au Collège de France, consulté le 04/09/2020, https://www.college-de-france.fr/media/antoine-compagnon/UPL1.

> en soi ; qui a parlé à tous dans un style à lui et qui se trouve aussi celui de tout le monde, dans un style nouveau sans néologisme, nouveau et antique, aisément contemporain de tous les âges[20].

Cette définition moderne convient parfaitement à Maupassant, notamment par cette double condition à laquelle doit idéalement satisfaire l'œuvre en étant simultanément personnelle et partageable.

On pourrait se demander, au-delà de l'art consommé de conteur, par quels traits spécifiques de sa poétique l'œuvre de Maupassant s'inscrit spécialement dans la mémoire des lecteurs. On pense d'abord aux personnages. Or, comme Guy Sagnes en fait la remarque :

> Peut-être manque-t-il à Maupassant d'avoir créé un personnage qui subsisterait avec son nom, comme Emma Bovary, Frédéric Moreau, Nana ou des Esseintes. Encore pourrait-on en trouver un : ce ne serait pas Jeanne, au malheur systématique, mais bien Pierre, dont on suit la solitude et les lents va-et-vient de frère rejeté. Peut-être d'ailleurs l'identité des personnages réside-t-elle dans leur anonymat même, dans leur condition de victimes inattendues, dont la pauvre vie est un moment traversée par une circonstance fortuite[21].

Si ce ne sont pas les personnages, relativement anonymes, qui s'imposent par leurs traits propres, on pourrait avancer qu'ils restent dans nos mémoires par les liens que la « poétique insciente » (Flaubert) de l'auteur a continûment tissés entre eux et leurs séjours, heureux ou malheureux, lieux habités ou bien hantés. Nous pouvons le vérifier pour la maison Tellier et ses pensionnaires hautes en couleur, pour la diligence où Boule-de-suif verse une dernière larme, pour l'île d'« Une partie de campagne » enfermant à jamais un secret intime, mais aussi pour le narrateur si peu à demeure du « Horla ». À plus grande échelle, celle du roman, on le vérifierait aussi pour les errances de Pierre sur le port du Havre, précédant la rupture d'amarres familiales ou, à l'inverse, pour Jeanne qui ne peut se séparer du château des Peuples, l'habitation de toute une vie. Symboliquement, au moment de le quitter, Maupassant lui accorde une dernière visite au grenier, c'est-à-dire au lieu qui recueille le fatras d'une mémoire de famille où se réfléchit tout le roman, mais qui est aussi miroir tendu au lecteur. Autrement dit, lieu à la fois le plus

20 Charles-Augustin Sainte-Beuve, *Causeries du lundi*, Paris, Garnier, 1851, t. III, p. 33.

21 Guy Sagnes, « Avant-propos » de *Maupassant multiple* (Yves Reboul dir.), Toulouse, Presses universitaires du Mirail, « Les cahiers de littérature », 1995, p. 5-6.

privé et le plus commun, qui éveille en chacun de nous l'image de la maison archétypale telle que l'a finement analysée Gaston Bachelard[22].

On a pu penser que Maupassant jouissait de cet état de classique en toute inconscience, comme d'autres jouissent de la santé. On se gardera d'insister sur cette fameuse santé de l'écrivain. En revanche, ce paradoxe du classique autrefois énoncé par Brunetière, il paraît, *mutatis mutandis*, applicable à Maupassant et à son œuvre. À une œuvre risquant d'être sous-estimée parce qu'écrite en français courant (dans « le grand naturel du langage courant » eût dit Barthes), parce qu'élaborée à l'ombre de plus grands ; parce que constituée pour beaucoup du côté d'un genre mineur, mais qui se trouve considérablement rehaussé, comme jadis la fable par La Fontaine ; parce que soupçonnée de simplicité ; parce qu'enfin elle pourrait être mal lue. Nous sommes sans doute mieux placés que nos prédécesseurs pour lire Maupassant[23]. Il est néanmoins possible qu'on continue à lui être injuste. Ce n'est pas si grave. Aimer Maupassant ou l'aimer moyennement, là n'est pas la question, du moment qu'on a reconnu en lui un écrivain classique français.

22 Gaston Bachelard, *La Poétique de l'espace*, Paris, PUF, 1957.

23 Parmi les travaux récents, on citera Emmanuèle Grandadam, *Contes et nouvelles de Maupassant : pour une poétique du recueil*, Mont-Saint-Aignan, Publications des universités de Rouen et du Havre, « Maupassant », 2007 ; Antonia Fonyi, Pierre Glaudes et Alain Pagès éds, *Relire Maupassant*, Classiques Garnier, 2011 ; Didier Philippot, *Guy de Maupassant et l'affolant mystère de la vie*, Paris, Garnier, 2019.

BIBLIOGRAPHIE INDICATIVE

OUVRAGES GÉNÉRAUX

AUERBACH, Erich, *Mimésis* [1946], Paris, Gallimard, « Tel », 1977.

BAGULEY, David, *Le Naturalisme et ses genres*, Paris, Nathan, « Le texte à l'œuvre », 1995.

BARTHES, Roland, BERSANI, Léo, HAMON, Philippe *et al.*, *Littérature et réalité*, Paris, Seuil, « Points », 1982.

BAKHTINE, Mikhaïl, *Esthétique et théorie du roman*, Gallimard, 1978, pour la trad.fr.

BAKHTINE, Mikhaïl, *Esthétique de la création verbale*, Paris, Gallimard, 1979 pour la trad.fr.

BARBÉRIS, Pierre, *Le Monde de Balzac*, Paris, Arthaud, 1971.

DUFOUR, Philippe, *Le Réalisme*, Paris, PUF, 1998.

DUFOUR, Philippe, *Le Roman est un songe*, Paris, Éd. du Seuil, 2010.

DUFIEF, Pierre-Jean et BECKER, Colette, *Dictionnaire des naturalismes*, 2 vol., Paris, Honoré Champion, 2017.

HAMON, Philippe, *Le Personnel du roman*, Genève, Droz, 1983.

HAMON, Philippe, *Puisque réalisme il y a*, Genève, La Baconnière, 2015.

JOUVE, Vincent et PAGÈS, Alain, *Les Lieux du réalisme* Pour Philippe Hamon, Paris, Presses Sorbonne Nouvelle, Éditions *L'Improviste*, 2005.

LARROUX, Guy, *Le Réalisme*, Paris, Nathan, « 128 », 1995.

LUKACS, Georg, *La Théorie du roman*, Paris, Gonthier Médiations, 1979.

LUKACS, *Balzac et le réalisme français*, Paris, Maspéro, 1967.

MITTERAND, Henri, *Le Discours du roman*, Paris, PUF, 1980.

MITTERAND, Henri, *Le Regard et le signe*, Paris, PUF, 1987.

MITTERAND, Henri, *Zola. L'histoire et la fiction*, Paris, PUF, 1990.

MITTERAND, Henri, *L'Illusion réaliste : de Balzac à Aragon*, Paris, PUF, 1994.

MITTERAND, Henri, *Le Roman à l'œuvre Genèse et valeurs*, Paris, PUF, 1998.

PAVEL, Thomas, *La Pensée du roman*, Paris, Gallimard, 2003.

PITON-FOUCAULT, Émilie, *Zola ou la fenêtre condamnée. La crise de la représentation dans* Les Rougon-Macquart, Rennes, Presses universitaires de Rennes, 2015.

RICATTE, Robert, *La Création romanesque chez les Goncourt*, Paris, Armand Colin, 1953.

WATT, Ian, *The Rise of the Novel*, Berkeley and Los Angeles, University of California Press, 1957.

LIEUX DU TEXTE

ANSELMINI, Julie, BERCEGOL, Fabienne éds., *Portraits dans la littérature. De Gustave Flaubert à Marcel Proust*, Paris, Classiques Garnier, 2018.

BORDERIE, Régine, *Balzac, peintre de corps*, Paris, Sedes, 2002.

BUTOR, Michel, « L'espace du roman », in *Répertoire II*, Paris, Éd. de Minuit, 1964.

COLIN, Claire, CONRAD, Thomas, LEBLOND, Aude, dir., *Pratiques et poétiques du chapitre du XIX*[e] *au XXI*[e] *siècles*, Rennes, Presses universitaires de Rennes, 2017.

DAUNAIS, Isabelle, *Flaubert et la scénographie romanesque*, Paris, Librairie Nizet, 1993.

DE GEORGES-MÉTRAL, Alice (dir.), *Poétiques du descriptif*, Paris, Classiques Garnier, 2015.

DEL LUNGO, Andrea, *L'Incipit romanesque*, Paris, Seuil, 2003.

DEL LUNGO, Andrea éd., *Le Début et la fin du récit Une relation critique*, Paris, Classiques Garnier, 2010.

DEL LUNGO, Andrea, *La Fenêtre. Sémiologie et histoire de la représentation littéraire*, Paris, Seuil, « Poétique », 2015.

DUBOIS, Jacques, « Surcodage et protocole de lecture dans le roman naturaliste », *Poétique*, n° 16, 1973, p. 491-498.

DUCHET, Claude, « Pour une sociocritique, ou variations sur un incipit », *Littérature*, n° 1, 1971, p. 5-14.

DUCHET, Claude et TOURNIER, Isabelle éds, *Genèse des fins*, Saint-Denis, Presses Universitaires de Vincennes, « Manuscrits modernes », 1996.

DÜRRENMATT, Jacques, *Bien coupé, mal cousu. De la ponctuation et de la division du texte romanesque*, Saint-Denis, Presses Universitaires de Vincennes, « Essais et savoirs », 1998.

FALCONER, Graham, « L'entrée en matière chez Balzac : prolégomènes à une étude sociocritique », in *La Lecture sociocritique du texte romanesque* (G. Falconer et H. Mitterand éds.), Toronto, Éd. Hakkert, 1975, p. 129-150.

GENETTE, Gérard, « La littérature et l'espace » et « Frontières du récit », in *Figures II*, Paris, Éd. du Seuil 1969.

GRANDADAM, Emmanuèle, *Contes et nouvelles de Maupassant : pour une poétique du recueil*, Mont-Saint-Aignan, Publications des universités de Rouen et du Havre, « Maupassant », 2007.

HAMON, Philippe, « Clausules », *Poétique*, n° 24, 1975, p. 495-526.

HAMON, Philippe, *Introduction à l'analyse du descriptif*, Paris, Hachette, 1981.

HAMON, Philippe, *Texte et idéologie*, Paris, PUF, « écriture », 1984.

HAMON, Philippe, *Imageries : littérature et images au XIX*[e] *siècle*, Paris, José Corti, 2001.

HAMON, Philippe dir., *Le Signe et la consigne, Essai sur la genèse de l'œuvre en régime naturaliste. Zola*, Genève, Droz, 2009.

HAMON, Philippe, *Rencontres sur tables et choses qui traînent De la nature morte en littérature*, Genève, Droz, 2019.

KOTIN MORTIMER, Armine, *La Clôture narrative*, Paris, José Corti, 1985.

LARROUX, Guy, *Le Mot de la fin La clôture romanesque en question*, Nathan, « Le texte à l'œuvre », 1995.

LARROUX, Guy, « Mise en cadre et clausularité », *Poétique*, n° 98, 1994, p. 247-253.

LOJKINE, Stéphane, *La Scène du roman : méthode d'analyse*, Paris, Armand Colin, 2002.

LOTMAM, Iouri, *La Structure du texte artistique*, Paris, Gallimard 1973 pour la trad. fr. *Sémiotique de l'espace*, Paris, Denoël/Gonthier 1979.

MATHET Marie-Thérèse éd, *La Scène : Littérature et arts visuels*, Paris, L'Harmattan, 2001.

Narratologie, n° 2 (« Les frontières du récit »), Université de Nice-Sophia Antipolis, 1999.

ORTEL, Philippe, « Vers une poétique des dispositifs », *in Discours, image, dispositifs* (Ph. Ortel éd), Paris, L'Harmattan, « Champs visuels », 2008.

PETY, Dominique, *Poétique de la collection au* XIXe *siècle Du document de l'historien au bibelot de l'esthète*, Paris, Presses universitaires de l'Ouest, « Orbis litterarum », 2010.

RICHARD, Jean-Pierre, « Variation d'un paysage », in *Travail de Flaubert*, Paris, Seuil, « Points », 1983, p. 179-197.

RICHARD, Jean-Pierre, *Pages paysages Microlectures II*, Seuil, « Poétique », 1984.

SAGNES, Guy, « Terminer *Madame Bovary* », *Genèses des fins. De Balzac à Beckett, de Michelet à Ponge*, Saint-Denis, Presses universitaires de Vincennes, 1996, p. 71-97.

SERÇA, Isabelle, *Esthétique de la ponctuation*, Paris, Gallimard, 2012.

TORGOVNICK, Marianna, *Closure une the Novel*, Princeton, Princeton University Press, 1981.

WRONA, Adeline, *Face au portrait. De Sainte-Beuve à Facebook*, Paris, Hermann, « Cultures numériques », 2012.

TERRITOIRES ET LIEUX DE LA FICTION

ALLARD, Jacques, *L'Assommoir : le chiffre et le texte : essai de toposémie romanesque*, Presses universitaires de Grenoble et Montréal, 1978.

BAGULEY, David, « Espace et regard dans *La Conquête de Plassans* », *Nineteenth Century French Studies*, automne-hiver 1980-1981, p. 80-92.

BAILLY, Jean-Crsitophe, *La Phrase urbaine*, Paris, Seuil, 2013.

BANCQUART, Marie-Claire, « L'espace dans *Madame Bovary* », *L'Information littéraire*, 1971.

BAKHTINE, Mikhaïl, *Esthétique et théorie du roman*, Paris, Gallimard, 1978 (3e étude « Formes du temps et du chronotope dans le roman »).

BERTRAND, Denis, *L'Espace et le sens :* Germinal *d'Émile Zola*, Amsterdam, Éditions Hadès-Benjamins, 1985.

BERTRAND, Denis, *Le Sens du lieu*, Bruxelles, Ousia, 1996.

BERTRAND-JENNINGS, Chantal, *Espaces romanesques : Zola*, Sherbrooke, Québec, Éd. Naaman, 1987.

CAMUS, Audrey et BOUVET, Rachel éds, *Topographies romanesques*, Presses universitaires de Rennes, Presses de l'Université du Québec, 2011.

CHENET-FAUGERAS, Françoise, *Les Misérables ou « L'espace sans fond »*, Paris, Nizet, 1995.

COLLOT, Michel, *Pour une géographie littéraire*, Paris, José Corti, 2014.

COLLOT, Sylvie, *Les Lieux du désir. Topologie amoureuse de Zola*, Paris, Hachette, 1992.

CORNELL, Kenneth, « Zola's city », *Yale French Studies*, oct 1964, p. 106-111.

CROUZET, Michel éd., *Espaces romanesques (*Colloque du Centre d'Études du roman et du romanesque), Paris, Presses universitaires de France, 1982.

DUFOUR, Philippe, *Le Roman est un songe*, Paris, Éd. du Seuil, 2010 (en particulier la première partie « Le cadre de la pensée »).

DUFOUR, Philippe et MOZET, Nicole, *Balzac géographe*, Tours, Christian Pirot, 2004.

FRAPPIER-MAZUR, Lucienne, « Espace et regard dans *La Comédie humaine* », *L'Année balzacienne*, 1967, p. 325-328.

GOT, Olivier, *Les Jardins de Zola. Psychanalyse et paysage mythique dans* Les Rougon-Macquart, Paris, L'Harmattan, 2002.

LEDUC-ADINE, Jean-Pierre, « L'escalier de *Pot-Bouille* », in *Les Lieux du réalisme.* Pour Philippe Hamon (textes réunis par Vincent Jouve et Alain Pagès), Presses Sorbonne nouvelle-Éditions *L'Improviste*, 2005, p. 131-138.

LETHBRIDGE, Robert, « Passages zoliens », in *Les Lieux du réalisme* Pour

Philippe Hamon, (V. Jouve et A. Pagès éds.), Paris, Presses Sorbonne nouvelle-Éditions *L'Improviste*, p. 121-129.
LUMBROSO, Olivier, *L'Invention des lieux*, Paris, Éditions Textuel, 2002.
LUMBROSO, Olivier, *Zola, la plume et le compas. La construction de l'espace dans* Les Rougon-Macquart *d'Émile Zola*, Paris, Champion, 2004.
MASSON Bernard, « Paris dans *L'Éducation sentimentale* », *Histoire et langage dans L'Éducation sentimentale*, Paris, Sedes, 1981, p. 123-128.
MITTERAND, Henri, « Le lieu et le sens : l'espace parisien dans *Ferragus* de Balzac », in *Le Discours du roman*, Paris, PUF, 1980.
MITTERAND, Henri, *Le Regard et le signe*, Paris, PUF, 1987.
MOZET Nicole, *La Ville de province dans l'œuvre de Balzac*, Paris, Sedes, 1982.
NEEFS, Jacques, « Descriptions de l'espace et espace de la socialité », in *Histoire et langage dans L'Éducation sentimentale*, Paris, SEDES, 1981 p. 111-122.
Romantisme (Revue du dix-neuvième siècle), n° 134 « Les grands boulevards », 2006.
Romantisme (Revue du dix-neuvième siècle), n° 171 « La rue », 2016.
N'GUESSAN-LARROUX, Béatrice éd., *La Rue dans tous ses états*, Paris, L'Harmattan, 2018.
SERRES, Michel, F*eux et signaux de brume : Zola*, Paris, Grasset, 1975.
SANSOT, Pierre, *Poétique de la ville*, Paris, Meridiens Klincksieck, 1984.
WEISBERGER, Jean, *L'Espace romanesque*, Lausanne, L'Âge d'homme, 1978.

DISCOURS DU ROMAN ET DISCOURS SOCIAL

ANGENOT, Marc, *1889 : un état du discours social*, Montréal/Longueuil, Le Préambule, 1989.
BENJAMIN, Walter, *Paris, capitale du* XIX*e siècle : le livre des passages*, Paris, Édition du Cerf, 1989.
BERNARD-GRIFFITHS, Simone et PLESSIN, Alain, *Peuple, mythe et histoire*, Toulouse, PUM, « Cribles », 1997.
CERTEAU, Michel de, *L'Invention du quotidien. 1. Arts de faire*, Paris, Éditions Gallimard, 1990.
DEL LUNGO, Andrea et GLAUDES, Pierre, *Balzac, l'invention de la sociologie*, Paris, Classiques Garnier, 2019.
DUCHET, Claude, *Sociocritique*, Paris, Nathan-Université, 1979.
DUCHET, Claude, MAURUS, Patrick, *Un cheminement vagabond, nouveaux entretiens sur la sociocritique*, Paris, Honoré Champion, 2011.

DUFOUR, Philippe, *Flaubert et le pignouf Essai sur la représentation romanesque du langage*, Presses universitaires de Vincennes, 1993.

DUFOUR, Philippe, *Flaubert ou la prose du silence*, Nathan, « Le texte à l'œuvre », 1997.

DUFOUR, Philippe *La Pensée romanesque du langage*, Paris, Seuil, « Poétique », 2004.

FABRE, Daniel et SCARPA, Marie, *Le Moment réaliste Un tournant de l'ethnologie*, Nancy, Presses universitaires de Nancy – Éditions de Lorraine, 2017.

GOFFMAN, Erving, *La Mise en scène de la vie quotidienne*, t. 1 *La Présentation de soi* ; t 2 *Les Relations en public*, Paris, Éd. de Minuit, 1973.

GOFFMAN, Erving, *Les Rites d'interaction*, Paris, Éd. de Minuit, 1974.

GOFFMAN, Erving, *Façons de parler*, Paris, Éd. de Minuit, 1987.

GRENOUILLET, Corinne et REVERZY, Éléonore, *Les Voix du peuple* XIXe *et* XXe *siècles*, Strasbourg, Presses universitaires de Strasbourg, 2006.

HALL, Edward T., *La Dimension cachée*, Paris, Éd. du Seuil, 1978.

HAMON, Philippe, *L'Ironie littéraire Essai sur les formes de l'écriture oblique*, Paris, Hachette Université, 1996.

MEIZOZ, Jérôme, *LÂge du roman parlant (1919-1939)*, Genève, Droz, 2001.

MITTERAND, Henri, *Le Discours du roman*, Paris, PUF, « écriture », 1980.

MITTERAND, Henri, « *Germinie Lacerteux* : les voix du peuple », in *Le Roman à l'œuvre genèse et valeurs*, Paris, PUF, « écriture », 1998, p. 268-283.

PRIVAT, Jean-Marie, *Bovary Charivari. Essai d'ethnocritique*, Paris, CNRS Éditions, 1994.

RANCIÈRE, Jacques, *La Nuit des prolétaires. Archives du rêve ouvrier*, Paris, Fayard, 1981.

RANCIÈRE, Jacques, *La Politique du roman*, Paris, Galilée, 2007.

RANCIÈRE, Jacques, *Le Fil perdu, essai sur la fiction moderne*, Paris, Éd. La Fabrique, 2014.

SCARPA, Marie, « Les poissons rouges sont-ils solubles dans le réalisme », *Poétique*, n° 133, p. 61-72.

SCARPA, Marie, « Le personnage liminaire », *Romantisme*, n° 145-3, p. 25-35.

STIERLE, Karlheinz, *La Capitale des signes, Paris et son discours*, Maison des sciences de l'homme, 2001.

WOLF, Nelly, *Le Peuple dans le roman français de Zola à Céline*, Paris, PUF, 1980.

WOLF, Nelly, *Le Roman de la démocratie*, Saint-Denis, Presses Universitaires de Vincennes, 2003.

WOLF, Nelly, *Le Peuple à l'écrit. De Flaubert à Virginie Despentes*, Saint-Denis, Presses universitaires de Vincennes, 2019.

ÉCRITURES DE MŒURS ET SPHÈRE MÉDIATIQUE

CRARY, Jonathan, *L'Art de l'observateur*, Nîmes, Éd. Jacqueline Chambon, 1994.

DUFOUR, Philippe, GENDREL, Bernard, LARROUX, Guy, *Le Roman de mœurs Un genre roturier à l'âge démocratique*, Paris, Classiques Garnier, 2019.

GENDREL, Bernard, *Le Roman de mœurs. Aux origines du roman réaliste*, Paris, Hermann, « Savoir Lettres », 2012.

KHALIFA, Dominique, RÉGNIER, Philippe, THÉRENTY, Marie-Ève et VAILLANT, Alain, *La Civilisation du journal. Histoire culturelle et littéraire de la presse française au XIXe siècle*, Paris, Nouveau Monde éditions, 2011.

LYON-CAEN, Judith, « Enquêtes, littérature et savoir sur le monde social en France dans les années 1840 », *Revue d'Histoire des Sciences Humaines*, n° 17, 2007, p. 99-118.

MÉCHOULAN, Éric, « Intermédialité, ou comment penser les transmissions », *Fabula Colloques*, 5 mars 2017.

MELMOUX-MONTAUBIN, Marie-Françoise, *L'Écrivain journaliste au XIXe siècle : un mutant des Lettres*, Saint-Étienne, Éditions Les Cahiers intempestifs, « Lieux littéraires », 2003.

MÜLLER, Jürgen Ernest, « Vers l'intermédialité : histoires, positions et options d'un axe de pertinence », *Médiamorphoses. L'identité des médias en questions*, n° 16, 2006, p. 99-110.

ORTEL, Philippe, *La Littérature à l'ère de la photographie. Enquête sur une révolution invisible*, Nîmes, Éd. Jacqueline Chambon, « Rayon photo », 2002.

PREISS, Nathalie, *Les Physiologies en France au XIXe siècle. Étude historique, littéraire et stylistique*, Mont-de-Marsan, Éd. Interuniversitaires, 1999.

SAMINADAYAR-PERRIN, Corinne, *Le Discours du journal. Rhétorique et médias au XIXe siècle (1836-1885)*, Saint-Étienne, Publications de l'université de Saint-Étienne, « Le XIXe siècle en représentation(s) », 2007.

STIÉNON, Valérie, *La Littérature des physiologies. Sociopoétique d'un genre panoramique (1830-1845)*, Paris, Classiques Garnier, 2012.

THÉRENTY, Marie-Ève, *La Littérature au quotidien. Poétiques journalistiques au XIXe siècle*, Paris, Seuil, 2007.

INDEX

TABLE DES MATIÈRES

DEUXIÈME PARTIE

TERRITOIRES

TROISIÈME PARTIE

LIEUX DE PAROLE

QUATRIÈME PARTIE

LIEUX DE LA MORALE

IMPRIM'VERT®

Achevé d'imprimer par Corlet Numéric,
Z.A. Charles Tellier, Condé-en-Normandie (Calvados), en mai 2021
N° d'impression : 171828 - dépôt légal : mai 2021
Imprimé en France